Ontdek
Boston & New England

Inhoud

Boston en New England – veelgestelde vragen — 9
Favorieten — 14
In vogelvlucht — 16

Reisinformatie, adressen, websites

Informatie — 20
Leestips — 21
Klimaat en reisseizoen — 22
Reizen naar Boston en New England — 24
Overnachten — 26
Eten en drinken — 29
Actieve vakanties en sport — 32
Feesten en evenementen — 35
Reisinformatie van A tot Z — 37

Kennismaking – Feiten en cijfers, achtergronden

Boston en New England in het kort — 44
Geschiedenis — 46
New England te voet — 52
Amerika's groene hoekje — 56
Arbeidsethos en visie — 58
Van moraalridder tot nationaal geweten — 62
Wie wonen hier?
   Immigranten van ver en dichtbij — 65
De indianen van het noordoosten — 67
Dronkemannen en priesters: New Englands
   literaire grootheden — 70
Van vangen naar observeren – jagen op walvissen — 73
Kunst in vele dimensies — 76
Van grotten tot glazen huizen — 80

Onderweg in Boston

Boston en omgeving	**86**
Het eeuwig jonge Boston	88
De Freedom Trail	88
Boston Common	89
Downtown	91
North End	95
Charlestown	96
Beacon Hill	100
Tussen Beacon Street en Louisburg Square	100
Back Bay en omgeving	103
Rond Copley Square	107
The Fenway	109
Op de Charles River	110
South End	111
Bezienswaardigheden in andere wijken	114
Cambridge	115
Omgeving van Boston	119
Salem	120
Lexington en Concord	121
Cape Ann	126
Lowell	128

Massachusetts	**130**
Amerika's begin	132
Cape Cod	132
Plymouth	132
Sandwich	134
Op Route 6A naar Provincetown	136
Fietstocht op de Cape Cod Rail Trail	137
Provincetown	139
Martha's Vineyard	145
Op de fiets door Martha's Vineyard	146
Nantucket	148
New Bedford	152
Pioneer Valley	154
Springfield	154
South Hadley	156
Northampton	156
Amherst	158
Deerfield	159
De Berkshires	160
Stockbridge	160
Pittsfield	165

Inhoud

Williamstown	165
North Adams	169

Rhode Island — 170
Een ministaatje	172
Providence	172
De omgeving van Providence	175
Pawtucket	175
Bristol	176
Newport	176
Colonial Newport	177
South County	183
Narragansett	183
Galilee	184
Block Island	185

Connecticut — 186
'Very New Englandly'	188
Mystic	188
Foxwoods Resort Casino	190
Naar de Connecticut River Valley	191
Groton, Old Lyme, Fenwick	191
Van Essex naar East Haddam	192
New Haven	193
Yale, Philip Johnson Glasshouse	196
Hartford en omgeving	197
Hartford	200
Litchfield Hills	201

Vermont — 204
Amerika's progressiefste staat	206
Het zuiden	206
Brattleboro	206
Newfane en Grafton	208
Long Trail, Highway 100	209
Bennington	210
Manchester	211
Vermont Valley	213
Killington	213
Woodstock	216
Het noorden	217
Middlebury en omgeving	218
Montpelier	220
Barre	221
Stowe en Mt. Mansfield	222
Burlington	224
Shelburne Museum	224

Inhoud

New Hampshire	**226**
Edgy charme	228
White Mountains	228
Franconia Notch en omgeving	229
Kancamagus Highway	233
Mount Washington Valley	236
Pinkham Notch en Mount Washington	238
Crawford Notch en Bretton Woods	241
Lakes Region	245
Hanover en omgeving	246
Merrimack Valley	248
Mount Monadnock	250
Hampton Beach	250
Portsmouth	250
Maine	**252**
Kustrijke staat	254
De kust	254
Kittery	254
York	255
Ogunquit en Kennebunkport	256
Portland	257
Freeport	263
Brunswick en omgeving	264
Bath	265
Wiscasset	268
Pemaquid Peninsula	269
Rockland	269
Van Camden naar Deer Isle	271
Deer Isle en Isle au Haut	273
Acadia National Park	273
Op de Precipice Trail	275
Het binnenland van Maine	278
Bethel	279
Omgeving van Bethel	280
Moosehead Lake	280
Baxter State Park	283
Toeristische woordenlijst	284
Culinaire woordenlijst	286
Register	288
Fotoverantwoording/colofon	296

Inhoud

Op ontdekkingsreis

Door zwart Boston	104
Harvard – het campusleven	116
Salem – de heksenjacht en Amerika's obsessie met moraal	122
Nantucket Whaling Museum – hoe Melville op Moby Dick kwam	150
Rockwell Museum – schilder van de Amerikaanse ziel	162
De Newport Mansions – pracht en praal	178
Eli Whitney Museum and Workshop	194
Sugar shacks – vloeibaar goud, diep in de bossen	214
Appalachian Trail – twee miljoen passen	230
Sabbathday Lake Shaker Village	260

New Englands Indian summer in optima forma

Inhoud

Kaarten en plattegronden

Stadsplattegronden
Boston: Freedom Trail	92
Boston: Beacon Hill	101
Boston: Back Bay en South End	109
Portland	259

Route- en detailkaarten
Boston: Black Heritage Trail	105
Cambridge: Harvard	117
Salem: heksen-attracties	123
Cape Cod Rail Trail, fietstocht	137
Martha's Vineyard, fietstocht	147
Nantucket: Whaling Museum	150
Stockbridge: Rockwell Museum	162
Newport Mansions	178
Hamden: Eli Whitney Museum	195
Vermont: Sugar shacks	215
Appalachian Trail – hoogteprofiel	231
Appalachian Trail: Franconia Notch – Galehead Hut	232
Sabbathday Lake Shaker Village	260
Precipice Trail, wandeling	275
Mount Katahdin, wandeling	283

▶ Dit symbool verwijst naar de uitneembare kaart

Boston: skyline bij de haven

Boston en New England – veelgestelde vragen

Wat moet ik zeker zien?

U hebt maar een week de tijd? Ga dan na een dag op de Freedom Trail in **Boston** kreeft eten in het havenstadje **Portsmouth**, dat er met zijn rode bakstenen huizen zo gezellig uitziet. Rij vervolgens verder naar het slaperige **Jackson** aan de voet van de steile **White Mountains**, breng hier de nacht door en rij 's ochtends over de Auto Road naar de 2000 m hoge **Mount Washington**. Tuf daarna op uw gemak door het weelderig groene **Vermont** tussen de rode graansilo's en witte tuinhekjes richting **Brattleboro,** waar u heerlijk kunt rommelen in de vele kunstgaleries. De laatste twee dagen zijn voor het eilandleven op **Martha's Vineyard.** Fiets van **Edgartown** naar **Menemsha** en sluit uw eerste, circa 1000 km lange New England-trip af in stijl – met kreeft natuurlijk!

Mooie avonden gegarandeerd: Cape Cod

Boston en New England – veelgestelde vragen

Wandelen in de White Mountains

Wat zijn de belangrijkste historische plaatsen?

Het noordoosten van de Verenigde Staten is een mooie mix van cultuur en historie. Dat is niet meer dan logisch, want dit is de geboortegrond van het land. New England heeft dan ook eer-

Belangrijke historische plaatsen, beste uitvalsbases en wandelgebieden

steklas musea over elke periode van zijn roemrijke verleden. Sommige plaatsen lijken reusachtige tijdmachines. Bijvoorbeeld **Newport**, dat leefde van de handel, en **Lowell**, waar de industrialisering van Amerika begon. In **Lexington** en **Concord, waar in 1775 letterlijk het startschot viel voor de Onafhankelijkheidsoorlog,** kunt u wandelen in de voetsporen van de Amerikaanse revolutionairen.

Een van de hoogtepunten van elke New England-reis is natuurlijk **Boston**, de grande dame van de oostkust, die een hoofdrol speelde tijdens de Amerikaanse Onafhankelijkheidsoorlog. De interessantste musea zijn het fascinerende Peabody in **Salem** over de handel met China en het aan de walvisvangst gewijde Whaling Museum in **New Bedford**. En dan zijn er nog de door gekostumeerde acteurs bevolkte museumdorpen, met voorop de Plimoth Plantation in **Plymouth,** een gedetailleerde reconstructie van de nederzetting van de Mayflower-passagiers. Elke acteur is een pionier en spreekt tot u in het soms onverstaanbare oud-Engelse dialect van zijn geboortegrond.

Welke wandelgebieden zijn het mooist?

Met de **White Mountains** en het afgelegen **Baxter State Park** biedt New England twee wandelgebieden die kunnen wedijveren met beroemdere natuurgebieden in de Verenigde Staten. Een waar hikingwalhalla is de **Presidential Range** in de 'Whites'. Daar voeren zeer inspannende trails voorbij de boomgrens naar waanzinnige uitzichten over het zogenaamde dak van New England. Ook aan verstokte niet-kampeerders is gedacht. Zij kunnen overnachten in de leuke hutten van de Appalachian Mountain Club, inclusief avondeten, ontbijt en geanimeerde gesprekken met gelijkgestemden.

Nog inspannender en alleen geschikt voor geharde en hoogtevreesvrije natuurliefhebbers zijn de trails op **Mt. Katahdin** in Baxter SP. Hier moeten wandelaars hun eigen kampeerspullen meenemen, en op de dag van de beklimming achterlaten – in de steenwoestenij op de top is een tent opzetten onmogelijk. En **Acadia National Park?** Nou, vergeleken met de Presidential Range en de Katahdin zijn de trails aldaar lieflijke kleine paadjes met fotogenieke plekjes.

Wat is een goede uitvalsbasis om New England te verkennen?

Boston, simpelweg omdat alle wegen in New England van of naar de belangrijkste stad leiden. En sinds de opening van de *Big Dig* genoemde stadsnelweg midden door de metropool kom je snel de stad uit, zonder uren vast te zitten in het beruchte Bostonse verkeer. Sowieso is Boston het beste beginpunt voor een reis door New England. Boston *is* New England. Na een paar dagen in Beacon Hill, in North en in de South End heb je de streek in de vingers en kun je beginnen aan het achterland.

Bent u geen liefhebber van uitgesproken metropolen? Geen nood: New England is beroemd om zijn vele mooie stadjes. Als basis voor een verkenning van de kust van Maine kunt u kiezen voor **Portland**, de White Mountains laten zich goed ontdekken vanuit **North Conway** en **Williamstown** is een mooie uitvalsbasis voor trips door de Berkshires van Massachusetts en Connecticut.

Welke steden zijn het boeiendst?

Ook hier luidt het voor de hand liggende antwoord: **Boston**. De stad is zowel traditioneel en historisch als gericht op de toekomst. Of het nu gaat om het Boston Symphony Orchestra of de

Interessante steden en cultuurcentra

Boston Bruins (ijshockey), om *Boston baked beans* of het nieuwe fietsleensysteem Hubway, de oude dame brengt het verleden en de toekomst op een relaxte manier bij elkaar. Het daaruit voortkomende creatieve spanningsveld maakt Boston zeer aantrekkelijk en opwindend. Hetzelfde kan, op kleinere schaal, worden gezegd van **Portland** met zijn kunstenaarsscene, **Newport** met zijn oude stad en **New Haven** met de Yale-universiteit. Daarnaast zijn er nog talloze stadjes en dorpen die niet alleen boeiend, maar ook nog eens beeldschoon zijn. Denk daarbij aan het door de groene weiden van Vermont ingeklemde **Woodstock**, het van vissershaven tot kunstenaarskolonie getransformeerde kustplaatsje **Rockport** (Maine), de dankzij zijn vele greens en overdekte bruggen typische New England-idylle **Grafton** (Vermont) en het met misschien wel de mooiste kust van het noordoosten gezegende **Camden** (Maine). **Provincetown** (Massachusetts), het liberale P-Town van de creatieve (levens)kunstenaars, is een wereld op zich – het 'doodlopende' dorp aan het eind van het schiereiland oefent een magische aantrekkingskracht uit.

Hoe zit het met het culturele aanbod?

Een noemenswaardig nachtleven met cafés, bars en clubs hebben alleen **Boston** en – in mindere mate – **Portland, Portsmouth, Newport, Providence, New Haven** en **Provincetown.** Buiten die steden is er van een wild nachtleven nauwelijks sprake.

Maar Bostons achterland, en daar hoort ook de kust bij, heeft een lange traditie als het gaat om kunst en cultuur. De 'adel' van de oostkust had namelijk al in de 19e eeuw de gewoonte van het geld verdienen 'bij te komen' in de landelijke of maritieme idyllen. Ze werden hierbij geholpen door muzikanten, dansers en toneelspelers. Zo ontstond de New England-traditie van zomertheater en -festivals. Hierdoor zijn tegenwoordig zelfs in de kleinste plaatsen ver van de grote stad voorstellingen van wereldformaat te zien. De beste voorbeelden hiervan zijn het Summer Festival van **Tanglewood,** de zomerresidentie van het Boston Symphony Orchestra, en het danscentrum **Jacob's Pillow** in de bossen bij Becket, waar de beste dansers ter wereld elke zomer bij elkaar komen. Wijd en zijd bekende theaterfestivals zijn ook die van **East Haddam,** waar in het Goodspeed Opera House wordt gekeken of nieuwe musicals geschikt zijn voor Broadway, en in **Weston,** waar in het Weston Playhouse musicals en moderne toneelstukken worden opgevoerd.

Waar kan ik goed shoppen en wat zijn de specialiteiten van de streek?

Shoppingmalls zijn er voornamelijk in **Boston,** maar ook in de andere 'grote' steden als **Providence, Portland** en **New Haven** zijn overdekte winkelwalhalla's. Outletshopping is een New England-traditie sinds de bestuurders van Freeport (Maine) besloten van hun stadje één groot outletcenter te maken. Tegenwoordig kun je bijna overal in New England goedkoop 'af fabriek' textiel en accessoires kopen: in New Hampshire onder meer in **North Conway** en in de nieuwe Merrimack Premium Outlets in **Merrimack,** in Massachusetts in de Wrentham Village Premium Outlets op drie kwartier rijden van Boston en in Vermont in de Manchester Designer Outlets in **Manchester.** Wilt u liever rommelen in kleine galeries en *country stores*, let dan op het volgende. In Vermont en Maine moet u zijn voor volkskunst. Stadjes als **Burlington, Weston, Quechee, Camden** en **Damariscotta** staan bekend om hun hout-, glas- en keramiekkunstenaars en ambachtslieden. Het palet reikt van windwijzers in de vorm van een walvis, sieraden en houtsnijwerk tot huisgemaakte jam. Ahornsiroop – maple syrup – uit Vermont en praktische shakerkasten uit de winkels van de shakermusea zijn echte evergreens.

Specialiteiten en markten

Farmers' Market in Eden, Vermont

Wat zijn de leukste markten?

Amerikanen meten zichzelf een steeds gezonder lifestyle aan. Dat is het beste te zien aan de groeiende populariteit van de Farmers' Markets in het hele land. Steeds meer mensen kopen verse waar, liefst rechtstreeks van de boerderij. De Farmers' Markets, waar boeren uit de omgeving hun (biologische) producten aan de man brengen, bieden de stedelingen daarnaast de gelegenheid persoonlijk contact te maken met de producenten. Leuke weekmarkten zijn de **Portland Farmers' Market** (www.portlandmainefarmersmarket.org), de **Waitsfield Farmers' Market** (www.waitsfieldfarmersmarket.com) in Vermont, de **Portsmouth Farmers' Market** (www.seacoastgrowers.org) in New Hampshire en de **Sustainable Nantucket's Farmers and Artisan Market** (www.sustainablenantucket.org) op het eilandje **Nantucket** voor Cape Cod in Massachusetts.

Heb ik in het compacte New England echt een auto nodig?

In principe is het antwoord op deze vraag een gedecideerd ja. Er is op zich niets mis met het openbaarvervoernetwerk, maar met trein en bus kom je nu eenmaal niet overal en ben je altijd afhankelijk van een dienstregeling. Bent u echter maar een paar dagen in de omgeving, laat dan die huurauto maar zitten. Vlieg naar **Boston** en trek een dag uit voor de beroemde Freedom Trail en de volgende dag voor de beste autoloze excursie die New England bieden heeft: neem om half negen de eerste Provincetown Ferry van de dag en ga anderhalf uur later midden in **Provincetown** op Cape Cod weer aan land. Neem de tijd om de stad te bekijken, lekker te lunchen, door de duinen te fietsen en met een paar tenen de temperatuur van de Atlantische Oceaan te peilen en neem om half acht de laatste boot terug naar Boston.

De avond valt bij Mount Cadillac.
Zie blz. 276

Mooie vergezichten op de
Tuckerman Ravine Trail. Zie blz. 243

Favorieten

De reisgidsen uit de ANWB-serie Ontdek zijn geschreven door auteurs die hun boek voortdurend actualiseren en daarvoor steeds weer dezelfde plaatsen opzoeken. Dan kan het niet uitblijven dat de schrijver een voorkeur krijgt voor bepaalde plekken, die zijn/haar favorieten worden. Dorpen die buiten de gebaande toeristische paden vallen, een bijzonder strand, een uitnodigend plein waar terrasjes lonken, een stuk ongerepte natuur – gewoon plekken waar ze zich lekker voelen en waar ze steeds weer naar terugkeren.

De Greenleaf Hut, een van de
AMC-hutten. Zie blz. 235

Een plek voor rust en inspiratie:
Hancock Shaker Village. Zie blz. 166

Het Mark Twain House staat bol van de verhalen. Zie blz. 198

Ontspannende sfeer op
Popham Beach. Zie blz. 266

De MacMillan Wharf in Providence.
Zie blz. 141

In vogelvlucht

New Hampshire
De White Mountains, het dak van New England, combineren een ongerepte wildernis en geweldige hikes boven de boomgrens. In het zuiden ligt het klein-maar-fijne Lake Squam en de lifestyle van Portsmouth is uniek, net als kunstenaars-kolonie Cornish. Zie blz. 226

Vermont
Outdoor in de Green Mountains. Dorpjes als op een ansichtkaart en andere idyllische bestemmingen in het noorden van de staat. Montpelier, de kleinste hoofdstad van de VS, en Burlington aan Lake Champlain. Stowe is een paradijs voor outdoorliefhebbers.
Zie blz. 204

Connecticut
New Haven met Yale. Op de Nautilus in Groton en het indianencasino in Foxwoods. Stroomopwaarts op de Connecticut River, ook wel de Amerikaanse Rijn, naar mooie uitkijkpunten. Het huis *that Mark built* in Hartford, de mooiste greens van New England in de Litchfield Hills. Zie blz. 186

Rhode Island
Witte zeilen, blauwe zee. De Newport Mansions en Providence, New Englands toonbeeld van vriendelijke stedelijke ver-nieuwing. Zie blz. 170

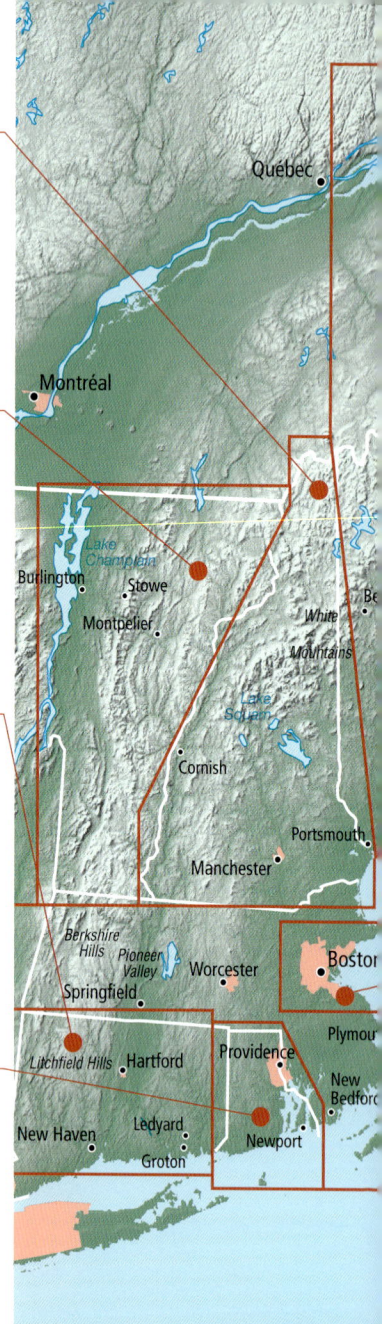

Maine
Rotskusten, stranden en de 'grote stad' Portland. *Shop 'til you drop* in Freeport, wandelen in Acadia National Park. In het binnenland van de staat wandelen rond Bethel en in de 100 Mile Wilderness. Peddelen op Moosehead Lake, raften rond The Forks en hiken in Baxter State Park. Zie blz. 252

Massachusetts
Cape Cod met zijn stranden en fietspaden, oude dorpjes en het levendige P-Town. Naar het Plymouth van de Mayflower, New Bedford voor Captain Ahab. De Pioneer Valley heeft universiteitsstadjes en schilderachtige dorpjes met indianenhistorie. Groene heuvels en steile bergen in de Berkshires en veel cultuur in leuke stadjes. Zie blz. 130

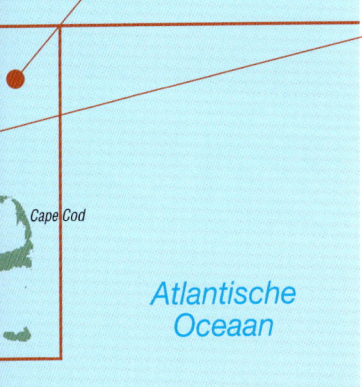

Boston en omgeving
Boston, de officieuze hoofdstad van New England, de wieg van de Amerikaanse onafhankelijkheid en het epicentrum van de Greater Boston Area, waar kolonisten Amerikanen werden en MIT-studenten sleutelen aan de toekomst. Zie blz. 86

Reisinformatie, adressen, websites

Groene idylle in Acadia National Park in Maine

Informatie

De website van New Englands toeristenbureau is een goede informatiebron. Hetzelfde geldt voor de toerismesites van de diverse staten (zie ook de infokaders in deze gids).

Algemene info

www.boston.com
De online-editie van de *Boston Globe* publiceert dagelijks nieuwe reisverhalen en -info.

www.discovernewengland.org
Homepage van het toerismebureau van de zes staten die New England uitmaken. Met achtergrondinformatie, voorstellen voor rondreizen, een evenementenagenda en interessante links.

gonewengland.about.com
Interessante New England-reissite van de onlinegids about.com.

www.newengland.com
Het reismagazine van het op cultuur en lifestyle in New England gespecialiseerde *Yankee Magazine*. Reisreportages (ook minder voor de hand liggende bestemmingen), tips voor rondreizen, het weer, evenementen en hotel- en restauranttips.

Connecticut
www.ctnow.com
Website van de *Hartford Courant*, met een evenementenagenda voor Hartford en Connecticut.

Maine
www.mainetoday.com
Diverse lokale kranten. Achter de links *Food the List* en *Summer Guide* zitten restaurantreviews en reis- en vrijetijdstips.

Massachusetts
www.thephoenix.com
Bostons niet-politiek-correcte onlinekrant. Film- en theaterrecensies, evenementen en restaurants.

www.allcapecod.com
Wat is er te doen op de Cape? Restaurant-, hotel- en winkeltips.

New Hampshire
www.newhampshire.com
New Hampshires grootste servicesite, met talloze restaurant-, hotel- en bezoektips. Ook veel lokale politiek.

Rhode Island
www.providencejournal.com
Online-editie van de *Providence Journal*. Onder 'Food' vind je de nieuwste restaurants van de stad.

Vermont
www.vtliving.com
Op Vermonts internetmagazine staan behalve accommodaties en restaurants ook galeries, boekhandels, antiquairs, fietstochten en wandelroutes.

www.vermontbridges.com
Waar zijn de mooiste *covered bridges* van de regio te vinden?

Verkeersbureaus

In Nederland en België zijn geen Amerikaanse verkeersbureaus, maar er zijn tal van websites, ook in het Nederlands, die u van informatie kunnen voorzien. De belangrijkste is die van **Visit USA** (www.visitusa.nl), een particuliere nonprofitorganisatie die gezien kan worden als toeristische vertegenwoordiger van de Verenigde Staten in Europa.

Indian summer

De verkeersbureaus van New England hebben op hun sites gedeeltes die zich uitsluitend bezighouden met het verkleuren van de bladeren tijdens de Indian summer. Daar kunt u zien waar en wanneer de kleuren van de nazomer zich op hun mooist openbaren.

Connecticut Fall Foliage Report
www.ct.gov/deep/foliage

Maine's Fall Foliage
www.mainefoliage.com

Massachusetts Fall Foliage
www.massvacation.com/fall

New Hampshire Weekly Foliage
www.visitnh.gov/vacation-ideas/Foliage-Tracker

Vermont Fall Foliage Report
www.foliage-vermont.com

Outdoor

www.gorp.com
Great Outdoor Recreation Pages biedt links naar honderden sites die zich bezighouden met het outdooraanbod van New England.

www.outdoors.org
De homepage van de Appalachian Mountain Club. Hier kunt u ook wandelkaarten en de dikke White Mountain Guide bestellen.

www.greenmountainclub.org
De homepage van de Green Mountain Club. Hier kun u onder andere de Long Trail Guide en diverse wandelkaarten bestellen.

Leestips

Een goede literaire voorbereiding op een reis naar New England bieden onder andere de volgende titels:

Bill Bryson: *A Walk in the Woods*, 1997 (Nederlandse vertaling *Terug in Amerika*). Bryson gaat op avontuur op de Appalachian Trail.

Emily Dickinson: *Selected Poems*, 1991 (Nederlandse vertaling *Verzamelde gedichten*). Een bloemlezing van haar beroemdste gedichten.

Dennis Lehane: *Mystic River*, 2001 (Nederlandse vertaling zelfde titel). Over de tragische geschiedenis van drie jeugdvrienden in een arbeiderswijk in Boston. Door Clint Eastwood verfilmd met Sean Penn en Kevin Bacon in de hoofdrollen. Lehane schreef ook de eveneens verfilmde romans *Shutter Island* en *Gone Baby Gone*, die zich beide afspelen in New England.

Sebastian Junger: *The Perfect Storm*, 1997 (Nederlandse vertaling *De volmaakte storm*). Over de laatste vaart van de kotter Andrea Gail in een verwoestende storm aan het begin van de jaren 90.

Jack Kerouac: *Maggie Cassidy*, 1959 (geen Nederlandse vertaling). Kerouac beschrijft een stuk proletarische New England-tristesse.

Henry David Thoreau: *Walden; or, Life in the Woods*, 1854, en *Resistance to Civil Government (Civil Disobedience)*, 1849. Indrukken van de traditie van kritisch denken in de 19e eeuw.

Klimaat en reisseizoen

Klimaat

Mark Twain, de beroemdste inwoner van New England, zei ooit dat hij op een dag in het voorjaar alleen al 136 verschillende soorten weer telde. Dat is wat overdreven, maar feit is dat New Englands weer wisselvalliger is dan in welke andere regio in Noord-Amerika dan ook. Kou, hitte, droogte, regen, sneeuw, orkanen, sneeuwstormen ... Een hittegolf in november? Een tornado in april? In New England is alles mogelijk. Een en ander heeft deels te maken met de topografie en de geografische ligging halverwege tussen de Noordpool en de evenaar. Boven de zes staten botst koude lucht uit het poolgebied op warme uit de subtropen. De laatste honderd jaar zijn daar, zoals overal ter wereld, 'huisgemaakte' invloeden bijgekomen, waaronder luchtvervuiling en zure regen. De gevolgen hiervan zijn duidelijk merk- en meetbaar. Zo steeg de watertemperatuur in de Narragansett Bay sinds de jaren 60 bijna een hele graad, en dankzij de opwarming van de aarde heeft Canada inmiddels een minstens zo indrukwekkende bosbessenoogst als Maine.

Over het algemeen (zoals gezegd kent de regio soms onvoorspelbare pieken en dalen) is over het klimaat in New England het volgende te zeggen. Vermont, New Hampshire en Maine hebben een vochtig landklimaat met relatief koele zomers en lange, strenge winters. Rhode Island, Massachusetts en Connecticut hebben hete, zwoele zomers en een koude winter. De jaargetijden zijn duidelijk van elkaar te onderscheiden, waarbij opvalt dat de herfst in New England duidelijk eerder begint dan in de rest van de Verenigde Staten. Het voorjaar is nat en nevelig. In dit jaargetijde heb je in New England eigenlijk niets te zoeken – op een citytrip naar Boston na. De gemiddelde hoeveelheid neerslag in de regio bedraagt 1000-1500 mm, in het noorden van Maine en in Vermont regent het iets minder. In de hooggelegen gebieden valt regelmatig sneeuw, soms wel een pak van tweeënhalf meter. Het weer in New England is online te volgen op www.thebostonchannel.com/weather.

Het klimaat van Boston

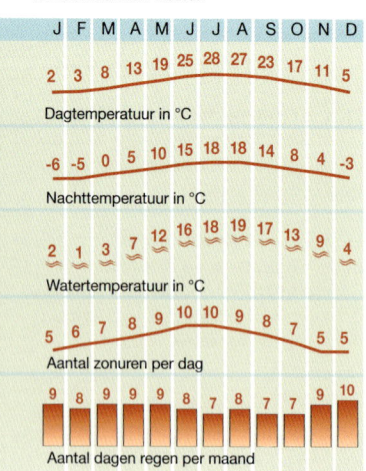

Reistijd

De beste tijd voor ...

Citytrips: Boston en de andere grote(re) steden van New England zijn in elk jaargetijde te bezoeken, wellicht in het kader van een meerstedentrip langs de ooskust.

Strandvakantie: al zien de stranden er soms zeer aantrekkelijk uit – New England is bepaald geen Rivièra. Door

Weer en reistijd

de koude stroming – de warme Gulf Stream stuit hier op de koude Labrador Current – is een strandvakantie eigenlijk alleen mogelijk aan het eind van juli en in augustus. Maar zelfs dan ligt de watertemperatuur onder de 20 °C. De meren en rivieren van New England zijn, afhankelijk van de hoogte waarop ze liggen, soms een klein tikje warmer.
Rondreizen: de beste perioden voor roadtrips en andere rondreizen zijn de zomer en de herfst. In augustus kan het in de zuidelijke helft van New England overigens wel akelig benauwd zijn.
Actieve vakantie: zomer en herfst. Juli en augustus zijn de beste maanden voor wandelingen in hoger gelegen gebieden. Maar ook de Indian summer in september en oktober is ideaal voor fysiek inspannende activiteiten. Het is dan lekker warm, zo'n 24 °C, maar anders dan in hartje zomer is de lucht fris en helder. De nachten zijn echter koud – het kwik kan dan dalen tot onder het vriespunt.

Altijd indrukwekkend: de Indian summer

Kleding en uitrusting

New Englanders kleden zich in het algemeen comfortabel, maar niet *shabby*. Jeans, een trui en een windjack, dat is de heilige drie-eenheid voor zo'n beetje elke gelegenheid – op een bezoek aan een goed restaurant na. Reist u tijdens de zomer, dan moeten er natuurlijk korte broeken, T-shirts, badkledij, een petje, slippers en gympen mee. Voor de zekerheid gooit u ook nog een vest en een regenjack in uw koffer, want je weet het in New England nooit. In de hoger gelegen gebieden is het handig wat extra laagjes aan te trekken; het weer kan hier snel omslaan. Voor peddel- en wandeltochten is sneldrogende polyester- en lycrakleding aan te bevelen, en een fleecetrui komt altijd van pas. Hikers hebben voor trails in de White en Green Mountains uiteraard stevige bergschoenen en een dito rugzak nodig. En vergeet de zonnebrandcrème niet – op grote hoogte kan de koperen ploert aardig branden.

Druk, drukker, drukst

Het toeristische hoofdseizoen loopt van Memorial Day (de laatste maandag van mei) tot Labor Day (de eerste maandag van september). Gedurende deze periode zijn alle belangrijke bezienswaardigheden (zoals musea, State en National Parks en pretparken) geopend. De rest van het jaar hebben veel attracties aangepaste openingstijden of zijn ze helemaal gesloten. In toeristische centra als Boston, Cape Cod, Bar Harbor en de Berkshires is het in de Amerikaanse schoolvakanties, juli en augustus, ontzettend druk. Andere drukke perioden zijn feestdagen, weekends en de Indian summer.

Reizen naar Boston en New England

Inreisbepalingen

De Verenigde Staten hebben de inreisbepalingen de afgelopen jaren aanzienlijk aangescherpt. Elke bezoeker moet minstens 72 uur voor aankomst 'reistoestemming' (travel authorization) vragen via het registratiesysteem ESTA (https://esta.cbp.dhs.gov). De kosten hiervan bedragen $ 14 per persoon en moeten vooraf met een creditcard worden voldaan. Zowel volwassenen als kinderen moeten in het bezit zijn van een eigen, geldig paspoort.

Wie langer dan negentig dagen in de Verenigde Staten wil verblijven, moet een visum aanvragen. Dit geldt ook voor scholieren in uitwisselingsprogramma's, studenten en iedereen die tijdens zijn verblijf in de VS wil werken.

Bij het loket van de immigratiedienst worden van elke bezoeker elektronische vingerafdrukken gemaakt en bovendien wordt er een portretfoto genomen. Men kan u vragen stellen over de reden van uw bezoek, uw bestemmingen in de VS en de geldmiddelen waarover u beschikt.

Met het oog op verscherpte veiligheidsmaatregelen in de Verenigde Staten van Donald Trump moeten Nederlanders en Belgen die zijn geboren in een Arabisch land, Afghanistan of Noord-Korea of daar wonen, rekening houden met strengere controles en dus ook meer tijd inplannen voor een eventuele overstap naar een binnenlandse vlucht. Tips: doe uw koffer(s) of tas(sen) niet op slot. De Transport Security Administration heeft het recht om bagage te openen voor controle; hiervoor wordt wel eens een nijptang gebruikt en de schade is niet verhaalbaar. Verder is het verstandig om ruim voor vertrek te informeren of er veranderingen zijn in de inreisbepalingen. U kunt hiervoor contact opnemen met de luchtvaartmaatschappij, het reisbureau of de ANWB.

Douanebepalingen

Invoerbepalingen: reizigers vanaf 21 jaar mogen 200 sigaretten of 50 sigaren of 200 g tabak, 1 l alcohol en cadeaus tot een waarde van $100 belastingvrij invoeren. De invoer van levensmiddelen is verboden; neem dus geen eetbare dingen mee als u het vliegtuig verlaat.

Vervoer naar New England

Logan International Airport in het oosten van Boston is de belangrijkste luchthaven van New England. **KLM** (Delta) vliegt er dagelijks (in het seizoen tweemaal per dag) rechtstreeks naartoe. Maatschappijen als **Wow Air** en **Aer Lingus** stunten met zeer goedkope tickets. Als u een overstap in Reykjavik of Dublin – en dus een wat langere reistijd – op de koop toe neemt, kunt u zo honderden euro's besparen. Voor mensen die niet in de Randstad wonen, is het vliegveld van **Düsseldorf** een goed alternatief. Vanaf deze in vergelijking met Schiphol heerlijk rustige luchthaven vliegt **Air Berlin** rechtstreeks naar Boston – in het hoogseizoen dagelijks, daarbuiten een paar keer per week.

Vanaf het vliegveld kunt u met de metro of een taxi naar het centrum.

Vervoer in New England

Trein

Schone, zelden volle wagons tonen duidelijk aan dat Amerikanen zich liever per auto vervoeren dan per trein. Spoorwegmaatschappij Amtrak (tel. 1 800 872 7245, www.amtrak.com) onderhoudt in New England een noordzuidlijn. De zogenaamde Vermonter verbindt Washington D. C. met het Canadese Montreal en rijdt door Connecticut, Massachusetts en Vermont. In de Greater Boston Area is de Massachusetts Bay Transportation Authority (MBTA) verantwoordelijk voor een aantal voornamelijk door forenzen gebruikte lijnen, onder meer naar Providence, Worcester en een handvol kustplaatsen. Mooi uitzicht hebt u in de in Dover, Wells en Old Orchard Beach stoppende Downeaster van Boston naar Portland.

Bus

New England is prima te bereizen met lijnbussen. Diverse maatschappijen onderhouden verbindingen tussen de grotere steden. In de landelijker delen van New England, zoals het noorden van Maine, het dunbevolkte noorden van New Hampshire en delen van Vermont, rijden minder bussen en zult u uw route strak moeten plannen. Waar lijndiensten niet meer rendabel zijn, worden ze in toenemende mate opgeheven. Een groot deel van New England wordt ontsloten door Peter Pan Bus Lines (tel. 1 800 343 9999, www.peterpanbus.com), Connecticut, Rhode Island en Cape Cod door Bonanza Bus Lines (tel. 1 800 556 3815, www.bonanzabus.com).

Taxi

Taxi's horen in het straatbeeld van alle grotere steden in New England. U kunt een taxi laten bestellen in een restaurant, hotel of theater of er gewoon eentje aanhouden op straat. In verband met het drukke verkeer in Boston is de metro in de stad aan te bevelen boven een taxi. Ondergronds bent u niet alleen veel sneller, maar ook veel goedkoper op uw bestemming.

Huurauto

Uw huurauto kunt u beter van tevoren reserveren. Een internationaal rijbewijs is niet nodig, een creditcard wel. Niet alle verhuurbedrijven hanteren dezelfde minimumleeftijd, dus let daar goed op. Hoe duur uw huurauto is, is sterk afhankelijk van het seizoen. In het hoogseizoen kan een auto u wel € 100 per dag kosten, in het *off season* kunt u soms een week rijden voor dat bedrag Vergelijk de prijzen op de websites van de bekende maatschappijen (Hertz, Avis, Budget, Thrifty) en op sites als www.easyterra.nl en www.sunnycars.nl. Kijk ook naar het verschil in prijs tussen verhuurlocaties in de stad en die op het vliegveld – het kan lonen een taxi te nemen naar een locatie downtown en daar uw auto op te pikken.

In Boston is een auto een blok aan uw been. Als u eerst deze stad gaat verkennen, kunt u uw huurauto beter pas ophalen op de dag dat u Boston verlaat.

Autorijden

Autorijden is in New England, behalve in de stedelijke gebieden van Boston en Zuid-Connecticut, een ontspannende aangelegenheid. Het wegennet is efficient en wordt uitstekend onderhouden.

Amerikanen zijn geen hardrijders. De maximumsnelheid op de snelwegen, de interstates, is 65 mph (105 km/h) en wordt nauwelijks overschreden. Er zijn dan ook weinig snelheidscontroles; in de regel treedt de politie pas op bij een snelheid van 75 mph.

Heel wat strenger is de sterke arm als het gaat om schoolbussen. De bekende knalgele gevaarten mogen niet worden ingehaald. Daarnaast moet in de regel al het verkeer stoppen als een schoolbus stilstaat om kinderen te laten in- of uitstappen. Ook tegemoetkomend verkeer dus!

Overnachten

Beste tijden

Wanneer zijn de accommodaties in New England het duurst? In de zomer? Nee hoor! Ook in dit opzicht zijn de zes staten in het noordoosten anticyclisch. Het duurst zijn de onderkomens tijdens de Indian summer van half september tot half oktober, wanneer de kleurenpracht zijn hoogtepunt bereikt. Hoteliers vragen dan het dubbele, soms wel drie keer zoveel als normaal voor een kamer. Aan een New England-roadtrip op de bonnefooi moet u in deze periode beslist niet beginnen – u zult nergens een kamer vinden en in uw auto moeten slapen.

Kan het bonte bladerdek u gestolen worden, dan zijn de drie weken tussen eind augustus en half september een ideale reistijd. De hotels zijn dan nog niet zo schreeuwend duur, het is niet meer zo benauwd en de lucht is dan niet meer zo heiig als in hartje zomer – iets dat vooral fotografen zal aanspreken. Ook dan geldt echter dat u het zekere voor het onzekere moet nemen en zo vroeg mogelijk moet boeken.

Aan de kust is het ook in deze periode bomvol. Van eind mei (Memorial Day) tot begin september (Labor Day) heerst aan de stranden van New England topdrukte – en in juli en augustus ook in verband met de Amerikaanse schoolvakantie. Voor Memorial Day en na Labor Day worden de accommodaties weer wat betaalbaarder. In zee zwemmen is dan geen pretje, maar het zijn perfecte periodes voor lange strandwandelingen en fietstochten.

Op doordeweekse dagen, vooral na grote evenementen, en op zondagavond, als de weekendgasten weg zijn, kunt u vaak een kamer krijgen met een flinke korting. De tijd dat op elke straathoek in New England een motel te vinden was waar u voor $ 30 prima kon slapen, zijn echter voorgoed voorbij. Zelfs goedkope motelketens komen met hun kamerprijzen zelden onder de $ 80. De grootste kans op een goedkope logeerpartij hebt u bij onafhankelijke motels in familiebezit, al is het bij zulke onderkomens soms niet zo best gesteld met de hygiëne.

Online boeken

Kamers die telefonisch zijn geboekt, worden in de regel tot zes uur 's avonds 'vastgehouden'. Komt u later, dan is het raadzaam de kamer te garanderen met een creditcard. U kunt over het algemeen tegen een geringe meerprijs met meer dan twee personen overnachten in een 2 pk. De prijs is altijd per kamer, niet per persoon. Veel hotels hebben zich gewapend tegen reserveringssites; ze garanderen dat u nergens goedkoper boekt dan op hún website. Om te vergelijken, kunt u echter niet zonder sites als www.booking.com en www.hotels.com. Hebt u uw keuze gemaakt, dan kan het lonen een mailtje te sturen naar het hotel. Ze geven u liever een upgrade of gratis ontbijt dan dat ze commissie betalen aan een website. Let bij het boeken altijd op de voorwaarden; gratis annuleren kan een uitkomst zijn als uw plannen veranderen.

Hotels

U krijgt in New England meestal meer hotel voor uw geld dan in Europa. De kamers zijn ruimer en meestal voorzien van een joekel van een tv. Hotels van de ketens Best Western, Journey's End en

Overnachten

Warme tonen domineren in het beroemde hotel Red Lion in Stockbridge

Days Inn zijn prima en kosten tussen de $ 80 en $ 140 per nacht. Aan het andere uiterste van het prijsspectrum zitten de uiteraard ook in New England aanwezige ketens als Hilton, Marriott, Four Seasons, Intercontinental et cetera, waar u minstens $ 150 en meestal veel meer betaalt.

Bed and breakfasts

De tijden dat oudere echtparen een zakcentje probeerden te verdienen met de verhuur van de vacante kinderkamer, zijn voorbij. Tegenwoordig staan bed and breakfasts voor overnachtingen in vaak prachtige historische huizen, met een uitgebreid ontbijt op de koop toe – uiteraard geserveerd door de heer en/of dame des huizes. Een bed and breakfast is een warm en persoonlijk alternatief voor anonieme hotelkamers, maar is met prijzen vanaf $ 150 per nacht minstens zo duur – en vaak duurder.

Country inns

Er zijn talloze verschillen tussen bed and breakfasts en country inns. Die laatste categorie accommodaties ligt overwegend op prachtige locaties in het achterland – in de stad zegt de toevoeging 'inn' eigenlijk niet meer dan dat de service wat persoonlijker is dan in een hotel. Country inns zijn ondergebracht in historische, met liefde voor details gerestaureerde (land)huizen. Voor een nacht in deze luxe betaalt u eveneens minstens $ 150 en de prijs kan oplopen tot $ 400 en meer. Traditionele gastvrijheid staat in country inns hoog in het vaandel. U wordt door de eigenaren ontvangen en in de watten gelegd, de inns hebben vaak een huiselijke sfeer en de kamers zijn met zorg ingericht. Het (vorstelijke) ontbijt is altijd bij de prijs inbegrepen. De New England Inns & Resorts Association (www.newengland innsandresorts.com) kan u helpen met uw boeking.

Jeugdherbergen

Nog altijd de goedkoopste overnachtingsoptie. Een tweepersoonskamer in een jeugdherberg kost tussen de $ 30 en $ 65. Er zijn er echter maar tien in heel New England, waarvan zeven in Massachusetts. Meer informatie is te vinden op de website van Hostelling International, www.hiusa.org.

Motels

Met de auto tot je bed: het klassieke Amerikaanse motel is ook in New England het voordeligste alternatief – uitgezonderd jeugdherbergen. Motels liggen meestal aan afritten van de snelwegen (interstates) en uitvalswegen. De oudere accommodaties, gebouwd in de bungalowstijl van de jaren 50, zijn goedkoop. Hier kunt u vaak al een kamer krijgen voor $ 80. Verwacht voor dat geld geen luxe – de bedden, hygiene en inrichting zijn vaak van bedenkelijke kwaliteit.

Camping

De mooiste natuurgebieden zijn meestal beschermde State Parks. Aan riviertjes en meren en aan de voet van steile bergwanden zijn hier vaak mooie kampeerterreinen. Wat faciliteiten betreft lopen de campings uiteen. Bij de ene zult u het moeten doen met een composttoilet, een andere heeft luxe sanitairvoorzieningen en 'hook-ups' voor campers (stroom en water op de staplaatsen).

De prijzen liggen zo rond de $ 30 tot $ 50 per tent, meer voor een camper. Veel comfort bieden de campings van KOA (www.koa.com).

Gezelligheid gegarandeerd: koffietentje in Essex

Eten en drinken

Eenvoudig en calorierijk: de traditionele New England Cuisine weerspiegelt de levenswijze van de eerste kolonisten. Een maaltijd was voor hen geen gezellige gelegenheid, maar had als doel de maag te vullen en energie te leveren voor de rest van de werkdag. De niet bepaald als verfijnd bekendstaande Engelse keuken bleef lange tijd de basis – alleen de van de indianen overgenomen maple syrup (ahornsiroop) werd verwerkt in de recepten. De siroop werd gebruikt in plaats van zout en is wellicht de oorzaak van de huidige voorliefde van Amerikanen voor zoetigheid.

Wild, fazant, kalkoen, varkensvlees, aardappelen, mais en bonen zijn, nauwelijks 'verpest' door exotische kruiden, tot op de dag van vandaag populair in de regionale keuken. Uiteraard komen hier ook zeevruchten op tafel: een vakantie in New England zonder *lobster* (kreeft), *scallops* (coquilles) of *cod* (kabeljauw) is als een Parijs-trip zonder champagne en steak tartare.

Typische gerechten

Chowder
De alomtegenwoordige dikke soep bestaat uit bacon, uien, aardappelen, bloem en melk, waarin mosselen (*clam chowder*) en/of vis (schelvis of kabeljauw) wordt gekookt. De naam is afgeleid van het Franse *chaudière* (ketel) en verwees van oorsprong naar een gemeenschappelijk gerecht waaraan iedereen wat bijdroeg.

Boston baked beans
Een prutje van bruine bonen die urenlang hebben getrokken in suiker, melasse en spek. Het recept stamt uit de tijd van de Trans-Atlantische driehoekshandel, toen suikerriet uit de Caraïben in Boston werd verwerkt tot rum.

New England boiled dinner
Eerst wordt rundvlees twee uur lang met kruiden gestoofd. Dan worden er aardappelen en groenten toegevoegd en nog een halfuur gestoofd. Dit gerecht wordt geserveerd met mierikswortelcrème.

Maine boiled lobster
Het populairste kreeftrecept van New England is heel eenvoudig: de kreeft wordt gekookt in 3,5 liter water waaraan vooraf thijm, peterselie en citroensap is toegevoegd. Het vlees van de kreeft wordt geserveerd met gesmolten boter en witte wijn.

Please wait to be seated
Waar wij als Europeanen aan moeten wennen: bij het betreden van een restaurant wacht u in de ontvangstruimte tot de hostess u naar uw tafel brengt. Zo wordt er zorg voor gedragen dat alle obers en serveersters evenveel gasten bedienen en dientengevolge evenveel fooi krijgen. Alleen als u een bord ziet waar 'Please seat yourself' op staat, mag u zelf een tafeltje uitzoeken – erg vaak zult u het echter niet aantreffen. Heel anders dan bij ons is dat de dienstdoende *server* meteen na het eten de rekening op tafel legt. Hiermee wil hij of zij u absoluut niet wegjagen – het 'whenever you're ready' (als u er klaar voor bent om te betalen) is welgemeend. Het is eerder een vorm van extreme beleefdheid: stel je toch eens voor dat je als gast op je rekening zou moeten wáchten!

Typisch New Englandse clam chowder

Nagerechten

Indian pudding is een calorierijk toetje van maismeel, suiker, melk en vanilleijs of jam. Een ander populair nagerecht is *Boston cream pie*, dat bestaat uit vla, vanillesaus en een soort hagelslag. En dan zijn er natuurlijk nog de *usual suspects* als *apple pie, cherry pie, blueberry pie, maple pie* ...

De maaltijden

De Amerikanen nemen hun ontbijt (**breakfast**) serieus. Op de kaart staan steevast *pancakes* (kleine, dikke pannenkoeken), die worden geserveerd met *maple syrup* (ahornsiroop) en vruchtjes. Ook *waffles* (wafels) en *french toast* (wentelteefjes) zijn een populaire manier om de dag te beginnen. Eieren kunnen *sunny side up* (spiegelei), *over easy* (spiegelei aan twee kanten gebakken), *scrambled* (roerei) of *poached* (gepocheerd) worden besteld. Een Amerikaans ontbijt is niet compleet zonder bacon en/of *sausages* (kleine worstjes) en *hash brown potatoes* (een soort rösti, soms gebakken aardappels). Sinds ook in de Verenigde Staten is doorgedrongen dat we allemaal op ons cholestorol moeten letten, is in de meeste ontbijttenten ook muesli, yoghurt en vers fruit voorhanden. Een en ander spoelt u weg met een grote mok koffie – of iets dat daarvoor moet doorgaan. In de meeste diners is de koffie nog altijd slap, maar u mag er wel zo veel van drinken als u wilt – de serveerster loopt constant rond met een pot om u te voorzien van een *refill*.

De **lunch** is meestal wat bescheidener, maar niet veel caloriearmer dan het ontbijt. Een sandwich met tuna (tonijn), *chicken* (kip) of *ham and cheese* (ham en kaas) klinkt misschien verstandig, maar er wordt zó veel mayonaise op gesmeerd dat het beleg nauwelijks nog te proeven is. Eigenlijk is een hamburger voor de lunch net zo (on)gezond

Dinner wordt zelfs in de grote steden al vanaf 17.30 uur geserveerd. Een voorgerecht heet een *appetizer* en een hoofdgerecht gek genoeg een *entree*. De ober kan u vragen of u uw steak *rare* (rood), *medium rare* of *well done* (goed doorbakken) wilt en welke dressing u op uw salade wenst – u kunt kiezen uit onder andere *French*, *Italian*, *blue cheese* en *honey mustard*.

Typische restaurants

Er zijn in New England restaurants voor elke beurs en smaak, van de bekende fastfoodketens tot culinaire toptenten waar je makkelijk $ 200 per persoon kunt stukslaan.

Een goed alternatief voor de formica tafeltjes en plastic dienblaadjes van de fastfoodzaken zijn zogenaamde family restaurants en diners. In beide soorten restaurant gaat het er *casual* aan toe en is de sfeer persoonlijk. Hier kun je de hele familie voorzien van hamburgers, zonder een kapitaal kwijt te zijn. Op de geplastificeerde menukaarten staan verder onder andere pasta's, salades, sandwiches en uiteraard gegrilde steaks, kip en vis.

Typisch New England zijn de *lobster ponds* (of *shacks*) in de kuststreken. Aan de stomende ketels voor door de wind scheefgeblazen snackkarren kun je al van verre zien waar het hier om draait: kreeft en verder niets.

De toestroom van immigranten uit de hele wereld zorgde voor een enorme verscheidenheid in de culinaire scene van New England: goed Chinese, Italiaanse, Thaise en Griekse restaurants zijn te vinden in alle grotere plaatsen.

Dranken

Ondanks de strenge alcoholwetgeving (zie onder) loopt u in geen geval gevaar uit te drogen. Bij restaurants zonder drankvergunning hangt vaak een bordje met daarop 'Bring your own bottle' (BYOB). Dat betekent dat u uw eigen fles **wijn** mag meenemen. Deze wordt dan door het personeel aan tafel geopend alsof u hem ter plekke hebt besteld. Voor deze service betaalt u meestal een kleine *corkage fee* – kurkgeld.

Amerikaans **bier** smaakt niet altijd even goed. Het van de bekende huizen als Budweiser, Schlitz en Anheuser zal voor de Europeaan misschien wat te waterig zijn. Heerlijk zijn daarentegen de biertjes van *micro breweries* – vraag de barman naar *local brew* en u hebt binnen no-time een geanimeerd gesprek. Het beroemdste bier van New England is Samuel Adams Boston Lager. Liever wijn? Probeer voor de vorm even wat lokaals uit Connecticut en stap daarna over op betere wijn uit Californië.

Alcohol

De minimumleeftijd voor alcoholgebruik is 21 en hierop wordt streng toegezien. Ook als vijftigplusser zult zich regelmatig moeten legitimeren – laat uw paspoort of rijbewijs dus niet in het hotel liggen als u dorst hebt. Sommige counties en steden hebben zogenaamde *open container laws*. Dat betekent dat u een boete kunt krijgen als u een geopende fles bier of wijn bij u hebt. In deze streken is verder op zondag geen alcohol te koop. Drinken op openbare plekken is verboden in heel New England. Aan het eind van de dag een blikje bier opentrekken op een parkbankje in de avondzon is dus geen goed idee.

Actieve vakantie en sport

De *great outdoors* van New England staan nog altijd in de schaduw van de 'intellectuele' attracties van de regio – wie kiest voor New England, kiest voor een langzamer, rustiger Amerika. De noordoosthoek van de Verenigde Staten staat nu eenmaal niet echt bekend als een outdoorparadijs. De Grand Canyon en de Sierra Nevada zijn ver weg, en niemand komt alleen naar New England voor de White Mountains. Maar met de Presidential Range, Mount Washington, de Green Mountains en vooral de reusachtige wildernis rond Mount Katahdin in het noorden van Maine heeft New England de outdoorliefhebber meer dan genoeg te bieden, ook de ervaren watersporter, fietser en wandelaar.

Fietsen

Wielrennen is in het noordoosten van de Verenigde Staten een van de populairste sporten. Steeds meer counties leggen fietspaden aan, op andere plekken worden niet meer gebruikte spoortrajecten getransformeerd in fietsroutes die meerdere steden met elkaar verbinden. Alles over de huidige stand van zaken komt u te weten op de website van de Rails-to-Trails Conservancy (www.railstotrails.org). Is er een *biking trail*, dan is een fietsverhuurbedrijf nooit ver weg.

Bijzonder mooie fietsgebieden zijn de duinen bij Provincetown op Cape Cod en de 40 km lange Cape Cod Rail Trail van South Dennis naar Eastham. Beroemd om hun goede fietsroutes zijn verder Nantucket, Martha's Vineyard, de Litchfield Hills en Block Island. Tijdens de Indian summer kunt u in Vermont prachtig fietsen op rustige landweggetjes, tussen de in geel- en roodtinten gekleurde bossen van de Green Mountain State. Voor een eerste oriëntatie kunt u kijken op de website van de Vermont Outdoor Guide Association, www.voga.org/biking.htm. Andere mooie fietsgebieden zijn de Berkshires (Massachusetts), de omgeving rond Lake Winnipesaukee (New Hampshire) en in Maine het Acadia National Park en de omgeving van Camden.

Net zo belangrijk als de vraag in welk gebied u gaat fietsen, is die of u zich aansluit bij een groep of op eigen houtje op pad gaat. In het eerste geval neemt de aanbieder van de trip al het organisatorische voor zijn rekening: van de fietsen tot het transport van uw bagage en eventuele accommodaties. Voor deze luxe moet u uiteraard dieper in de buidel tasten en tevens bent

Online voorpret
Fervent wielrenners kunnen inspiratie opdoen op de volgende websites
Massachusetts
www.singletracks.com/Massachusetts-bike-trails_19.html (mountainbiking)
Rhode Island
www.traillink.com/stateactivity/ri-bike-trails.aspx (wielrennen)
Vermont
www.vermontvacation.com/things-to-do/recreation/biking (wielrennen),
www.bicycling.com/mountainbikecom/featured-stories/vermonts-10-best-mountain-bike-trails (mountainbiking)
New Hampshire
www.nhstateparks.org/experience/biking/trail-information.aspx (mountainbiking)
Maine
www.exploremaine.org/bike (wielerroutes en wielrennen)

u wat privacy kwijt. Organiseert u alles zelf, dan is het vooral van belang dat u goed kunt improviseren.

Kanoën en raften

Liefhebbers van watersporten zullen niet meteen aan New England denken als favoriete bestemming. Toch zijn er in onder andere Vermont (Stowe, Brattleboro, Manchester) en Maine (West Forks) mooie peddel- en raftinggebieden. Als u Vermont wilt leren kennen vanaf het water, moet u op de riviertjes Battenkill, Winooski en Lamoille zijn. Diverse kanotochten voeren door de dunbevolkte gebieden in het noorden van de staat. U kunt overnachten in tenten of knusse *inns*. **The Forks**, een gehucht met honderd inwoners in Noord-Maine, is New Englands raftinghoofdstad. Professionele aanbieders verzorgen rafting- en kajaktrips op de omliggende rivieren (zie blz. 281).

Wandelen

Op smalle, 1600 m hoge bergkammen schuifelen en slapen in tochtige berghutten: de wandelgebieden in het noorden zijn lichtjaren verwijderd van het gecultiveerde New England. De **White Mountains** (zie blz. 228) zijn de onomstreden nummer een als het gaat om wandelen. Grillig en wispelturig bieden ze allerlei wandelgenoegens. Van een ommetje naar een beverdam tot een meerdaagse hike voorbij de boomgrens – en alles ertussenin. Amerika's legendarische langeafstandswandelroute Appalachian Trail voert rechtstreeks over de top van de Presidential Range. Hier staan ook de meeste van de door de Appalachian Mountain Club (zie blz. 55) gerunde hutten, waarin u kunt overnachten. Andere, niet minder spectaculaire trails zijn de van de Franconia Notch omhoog lopende rondwandeling Mt. Lincoln & Lafayette Loop (14,2 km), de klim naar de Greenleaf Hut (zie blz. 235), de achter Cannon Mountain gelegen Bridal Veil Falls Trail (8 km) en de beklimming van Mt. Moosilauke (1460 m) in het zuidwesten van de White Mountains. De top hiervan biedt een fantastisch panoramisch uitzicht over de bergketen en de Adirondacks in het westen.

Niet veel minder spectaculaire trails bieden ook de **Green Mountains** in Vermont. De Long Trail (zie blz. 209), Amerika's oudste langeafstandsroute, doorkruist een aantal van de toppen. Door het ontelbaar aantal 'toegangstrails' en accommodaties in de buurt hebt u de mogelijkheid naast meerdaagse trektochten ook mooie dagwandelingen te maken en comfortabel te overnachten in een B&B of country

Midden in de natuur: kanoën in Maine

inn. De mooiste gedeeltes van de Long Trail voeren over Mount Mansfield (1339 m), Vermonts hoogste berg, de Camels Hump (1241 m) met zijn alleenstaande kale 'bult' en Smugglers Notch, een smalle bergpas met extreem gespleten rotswanden.

Geheel op zichzelf aangewezen zijn wandelaars in de dichte bossen van **Baxter State Park** (zie blz. 283) in het noorden van Maine. De dubbele bergtop van Mt. Katahdin (1605 m) is een populaire toetssteen van de conditie van wandelaars.

De wat meer naar het zuiden gelegen **100 Mile Wilderness** (zie blz. 281) is waarschijnlijk het moeilijkste deel van de Appalachian Trail in New England. Steile rotsen, ondoordringbare wouden, moerassen en muggen – alleen ervaren hikers moeten hier wandelen. Een mooi wandelterrein zijn ook de 500 m hoge rotsen in **Acadia National Park** (zie blz. 273). In het enige nationaal park van New England vormt de alomtegenwoordige Atlantische Oceaan een mooie achtergrond voor foto's.

Wintersport

Met 3 m sneeuw per jaar is de winter in New England een serieuze aangelegenheid. Vermont heeft een flink aantal wintersportgebieden. Voor Europeanen die gewend zijn aan een skivakantie in de Alpen zijn echter slechts de twee onderstaande interessant. **Stowe** (zie blz. 222) biedt tot 6 km lange afdalingen en beschikt over halfpipes voor snowboarders en een zeer uitgebreid langlaufnetwerk. Verder kunt u hier sneeuwscootertochten maken. Het zeven bergen omvattende wintersportcentrum **Killington** (zie blz. 213) met de veelzeggende bijnaam Beast of the East is het grootste in het oosten van de Verenigde Staten. Vanuit meer dan vijfduizend hotelkamers skiet u zo de piste op. Het eerbiedwaardige Mount Washington Hotel aan de voet van de gelijknamige hoogste berg van New England is het epicentrum van de langlaufsport.

The Great Outdoors online

De officiële websites van de staten van New England zijn prima uitgangspunten voor een online verkenningstocht. Daarnaast voeren de gangbare zoekmachines bij het ingeven van steekwoorden als 'hiking', 'mountainbiking' en 'canoeing' naar interessante websites en in outdooractiviteiten gespecialiseerde aanbieders.

Massachusetts
Kanoën, wandelen en veel meer: www.massvacation.com/dutch.

Rhode Island
Wandelen: www.alltrails.com.
Kanoën: www.exploreri.org, www.ricka.org.

New Hampshire
Wandelen: www.visitnh.gov/what-to-do/outdoor-adventure/hiking-and-climbing.aspx.

Vermont
Wandelen: www.vtstateparks.com/hiking.html.
Kanoën en wandelen: www.vtstateparks.com/boating.html.

Maine
Maine Wilderness Guides Organization: www.mwgo.org (vereniging van professionele outdoorgidsen) en www.maineoutdoors.com.
Wandelen: www.visitmaine.com/things-to-do/outdoor-activities/hiking.

Feesten en evenementen

Rond het water

Een vele duizenden kilometers lange kustlijn, een roemruchte maritime historie en ettelijke tonnen zout in de lucht: met z'n allen naar het water, dat is de traditie in New England!

Het palet festivals rijkt van de braderie-achtige **kreeftenfeesten** tussen Maine en Massachusetts – zoals de drie dagen durende editie van Mystic en Mystic Harbor rond Memorial Day, de laatste maandag van mei – tot zwaar religieuze, maar in kleurrijke straatfeesten geïntegreerde **zegeningen van de vissersvloten** in havenstadjes als Provincetown (zie blz. 139). Het **Fishermen's Festival** in Boothbay Harbor (Maine), in de vierde week van april, is een doldwaas feest met allerlei rare competities, zoals de kreeftenkooimarathon en de verkiezing van Miss Shrimp.

Spectaculair is het **Hong Kong Dragon Boat Festival** (www.bostondragonboat.org) in Boston, waarbij drakenboten strijden op de Charles River (eind mei tot half juni), en de **Windjammer Days** in Boothbay Harbor (24-27 juni), waar de mooiste zeilschepen ter wereld samenkomen. Behalve 'bootjes' kunt u hier ook mensen kijken.

Andere leuke evenementen zijn het **Boston Harborfest** (www.bostonharborfest.com), een zes dagen durend festijn aan de Waterfront (begin juli), en het uiterst spectaculaire **International Seaplane Fly-in** op Moosehead Lake (Greenville, Maine). Watervliegtuigen uit de hele wereld landen begin september op het meer (www.seaplanefly-in.org).

Het nieuwste van het nieuwste op het gebied van onbetaalbaar speelgoed ziet u in de tweede en derde week van september tijdens de **Newport International Boat Show** (www.newportboatshow.com). En in de derde week van oktober vindt in Boston een van de grootste roeiregatta's ter wereld plaats. Tijdens de **Head of the Charles Regatta** loopt heel de stad uit om te kijken en gezien te worden (www.hocr.org).

Muziek op het land

Hup, de bossen in voor een stukje cultuur ... In de zomermaanden trekken veel stedelingen naar het platteland, maar ook hele orkesten, theatergezelschappen en dansensembles. Wekenlang zijn in stadjes en dorpen als Lenox en Becket dan uitvoeringen van wereldniveau te zien en te horen. Zo musiceren naast de Boston Philharmonic Orchestra vele wereldberoemde solisten in juli en augustus op het **Tanglewood Music Festival** (www.bso.org) in Lenox en de Berkshires. Minstens zo belangrijk als de deelnemers, aldus vaste gasten, is de ongedwongen sfeer van het festival. Plus natuurlijk het feit dat je na het concert niet in de file staat om de parkeergarage uit te komen, maar op je gemak naar je B&B fietst of wandelt.

Theaterfestivals

Meer dan tweehonderd oude en nieuwe stukken zijn in juni en juli te zien op het **Williamstown Theatre Festival** (wtfestival.org) in Williamstown (Mass.), tussen typisch New Englandse kerkjes en eerbiedwaardige universiteitsgebouwen. In oktober en november tenslotte vindt in het Boston Center for the Arts een van de beste homotheaterfestivals plaats, **Out on the Edge**.

Feestagenda

Januari
Stowe Winter Carnival: derde-vierde week, met skiwedstrijd en een hoop lol (www.stowewintercarnival.com).

Februari
US National Toboggan Championships: eerste week, Camden, Amerika's grootste sleewedstrijd (www.camden snowbowl.com).

Maart
South Boston St. Patrick's Day Parade: half maart, door 'Southie', Bostons meest Ierse wijk (www.southboston parade.org).
De hele maand staat in het teken van de **Maple sugaring-feesten**, zie blz. 214.

April
Boston Marathon: derde maandag, een van de meest prestigieuze marathons ter wereld (www.baa.org).
Patriot's Day: laatste maandag, Battle of Lexington & Concord Re-enactment, bonte reconstructie van de historische slag nabij Boston.

Juni
Jacob's Pillow Dance Festival: tot september, de beste dansers en ensembles treden op in de Berkshires, www.jacobspillow.org, Becket (Mass.).
International Festival of Arts and Ideas: derde en vierde week, New Haven, livemuziek en uitvoeringen (www.artidea.org).
Connecticut Gay & Lesbian Film Festival: eerste week (www.outfilmct.org).

Juli
Reading of the Declaration of Independence: 4e, feestelijk voorlezen van de Onafhankelijkheidsverklaring in het Old State House in Boston.
Stowflake Hot Air Balloon Festival: tweede week, schouwspel met tientallen deelnemers, Stowe (Vt.).
Mashantucket Pequot Tribal National Fireworks: tweede week, grootste vuurwerk van New England, New London (Ct.).

Augustus
Annual Southern Vermont Art and Craft Festival: eerste week, vier dagen kunst, Manchester (Vt.).
Jazz Festival Newport: eerste week, legendarisch (www.newportjazzfest.net).
Bar Harbor Jazz Festival: derde week.

September
Maine Salmon Festival: tweede week, Eastport (Me.), drie dagen kunsthandwerk uit Maine en livemuziek (www.eastportsalmonfestival.com).

Oktober
Nantucket Arts Festival (Mass.): tweede en derde week, tien dagen optredens en tentoonstellingen.
Festival of the Dead: derde en vierde week, Salem, 'gruwelijke' evenementen op straat en in heksenwinkels (www.festivalofthedead.com).

November
Vermont International Film Festival: eerste week, Burlington, gewijd aan mensenrechten en het milieu (www.vtiff.org).

December
Christmas Lights on Boston Common: eerste week, feestelijke verlichting van de kerstboom in Boston Common.

Praktische informatie van A tot Z

Apotheken

Recepten van Amerikaanse artsen worden geaccepteerd in *pharmacies* en *drugstores*, die zich vaak in een supermarkt bevinden. Daar kunt u ook terecht voor medicijnen zonder recept. Let op: een in de Verenigde Staten uitgeschreven recept is alleen geldig in de staat waarin het is verkregen.

Budget en prijsniveau

Accommodaties zullen uiteraard de grootste kostenpost zijn. Bij het opstellen van een budget moet u rekening houden met het seizoen en feestdagen. Tijdens Pasen en in de Indian summer worden de prijzen voor een overnachting verdubbeld – soms betaalt u zelfs drie keer zoveel als normaal (zie blz. 26). In Boston schieten de prijzen ook omhoog tijdens grote beurzen en internationale evenementen. Voor **eten en drinken** moet u, afhankelijk van uw smaak, op $ 40 tot $ 100 per persoon per dag rekenen.

In het algemeen is het goedkoper uw **huurauto** al thuis te boeken (zie blz. 25). Amerikanen klagen steen en been over de torenhoge brandstofprijzen, maar u betaalt aan de Amerikaanse pomp ongeveer een kwart tot een derde van wat u in Europa gewend bent. Actuele benzineprijzen kunt u vinden op www.gasbuddy.com.

Prijzen worden in de Verenigde Staten altijd getoond zonder **belasting.** De *restaurant tax* bedraagt 5 tot 8%, in hotels betaalt u 6 tot 12% (Vermont heeft geen *hotel tax*). Ook de **omzetbelasting** (*sales tax*) verschilt per staat en is in New England 5 tot 8%. New Hampshire heeft geen sales tax.

Consulaten

Nederlandse honorair-consul

Het consulaat in Boston is voor onbepaalde tijd gesloten. Het dichtstbijzijnde alternatief is het consulaat in New York:
666 Third Avenue, 19th floor
New York, NY 10017
tel. 1 877 388 2443
www.netherlandswordlwide.nl

Belgisch consulaat-generaal

1 Lincoln Street, 27th Floor
Brighton, MA 02111
tel. 1 617 779 8700
diplomatie.belgium.be/united_states

Elektriciteit

De Verenigde Staten hebben 110 volt wisselspanning, maar laptops, elektrische tandenborstels, mobiele telefoons et cetera kunt u er gewoon opladen. Wel hebt u een verloopstekker nodig omdat de stopcontacten in de VS anders zijn dan bij ons. Deze kunt u het beste vóór uw reis kopen.

Feestdagen

Januari

New Year's Day: nieuwjaarsdag.
Martin Luther King Jr. Day: derde maandag. Geboortedag van de zwarte mensenrechtenactivist.

Februari

President's Day: derde maandag.

April

Patriot's Day: derde maandag, in Massachusetts en Maine.

Mei
Memorial Day: laatste maandag, dodenherdenking, begin hoofdseizoen.

Juli
Independence Day: 4 juli, Onafhankelijkheidsdag, belangrijkste feestdag van de Verenigde Staten.

Augustus
Bennington Battle Day: 16 augustus, in Vermont.

September
Labor Day: eerste maandag, Dag van de Arbeid, einde hoofdseizoen.

Oktober
Columbus Day: tweede maandag, ontdekking van Amerika.
Halloween: 31 oktober.

November
Veterans Day: 11 november, dag van de oorlogsveteranen.
Thanksgiving Day: vierde donderdag, van oorsprong oogstfeest.

December
Christmas Day: 25 december, Kerstmis.
New Year's Eve: 31 december, oudejaarsavond.

Fooi

De salarissen in de dienstverlenende sector zijn erg laag; personeel is dan ook afhankelijk van fooien. In een restaurant geeft u zo'n 17-20% fooi (vuistregel: tweemaal wat er bij 'taxes' staat), aan de taxichauffeur 15-20%. Bij de garderobe geeft u $ 1 per jas, aan de barman $ 1 per drankje. Ook de kamermeisjes verwachten een fooi, $ 1 per nacht, hetzelfde bedrag geeft u de *bellboy* die uw bagage naar de kamer draagt per koffer.

Geld

De munteenheid in de Verenigde Staten is de dollar, die bestaat uit 100 cents. Er zijn bankbiljetten van 1, 5, 10, 20, 50 en 100 dollar, maar die laatste wordt met tegenzin geaccepteerd. Munten zijn er in waarden van 5 cents (een *nickel*), 10 cents (een *dime*) en 25 cents (een *quarter*). U kunt bij de meeste geldautomaten (ATM's) terecht met uw Nederlandse bankpas (kies na het intoetsen van uw pincode 'withdrawal from checking').

Creditcards worden overal geaccepteerd. Waar wij in Europa pinnen bij de supermarkt, het restaurant en het benzinestation, gebruiken Amerikanen hun creditcard. Voor het huren van een auto is een creditcard sowieso verplicht, bij het inchecken in een hotel hebt u er meestal ook eentje nodig.

Maten en gewichten

Lengtematen
1 inch (in.) = 2,54 cm
1 foot (ft.) = 30,48 cm
1 yard (yd.) = 0,9144 m
1 mile (mi.) = 1,609 km

Oppervlaktematen
1 sq mile = 2,5899 km²
1 acre = 0,4047 ha
1 sq foot = 0,92903 m²
1 sq inch = 6,452 cm²

Inhoudsmaten
1 pint (pt.) = 0,473 l
1 quart (qt.) = 0,946 l
1 gallon (gal.) = 3,785 l

Temperatuur
De temperatuur wordt in de Verenigde Staten in Fahrenheit gemeten (°F). Gebruik om om te rekenen de formule Fahrenheit minus 32 gedeeld door 1,8

= Celsius. Omgekeerd: Celsius maal 1,8 plus 32 = Fahrenheit. Een aantal benaderingen:
100°F ≈ 38°C
90°F ≈ 32°C
80°F ≈ 27°C
70°F ≈ 21°C
60°F ≈ 15°C
50°F = 10°C

Media

Op **televisie** stikt het, net als bij ons, van de al dan niet vermakelijke *trash* – een rondje zappen op de televisie in uw hotelkamer kan erg *entertaining* zijn. Uiteraard kunt u kijken naar de grote nieuwszenders als CNN en Fox News, en op de eerste paar kanalen is op gezette tijden ook regionaal nieuws te zien. Door de vele zenders en vele herhalingen is er altijd wel een kanaal waarop een aflevering van *Seinfeld*, *Friends* of *The Simpsons* te zien is – en op primetime ook nieuwere sitcoms. Ook aan sport geen gebrek; afhankelijk van het seizoen kunt u elke avond kijken naar professioneel basketbal, ijshockey of honkbal. Voor documentaires en geëngageerde films moet u bij de PBS (Public Broadcasting Service) zijn.

Wat **radio** betreft, geven de vele talkradioshows op de AM-band een mooi inkijkje in wat Amerikanen allemaal bezighoudt – er is voor elke smaak wel een zender te vinden.

De beste **kranten** van New England zijn de *Boston Globe* (www.bostonglobe.com) en de *Boston Herald* (www.bostonherald.com). Daarnaast zijn er talloze prima regionale dagbladen, die echter weinig nieuws uit de rest van de wereld brengen.

Wat waar te doen is, en wanneer, kunt u ontdekken via de evenementenagenda's van de diverse, overal gratis verkrijgbare stadskrantjes.

Medische verzorging

Vanwege de hoge kosten van de Amerikaanse gezondheidszorg is het afsluiten van een reisverzekering waarbij ook medische kosten inbegrepen zijn, beslist aan te bevelen. Een bezoek aan een arts of een ziekenhuis moet altijd ter plaatse worden betaald. Vraag dus altijd om een nota, die u eenmaal thuis bij uw verzekeraar kunt indienen. Op internet vindt u huisartsen met de zoekterm 'physician' of 'general practitioner'. Uiteraard kan de receptie van uw hotel u ook helpen.

Noodgevallen

Algemeen noodnummer (brandweer/politie/ambulance): 911.

Blokkeren van pinpas of creditcard bij verlies of diefstal

Algemeen: via www.pasblokkeren.nl komt u bij de website van uw bank of creditcardmaatschappij. Het is ook raadzaam het alarmnummer van uw bank op te slaan in uw telefoon, zodat u die in noodgevallen snel kunt bellen.

Telefoonnummers grote banken:
ABN Amro: 011 31 10 241 17 20
ASN: 011 31 70 356 93 35
ING: 011 31 20 22 888 00
Rabobank: 011 88 722 6767
SNS: 011 31 88 385 53 72

International Card Services (Visa, ook ANWB-creditcard): 011 31 20 66 00 06 11

American Express: 011 31 504 86 66

Reisinformatie

Omgangsvormen

Net als in de rest van de Verenigde Staten staat hoffelijkheid in New England hoog in het vaandel. Er wordt getoeterd noch geduwd en mensen wachten netjes op hun beurt.

De vriendelijkheid waarmee Amerikanen vreemden bejegenen, vaak afgedaan als de typische oppervlakkigheid van het land, kan voelen als een warm bad. Een goede plek om de Amerikaanse etiquette eigen te maken, is de ontbijtruimte van een B&B, waar u meestal met andere gasten aan tafel zit. Stel u voor, vertel waar u vandaan komt en het gesprek kabbelt vanzelf verder. Bij het voorstellen hoort overigens het standaard antwoord 'Nice to meet you', bij het afscheid nemen 'Have a safe trip'. Op het net zo vanzelfsprekend uitgesproken 'How are you doing?', bijvoorbeeld bij het betreden van een winkel, wordt geen (eerlijk) antwoord verwacht.

Openingstijden

De Verenigde Staten kennen geen winkeltijdenwet. De openingstijden variëren dan ook. **Winkels** in Boston en de andere grotere steden zijn meestal van circa 9.30 tot minstens 18 uur geopend.

Best price

De strijd om gasten is hard in de Amerikaanse hotelbusiness. Voor de klant is de concurrentie goed, want die zorgt voor mooie aanbiedingen. Zelfs viersterrenhotels adverteren in rustige weken met kortingen en de middenklassers vechten om de gunst van de toerist met weekendspecials en tweede-nacht-gratis-acties. U kunt dus zonder enige gêne bij de receptionist vragen naar de *best price*.

In het achterland zijn minder ruime openingstijden, al blijven zaken in toeristische gebieden ook wel lang open.

Banken zijn meestal ma.-do. 9-16 en vr. 9-18 uur geopend, in de centra van de grotere steden vaak ook zaterdagochtend. **Postkantoren** zijn ma.-vr. 9-17 en za. 9-16 uur geopend.

Over de openingstijden van **restaurants en bars** is weinig te zeggen, daar deze zaken zich richten op de gasten. In Boston en de grotere steden zijn restaurants vaak geopend van vroeg tot laat – u kunt er doorlopend terecht voor ontbijt, lunch en diner. Andere sluiten tussen de maaltijden door of zijn alleen 's avonds geopend. In de grote steden, zeker in Boston, sluiten de meeste restaurants pas hun deuren wanneer de laatste gast is vertrokken.

Post

Op kaarten en brieven naar Europa moet $ 1,15 en ze zijn 3-5 dagen onderweg.

Reizen met een handicap

New England is goed voorbereid op reizigers met een lichamelijke beperking. Veel bezienswaardigheden, hotels en restaurants zijn rolstoelvriendelijk, op kruispunten zijn in de regel aflopende stoepranden. Kijk voor concrete reisinformatie op de website van de **Massachusetts Network of Information Providers for People with Disabilities**, www.disabilityinfo.org.

Roken

In cafés, bars, restaurants, openbare gebouwen en de meeste hotels is roken verboden.

Souvenirs

Ahornsiroop uit Vermont, kunstnijverheid uit de kuststreek en New Hampshire en Shaker-kasten uit een Shaker-museum voor sieraden. Wat souvenirs betreft zijn de oude *general stores* in afgelegen gebieden ware goudmijnen: hier vindt u alles van handgeweven truien en schilderijtjes van indianen tot bijzonder houtsnijwerk, kunstig bewerkt leer en huisgemaakte jam.

Telefoon en internet

Een lokaal gesprek vanuit een telefooncel kost $ 0,50. Een alternatief is een *prepaid phone card*, die ook geschikt is voor internationale gesprekken (verkrijgbaar met tegoeden van $ 10-100 bij onder andere kiosken). Vaak zijn *local calls* vanuit uw hotelkamer gratis. Bellen naar het thuisfront moet u daarvandaan zeker niet doen. Om naar huis te bellen toetst u eerst 011 in, dan het landnummer (31 voor Nederland, 32 voor België) en dan het telefoonnummer zonder 0.

Alle **smartphones** werken gewoon in de VS. Alleen als u een antiek mobieltje hebt, kunt u problemen ondervinden. Mobiel bellen is een dure hobby; de roamingkosten zijn erg hoog. Zet voor de zekerheid roaming voor vertrek uit. Bent u van plan veel mobiel te bellen of surfen, dan kunt u een Amerikaanse prepaidkaart kopen. Hiermee worden zowel binnenlandse als internationale gesprekken aanzienlijk goedkoper en raakt u niet failliet als u een foto op Facebook of Instagram zet.

Wifi is tegenwoordig alomtegenwoordig, dus u kunt uw laptop, tablet of smartphone zo'n beetje overal gebruiken. In hotels en (fastfood)restaurants, maar ook in shoppingmalls, musea, cafés en zelfs in veel openbare parken kunt u gratis op internet. Activeer simpelweg wifi op uw device en klik op een open verbinding.

Tijd

New England heeft Eastern Standard Time (EST). Het is er zes uur vroeger dan in Nederland en België.

Veiligheid

New England is voor Amerikaanse begrippen extreem veilig. Ook in de toeristisch interessante wijken van Boston kunt u zonder problemen rondlopen na zonsondergang. Hetzelfde geldt voor kleinere **steden**. Uiteraard moet u, net als overal ter wereld, uw gezond verstand gebruiken: loop 's nachts geen donkere steegjes in en laat waardevolle spullen die u niet nodig hebt in de kluis op uw hotelkamer liggen. Op vliegvelden en stations moet u oppassen voor zakkenrollers. Het is handig om een kopie te maken van waardevolle documenten als uw paspoort en rijbewijs en deze apart te bewaren.

Bij **wandelingen** door de wildernis is overschatting uw grootste vijand. Vooral onervaren hikers onderschatten vaak de zwaarte van een hike. Neem in elk geval voldoende water mee, denk aan een hoofddeksel en neem waarschuwingsborden serieus! Zelfs in het kleinschalige New England verdwalen steeds weer wandelaars, vooral in de White en de Green Mountains.

Het is verstandig een meerdaagse trip in de great outdoors goed te plannen en bij de diverse visitor centers te informeren naar de toestand van de betreffende trails en het actuele weer. Beren zult u hier niet snel tegenkomen, maar wel elanden – hou afstand en maak geen plotselinge bewegingen.

Kennismaking – Feiten en cijfers, achtergronden

Badend in prachtig rood en geel: de bladeren tijdens de Indian summer

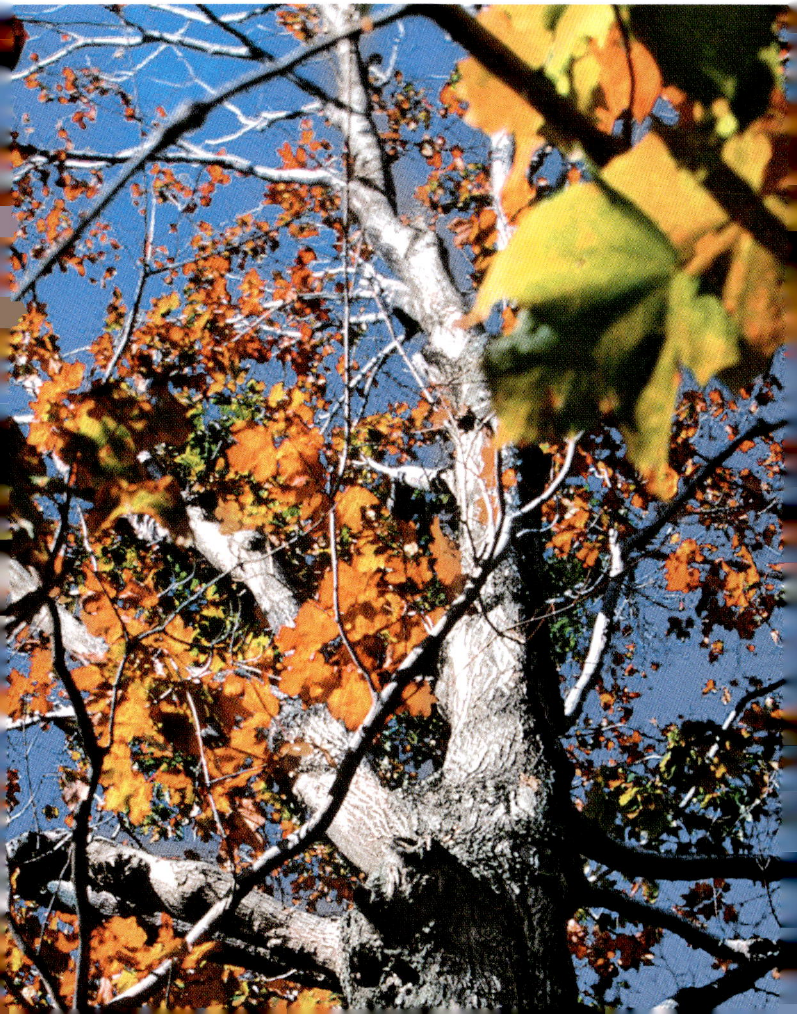

Boston en New England in het kort

Oppervlakte: 185.111 km²
Staten en hoofdsteden: Massachusetts (27.337 km², Boston), Rhode Island (4002 km², Providence), Connecticut (12.997 km², Hartford), Vermont (24.903 km², Montpelier), New Hampshire (24.219 km², Concord) en Maine (91.653 km², Augusta)
Inwoners: Massachusetts (6,8 miljoen), Rhode Island (1,06 miljoen), Connecticut (3,6 miljoen), Vermont (0,63 miljoen), New Hamphire (1,33 miljoen), Maine (1,33 miljoen), New England totaal: 14,71 miljoen
Grootste steden: Boston (670.000 inwoners), Worcester (Massachusetts, 185.000 inwoners), Providence (Rhode Island, 180.000 inwoners), Springfield (Massachusetts, 153.000 inwoners) en Bridgeport (Connecticut, 144.000 inwoners)
Bevolkingsdichtheid (inwoners/km²): Massachusetts 324, Rhode Island 274, Connecticut 285, Vermont 26, New Hamphire 57 en Maine 17
Voertaal: Amerikaans Engels
Munteenheid: US-Dollar
Tijdzone: MET -6 uur

Geografie en natuur

New England bestaat uit de zes staten in het uiterste noordoosten van de Verenigde Staten. De sterk ingesneden kust en de langgerekte, voornamelijk in noord-zuidelijke richting lopende gebergten werden gevormd in de laatste ijstijd. In het kustgebied, van Zuidwest-Connecticut tot het noordwesten van Maine, zijn daarbij meren, glooiende heuvellandschappen en zandstranden zoals op Cape Cod ontstaan. Veel van de meren zijn rond – overblijfselen van een gesmolten blok ijs. Landinwaarts doorsnijden de Appalachen de regio. In de White Mountains staat de hoogste berg van deze keten, Mount Washington (1917 m). Typisch voor de White Mountains zijn de U-vormige valleien. De verder naar het westen in Massachusetts en Vermont gelegen Berkshire Hills en Green Mountains zijn wat kleiner. De New England in de lengte doorstromende Connecticut River is met 600 km de langste rivier van de regio, de 200 km lange, maar slechts maximaal 20 km brede Lake Champlain het grootste meer.

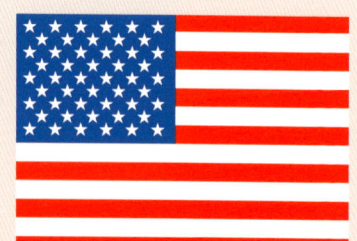

Geschiedenis

Engelse puriteinen stichtten in 1620 Boston. Meer steden volgden al snel, en dat leidde tot conflicten met de in eerste instantie nog gastvrije oorspronkelijke bewoners. In de King Philip's War (1675/76) werd de weerstand definitief neergeslagen. In de 18e en vroege 19e eeuw werden Salem, Newport, Boston en Providence door de Trans-Atlantische driehoekshandel en de handel met China welvarend. Provincetown, New Bedford en Nantucket waren centra van de walvisvangst.

De eis van de kolonie om meer politieke inspraak werd door Londen beantwoord met steeds repressievere belastingwetten, tot op 19 april 1775 in Lexington en Concord de eerste schoten van de Amerikaanse Onafhankelijkheidsoorlog klonken.

In de 19e eeuw gaven de New England-staten, niet in de laatste plaats door hun goede opleidingsinstituten, een impuls aan de rest van de Verenigde Staten. Hier begon de industrialisering van de VS en ontstond de Amerikaanse literatuur.

Aan het einde van de 20e eeuw wezen niet alleen de hier gevestigde hightechbedrijven de weg vooruit. Met milieuvriendelijker technologie en de legalisering van het homohuwelijk belichamen de staten in New England, en dan vooral Vermont, het progressieve Amerika.

Staat en politiek

De Verenigde Staten zijn een federale republiek met aan het hoofd een president, die eens in de vier jaar wordt gekozen. De regering (congress) bestaat uit twee kamers: het house of representatives en de senate. De president is staatshoofd, regeringsleider en opperbevelhebber.

Er zijn in de Verenigde Staten twee grote partijen: de Democraten en de Republikeinen, waarbij de eerste een sociaal-democratische binnenlandpolitiek aanhangen en de tweede een duidelijk conservatiever koers varen. New England is sinds jaar en dag een bastion van de Democraten.

Een politieke bijzonderheid in New England zijn de zogenaamde *town meetings*. Op deze met enige regelmaat in veel steden en dorpen gehouden bijeenkomsten discussiëren burgers over lokaal belangrijke onderwerpen en wordt per handopsteking gestemd.

Universiteiten

Meer dan 800.000 studenten bereiden zich aan New Englands colleges en universiteiten voor op de toekomst. Vier van de acht Ivy League-universiteiten in het noordoosten van de Verenigde Staten staan in New England: Harvard, Yale, Brown en Dartmouth. Daarnaast zijn er nog zo'n 250 colleges en internaten, de zogenaamde *prep schools*. Op deze dure onderwijsinstellingen worden scholieren voorbereid op een studie aan een van de elite-universiteiten.

Economie en toerisme

New England behoort tot de regio's met het hoogste inkomen per hoofd van de bevolking van het land. Het werkloosheidspercentage ligt tussen de drie en vijf. Als wieg van de Amerikaanse industrialisering is New England tot op de dag van vandaag sterk op het gebied van machines, precisie-instrumenten, wapens en hard- en software. Samen met farmaceutische producten, chemicaliën en elektronische apparatuur zorgen deze takken voor driekwart van de export uit New England.

Landbouw is slechts op enkele plaatsen mogelijk, voornamelijk in Vermont. Toch exporteert New England voedingsmiddelen als ahornsiroop, aardappelen, vis, kreeft en aalbessen. De verzekeringsbranche bloeit – een groot deel van de managers heeft zijn opleiding genoten aan de beroemde New Englandse instellingen.

Ook het toerisme is een belangrijke inkomstenbron. In Maine, de 'armste' staat van New England, is toerisme de belangrijkste werkgever.

Bevolking en religie

New England is overwegend blank. Amerikanen met een andere huiskleur wonen in de grotere steden, voornamelijk in Boston, Hartford en Worcester. Het aandeel blanken bedraagt in New England afhankelijk van de staat 86 tot 97 procent.

Van de vele religies in New England heeft het katholicisme de meeste aanhangers.

Geschiedenis

Verkenningen

1000 n.Chr. Vikingen uit Groenland bereiken vanuit Newfoundland mogelijk ook New England.

1497 John Cabot eist de Amerikaanse kust tussen 'the new founde land' en Virginia op voor de Engelse koning Hendrik VII.

16e eeuw Vissers uit half Europa zeilen voor de kust van New England.

Begin 17e eeuw Kapitein Bartholomew Gosnold geeft Cape Cod en Martha's Vineyard hun naam. In 1607 stichten kooplieden uit Londen verder naar het zuiden de Virginia Colony. Frankrijk volgt een jaar later met Nieuw-Frankrijk aan de Saint Lawrence-rivier. Samuel de Champlain, de 'Vader van Nieuw-Frankrijk', ziet de groene bergen van Vermont. In 1614 geeft de voor de Virginia Colony zeilende kapitein John Smith de hele kuststreek van New England.

Kolonisatie

1620 De Mayflower brengt de eerste kolonisten, fundamentalistische protestanten, naar New England. In de buurt van het huidige Plymouth (Mass.) stichten de later zo genoemde pelgrims de eerste permanente nederzetting van de regio, Plimoth Plantation. Aan hun vlucht uit Engeland waren hevige conflicten voorafgegaan met de anglicaanse staatskerk. De puriteinen wilden zich vrijmaken van het katholieke juk en waren staatsvijand geworden.

1630 John Winthrop, gouverneur van de Massachusetts Bay Colony, sticht Boston en een ultra-orthodoxe theocratie. Criticasters verlaten de stad en stichten hun eigen dorpen. Zo sticht Thomas Hooker in 1635 de Hartford Colony en Roger Williams drie jaar later Providence.

1634-1641 Tijdens de Pequot-oorlog (tot 1637) roeien kolonisten de Pequot-stam uit en maken zo de weg vrij voor de Connecticut Colony. In 1640 wonen al 25.000 mensen aan de kust van New England.

1651 De Britse *Navigation Act* beperkt de handel met het moederland tot Engelse schepen.

Vanaf 1660-1662 De kolonies New Haven en Connecticut worden samengevoegd. In 1679 wordt New Hampshire een kroonkolinie. In 1691 volgt Massachusetts, dat aan Maine wordt gekoppeld.

1675/76 Onder leiding van Wampanoag-opperhoofd Philip komen vijf indianenstammen in opstand tegen de steeds verder oprukkende kolonisten. De bloedige King Philip's War bezegelt het lot van de indianen in New England. Rhode Island en Connecticut worden 'gezuiverd'; het

Bedrieglijk echt: Wampanoag-behuizing in de Plimoth Plantation

aantal oerbewoners dunt in de volgende decennia uit tot slechts een paar honderd.

1692/93	De heksenjacht in Salem kost twintig mensenlevens.
1701	In New Haven wordt Yale University gesticht.
1754-1763	De French and Indian War (Frans-indiaanse oorlog) destabiliseert de regio. Stoottroepen van collaborerende Fransen en indianen terroriseren de steden van Maine. In 1759 valt Québec, vier jaar later neemt Frankrijk met de Vrede van Parijs afstand van zijn Noord-Amerikaanse bezittingen.

De weg naar onafhankelijkheid

1765-1774 Met een hele serie restrictieve belastingmaatregelen (Stamp Act, Townshend Act, Tea Act) jaagt Londen de kolonies verder tegen zich in het harnas. In 1768 schrijft Samuel Adams de Circular Letter, waarmee hij namens alle kolonies protesteert tegen de verstikkende belastingen. In 1770 worden bij de Boston Massacre vijf kolonisten gedood. In 1773 gooien als indianen verklede burgers in de haven van Boston uit protest tegen de theebelasting de lading van Britse theeschepen in zee. Deze Boston Tea Party en de Intolerable Acts van 1774 (onder andere sluiting van de haven van Boston) voeren nog in het-

Geschiedenis

zelfde jaar tot het eerste Continentale Congres in Philadelphia. Tijdens deze bijeenkomst worden de Britse belastingmaatregelen ongeldig verklaard en worden de kolonisten opgedragen zich te bewapenen.

1775 Op 19 april worden in Lexington bij Boston de eerste schoten van de Onafhankelijkheidsoorlog gelost. Op 10 mei veroveren de Green Mountain Boys onder leiding van Ethan Allen in Vermont het Britse Fort Ticonderoga. Op 17 juni winnen de Briten de Slag om Bunker Hill, maar ze lijden grote verliezen. George Washington wordt opperbevelhebber van het Continentale Leger.

1776 In maart wordt Boston door de Britten opgegeven. Op 4 juli verklaren de dertien kolonies in Philadelphia zich onafhankelijk. De beroemdste passage van de Declaration of Independence kan worden gezien als 'missie' van de Verenigde Staten: '*We hold these truths to be self-evident, that all men are created equal, that they are endowed by their Creator with certain unalienable rights, that among these are Life, Liberty and the pursuit of Happiness*' – 'Wij beschouwen deze waarheden als vanzelfsprekend, dat alle mensen als gelijken worden geschapen, dat zij door hun schepper met zekere onvervreemdbare rechten zijn begiftigd, dat zich daaronder bevinden het leven, de vrijheid en het nastreven van geluk.' De Bostonse notabele John Hancock ondertekende de verklaring als eerste – in grote letters, zodat 'de koning van Engeland het zonder bril zou kunnen lezen.'

1777 Ethan Allen roept de onafhankelijke republiek Vermont uit (Vermont voegde zich pas in 1791 als 14e staat bij de VS). In hetzelfde jaar worden de Britten bij Bennington (Vt.) verslagen. Daarna veschuift het slagveld zich naar het zuiden.

1780 Franse troepen voegen zich ter ondersteuning in Newport (RI) bij de Amerikanen. Door hun steun wordt in 1781 generaal Cornwallis in Yorktown (Virginia) verslagen – een beslissende slag.

1783 Met de Vrede van Parijs erkent England de onafhankelijkheid van de Verenigde Staten van Amerika.

19e eeuw

1790 De ingebruikname van de Slater Mill, de eerste mechanische katoenspinnerij in Pawtucket (RI), signaleert het begin van de industrialisering van New England.

1807 In Connecticut publiceert Noah Webster de eerste *Webster's Dictionary*, tot op de dag van vandaag het toonaangevende woordenboek voor Amerikaans-Engels.

1812-1814	Oorlog tussen de Verenigde Staten en England. De zeeblokkade ruïneert New Englands handelsvloot.
1820	Maine wordt de 23e staat van de USA. Walvisjagers uit New England varen op alle wereldzeeën. Walvisvangst en intercontinentale handel, vooral met China, zorgen voor grote welvaart in steden als Nantucket en New Bedford. Begin van het tijdperk van de mecenassen; rijke ondernemers doneren aan musea, galeries en universiteiten.
1842	Massachusetts verleent arbeiders als eerste staat het stakingsrecht. Hongersnood in het thuisland zorgt voor een immigrantengolf van Ierland naar Boston.
1852	Harriet Beecher Stowe uit Connecticut publiceert in Boston haar anti-slavernijroman *De negerhut van Oom Tom*.
1861-1865	Tijdens de Amerikaanse Burgeroorlog wordt in het noordoosten niet gevochten, maar New Englands wapenfabrikanten helpen het noorden aan de winst. Slavernij wordt afgeschaft in het zuiden.
1897	Boston is de eerste Amerikaanse stad met een metrosysteem.

20e eeuw

1905	In Portsmouth (NH) wordt het Russisch-Japanse Vredesverdrag ondertekend.
tot 1914	Ondanks de vanaf 1890 ingevoerde antitrustwetten maken de trusts van ondernemers als Rockefeller en Vanderbilt enorme winsten. In Newport in Rhode Island laten de miljardairs van de Golden Age paleizen van marmer en graniet bouwen, de zogenaamde *cottages*.
1917	De Verenigde Staten mengen zich in de Eerste Wereldoorlog.
vanaf 1918	De textielindustrie verhuist naar het goedkopere zuiden van de Verenigde Staten. New Englands fabrieksteden verpauperen.
1919	Op initiatief van de Rockefellers wordt het Acadia National Park in Maine opgericht. In Boston ontploft een giertank. Hele wijken komen onder een 7 m dikke mestwolk te liggen. Het ongeluk kost aan 21 mensen het leven.
1920	Stemrecht voor vrouwen.
1920-1933	Prohibition: verbod op de productie en verkoop van alcohol.
1924	Stemrecht voor indianen.

Geschiedenis

1927	Na een een wereldwijd bekritiseerd proces worden de Italiaanse immigranten en anarchisten Nicola Sacco en Bartolomeo Vanzetti in Boston tot de dood veroordeeld voor een roofoverval die ze niet hebben gepleegd.
1929	De beurskrach versterkt de crisis in New England.
1941	De Verenigde Staten mengen zich in de Tweede Wereldoorlog.
1944	In het Mount Washington Hotel in Bretton Woods (NH) besluiten vertegenwoordigers van 44 landen tot de oprichting van het Internationale Monetaire Fonds IMF.
1952	John F. Kennedy uit Massachusetts wordt gekozen als senator.
1954	In Groton (Ct.) loopt de Nautilus van stapel, de eerste nucleaire onderzeeër.
1961-1963	John F. Kennedy is de jongste en eerste katholieke president van de Verenigde Staten.
1966	Advocaat Edward W. Brooke uit Massachusetts is de eerste Afro-Amerikaan in de senaat.
1970	Vermont neemt als eerste staat in New England een aantal milieuwetten aan. In Boston zijn in de jaren 70 talloze rassenrellen.
1976	Supertanker Argo Merchant loopt voor Nantucket op de klippen en verliest 30 miljoen liter ruwe olie.
1978	Maine en de Penobscot- en Passamaquoddy-indianen sluiten een deal over landeisen.
1990	New England in de greep van de recessie. Een jaar later valt de gerenommeerde Bank of New England om. In Boston wordt uit het Isabella Stewart Gardner Museum een aantal kunstwerken ter waarde van 100 miljoen dollar gestolen.
1992	In Ledyard (Ct.) openen Mashantucket Pequot-indianen het grootste casino ter wereld.
1997	Jody Williams uit Vermont wint voor haar strijd tegen landmijnen de Nobelprijs voor de Vrede. De internetboom stimuleert de economie in Greater Boston.
1998	In januari veroorzaakt een winterse storm miljarden dollars schade.

Sinds 2013 zijn 'same sex marriages' legaal in heel New England

De 21e eeuw

2000	Vermont legaliseert als eerste Amerikaanse staat het homohuwelijk.
mei 2003	De rotsformatie Old Man of the Mountain in de White Mountains, meer dan tweehonderd jaar New Hampshires symbool van trots en onafhankelijkheid, breekt af.
2004	Nadat hij uit de presidentsrace stapt, richt Howard Dean, voormalig gouverneur van Vermont, Democracy for America op, een actiegroep tegen politiek rechts. Zijn Democratische tegenstrever John Kerry wint bij de verkiezingen alle New England-staten.
2008	Het homohuwelijk wordt legaal in alle staten van New England, op Rhode Island na – die staat volgt vijf jaar later.
2010	Extreem zware regenval leidt in maart in het zuiden van Rhode Island tot overstromingen.
2012	In Massachusetts wordt in de aanloop naar de presidentsverkiezingen heftig gestreden om elke stem. Zittend president Barack Obama en uitdager Mitt Romney investeren het recordbedrag van 45 miljoen dollar aan reclame.
2013	Een aanslag met explosieven zorgt tijdens de Boston Marathon voor drie doden en honderden gewonden.
2016	Tien van de twintig beste opleidingsinstituten van het land bevinden zich volgens zakentijdschrift *Forbes* in New England. Hillary Clinton wint bij de presidentsverkiezingen alle New England-staten.

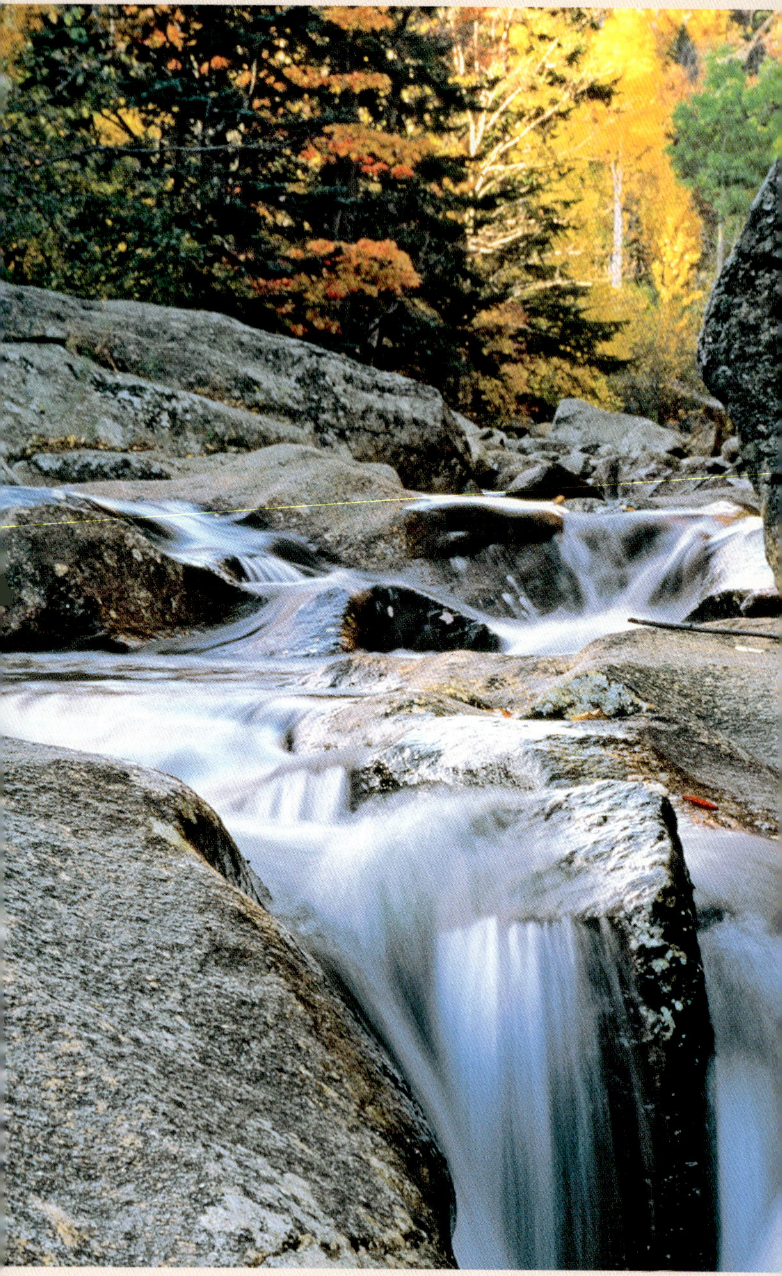

De White Mountains zijn New Englands hikerwalhalla. Ze liggen op slechts drie uur rijden van Boston, voornamelijk in New Hampshire, deels in Maine, en reiken tot boven de boomgrens. Een ander fantastisch wandelgebied, de Green Mountains, eveneens deel van de Appalachen, loopt door Vermont en eindigt in Massachusetts als Berkshire Hills.

hebben aan geïsoleerd liggende, pas laat gesmolten ijsblokken. De Whites zijn nog steeds relatief onaangetast. Er is weinig plek voor huizen, laat staan dorpen. Het is dan ook niet verrassend dat de laatste dalen en kloven pas aan het begin van de 19e eeuw werden ontdekt. Geologisch horen ze bij de Appalachen, die lopen van Georgia tot Newfoundland (Canada).

New England te voet

Appalachian Trail

Je hebt je zó goed voorbereid: de trap in plaats van de lift, de fiets in plaats van de bus, squats, push-ups ... Alles voor niets, want al op de eerste dag op de **Appalachian Trail**, de beroemde langeafstandswandelroute van Georgia naar Maine, komt de pap in je benen. De White Mountains zijn steil. Heel steil. Over de 12 km omhoog naar de Madison Spring Hut doe je vierenhalf uur, staat op het bord bij het Pinkham Notch Visitor Center. Maar vierenhalf uur later constateer je verslagen: wie dat heeft opgeschreven, heeft glashard gelogen. Of hij was wel héél erg goed in vorm.

Mount Washington is met 1917 m de hoogste berg van de White Mountains. Koude wind uit Canada heeft het kale plateau op de top van de Presidential Range getransformeerd in een maanlandschap. Typerend zijn ook de U-vormige dalen, de zogenaamde *notches*, een overblijfsel van de laatste ijstijd, en de ronde meren, die hun vorm te danken

Natuurpracht in de White Mountains

Long Trail

De Green Mountains, waarvan Mt. Mansfield met 1339 m de hoogste top is, beschikken met de 438 km lange **Long Trail** over een andere beroemde Amerikaanse langeafstandswandelroute. Het 'lange pad' begint bij Williamstown (Mass.) en doorkruist op zijn reis naar North Troy (Vt.) in het noorden de hoogste toppen van de Green Mountains. Daarme kan hij wat niveau betreft prima wedijveren met de zwaarste trails van de Whites. De beroemdste vierseizoenenspeelplaatsen van het oosten bevinden zich dan ook hier: Stowe en Killington (beide Vt.), skiresorts in de winter, wandel- en mountainbikeparadijzen in in zomer.

Nog meer trails

Alleen ervaren hikers zouden moeten wandelen in de **100 Mile Wilderness** in het noorden van Maine. Moerassen, meren en bergen, maar vooral de adembenemende stilte maken deze ontoegankelijke wildernis tussen Monson en

Abol Bridge vlak voor Baxter State Park uniek. Heel wat wandelaars zijn hier in de loop der jaren de weg kwijtgeraakt – bijvoorbeeld reisboekenschrijver Bill Bryson (zie blz. 280). Het enige 'pad' door het gebied is de Appalachian Trail, die verder naar het noorden op Mount Katahdin zijn route door de Verenigde Staten beëindigt. Tien dagen duurt de trektocht, en je kunt onderweg nergens 'uitstappen'. Mensen die de route hebben afgelegd, zeggen dat het is alsof je tien dagen door een tunnel loopt. En naast de lichamelijke inspanning is de confrontatie met de eenzaamheid de grootste uitdaging. Een tent en proviand moeten wandelaars zelf meenemen, gekampeerd wordt meestal in eenvoudige *lean-to's* genoemde schuilplaatsen.

Last but not least: de wandelroutes door het **Acadia National Park** aan de noordkust van Maine. Het enige nationale park van New England is met 142 km² een kleintje, maar het wandelnetwerk in het park is met een totale afstand van 200 kilometer heel behoorlijk. Het palet reikt van een simpel wandelingetje naar een beekje met een beverdam tot inspannende klimpar-

Een ontspannen etappe op de Appalachian Trail

Trails door de wildernis

White Mountains

De Appalachian Mountain Club (AMC) onderhoudt hier de rustieke Joe Dodge Lodge in het Pinkham Notch Visitor Center, het nieuwe Highland Center at Crawford Notch en acht hutten met beheerder voorbij de boomgrens. Deze *mountain huts* liggen op een dag wandelen van elkaar verwijderd op de Appalachian Trail en bieden slaapzalen met stapelbedden en stevige maaltijden in gemeenschappelijke ruimten. Vanwege de grote vraag moet u deze ver van tevoren reserveren. De beste reisperiode is juni tot eind september (Appalachian Mountain Club (AMC), Pinkham Notch Visitor Center, 361 Rte. 16, P. O. Box 298, Gorham, NH 03581, tel. 603 466 2721, www.outdoors.org, lodges $ 70-110 per persoon, hutten $ 130 per persoon, inclusief twee maaltijden).

Green Mountains

Als u de 438 km lange Long Trail in een ruk wilt lopen, moet u hiervoor ongeveer een maand uittrekken. Maak bij (de planning van) uw reis gebruik van de kennis en hulp van de Green Mountain Club. Zij organiseren bijvoorbeeld *food drops*, waarbij voedselpakketten worden gedropt op afgelegen plekken. U overnacht langs de trail, in een tent en/of eenvoudige schuilplaatsen. De beste reisperiode is half juli tot half september (Green Mountain Club, 4711 Waterbury-Stowe Rd., Waterbury Ctr., Vt. 05677, tel. 1 802 244 7037, www.greenmountainclub.org).

100 Mile Wilderness

Voor deze loodzware trail moet u tien tot veertien dagen uittrekken. Voedsel en kampeeruitrusting moet u zelf meenemen. Veel hikers parkeren hun auto in Monson en liften naar Abol Bridge, waar ze aan de wandeltocht terug beginnen. Op reisblogs wordt de 100 Mile Wilderness beschreven als de vermoeiendste korte hike van Noord-Amerika (zie bijvoorbeeld www.sectionhiker.com/how-to-hike-the-100-mile-wilderness). De beste reisperiode is augustus tot begin september.

Acadia National Park: zie blz. 273

---

tijen over enorme rotsblokken naar plateaus met adembenemende vergezichten. Het park is uniek vanwege zijn ligging aan zee – de Atlantische Oceaan is steeds te zien, horen of voelen.

Wat doet het weer?

Onderweg naar de hut bij Madison Springs buigt het over de oostflank van Mount Washington verlopende pad bergopwaarts af. Wat volgt is geen weg met haarspeldbochten, maar een kaarsrecht pad langs de Osgood Ridge, met een hellingspercentage tussen de zestig en zeventig. Net voor de top laten de Whites dan plotsklaps zien wat ze weertechnisch in huis hebben: het kwik daalt ineens een graad of vijftien, zwarte wolken sluiten de hemel boven je. Een nare wind steekt op en blaast zo hard tegen je door het zweet nat geworden kleding dat je gaat rillen van de koud – je zweet en bevriest tegelijk.

Zeven uur na het begin van de wandelroute kruip je over zwarte keien naar de top. Aan de andere kant ervan, 300 m dieper op een plateau, ligt eindelijk het doel van de dag. De Madison Springhut is bereikt – niet in vierenhalf, maar negen uur ...

Wat een New England-reiziger het meeste bijblijft van zijn trip, zijn waarschijnlijk de idyllische dorpjes, ingekapseld door bossen. Maar de streek heeft ook meer dan voldoende groen te bieden. Niet alleen het frisgroene in de goed onderhouden voortuintjes, maar ook donker, bijna zwart groen in de dichte wouden, waar zwarte beren leven, elanden rondrennen en bevers dammen bouwen.

Als u eenmaal Boston uit bent, zal op elke tweede foto op z'n minst een stukje bos staan: de ene keer wat boompjes, dan weer een wild en ondoordringbaar woud, alsof het is geschilderd. Het lijkt er dan op dat het aangezicht van New England sinds de landing van de Europeanen nauwelijks is veranderd, maar niets is minder waar. De regio was nog maar vierhonderd jaar geleden volledig door bossen bedekt. Maar in iets meer dan twee eeuwen was tachtig procent van de bebossing verdwenen – het resultaat van de opmars van de kolonisten, houthakkers en industrie. Toen zette Washington echter de deur naar het onontdekte westen open. Veel New Englanders konden de roep van het nieuwe land niet weerstaan – *Go West* was het devies. Met hun vertrek kreeg de natuur weer vrij baan: meer en meer bossen groeiden weer aan en tegenwoordig is Amerika's noordoosten weer voor driekwart bebost. Maine het dichtst (tegen de 80%), en zelfs het verstedelijkte Connecticut voor ongeveer de helft.

Wouden en de wildernis

Met de Europeanen kwamen ook nieuwe planten. Een derde van de huidige flora stamt van overzee of uit andere delen van de Verenigde Staten. In de White Mountains in New Hampshire toont Moeder Natuur zich van haar wildste kant. Maines 100 Mile Wilderness, die alleen te bewandelen is via de Appalachian Trail (zie blz. 53), is het langste stuk ongerepte wilder-

Amerika's groene hoekje

Elandstier in Baxter State Park

nis aan deze beroemde langeafstandswandelroute. En in de zijdalen van de White Mountains, wier ontoegankelijkheid een onuitputtelijke inspiratiebron vormt voor horrorschrijver Stephen King, lopen overmoedige hikers steeds weer de verkeerde kant op – of ze vallen, volledig uitgeput, ten prooi aan de berucht snel veranderende weersomstandigheden. Hier en daar zijn naaldbomen te zien, in de hoger gelegen gebieden ook 'versteende' bomen en subarctische flora, maar voor de rest domineren loofbomen als eiken, esdoorn en berken. Maine en New Hampshire zijn wat dat betreft de wildebrassen in het verder zo nette New England. Massachusetts, Rhode Island, Connecticut en Vermont zijn lang zo ruig niet. Historische dorpjes als Lexington en Concord (Mass.), Litchfield (Ct.) en Manchester (Vt.) liggen ingebed tussen dichte eiken- en esdoornbossen, die met de beste wil van de wereld niet wild genoemd kunnen worden, al zijn ze ontegenzeggelijk mooi.

Dierenrijk

De meeste kans een stukje wild (hopelijk figuurlijk) tegen het lijf te lopen, maakt u in Maine en New Hampshire. Wellicht maakt u tijdens een wandeling door de bossen een reusachtige eland aan het schrikken, die daarop als de bliksem verdwijnt in het struikgewas. Of u komt een mooi exemplaar tegen op een open plek en blijft minutenlang oog in oog staan.

De kans dat u een van New Englands zwarte beren tegenkomt, is een stuk kleiner. Na een dramatisch dieptepunt in de jaren 70 is het aantal dieren weliswaar flink gestegen, maar de schuwe, tussen de 80 en 140 kg wegende woudbewoners laten zich maar zelden zien. De meeste zwarte beren, zo'n 23.000, bevolken de bossen in het noorden en oosten van Maine. In de White Mountains van New Hampshire en in Vermonts Green Mountains leven er nog zo'n drieduizend. De berenpopulatie van Massachusetts bedraagt zo'n vijftienhonderd exemplaren, die ten westen van de Connecticut River leven.

De laatste van de 'Grote Drie', het witstaarthert, is bepaald níet schuw. Dit dier komt voor in heel New England, net als bevers, wasberen, stinkdieren, wezels, buidelratten en diverse soorten eekhoorns. Divers is ook de vogelwereld. Van kastanjezangers, roodborstjes, lijsters, spechten, kerkuilen, kraaien en blauwe gaaien tot fazanten, houtsnippen, roofvogels en in het wild levende kalkoenen. In de binnenwateren leven forel, zalm, baars en snoek.

Massachusetts en vooral Maine staan eveneens bekend om hun zeevruchten en vissen, voornamelijk kreeft, kabeljauw, bot, heilbot, maar ook krab, garnalen en mosselen. Langs de kust leven daarnaast zeerobben en zijn grote zeevogelkolonies. Voor de kust is, toen het verbod op de walvisjacht van kracht werd, een nieuwe manier gevonden om munt te slaan uit de grote zoogdieren: walvisobservaties, *whale watching*. De beste plekken voor een boottocht naar blauwe en gewone vinissen, bultruggen en dwergvinvissen zijn Provincetown op Cape Cod (Mass.) en Bar Harbor (Me.).

De **US Fish & Wildlife Service** (www.fws.gov/refuges) en talloze vrijwilligersorganisaties houden zich in meer dan dertig zogenaamde National Wildlife Refuges overal in New England bezig met het herstel van vernielde of besmette natuurgebieden. Het werkveld van de overheidsdienst reikt van als testterrein voor bommenwerpers misbruikte eilandjes voor de kust van Maine tot *crowd management* in natuurparken bij steden (www.nenature.com).

Arbeidsethos en visie

Colleges, *prep schools* en internaten, elite-universiteiten ... Met zo veel goede opleidingsinstituten in de buurt is het logisch dat het in de regio stikt van de toekomstgerichte technologie-start-ups – in de *New England Directory* staan er zo'n achtduizend. Boston heeft de op een na hoogste concentratie creatieve bedrijven van de Verenigde Staten. Het grootste deel daarvan resideert in de zogenaamde *office parks* langs Rte. 128 en Interstate 495.

Hightech goes *leaf peeping*: de kaart van Vermont toont op 15 september alleen een paar dunne gele strepen, waarvan de langste langs de Green Mountains lopen. Kijk je op 23 september, dan loopt de strook breed uit en een kleine week later is het geel boven de Green Mountains veranderd in fel oranje. Half oktober zijn de hoger gelegen gebieden van Vermont felrood gekleurd.

De *Foliage Forecaster* van het Vermont Department of Tourism (www.foliagevermont.com/foliageinflash.htm) is een hartstikke leuk speeltje. De geanimeerde kaarten geven tot aan de laatste kleurnuance aan waar en wanneer het gebladerte op z'n 'Indian summerst' is. Bij de site hoort ook een constant geactualiseerd *Foliage Report*, die je vertelt hoe je het beste bij de op dat moment mooiste uitkijkpunten komt: 'Rte. 4 over Sherburne Pass to Rutland is close to full color...' En uiteraard is het een en ander ook te volgen met een app voor de mobiele telefoon (let daarbij wel op de roamingkosten, zie blz. 41).

Duidelijke handtekening: Frank Gehry's Ray and Maria Stata Buildings, MIT, Cambridge

Veelzijdigheid

Niet slecht, als je bedenkt hoe het hier allemaal begon, maar ook weer niet verbazingwekkend. Want hoewel de regio in de koloniale tijd amper noemenswaardige exportgoederen produceerde, begon de Industriële Revolutie van de Verenigde Staten toch hier. Volgens historici is dit te danken aan de puriteinse arbeidsethos van de kolonisten, hun visionare ondernemersgeest en hun legendarische *Yankee ingenuity* genoemde vindingrijkheid. En, zo hebben diezelfde historici later ontdekt, aan de inzet van vrouwelijke arbeidskrachten. Nadat hun boerderijen in de 19e eeuw failliet gingen ten gevolge van de concurrentie uit het net ontdekte westen, gingen tienduizenden vrouwen aan het werk in de in rap tempo opkomende textielindustrie. De fabrieken werden gefinancierd door de winsten van de vis- en walvisvangst en de lucratieve handel met China, gekwalificeerd personeel voor de managementfuncties kwam van de toen al in hoog aanzien staande 'eigen' opleidingsinstituten, voornamelijk Harvard, Yale en het Massachusetts Institute for Technology (MIT).

New England was booming. Families als de Rockefellers, Vanderbilts en Lowells werden schatrijk. Tegelijkertijd kwamen in arbeidssteden als Lowell (Mass.) vakbonden op. New England werd een veelzijdige industriële regio die makkelijk zware crises kon overleven. Het einde van het walvisjachttijdperk in de jaren 60 van de 19e eeuw bijvoorbeeld, of de trek naar het goedkopere zuiden van veel bedrijven na de Eerste Wereldoorlog. De regio overleefde omdat hier al vroeg was ingezet op de synergie van onderwijs en onderzoek aan de ene kant en ondernemerschap en 'durfkapitaal' aan de andere. Van z'n grote aantallen gekwalificeerde arbeidskrachten profiteert New England ook weer enorm sinds de jaren 80. Naast de textiel- en machinebouwbranches kwamen nieuwe industrieën naar de regio, zoals soft- en hardware, farmaceutische industrie en hightech en biogeneeskunde en -techiek. De meeste bedrijven zijn gevestigd in de 'industriële gordel' rond Boston en Hartford, het stedelijke oosten van Massachusetts en het dichtbevolkte zuiden van Connecticut. Het gemiddeld werkloosheidpercentage van New England lag in februari 2017 op 3,7.

Van toerisme tot visserij

De **dienstverlenende sector** is in New England verantwoordelijk voor de helft van alle banen. New Englands verzekeringsbranche bloeit sinds investeerders hun risico bij de overzeese handel wilden afdekken in de 19e eeuw. In Hartford (Ct.) zitten tegenwoordig de hoofdkantoren van bijna vijftig verzekeringsmaatschappijen. Veel van hun managers hebben hun scholing in de buurt genoten. Aan de 250 universiteiten en colleges van New England buffelen meer dan 800.000 studenten. Veel van hen komen uit traditionele families van 'oostkust-adel'. Vier van de beroemdste Ivy League-universiteiten aan de oostkust – Harvard, Yale, Brown en Dartmouth – bevinden zich hier. Ter voorbereiding op het studentenleven heeft de jonge elite van Amerika de keus uit meer dan honderd internaten. Een vierjarige opleiding aan deze zogenaamde *prep schools* kost de ouders tot wel honderdduizend dollar. Steden als Providence, New Haven, Hanover en Brunswick zijn volledig afhankelijk van hun opleidingsinstituten, die aan de lopende band presidenten, magnaten en Nobelprijswinnaars lijken te produceren. Veel alumni gebruiken hun kennis ook in de toeristische branche. Sinds de Vanderbilts en Rockefellers in de 19e eeuw in de Grand Hotels in de White Mountains verbleven, ontwikkelde toerisme zich tot een van de belangrijkste inkomstenbronnen van New England.

Landbouw is alleen in Vermont een noemenswaardige economische factor. Minder dan 10% van New England wordt gebruikt door de agrarische sector. Minerale hulpbronnen zitten er niet in de grond – op marmer en graniet in Vermont na. Winst is eigenlijk alleen te behalen in de melkveehouderij en de pluimveehouderij en in Maine is veel **bosbouw**.

Visserij blijft ondanks overbevissing een belangrijke inkomstenbron. Kotters uit Boston, Gloucester en New Bedford werpen al generaties lang hun

Denktank Boston

In New England begon de industrialisering van de Verenigde Staten, in Boston werd ze uitgedacht. De Bostoners waren altijd al een creatief en praktisch ingesteld slag. Het wegwerpscheermesje, de magnetron, de polaroidcamera, internet – alles begon in New Englands officieuze hoofdstad. Langs de geboortegronden van alle uitvindingen die ons leven makkelijker maakten voert de **Innovations Tour** van een paar uur. Hoogtepunten zijn de bezoekjes aan MIT en Harvard (verzamelpunt: Kendall Square, alleen na aanmelding, Cambridge Historical Tours, tel. 1 617 520 4030, www.cambridgehistoricaltours.org).

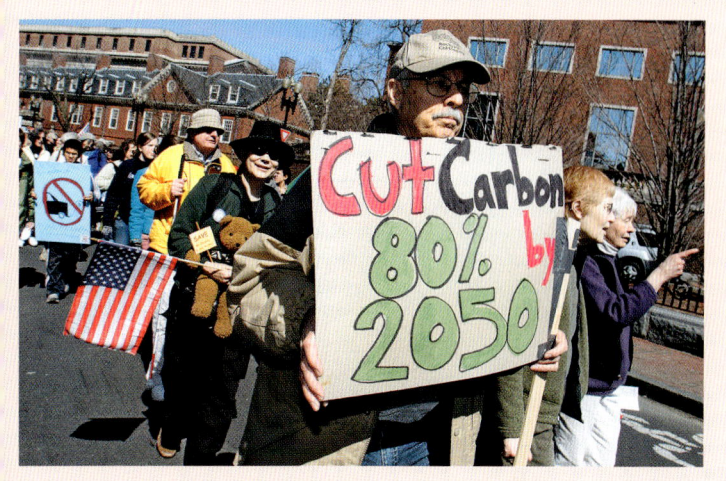

Protestmars voor een beter milieu in Cambridge

netten uit tussen de Grand Banks en Groenland. Aangezien vooral de kabeljauwstand zeer laag is door overbevissing, zijn veel vissers overgestapt op kreeft. Zeer ruime quota garanderen hen ondanks het korte seizoen, dat loopt van eind mei tot begin oktober, een goed inkomen.

Groen New England?

Milieubescherming staat in New England hoog in het vaandel. In Vermont is een grote 'groene golf' en de **EPA** (US Environmental Protection Agency) gaat langs scholen om te spreken over energiebesparing. Jonge ondernemers, vooral in Massachusetts, zijn actief in velden als aquacultuur en biotechnologie. De gevolgen van de milieupolitiek zijn merkbaar. De Connecticut River, die vijftig jaar geleden zó vol chemicaliën zat dat hij vlam vatte, is inmiddels weer helemaal schoon. In de haven van Boston, twintig jaar geleden nog een van de meest vervuilde van de Verenigde Staten, worden regelmatig zeehonden en dolfijnen gespot. Een groot probleem blijft echter de groei van de voorsteden, die als een olievlek steeds meer natuurgebieden opslokken, en de daaruit voortvloeiende milieuproblematiek

De zoektocht naar alternatieve energiebronnen is in volle gang. Hoe moeilijk het voor veel mensen is om 'om te denken', toont de soap rond Amerika's eerste **Offshore Wind Farm** voor Cape Cod. Op een aantal kilometer voor de kust zouden zo'n 140 windturbines al in 2010 420 megawatt per jaar hebben moeten produceren. De bouw van dit 2,6 miljard dollar kostende project begon uiteindelijk in 2013. Een kleine, maar invloedrijke groep bewoners en zomerhuisbezitters is tegen het **Cape Wind**-project (www.capewind.org). hun argument is dat het windmolenpark het dierenleven in de Nantucket Sound zou verstoren én dat het er niet uitziet – terwijl de windturbines vanuit de kust gezien minder dan een millimeter boven de horizon zouden uitsteken ...

Eigenlijk hadden de puriteinen Harvard gesticht als priestersopleiding – de theocratie moest immers in stand gehouden worden. Het goddelijke werd echter verruild voor het tijdelijke en tegenwoordig is New England – de passagiers van de Mayflower zouden zich omdraaien in hun graf als ze het wisten – alles behalve conservatief. Maar wie goed kijkt, ziet nog steeds de diepe sporen die de puriteinen hebben nagelaten.

Ze kwam zelden uit haar geboortedorp Amherst (MA), maar beschreef als geen ander hoe New Englanders de wereld zien. Men moet altijd de waarheid zeggen, maar niet onverbloemd, aldus Emily Dickinson in de 19e eeuw. Daarmee formuleerde de dichteres een ideaal dat in deze regio tot op de dag van vandaag hoog in het vaandel staat. Onderweg in New England heb je minder vaak te maken met de 'typisch Amerikaanse' schouderkloppende call-me-

Van moraalridder tot nationaal geweten

In museumdorp Plimoth Plantation kun je zien hoe de puriteinen leefden

Jack-mentaliteit. De New Englander is liever vriendelijk-afstandelijk met 'good afternoon' dan dat hij joviaal 'hi' roept. Hij vraagt ook niet meteen wat je doet en wat dat oplevert zoals in de rest van de Verenigde Staten heel gewoon is. Hij vindt het veel interessanter wat voor studie je hebt gedaan en zal slechts terloops opmerken dat hij op Yale of Harvard heeft gestudeerd – als hij er überhaupt al iets over zegt. Liever praat hij over reizen en verre landen, die hij niet alleen kent van The Travel Channel. Sterker nog, de kans is groot dat hij een vreemde taal spreekt en zelfs dat hij weet dat Amsterdam in Nederland ligt.

Emily Dickinson zag de wereld met New Englandse ogen, 'New Englandly', zoals ze het zelf noemde. Haar New England was het oude, gecultiveerde Amerika, het land waar alles begon. Een politiek systeem waarvan men destijds in Europa slechts kon dromen, de normen en waarden die Amerika groot hebben gemaakt. De *Pilgrim Fathers*, thuis vervolgd als protestantse fundamentalisten, waren hun nieuwe vaderland tegemoetgetreden met een slechts op religieuze gronden te verklaren optimisme. Bij hun bestond geen enkele twijfel dat God met ze zou zijn – en wie zou ze tegenwerken als Hij aan hun zijde was?

Voortrekkersrol

Dat de puriteinen door God verkozen waren, bracht ook een hoop verantwoordelijkheid met zich mee. Wie welvarend was, liet duidelijk zien dat hij een godvrezend leven leidde. De weg naar het paradijs was er een van hard werken en dagelijks bidden, van kansen pakken en God daarvoor bedanken. De wetenschap dat iedereen verantwoordelijk is voor zijn eigen geluk (en succes) is tot op de dag van vandaag de basis van de Amerikaanse *way of life* – en voor velen ook de dankbaarheid aan God.

Het beeld van nooit vloekende of alcohol drinkende puriteinse pioniers hebben historici overigens al lang geleden ontmaskerd als een hardnekkige mythe. Want terwijl in de gesloten gemeenschappen alles verboden was wat ook maar een klein beetje vreugde zou kunnen schenken, blijkt uit notities van bezoekers dat er regelmatig bonte feesten werden gehouden en dat de puriteinse moraal regelmatig met voeten werd getreden.

Ook deze dubbele moraal zit tot op de dag van vandaag diep geworteld in de Amerikaanse maatschappij. De puriteinen vervolgden andersdenkenden even fanatiek als de Church of England hén ooit het leven zuur maakte. Daarmee stonden ze indirect ook weer aan de basis van een andere Amerikaanse karaktertrek: de eeuwigdurende zoektocht naar vrijheid en vooruitgang, de onwrikbare overtuiging dat het paradijs om de hoek ligt. Want anders dan in het oude Europa konden ontevreden kolonisten in New England gewoon hun nederzetting verlaten en ergens anders een nieuwe gemeenschap beginnen met gelijkgestemden.

Leestip

Op www.theatlantic.com vind je de online editie van de *Atlantic Monthly*. Dit politieke en culturele magazine werd in 1857 in Boston opgericht door de intellectuele kring rond Ralph Waldo Emerson en behoort samen met *Harper's Bazaar* en de *The New Yorker* tot de belangrijkste liberale opiniebladen van de Verenigde Staten. Er verschijnen regelmatig goed onderbouwde artikelen in over de toestand van het land en de Amerikaanse psyche.

New England verzonk dus niet zomaar in absoluut conservatisme. De regio bracht de anti-slavernijbeweging, John F. Kennedy en de eerste milieuwetten van het land voort. In 2000 legaliseerde Vermont, als eerste van de Verenigde Staten, het homohuwelijk, de andere New England-staten volgden in 2008 (Rhode Island in 2013).

Kritische burgers

Hoewel de puriteinse theocratie rond 1700 werd verruild voor een wereldlijker maatschappij, bleven de honger naar scholing en het innerlijke vuur dat de morele soberheid ooit had aangewakkerd. In de 19e eeuw werden de ketenen van het verleden voorgoed afgeworpen met een nieuwe intellectuele traditie, die was begonnen met de stichting van Harvard College. Met eigen Amerikaanse literatuur werd na de politieke onafhankelijkheid ook de geest bevrijd.

Sindsdien zijn de New Englanders, van oudsher in het Democratische kamp, het kritisch denken trouw gebleven. Dat bewezen ze in 2000, toen bij de voorverkiezingen voor het presidentschap outsider John McCain in vijf van de zes New England-staten (Maine was de uitzondering) meer stemmen kreeg dan gedoodverfde presidentskandidaat George W. Bush. De senator uit Arizona had beloofd de ondoorzichtige verkiezingsuitgaven onder de loep te nemen. En nergens in Amerika zitten de zalen zo vol wanneer voormalig vicepresident en Nobelprijswinnaar Al Gore over de toestand van onze planeet spreekt.

Greens

Een monument, een paar bankjes in de schaduw van oude bomen en misschien een *bandstand*, een prieel voor de plaatselijke harmonie... *Greens*, ook wel *commons* genoemd, zijn typerend voor de New Englandse gemeenschapszin. Deze zorgvuldig onderhouden grasvelden waren echter niet altijd zo mooi en groen. Tot het begin van de 19e eeuw graasden op de openbare greens, die zich bij regenval transformeerden tot onbegaanbare moerassen, koeien. Het concept was een souvenir van *the old country*: het was de bedoeling dat een nieuwe stad gebouwd werd rond een centraal gelegen gemeenschapshuis. De tuin van zo'n *meeting house* werd later een green. De typisch New Englandse look kreeg de green zoals gezegd echter pas aan het begin van de 19e eeuw, toen groene grasvelden helemaal in de mode kwamen. De *country store*, *town hall*, mooie huizen en de *country inn* kwamen daar al snel bij. En zo werd het tegenwoordig zo bekende idyllische New Englandse vormgegeven.

Een bezoek aan Walden Pond

Het kleine meer ten zuiden van Concord heeft tegenwoordig een beschermde status als **Walden Pond State Reservation**. Henry David Thoreau (1817-1862), een van Amerika's beroemdste essayisten (*On the Duty of Civil Disobedience*) en tegenwoordig een icoon van politiek links, woonde hier in een eenvoudige hut (aan de oever staat een replica). Hij deed hier de vele ervaringen op die hij verwerkte in zijn klassieker *Walden; or, Life in the Woods*. Daarin zingt hij lof over het eenvoudige leven en het individualisme, en mijmert hij over hoe is het om echte vrijheid te bereiken. Maar hoe bereik je die? Door al je bezittingen, geld en roem op te geven? Hij kwam er niet uit. (Walden Pond State Reservation, 915 Walden St.)

Wie wonen hier?
Immigranten van ver en dichtbij

New England is ook een toevluchtsoord voor 'aan land gespoelden', de 'wash-ashores'

Koel, zwijgzaam, praktisch ingesteld en slechts één doel: geld verdienen. Zo is de Yankee. De hele wereld kent hem, de hele wereld bewondert hem. Maar van hem houden? Hoe dan ook, de Yankee komt oorspronkelijk uit New England. Groot gemaakt door de WASPs, gerespecteerd door de wash-ashores.

De naam Yankee komt van de Hollanders die New York – Nieuw Amsterdam – in bezit hadden. Ze noemden hun Engelssprekende buren uit New England Jan Kaas of Janke, en dat werd Yankee. Van alle eigenschappen die aan de Yankees werden toegeschreven, is er in elk geval één niet af te doen als onzin: de beroemde *Yankee ingenuity*, de oer-Amerikaanse benaming voor de *can do*-mentaliteit – niets is onmogelijk. Die instelling droegen de eerste kolonisten in New Englands al uit. Anders dan hun tijdgenoten in het vruchtbare Virginia kwamen zij aan land in een gebied dat landbouwtechnisch erg karig was. Maar door hun harde werken, vindingrijkheid en flexibiliteit waren ze toch enorm succesvol. Daarom worden de Yankees tot op de dag van vandaag gezien als praktisch ingestelde, ondernemende mensen.

Vindingrijke Yankees

Welke Yankees dingen uitvonden die ons leven veranderden? Samuel Morse bedacht de telegraaf en het morsealfabet. Eli Whitney construeerde wapens uit verwisselbare onderdelen. Elias Howe bouwde de eerste naaimachine. Francis Pratt en Amos Whitney waren de eersten die machines en onderdelen gingen bouwen in grote aantallen – de geboorte van massaproductie. En verder: het mechanische weefgetouw, de Colt-revolver, investeringsfondsen en durfkapitaal.

Landjepik

Toen de eerste kolonisten voet zetten op New Englandse bodem, was de oerbevolking al flink gedecimeerd. Ruim voor de Mayflower in 1620 zijn passagiers aan land bracht, hadden door Europese vissers ingevoerde ziektes het aantal indianen in de regio al gehalveerd tot zo'n vijftigduizend. En na eeuwenlang te zijn opgejaagd en vermoord kunnen tegenwoordig nog een kleine twintigduizend inwoners van New England bogen op indiaanse wortels. De herinnering aan hun ooit grote Algonquin-voorvaderen leeft alleen nog maar voort in een aantal kleine reservaten en in namen als Narragansett. Tot 1840 bleef New England blank, Angelsaksisch en protestants. In Boston heerste een upper class die was terug te voeren op de oude puriteinen. Deze *Boston Brahmins* waren een gesloten elite die qua exclusiviteit niet onderdeed voor Europese aristocratie. Zoals een in de 19e eeuw veel gebruikte toost luidde: 'And this good old Boston/the home of the bean and the cod/where the Lowells talk only to Cabots/and the Cabots talk only to God.' (Het goede oude Boston/het thuis van bonen en kabeljauw/waar de Lowells alleen spreken met de Cabots/ en de Cabots alleen met God.)

Er waren crises in Europa voor nodig om de hegemonie van de **White Anglo Saxon Protestants (WASPs)** te doorbreken. Door hongersnood in het thuisland werd Boston tot 1850 overspoeld door tienduizenden katholieke Ieren. Velen vestigden zich in de stad, waar ze stuitten op veel weerstand van de oudgedienden. *Irish don't need to apply*, was het devies – Ieren hoeven niet te solliciteren, ze krijgen de baan toch niet. Maar de nieuwelingen waren volhardend en uit hun gelederen kwam niet alleen een hele rits burgemeesters voort, maar ook de eerste – en tot nu toe enige – katholieke president van de Verenigde Staten, John F. Kennedy.

Tot het einde van de 19e eeuw kwamen in Boston ook veel Italianen en Oost-Europese Joden aan. Die laatsten trokken veelal verder, voornamelijk naar Providence (RI), veel Italianen gingen werken in steengroeven in Barre (Vt.).

Siciliaanse burgemeesters in Connecticut, Portugese vissers in Cape Cod, uit Canada afkomstige Franse Amerikanen in Maine en New Hampshire en latino's in Boston en Hartford (Ct.) – veel regio's in New England zijn inmiddels overwegend katholiek.

Bevolkingssamenstelling

Tegenwoordig wonen in de zes staten die New England vormen 14,83 miljoen mensen. Meer dan 80% hiervan woont in de stedelijke gebieden in het zuiden, voornamelijk in Greater Boston en rond Hartford en New Haven. Hier wonen ook de meeste Afro-Amerikanen, Aziaten en latino's. De rest van de regio is overwegend blank.

New England is traditioneel een toevluchtsoord voor rijke New Yorkers, die in het 'platteland' van het noordoosten de rust vinden die ze in de stad die nooit slaapt zo missen. De door de locals **wash-ashores** (aan land gespoelden) genoemde stedelingen kopen voornamelijk huizen in Cape Cod en aan de kust van Maine.

De puriteinen waren niet alleen verantwoordelijk voor de vorming van de Amerikaanse psyche, maar ook voor de 'vernietiging' van de oorspronkelijke bewoners van de regio. Aan het einde van de 17e eeuw was de indianenpopulatie bijna volledig uitgeroeid. Nu zijn ze er echter weer: sommige stammen laten enorme groeicijfers zien.

In de zomer van 1992 werd het nieuws in de Verenigde Staten beheerst door één onderwerp: de bliksemstart van het Foxwoods Casino in Ledyard, een slaperig gehucht in de bossen van Connecticut. Het megacasino werd gebouwd door de Mashantucket Pequot-indianen. Wie ze waren en waar ze vandaan kwamen, wist geen mens. De stam besloot hier wat aan te doen en opende zes jaar later het Mashantucket Pequot Museum and Research Center. De ultramoderne faciliteit (bouwkosten: 193,4 miljoen dollar) houdt zich bezig met de cultuur en geschiedenis van de Noord-Amerikaanse indianen in het algemeen en de Pequots in het bijzonder. In plaats van de gebruikelijke rieten manden en pijl en boog zijn hier diorama's en films te zien en worden er evenementen georganiseerd. De boodschap van het museum en onderzoekscentrum is duidelijk: wij zijn de Pequot, we zijn er nog steeds en dit is óns land!

Al vijftig jaar na het eerste contact met de Europeanen speelden de indianen in New England praktisch geen rol meer. Aan het begin van de 19e eeuw waren ze zo ver van het toneel ver-

De indianen van het noordoosten

indianensieraden bij een Wampanoag-powwow

dwenen dat Amerika-reiziger Alexis de Toqueville in 1831 in New England vaststelde dat de indianen alleen nog 'leefden' in de namen van streken en rivieren, maar dat de regio alleen nog maar werd bewoond door 'beschaafde mensen'. Abenaki, Mohican, Massachuset, Connecticut, Nauset, Narragansett, Nipmuc – al tweehonderd jaar geleden slechts namen uit het verleden.

Wampanoag en Narragansett

Het lot van de Wampanoag en de Narragansett was nauw verbonden met de kolonisten. De Wampanoag hielpen de honger lijdende passagiers van de Mayflower door hun eerste winter. Als tegenprestatie kreeg Massasoit, de *sachem* (hoofdman) van de Wampanoag, hulp bij zijn strijd tegen vijandige buurstammen. Maar er kwamen steeds meer bleekgezichten. Ze drongen dieper het binnenland in en zetten het politieke evenwicht in de regio op z'n kop. Ze trokken al snel met de Wampanoag en de Narragansett ten strijde tegen de Pequots, die Rhode Island en Connecticut controleerden en zich met hand en tand probeerden te verdedigen tegen de landroof. Het einde van de Pequotoorlog (1634-1637) was ook het einde van de stam. Wie de slachtpartijen had overleefd, werd door andere stammen 'ingeburgerd' of tot slaaf gemaakt.

Veertig jaar later doodde een kolonist een Wampanoag. Metacomet alias Philip, Massasoits zoon, verenigde daarop de Wampanoag, Nipmuc, Pocumtuc en Narragansett en verwoestte in King Philip's War (1675/76) met zo'n duizend strijders het hele zuiden van de regio.

De eerste kolonisten kwamen met de Mayflower

Meer dan negentig steden gingen in vlammen op. Philips succes bezegelde echter ook zijn lot. Zijn soldaten werden uitgehongerd omdat de kolonisten de tactiek van de verschroeide aarde toepasten. De nederlagen hoopten zich op en de alliantie viel uit elkaar. Philip zelf verstopte zich in de moerassen bij Narragansett Pier. Op 12 augustus 1676 werd hij verraden en vermoord. Daarmee was de oorlog echter nog niet ten einde. Een ongekende genocide begon; Engelse milities trokken ten strijde tegen de Pennacook, Ossipee en Kennebec. Slechts vierhonderd Wampanoag overleefden de oorlog, en nog minder Nipmuc en Narragansett. De Pocumtuc verdwenen helemaal van het toneel. Alleen in Maine streed een alliantie van Abenaki en Fransen nog een tijdje tegen de Engelsen.

Bezinning?

Tegenwoordig zijn er nauwelijks nog 'zuivere' indianen in New England. Toch leven er volgens de statistieken tussen de dertig- en vierhonderdduizend Native Americans. Kwaadsprekers vergelijken de indianenstammen in New Englandse met privéclubs. Wie lid wordt, maakt aanspraak op geld. Heel veel geld. Vooral in Connecticut en Maine proberen derhalve talloze groepen als *tribe* erkend te worden door het Bureau of Indian Affairs. Zo komen uitgestorven gewaande stammen plotseling weer tot leven. Ze houden *powwows* en voeren regendansen op. Zo ook de Mashantucket Pequot. Ze bestaan uit weinig meer dan één familie, maar worden inmiddels erkend als *nation*. Eerst bewezen ze dat ze ooit inderdaad als volk bestaan hebben. Daarop kregen ze land toegewezen bij Ledyard en kregen ze rechten om daar een casino op te bouwen. In 1995, toen het casino al meer dan een miljard dollar winst had gemaakt, verdubbelde het aantal Pequot op wonderbaarlijke wijze van drie- tot zeshonderd. De laatste fase van de 'indianisering': het inhuren van professionele zangers en dansers van de prariestammen uit het westen. En zo voeren de Mashantucket Pequot uit het noordoosten traditionele dansen op van de Sioux. De Pequot is nu de rijkste stam van Amerika – en de eerste in de geschiedenis van de Verenigde Staten die werd opgericht uit winstbejag.

Dat sommige stammen leden accepteren als ze een vijfhonderdste indiaan zijn, is misschien discutabel, maar de renaissance van de New Englandse indianen helpt wel de geschiedenis van deze regio te (her)schrijven. Er werd de laatste decennia een hele rits nieuwe studies opgezet. De inmiddels door iedereen geaccepteerde uitkomst ervan is dat New England werd gesticht op massagraven. De **United American Indians of New England** (zie hieronder) verklaarden Thanksgiving, de dag waarop de Amerikanen het eerste oogstfeest van de pelgrimvaders herdenken, in 1970 dan ook al tot *National Day of Mourning* – dodenherdenking. Indiaanse afgevaardigden uit heel Amerika herdenken dan aan de voet van het standbeeld van Massasoits in Plymouth de dag die voor hun voorouders het begin van het einde markeerde.

United American Indians of New England (UAINE)

www.uaine.org: website met links ('Tribal Contacts') naar de online aanwezigheid van de indianenstammen van New England.

www.pequotmuseum.org: homepage van het Mashantucket Pequot Museum and Research Center met veel links en interessante achtergrondinformatie.

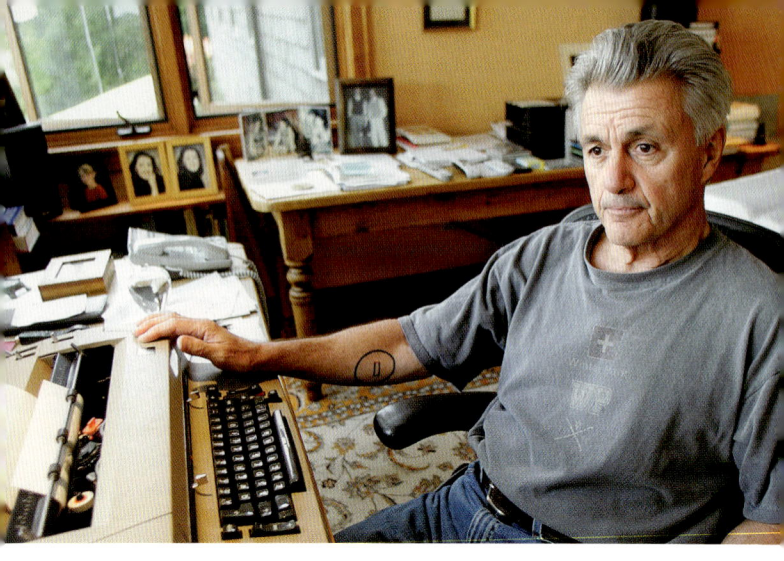

Dronkemannen en priesters: New Englands literaire grootheden

New Englands beroemdste auteur: John Irving

Het noordoosten van Amerika heeft niet alleen een aantal van de beste auteurs van het land voortgebracht, zoals John Irving, maar is ook de plek waar de Amerikaanse literatuur werd geboren. Niet slecht voor een regio die tijdens zijn eerste tweehonderd jaar weinig meer kende dan religieuze en stichtelijke geschriften.

In de zomer van 2012 vierde Lowell, een industriestad ten noorden van Boston, zijn beroemdste zoon voor de vijfentwintigste keer. Het stadsbestuur had aanvankelijk nogal wat moeite met deze verheerlijking. Het leven van de beste man was bepaald niet voorbeeldig geweest. Hij was een alcoholist en meestal werk- en dakloos – zijn veel te vroege einde was ook aan de fles te danken. Maar een ding konden de notabelen niet ontkennen: zijn boeken hadden niet alleen de Amerikaanse literatuur een boost en een cultstatus gegeven, maar ook de tegencultuur geïnspireerd. Bovendien was hij nu eenmaal een van de meest gelezen auteurs ter wereld.

En zo werd het in eerste instantie nog bescheiden Lowell celebrates Kerouac-festival door de jaren heen een volksfeestachtig evenement, dat wordt bezocht door Jack-Kerouac-fans uit de hele wereld (zie blz. 129). De laatste overlevenden van de beatgeneratie spreken op het podium liefdevol over 'onze Jack', Harvard-professoren analyseren beatnikteksten en Kerouac-adepten luisteren bewonderend naar lezingen van zijn meesterwerk *On the Road*.

Dichters en denkers

Inspireren, provoceren, nieuwe wegen inslaan – de schrijvers van New Englands hebben deuren opengegooid, en wel in zeer korte tijd. Want tijdens de eerste tweehonderd jaar kwam uit het noordoosten van Amerika niets dat ook maar in de verste verte iets met literatuur van doen had. Zelfs de later om zijn dichters en denkers zo genoemde Golden Age van New England begon niet tegelijk met de 19e eeuw. Zoals dichter en filosoof Ralph Waldo Emerson (1803-1882) later optekende: in deze regio waren tussen 1790 en 1820 geen boeken, discussies, goede gesprekken of ook maar intelligente gedachten mogelijk.

Waarom de Amerikaanse literatuur dan ineens opbloeide op nog geen 100 km van Boston, is tot op heden een raadsel. De Verenigde Staten werden in die tijd in een sneltreinvaart uitgebreid. Expedities bereikten Oregon, in het westen en zuidwesten werden de indianen onderdrukt, Texas werd Amerikaans grondgebied ... In deze turbulente tijd publiceerde de hierboven aangehaalde voormalig predikant R. W. Emerson zijn belangrijkste werk. Het prozawerk *Nature*, in 1836 uitgegeven, werd het manifest van het transcendentalisme, dat is ontstaan uit onvrede over het de individualiteit inperkende normensysteem van de kerk. De op het hindoeïsme en Duits idealisme geïnspireerde filosofie stelt het geloof in de inherente goedheid van zowel de mens als de natuur centraal. Intuïtie is volgens de transcendentalisten de bron van alle kennis. In 1837 riep Emerson in *The American Scholar* de intellectuele onafhankelijkheid van de Verenigde Staten uit. Vier jaar later formuleerde hij in *Self-Reliance* zijn geloof in het individualisme en originaliteit. Het transcendentalisme creëerde een klimaat waarin vrijdenkers de ruimte kregen – de beslissende steun in de rug die de Amerikaanse literatuur zo goed kon gebruiken.

Literaire centra

Emersons huis in Concord (Mass.) werd algauw het trefpunt van de zogenaamde Concord-kring en daarmee tot wieg van de Amerikaanse literatuur. De belangrijkste leden van deze groep waren naast Emerson de radicale non-conformist en belastingweigeraar Henry David Thoreau (1817-1862; zie blz. 64) en auteur Nathaniel Hawthorne (1804-1864). Thoreau streefde ernaar Emersons ideeën om te zetten in praktijk en schreef daarover twee klassiekers van het politiek denken: in 1848 *On the Duty of Civil Disobedience* en zes jaar later *Walden; or, Life in the Woods*. Hawthorne, een afstammeling van een beruchte 'heksenrechter' uit Salem, werkte zijn favoriete onderwerp, het fanatisme van het puritanisme, uit in boeken als *The Scarlett Letter* (1851).

Andere centra van de vroege Amerikaanse intellectuelen waren de **Berkshire Hills** in West-Massachusetts, waar Herman Melville (1819-1891) het wereldberoemde *Moby Dick* (1851) schreef, en **Hartford** (Ct.), waar Mark Twain (1835-1910) zijn meesterwerk *The Adventures of Huckleberry Finn* (1884) schreef, tevens de plek waar Harriet Beecher Stowe (1811-1896), bekend van de klassieker *Uncle Tom's Cabin* (1852), streed tegen de slavernij in het zuiden.

De meestgelezen dichter van de 19e eeuw was de in Portland (Me.) geboren Henry Wadsworth Longfellow (1807-1882). Hij verheerlijkte figuren uit de Amerikaanse geschiedenis, zoals Hiawatha, een mythische indianenhoofdman, en Paul Revere (zie blz. 95). Emily Dickinson (1830-1886) was bij leven volledig onbekend. Maar haar postuum uitgegeven *Poems* zorgde ervoor dat ze toch nog een plekje kreeg in het pantheon der Amerikaanse schrijverselite. De in San Francisco geboren Robert Frost (1874-1963) wordt gezien als de stem van landelijk New England. Zelf een boer, bezong de in Vermont werkende dichter de normen en waarden van het oude Amerika.

Boston gold in deze tijd als het Athene van Amerika, het literaire universum draaide om de stad. Literaten en 'Boston Brahmins' verkeerden in elkaars nabijheid, de plaatselijke uitgevers publiceerden allemaal bestsellers. In april 1857 – de slavernij verdeelde het land, er kwamen steeds meer immigranten naar de regio, de kolonisering van het westen verliep in sneltreinvaart – troffen Emerson, Longfellow en uitgever James Russell Lowell elkaar hier, om een tijdschrift uit de grond te stampen dat 'the American idea' moest doen helpen verpreiden. Dat werd *Atlantic Monthly*, tot op heden het meest gerenommeerde magazine voor trends en intellectuele stromingen in de Verenigde Staten. Rond 1880 begon de grote volksverhuizing van de uitgevers naar New York. In Boston werden 'onzedelijke' boeken verboden door de katholieke kerk, die een grote invloed had in de stad. Met het zegel *Banned in Boston* haalden door het stadsbestuur aangestelde censoren zogenaamd obscene literatuur uit de schappen. De stad schiep zo een cultuurvijandig kimaat, waarvan de echo weerklonk tot in de jaren zestig.

De 20e eeuw

Bekende New Englandse schrijvers uit de 20e eeuw zijn Robert Lowell (1917-1977), die kritische gedichten schreef over de Vietnamoorlog, en de in Boston onderwezen Nobelprijswinnaar Derek Walcott (1930). Jack Kerouac (1922-1969) schreef met *On the Road* (1952) het 'handboek' van de beatgeneratie.

Tegenwoordig geldt de uit New Hampshire afkomstige John Irving (1942), wiens ervaringen als worstelaar vaak terugkomen in zijn werk, als beroemdste auteur van New England. Veel van zijn boeken, zoals *The World According to Garp* (1978) en *The Cider House Rules* (1985) werden verfilmd.

Last but not least: Stephen King (1947). De in Maine geboren *King of Horror* is met meer dan vierhonderd miljoen verkochte boeken New Englands bestsellerkoning. Een titel die hij overigens dreigt kwijt te raken aan Dan Brown (1964), de in New Hampshire wonende schrijver van *The Da Vinci Code* (2003) en de vervolgen hiervan.

King of Horror uit Maine: Stephen King

Onderweg langs de kust van New England zullen grote borden u steeds weer proberen te verleiden af te buigen richting de Atlantische Oceaan. Hun lokmiddel is zelden kleiner dan een huis: gedurende de zomermaanden zwemmen hier vele duizenden walvissen in het water. New Englands geschiedenis met de reusachtige zoogdieren kent hoogte- en dieptepunten.

'Thar she blows!' De kapitein, een potige man met stoppels en een rode kop, gebruikt de aloude uitroep van de walvisjagers om zijn gasten te wijzen op het schouwspel aan de horizon. Daar, vlak boven de grijze, ruwe zee schiet opeens een fontein de lucht in. Het water blijft een paar seconden in de lucht hangen terwijl eronder een enorme, donkere rug opduikt, om zich in slowmotion weer in zee te storten. Een geroezemoes zwelt aan onder de gasten, die zich nu verzamelen aan stuurboord, statieven uitklappen en verrekijkers voor hun ogen houden. *'Three o'clock'*, roept de kapitein door de luidspreker. Een bultrug! En daar, nog een! En nog een! In vroeger tijden had de bootsman koers gezet naar de walvis en zijn manschappen opgedragen de harpoenen gereed te houden. Tegenwoordig zet hij de motor uit en is het enige wat in stelling wordt gebracht een roedel camera's. De kapitein laat het aan de walvissen over hoe dichtbij ze komen. Door de jaren heen is gebleken dat de beesten erg gevoelig zijn

Van vangen naar observeren – jagen op walvissen

Om van zo dichtbij een walvis te zien, moet je wel erg veel geluk hebben

voor het geluid van de motoren. Sinds bewezen is dat ze er stress van krijgen, blijven de *whale watching*-boten wat verder weg – vroeger voeren ze bijna tegen de waterreuzen aan om hun passagiers maar een goed shot te gunnen. Maar ook van een afstandje zijn de walvissen indrukwekkend en de passagiers meer dan tevreden. Een of zelfs meerdere van deze zachtaardige reuzen te zien spelen in het water is iets dat je nooit meer vergeet. Bovendien hoort het net zo bij een vakantie in New England als een wandeling over Times Square bij een New York-trip.

Filmdecor

New England en de zee – een relatie die verder gaat dan *clam chowder* en *lobster rolls*. Het was de visrijkdom die New England vooruit stuwde in de vaart der volkeren, niet landbouw of veeteelt. De zee gaf, maar nam ook. En daarbij ontstonden verhalen, die zo spannend waren, dat Hollywood ze wel wereldkundig móést maken. Zo vertelde regisseur Wolfgang Petersen in *The Perfect Storm* (2000) over het lot van de Andrea Gail uit Gloucester (Mass.). Steven Spielberg belichtte New Englands rol in de beroemde Trans-Atlantische driehoekshandel met de dramatische geschiedenis van het slavenschip Amistad in de gelijknamige film uit 1997. En dan is er natuurlijk nog *Moby Dick*. De tussen 1954 en 1956 door John Huston verfilmde klassieker (geschreven door Herman Melville) speelt zich af tijdens het hoogtepunt van de New Englandse walvisvangstindustrie.

Walvisvangsttraditie

Veel fantasie hadden de scriptschrijvers niet nodig: de draaiboeken berustten grotendeels op feiten. Al aan het einde van de 17e eeuw wierpen vissers uit New England hun netten uit voor de kust van Newfoundland. Het toverwoord was destijds kabeljauw: *King Cod* bracht grote welvaart naar de kuststeden en zorgde voor bedrijvigheid op de scheepswerven. Vooral in de baaien van Maine ontstonden scheepswerven waar niet alleen robuuste vissersboten te water gingen, maar ook snelle zeilschepen.

Maritiem New England beleefde zijn bloeitijd tussen 1830 en 1860. Bevrijd van koloniale ketenen en handel drijvend met de hele wereld, stuurden kooplieden uit Salem (Mass.), Portsmouth (NH), Boston en Providence (RI) hun klippers om Kaap Hoorn heen naar Azië. Ze keerden terug met zijde, porselein en kruiden uit Kanton en Indonesië, en maakten daarbij ongekende winsten.

De walvisvangst was een tijd lang de derde economische pijler van de regio. New Bedford, Nantucket, Provincetown en Mystic waren de thuishavens van de *whalers*, de walvisjachtschepen, wier kapiteins de weg wisten op alle wereldzeeën. Het kleine Nantucket alleen had al een vloot van honderdvijftig walvisvaarders, in New Bedford waren er vierhonderd geregistreerd. In *Moby Dick* bericht ooggetuige Herman Melville vanuit de stad aan Buzzard's Bay. Hij vergelijkt de stad met de havenkwartieren van New York en Londen: 'New Bedford slaat zowel Water Street als Wapping. In laatstgenoemde sloppenwijken tref je enkel zeelui aan; maar in New Bedford staan heuse kannibalen op de hoeken van de straten te kletsen; van top tot teen barbaren; vele van hen dragen op hun boten niet-geheiligd vlees. Het maakt dat een vreemdeling vreemd opkijkt.'

Alles draaide om de dikke vetlaag van de walvissen. De daaruit gewonnen olie (walvistraan) werd gebruikt als energiebron voor de destijds in alle huishoudens gebruikte olielampen. Eerst werd het vet aan land verwerkt, maar na de ontdekking van de potvis verschoof de productie naar de open zee. De ver van de kust zwemmende potvis produceerde alleen al in zijn kop 7000 liter olie. De drijvende verwerkingsbedrijven bleven net zo lang op zee tot alle tanks aan boord gevuld waren. Dat kon jaren duren, zeker toen de potvissen schaarser werden en de schepen steeds verder de zee op moesten om ze te vangen.

Voor het nageslacht

Maar dit is allemaal geschiedenis. De decimering van het walvisbestand leidde in 1850 het einde van de industrie in. De uitvinding van petroleum in 1858 gaf de doodsteek – en redde de met uitsterven bedreigde potvis. Visvangst speelt tegenwoordig nauwelijks nog een rol van betekenis in New England. In 1976 probeerden de autoriteiten de visserij nog nieuw leven in te blazen door de twaalfmijlszone van territoriale wateren uit te breiden tot tweehonderd, maar dat mislukte. De werkloosheid in de havensteden ligt ver boven het gemiddelde van de regio. Maar de zee is gebleven, net als de verhalen van moedige mannen, wetteloze piraten en exotische landen. Prachtige musea in Salem, New Bedford en Mystic bewaren dit erfgoed voor het nageslacht (zie blz. 120, 152 en 188).

Voor de kust van New England zwemmen van april tot oktober tegenwoordig weer zo'n negenhonderd bultruggen, enkele duizenden (dwerg)vinvissen en twee- tot driehonderd potvissen voorbij. Tientallen professionele organisaties bieden in die periode tussen Bar Harbor en Cape Cod *whale watching* aan. In zodiacs (snelle rubberboten), aangepaste kotters en moderne rondvaartboten varen ze gasten het water op, terwijl experts de 'walvisloze tijd' die nodig is om op open zee te komen overbruggen met vakkundige praatjes over de walvissen en de historie van de walvisvangst. De spannende ontmoeting met de grootste levende zoogdieren op aarde is gegarandeerd. Van hoe ver u de giganten ziet – als een zwarte vlek aan de horizon of van zo dichtbij dat u de naar vis en krill stinkende adem van het beest bijna kunt ruiken – beslist de walvis zelf. En dat is maar goed ook.

Whale Centre of New England

Het Whale Centre of New England (WCNE) is een van de oudste walvisonderzoeksinstituten aan de oostkust. De organisatie heeft een uitstekend bezoekerscentrum met een mooie fototentoonstelling en wisselende exposities met als thema de laatste onderzoeksresultaten en toekomstige uitdagingen. Wetenschappers van het WCNE begeleiden ook de excursies van de volgende *whale watching*-organisaties: **Captain Bill & Sons Whale Watch**, 24 Harbor Loop, Gloucester, tel. 1 978 283 6995, www.captbillandsons.com; **Boston Harbor Cruises**, One Long Wharf, Boston, tel. 1 877 733 9425, www.bostonharborcruises.com/whale.
Een plek aan boord van het eigen onderzoeksschip van het WCNE is met $ 115 per persoon een stuk duurder. De Mysticete biedt 's zomers tweemaal per week vier passagiers de gelegenheid een walvistrip van een hele dag mee te maken (**Whale Center of New England**, 24 Harbor Loop, Gloucester, tel. 1 978 865 3042, www.whalecenter.org, bezoekerscentrum zo.-vr. 11-19, za. 9-19 uur.

New Englanders zijn uitgesproken kunstzinnig. Voor hen is kunst alles wat vreugde brengt en de manier waarop we de wereld bezien verandert. Dat kan houten volkskunst zijn of een werk met een milieukritische boodschap dat onder te brengen is onder de noemer *mixed media popart* – en soms een dure installatie die niemand begrijpt.

Building 5, een van de grootste tentoonstellingsruimten van de Verenigde Staten, heeft al veel rariteiten gezien. Een ketting van aan het plafond bungelende Fords Taurus bijvoorbeeld, een ensemble van vijf kermisattracties, zelfrijdende auto's en diverse hightech-carrousels. Een installatie van de Zwitserse kunstenaar Christoph Büchel was echter zelfs te veel voor het Massachusetts Museum of Contemporary Arts (Mass MoCA) in North Adams (Mass.). En het ging niet eens om het formaat ervan. Büchel had in de zomer van 2007 een olietanker, een gesloopte politieauto, negen containers, een woonwagen, negen – gedemonteerde – bommen en een in vier delen gesneden twee-onder-een-kapwoning voor North Adams gepland. Door een budgetstrijd tussen de kunstenaar en het museum, plus een fikse ruzie over niet nagekomen afspraken, klapte het megaproject echter kort voor de installatie zou worden opgebouwd. Het resultaat hiervan was een van de grootste recycle-acties uit de geschiedenis van New England.

Kunst in vele dimensies

De weerhaan heeft concurrentie

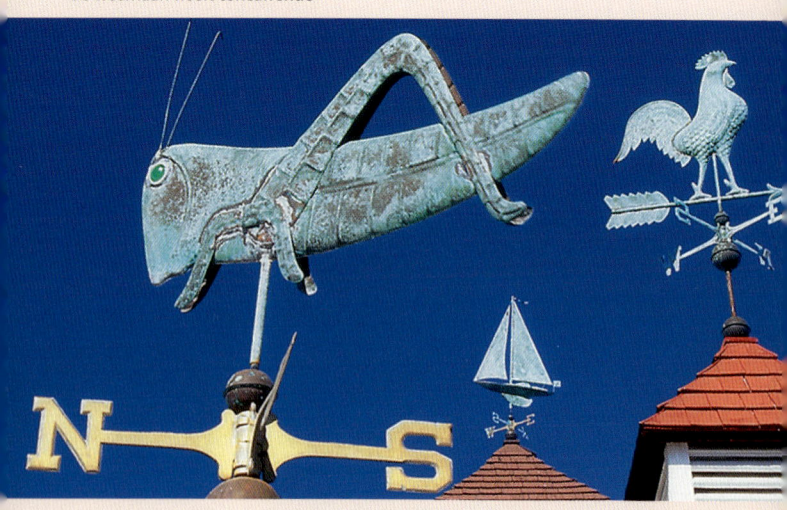

North Adams maakte zich er niet druk om. Het historische industriestadje aan de voet van de Berkshire Hills, die hier eigenlijk al echte bergen zijn, is allang gewend aan tegenvallers. In 1985 verloren zo'n vierduizend inwoners hun baan toen Sprague Electric, de grootste werkgever van de regio, zijn fabriek sloot – voor de achttienduizend inwoners tellende gemeente een traumatische ervaring. Kunst bracht redding. Tijdens hun zoektocht naar een tentoonstellingsruimte voor objecten die te groot zijn voor traditionele kunstgaleries en -musea, viel het oog van de New Englandse cultuurfunctionarissen op de leegstaande fabriekshallen van Sprague. Geld van de staat, maar vooral giften van particuliere kunstliefhebbers maakten in het stadje met zijn rode bakstenen huisjes al snel het grootste museum in zijn soort van de Verenigde Staten. Het succes van MASS MoCA initieerde een economische wedergeboorte van de stad en in diens kielzog van de hele regio.

Kunst en creativiteit

North Adams wordt tegenwoordig gezien als hét schoolvoorbeeld van een nieuwe filosofie waarin steden op de eerste plaats niet worden gezien als commerciële centra, maar als creatieve. New England is, zo zult u onderweg ook zelf kunnen vaststellen, het ideale laboratorium voor deze denkwijze. New Englanders geven per jaar meer uit aan museum- en galeriebezoek dan aan sportevenementen. Hoewel in de regio minder dan 5% van de bevolking van de Verenigde Staten leeft, zijn hier maar liefst 10% van alle kunst- en cultuurorganisaties van het land gevestigd. In Vermont leven de meeste kunstenaars en schrijvers van het hele land. Meer dan veertigduizend New Englanders werken in de cultuursector – een indrukwekkend aantal, wanneer je bedenkt dat de eerste schilder van de regio pas honderd jaar na de landing van de Mayflower van zijn kunst kon leven.

Portretten en landschappen

Portretschilders vereeuwigden in de 18e eeuw de leden van de nieuwe heersende klasse van Boston. Op de door hen gemaakte portretten zijn veel hedendaagse logo's van bierbrouwerijen en hotels geïnspireerd. De eerste was John Smibert (1688-1751). Hij portretteerde prominente burgers en was een inspiratiebron voor de eerste generatie in Amerika geboren schilders, onder wie Bostonian John Singleton Copley (1738-1815). Copley schilderde de leiders van de onafhankelijkheidsbeweging.

Door de ontsluiting van het westen van de VS werd de aandacht van de schilders verlegd naar de natuur. De eerste groep Amerikaanse landschapsschilders, de Hudson River School, waar zich ook kunstenaars uit New England bij aansloten, werd in de jaren 20 van de 19e eeuw geformeerd. Panorama's met nauwkeurig uitgewerkte details zijn typerend voor het werk van Frederic Edwin Church (1826-1900) en Alvan Fisher (1792-1863). De in Gloucester (Mass.) geboren Fitz Hugh Lane (1804-1865) werd gefascineerd door de zee. Ook de uit Boston stammende Winslow Homer (1836-1910), in wiens werk vooral locaties langs de kust van Maine te zien zijn, creëerde prachtige kustlandschappen. De tweede generatie van de Hudson River School gaf juist de voorkeur aan onscherpe, intiemere natuurscènes. New Englandse schilders als Dwight William Tyron (1849-1925) hielden de poëzie van het eind van de dag levend met contrastrijke kleurencombinaties.

Een instituut: het MASS MoCA in North Adams

De in Massachusetts geboren Childe Hassam (1859-1935) was na zijn terugkeer uit Parijs een van de oprichter van de 'Ten American Painters'. Hun doel was de verspreiding van het impressionisme in Amerika. Hoewel deze stroming in Frankrijk allang passé was, koesterden New Englandse schilders de stijl nog lange tijd. Zo schiep Robert Reid (1863-1929) met zijn idyllische motieven kleine ontsnappingsmogelijkheden uit het rauwe alledaagse leven van het industriële tijdperk. De realisten gaven daarentegen de voorkeur aan stadslandschappen. Tegelijkertijd ontwikkelden zich verschillende avantgardistische stijlrichtingen als surrealisme en minimalisme. Veel uit New England stammende of in de regio werkende kunstenaars kozen er echter voor deze stromingen te negeren en een eigen invulling te geven aan het realisme. Voorbeelden hiervan zijn de in Maine geboren Marsden Hartley (1873-1944), die persoonlijke ervaringen liet versmelten met de schoonheid van de natuur, de drie generaties van de schildersfamilie Wyeth en de in New England werkende Neil Welliver (1929-2005), die werd gezien als de beste landschapsschilder van de omgeving. Net als zij vonden de meeste grote Amerikaanse kunstenaars in die tijd inspiratie in New England, voornamelijk in de kuststreek. Provincetown, de kunstenaarskolonie op Cape Cod waar grootheden als Jackson Pollock, George Grosz en Mark Rothko hebben gewerkt, trekt tot op de dag van vandaag creatieven uit heel Amerika.

Folk art en scrimshaw

Volkskunst zult u in New England eerder tegenkomen langs de weg, in antiekwinkels, general stores en cafés dan in musea. Dat betekent niet dat de kunst gratis is. Het diepst moest tot nu toe een folk artdealer uit Boston in zijn zakken graven in 1990. Hij betaalde 770.000 dollar voor een koperen windvaan uit 1860, die een paard en ruiter moet voorstellen. Deze creatie werd gemaakt door een bekende volkskunstenaar uit Massachusetts.

Windvanen kregen in New England al snel andere vormen dan de bekende haan. Creatievelingen maakten uit hout of metaal weerslangen en weerlocomotieven. Aan de kust kunt u uiteraard ook weerwalvissen ontwaren. De dikbuikige schepsels zijn vooral fotogeniek met de grijze huisjes van Cape Cod op de voor- of achtergrond.

De populairste en betaalbaarste souvenirs zijn gewoon te koop in elke cadeauwinkel (*gift shop*). Zoals **quilts**, doorgestikte dekens met kleurrijke versieringen. Ze bestaan traditioneel uit drie lagen en werden in de 18e en 19e eeuw door de vrouwen des huizes gemaakt van restjes wol en andere stof. Quilts waren (en zijn) een traditioneel huwelijksgeschenk.

Een ander typisch souvenir zijn **stencils**. Zo heten de van de 18e tot het begin van de 20e eeuw met sjablonen stencils op kale muren geschilderde patronen. In de loop der jaren ontwikkelden stencilkunstenaars eigen motieven die waren geïnspireerd op het landleven – de vrijheid symboliserende adelaar, bloemen, hartjes en klokken, die voor vreugde stonden.

Een bijzonderheid zijn de kunstwerken van **walvisjagers**. Zij maakten uit de kaakbotten van de walvis kunstzinnige beeldhouwwerken, onder andere jachttaferelen en scheepsmodellen. Ze maakten echter ook mooi naaigerei, mesheften, vogelkooitjes en wasknijpers. Tegenwoordig is deze vorm van kunstnijverheid, *scrimshaw* geheten, alleen nog te zien in musea.

Info

www.nefa.org: op de homepage van de New England Foundation for the Arts staan talloze links naar de hedendaagse kunstscene in de regio.
www.artnewengland.com: website van het zesmaal per jaar verschijnende tijdschrift over kunst in New England. Artikelen uit het huidige nummer en een uitgebreide, thematische *Getaway Guide* voor mensen die door de staten van New England reizen.

Van grotten tot glazen huizen

Van de met stromatten bedekte holen waarin de eerste kolonisten schuilden voor de ontberingen van een voor hen onbekend klimaat tot Philip Johnsons Glasshouse (foto boven) in New Canaan en het nagelnieuwe Institute of Contemporary Art in Boston, een ver over het havenbekken strekkend bouwwerk van glas en staal – wat architectuur betreft heeft New England een lange weg afgelegd.

De bebaarde timmerman is gekleed in grof linnen en heet Robert Long. 'Het gaat nog wel een paar maanden duren voor dit huis klaar is', legt hij uit in ouderwets Shakespeare-Engels. Met hamer en beitel bewerkt hij de dikke balk die de nok moet worden. Alle daken in het dorp zijn van stro, de meeste van de eenvoudige huisjes hebben slechts één kamer. Vrouwen in lange rokken wieden onkruid, ambachtslieden hameren, smeden en boren. Bij de vier meter hoge omheining patrouilleren met haakbussen (voorloper van de musket) en lansen gewapende mannen. 'Tot nu toe hebben de indianen ons met rust gelaten', bromt een van hen. 'Maar je kunt het nooit weten, zegt de gouverneur ...'

Welkom in 1627, welkom in Plimoth Plantation. Nauwkeurig tot in de kleinste details werd hier de eerste nederzetting van de Mayflower-passagiers nagebouwd – een klein fragment van het oude Engeland, door een omheining afgeschermd van het nieuwe, nog onbekende continent en bevolkt door gekostumeerde acteurs, die de kolonisten van het eerste uur voorstellen (zie blz. 62).

Van Colonial naar Georgian style

Het museumdorp Plimoth Plantation, niet ver van het huidige Plymouth (Mass.), is de beste plek om het begin van de bouwgeschiedenis van New England te bestuderen. Hoe klein de eerste behuizingen waren! Pas aan het einde van de 17e eeuw werd bijgebouwd en uitgebreid. Het Old Hoxie House uit 1665 in Sandwich (Cape Cod), met een asymmetrisch dak, en het in 1667 gebouwde Paul Revere House in Boston met zijn overhangende bovenverdieping zijn exemplarisch voor de even eenvoudig als functionele **Colonial style**.

Rond 1700 was de *saltbox* – de vorm deed denken aan de destijds gebruikte zoutvaatjes – de dominante vorm voor huizen. Kerken konden de streng gelovige kolonisten in die tijd tot hun spijt nog niet bouwen. Voor hun godsdiensten en religieuze feesten kwamen ze bijeen in kleine openbare gebouwen, de *meeting houses*.

Naarmate de welvaart toenam, keerden de architecten zich echter al snel van de eenvoudige ontwerptaal van de puriteinen af. Tussen 1720 en 1775 beleefde New England een heuse bouwboom. Rijke kooplui kopieerden de in Engeland modieuze **Georgian style** met de vele portieken en strikt symmetrisch over de gevel verdeelde ramen en deuren. En in elke stad werden minstens een, maar meestal meteen drie of vier kerken in dezelfde stijl uit de grond gestampt. Met hun spitse torens, stralend witte gevels en mooie grote ramen werden zij bij uitstek het visitekaartje van de New Englandse steden. Vooral in Portsmouth (NH) en Litchfield (Ct.) zult u prachtige georgiaanse huizen aantreffen.

19e-eeuwse architectuur

Na de onafhankelijkheid documenteerde de volgende generatie Amerikaanse architecten de nieuw verworven afscheiding van Europa met de **Federal style** (1780-1820). Een platdak met een balustrade kwam nu in de plaats van het schilddak. Een gevel, vaak van rode baksteen, met veel details en grote ramen verleende de ontwerpen een bepaalde dynamiek. Ook binnen werd gemoderniseerd: ronde en ovale ruimten waren populair, net als elegant gebogen wenteltrappen. Charles Bulfinch (1763-1844) uit Boston was de invloedrijkste architect van zijn tijd. Hij bouwde onder meer het Massachusetts State House in Boston, New Englands mooiste voorbeeld van deze stijl, die zo typerend was voor het optimisme en de vooruitstrevendheid van de jonge Verenigde Staten. U vindt vooral veel huizen in deze federale architectuurstijl op plekken waar lucratieve handel astronomische winsten opleverde: Salem (Mass.), Portsmouth (NH) en Providence (RI).

Alsof het van de banketbakker komt: het *Wedding Cake House* in Kennebunkport

In de jaren 30 van de 19e eeuw werden de huizen monumentaler. Een massief portiek versierde nu de voorkant, versieringen waren ver te zoeken. Vooral openbare gebouwen, zoals de Quincy Market in Boston, werden gebouwd in **Greek revival style**. Een ware etalage van deze stijl is het slaperige, zeshonderd zielen tellende Grafton (Vt.), waar vooruitziende burgers al in de jaren 60 de oude, met zuilen gesierde huizen in het centrum onder bescherming stelden.

Na 1850 nam de belangstelling voor de Griekse stijl af. Aan de rivieren schoten enorme textielfabrieken uit de grond in een stijl die deed denken aan de Federal style – groot, met rode baksteen, symmetrisch. De fabriekseigenaren wilden echter meer. Ze hadden immers het geld voor representatieve extravagantie in welke stijl dan ook. De architecten bouwden wat hun opdrachtgevers maar wilden: Frans-gotische zomerhuizen, hele wijken, zoals Bostons Back Bay, in **Second Empire**, landelijke toevluchtsoorden in de Berkshires in speelse **Queen Annestijl**. Zijn hoogtepunt bereikte de architectonische willekeur in de zogenaamde *mansions* van Newport (RI). De paleizen van miljardairfamilies als de Rockefellers en de Vanderbilts gingen alle grenzen te buiten.

Tekentafelrebellen

Aan het begin van de 20e eeuw wees het stalen geraamte de weg naar boven: Amerika's architecten specialiseerden zich in wolkenkrabbers. De eerste hoogbouw in Boston was in 1916 het zestien verdiepingen tellende Customs House. Maar pas toen innovatoren als Philip Johnson (1906-2005), Robert Venturi (1925) en Robert Stern (1939) de ornamentiek terugbrachten met het **postmodernisme**, werden ook de grote steden van New England, Boston, Hartford en New Haven enthousiast. De kenmerken van deze stijl – bijzondere kleurencombinaties en bouwmaterialen en gestileerde klassieke elementen – zijn tegenwoordig voornamelijk te vinden in de skyline van Boston.

Hun esthetische instrumenten ontwikkelden deze en veel andere architecten op de Harvard Graduate School of Design in Cambridge. Aan het einde van de jaren 40 bracht deze beroemde architectenopleiding een hele rits visionaire tekentafelrebellen voort, die als *Harvard Five* in het dorpje New Canaan (Ct.) huizen in **minimalistische stijl** gingen bouwen. Vooral Philip Johnson (1906-2005), die het in 1987 het Sony Building (het vroegere AT&T Building) in Manhattan voorzag van een een neogotisch dak en daarmee het postmodernisme op de rails zette, was erg actief in New Canaan. Met het Glasshouse, een complex van veertien sterk door de Duitse glasarchitectuur van de jaren 20 beïnvloedde structuren, zette Johnson het modernisme in de jaren 50 spectaculair op de kaart.

Welke vormen en materialen de toekomst in petto heeft, is overigens te zien in het in hoog aanzien staande Institute of Contemporary Art in Boston. Postmodernisme is uit, **neomodernisme in**. Glas, transparantie en weinig versiersels. Dat is de ontwerptaal van de toekomst in de steden van New England.

Architectuur op internet

www.plimoth.org: de pagina van een van de interessantste museumdorpen aan de oostkust.

www.theglasshouse.org: interessante website met veel foto's van de tijdloos mooie gebouwen op het complex van Philip Johnson.

Onderweg in Boston en New England

Boston by night

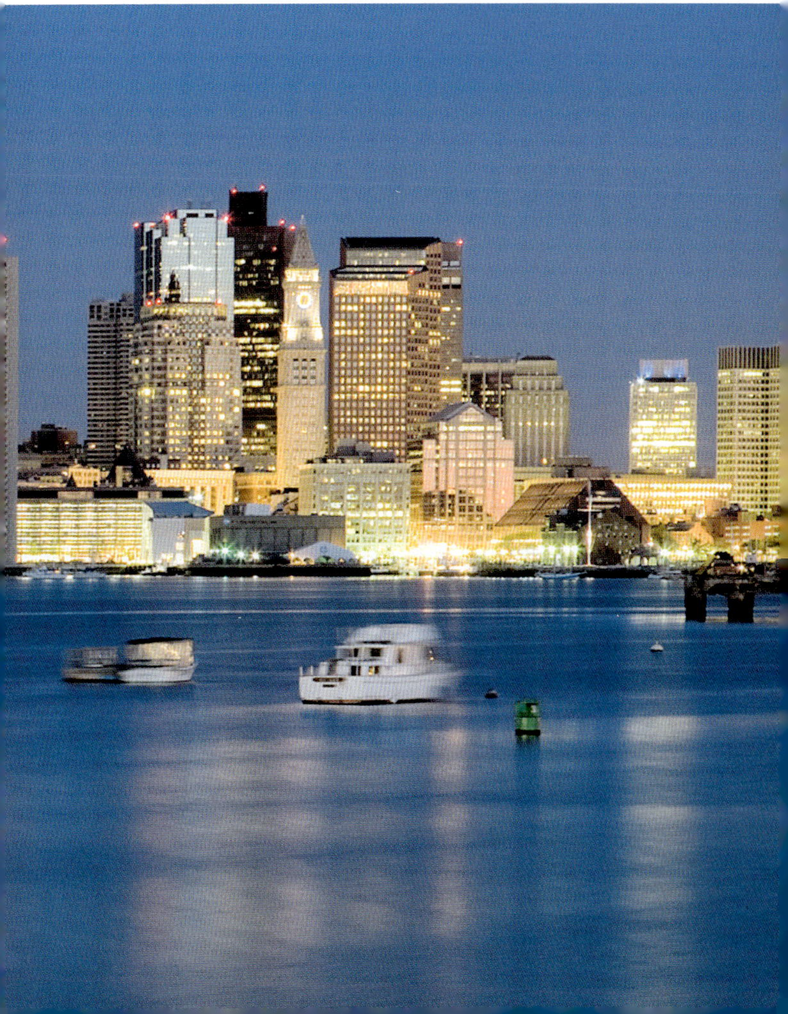

IN EEN OOGOPSLAG

Boston en omgeving

Hoogtepunten ✻

Freedom Trail: de slag bij Bunker Hill, het Boston Massacre, dichters, denkers, patriotten ... De rode lijn op het trottoir voert terug naar de geboorte van de supermacht. Zie blz. 88

Peabody Essex Museum, Salem: hoe avontuurlijk globalisering vroeger was, toont dit heerlijke museum over de handel met China. Zie blz. 120

Op ontdekkingsreis

Door zwart Boston: in 1638 kwamen de eerste zwarte New Englanders in Boston. De 2,5 km lange Black Heritage Trail voert langs veertien plaatsen die belangrijk waren in de geschiedenis van deze bevolkingsgroep. Zie blz. 104

Harvard – midden in het campusleven: vanaf het door kroegen omringde Harvard Square, centrum van het academisch leven, over de beroemde campus. Zie blz. 116

Salem – heksen en Amerika's hang naar moraal: deze plaats staat als geen ander in de Verenigde Staten synoniem voor de vervolging van onschuldigen. Zie blz. 122

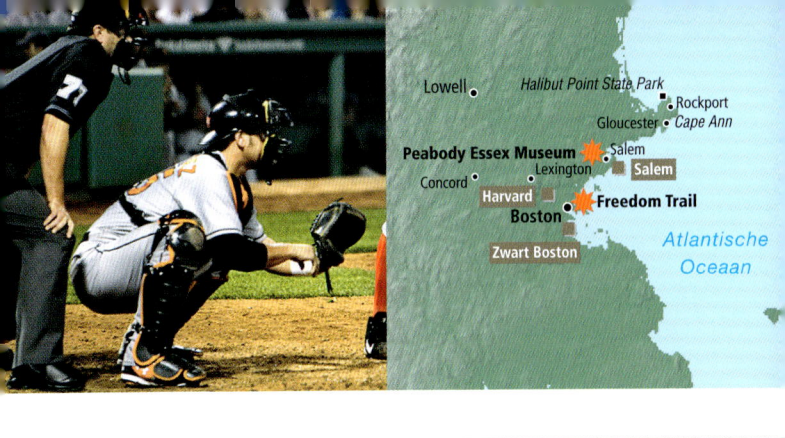

Bezienswaardigheden

New England Aquarium, Boston: de flora en fauna van de kuststreek. Zie blz. 94

Isabella Stewart Gardner Museum, Boston: fascinerende kunstverzameling van een excentrieke vrouw. Zie blz. 110

Lowell National Historical Park: leuk industriemuseum gewijd aan de industriële revolutie in de VS. Zie blz. 128

Actief & creatief

Fietsen: meer van de stad zien op de Boston Harborwalk. Zie blz. 95

Walden Pond, Concord: kom tot rust tijdens een wandeling rond Thoreau's vijver. Zie blz. 125

Picknick in het Halibut Point State Park: pak bij de *scenic overlook* je boterhammen uit en geniet van het uitzicht tot aan Maine. Zie blz. 127

Sfeervol genieten

Shakespeare voor noppes: eind juli wordt op de Boston Common Shakespeare opgevoerd – naar het theater met een goedgevulde picknickmand. Zie blz. 89

Old North Bridge: de plek in Concord waar kolonisten Amerikanen werden, ademt geschiedenis en vertelt mooie verhalen. Zie blz. 125

Atlantis Oceanfront Inn, Gloucester: ontbijt met de zonsopgang boven de blauwe zee en witte zeilen. Zie blz. 127

Uitgaan

South End: een wandeling op Union Park Street, een van de mooiste, maar nauwelijks bekende straten van Boston. En daarna eten in een van de vele restaurants op Tremont Street. Zie blz. 110

A night on the beach: tel de sterren op het strand bij de Cape Ann Motor Inn. Zie blz. 127

Het eeuwig jonge Boston

De Onafhankelijkheidsoorlog, hoge pieken en dramatische dalen – wat heeft deze stad niet meegemaakt? De wereldwijde economische crisis van de jaren 20 trof Boston extreem hard. De binnenstad raakte volledig in verval, de blanke middenklasse trok naar de buitenwijken. De sanering van de City begon in de jaren 60, maar werd onderbroken door de rassenrellen van de seventies. Een paar decennia later kwam de dotcombubbel. Deze spatte uiteen, maar de door de internetbedrijfjes ingezette revitalisering van de stad ging verder.

Een Republikeinse politicus liet ooit veelzeggend optekenen dat hij zich, was hij een Democraat geweest, beter thuis zou voelen in Boston dan in Amerika. Europese toeristen beschrijven de stad met zijn oude bakstenen huisjes als Amerika's meest Europese.

In Boston studeren 250.000 jongeren aan meer dan zestig onderwijsinstituten, vooral in het naburige Cambridge, aan Harvard. De vier interessantste wijken zijn de oude upper class-enclave Beacon Hill, het mondaine Back Bay, North End – Bostons oudste stadsdeel – en het hippe South End. Het oriëntatiepunt is de Boston Common.

De Freedom Trail ✸ ▶ kaart 3, J/K 4/5

Plattegrond zie blz. 93
Geen gedoe met kleine lettertjes of wegwaaiende kaarten, volg gewoon de Freedom Trail – de ene keer een rode

INFO

Kaart: ▶ D9, kaart 2 en 3

Toeristische informatie

Greater Boston Convention & Visitors Bureau: 2 Copley Pl., Suite 105, tel. 1 617 536 4100 of 1 888 733 2678, www. bostonusa.com. Voor informatie en hotelreserveringen.
Boston Common Visitor Center: 148 Tremont St., ma.-za. 8.30-17, zo. 10-18 uur. Brochures, hotel- en restaurantgids, evenementenagenda. Daarnaast reisinformatie over bestemmingen in de omgeving.

Vervoer

Vliegveld: Logan International Airport (tel. 1 800 235 6426, www.massport. com/logan). Met de metro ($ 2,65) of taxi (max. $ 45) naar Downtown en voor de verdere reis (buiten de stad) een auto huren.
Treinen: vanaf South Station (Atlantic Ave. en Summer St., 1 800 872 7245, www.amtrak.com) naar Providence, New Haven, New York, Philadelphia en Washington D.C. Vanaf North Station naar Portland (Me.).
Bussen: vanaf South Station (tel. 1 617 345 7451) naar bestemmingen in heel New England.
Binnen de stad: metro's van MBTA (dag. 5.15-0.30 uur, tel. 1 617 222 5000, www.mbta.com). Een kaartje is ook geldig op de bussen van hetzelfde bedrijf. De maximaal zeven dagen geldige CharlieCard voor korting op vervoersbewijzen is verkrijgbaar bij de Visitor Information. Taxi's kunt u op straat aanhouden ($ 2,80 per mijl).

Omgeven door moderne architectuur: Faneuil Hall Een gouden koepel kroont het State House in Boston

lijn, dan weer straatstenen in die kleur. De 4,8 km lange trail loopt van de Common in Downtown tot het Bunker Hill Monument in Charlestown. Daarbij passeert hij zestien historische locaties. U kunt hem op eigen houtje wandelen of aansluiten bij een rondleiding van negentig minuten door een gekostumeerde gids. Verzamelpunt: het **Boston Common Visitor Center** (zie kader linkerpagina, mrt.-nov. dagelijks, kijk voor het schema op www.thefreedomtrail.org/book-tour/publictours.shtml).

Boston Common

Het door Tremont, Park en Beacon Street begrensde **Boston Common** 1 heeft sinds 1634 een publieke functie. Eerst als executieplaats, later als paradeplaats en tegenwoordig als groene long van de stad.

Robert Gould Shaw and 54th Regiment Memorial 2

Wandelpaden leiden langs vijvers en monumenten, onder andere het ter ere van het 54th Massachusetts Colored Regiment opgetrokken Robert Gould Shaw and 54th Regiment Memorial. Met zijn levensgevaarlijke missie verdiende dit eerste zwarte infanterieregiment onder leiding van de jonge Bostonian Robert Gould Shaw het respect van de volgende generaties.

Tijdens de bestorming van Fort Wagner bij Charlestown in 1863 werd het regiment, waarvan het verhaal wordt verteld in de film *Glory* (1989) met Denzel Washington in de hoofdrol, bijna weggevaagd. Het park is een mooie plek om even uit te rusten. Van 24 tot 29 juli wordt hier gratis kunst aangeboden; Bostons Shakespeare-ensemble voert dan stukken van de beroemde auteur uit onder de blote, nachtelijke hemel.

Park Street Church 3

Rondleidingen eind juni-eind aug. di.-za. 9.30-15, zo. mis 8.30, 11, 16 uur

De fotogenieke, in 1809 ingewijde kerk (1 Park St.) is ook een belangrijke plek in de Afro-Amerikaanse geschiedenis. Op 4 juli 1829 hield William Lloyd Garrison (1805-1879) hier de eerste van zijn vele strafredes tegen de slavernij in het zuiden. De strijdlustige uitgever van het tijdschrift *The Liberator* streed ook voor gelijke behandeling van vrouwen. Niet iedereen was het met hem eens en in 1835 werd hij door een boze menigte met een touw om zijn middel door de straten richting Boston Common gesleept. Door een interventie van de burgemeester kwam het net niet tot een lynchpartij.

Massachusetts State House 4

Rondleidingen ma.-vr. 10-15.30 uur, 45 min.

Op de trappen van de door een 46 m hoge gouden koepel (23-karaats bladgoud) gekroonde, door Charles Bulfinch in 1798 gebouwde regeringszetel stonden burgerrechtenactivisten, abortustegenstanders en presidenten. Binnen gaat het er serener aan toe met patriottische schilderijen en de crypte-achtige Hall of Flags met een collectie vlaggen uit alle oorlogen waarin de Verenigde Staten hebben gevochten.

Twee van de vier beelden voor het State House herinneren aan heldhaftige vrouwen. Aan Anne Hutchinson, die in opstand kwam tegen de ondergeschikte rol van vrouwen in de door mannen gedomineerde puriteinse wereld en in 1638 werd verbannen, en aan quaker Mary Dyer, die in 1660 op grond van de puriteinse antiquakerwetten op de Common werd opgehangen.

Een gouden koepel kroont het State House in Boston

Op Tremont Street

De in 1660 ingewijde **Granary Burying Ground** 5 is de laatste rustplek van een aantal leiders van de onafhankelijkheidsbeweging, onder wie Samuel Adams en John Hancock.

Voor de **King's Chapel** 6 (mei-okt. ma., do.-za. 10-16, anders za. 10-16 uur), die de kruising van Tremont en School Street lijkt te bewaken, hebben de puriteinen waarschijnlijk hun neus opgehaald. De in 1749 naar een ontwerp van Peter Harrison gebouwde kerk met portiek was de stenen opvolger van de eerste, uit hout vervaardigde Anglicaanse kerk, waarmee de Church of England in 1688 met haar eerst zijn kleuren toonde in het puriteinse bolwerk Boston. Van binnen is de kerk verrassend licht en vriendelijk – de perfecte plek voor Händels *Messiah*, dat hier in 1786 zijn Amerikaanse première beleefde. Direct naast de kerk bevindt zich de kleine **King's Chapel Burying Ground** uit 1631, Bostons oudste begraafplaats.

Downtown

Of en hoe de symbolisch geladen omgeving van invloed is geweest op de latere revolutionairen Malcolm X en Ho Chi Minh, daarover kunt u filosoferen tegenover het in 1855 geopende **Omni Parker House** 7 met een stuk hier uitgevonden Boston Cream Pie. Beiden werkten hier tijdens hun studententijd als ober. In de 19e eeuw ontmoetten de intellectuelen Holmes, Emerson & Co. elkaar eveneens hier – waarschijnlijk voor een stuk taart, want de eigenlijke verzamelplaats van de literaire scene was destijds de **Old Corner Bookstore** 8, een paar minuten verderop. In het tegenwoordig midden in het winkelgebied liggende gebouw uit 1718 resideerde uitgeverij en boekhandel Ticknor & Fields, een magneet voor de denkers van New England, die zich thuis voelden bij de boekenmakers. Jamie Fields was overigens de eerste uitgever die zijn auteurs een percentage van de omzet van hun boeken betaalde. Begin jaren 80 vestigde reisboekenwinkel Globe Corner Bookstore zich in het gebouw, daarna zat er een juwelier in en tegenwoordig is het een fastfoodrestaurant.

Financial District

Het rode bakstenen **Old South Meeting House** 9 (dag. 9.30-17 uur) met de witte toren uit 1729 wordt gezien als het symbool van de macht van de openbare rede. Als destijds grootste verzamelplaats van Boston werden in de kerk de meeste protesten tegen de verstikkende belastingen van Londen gehouden. Ook op 16 december 1773: na zijn toespraak tegen de nieuwe theebelasting toog Samuel Adams met vijfduizend verhitte burgers naar de haven en hield daar de beroemde Boston Tea Party. Aan deze turbulente tijd is ook een tentoonstelling gewijd.

Een onderhoudende enscenering van deze dramatische gebeurtenissen, voor een decor van nagebouwde magazijnen en zeilboten, wordt gespeeld door gckostumeerde medewerkers van het **Boston Tea Party Ships & Museum** 10 onder de Congress Street Bridge (▶ kaart 3, K 6, dag. 9-17 uur, rondleiding om de 15 minuten).

De zetel van de gehate voormalige koloniale regering bevindt zich op de kruising van Washington en State Street. Het in 1713 gebouwde **Old State House** 11, dat letterlijk in de schaduw van moderne kantoortorens staat, overleefde de *Boston Massacre*. Aan de oostkant markeert een kruis in het trottoir de plek waar in 1770 vijf demonstranten werden doodgeschoten door Engelse soldaten. Op het balkon aan de voorzijde van het State ▷ blz. 94

CHARLESTOWN
Rutherford Av
Main St
Henley St
Warren St
Park St
City Square
City Square Park
Chelsea St
Freedom Trail
Constitution Road
1st Av
Bunker Hill Pavilion
U.S.S. Constitution
U.S.S. Cassin Young
Harbor Walk
Boston National Historical Park
Exit 27
Paul Revere Park
Charlestown Bridge
Charles River
Nashua Street Park
Nashua St.
Exit 26
Beverly St.
Lovejoy Pl.
North Washington St.
Commercial St.
Portal Park
North Station
TD Garden (Boston Garden)
Martha Rd
Lomasney Way
Cotting St.
Thomas P. O'Neill Federal Building
Causeway St.
Museum of Science
Medford St.
John F. Fitzgerald
Prince St.
N Margin St.
Snowhill St.
Hull St.
Charter St.
Sheafe St.
Margaret St.
Salem St.
Unity St.
Foster St.
Henchman St.
Fiskes Wharf
Hanover St.
Battery St.
Hanover Ave.
St. Stephen's Church
N. Bennet St.
Tileston St.
Harris St.
Clark St.
NORTH END
Noyes Pl.
Baldwin Pl.
Thatcher St.
Lynn St.
Endicott St.
Cooper St.
Parmenter St.
Wiget St.
Fleet St.
Moon St.
Lewis St.
North Sq.
North St.
Garden Ct.
Friend St.
Canal St.
Portland St.
Traverse St.
Lancaster St.
Merrimac St.
Market St.
Exit 25
Stillman St.
Morton St.
Cross St.
William Cardinal O'Connell Way
Staniford St.
State Service Center
New Chardon St.
Haymarket
Blackstone St.
Expressway
Richmond St.
Fulton St.
Commercial Wharf
Bowker St.
New Sudbury St.
Old West Church
Lynde St.
Cambridge
Cambridge St.
Bowdoin
Stationstall State Office Building
John F. Kennedy Federal Building
Congress St.
Hanover St.
Marshall St.
Union St.
Salt Lane
Exit 24
Atlantic Ave.
Christopher Columbus Waterfront Park
Clinton St.
Dock Square
Chatham Row
Aquarium
Irving St.
Russell St.
Joy St.
Hancock St.
Temple St.
Bowdoin St.
Somerset St.
One Center Plaza
Government Center
Myrtle St.
African Meeting House
Pinckney St.
Ashurton Pl.
Suffolk County Courthouse
Court St.
Court Square
State St.
State
Doane St.
Kilby St.
Broad St.
India St.
Custom House
Central St.
Surface Rd.
New Atlantic Ave.
Mt Vernon St.
Boston Athenaeum
Quaker Lane
Exchange Pl.
Milk St.
Custom House St.
Well St.
Walnut St.
Joy Pl.
Water St.
Spring Lane
Batterymarch St.
Broad St.
Beacon St.
Park St.
School St.
Chapman Pl.
Province St.
Bromfield St.
Washington St.
Oliver St.
Franklin St.
Wendell St.
Pearl St.
High St.
Exit 23
Tremont St.
Park Street
Hamilton Pl.
Back Bay
Public Garden
Frog Pond
Winter St.
Winter Pl.
Downtown Crossing
Hawley St.
Arch St.
Devonshire St.
Federal St.
Congress St.
Purchase St.
Temple St.
West St.
Summer St.
Otis St.
Theater District
South Station
Children's Museum

Boston – Freedom Trail

Bezienswaardigheden
1. Boston Common
2. Robert Gould Shaw and 54th Regiment Memorial
3. Park Street Church
4. Massachusetts State House
5. Granary Burying Ground
6. King's Chapel
7. Omni Parker House
8. Old Corner Bookstore
9. Old South Meeting House
10. Boston Tea Party Ships & Museum
11. Old State House
12. Faneuil Hall
13. Quincy Market
14. Faneuil Market Place
15. Holocaust Memorial
16. Government Center
17. Union Oyster House
18. New England Aquarium
19. Inner Harbor Ferry
20. Boston Sports Museum
21. Big Dig
22. Paul Revere House
23. Old North Church
24. Paul Revere Mall
25. Copp's Hill Burial Ground
26. Leonard P. Zakim Bunker Hill Memorial Bridge
27. Bunker Hill Monument
28. Bunker Hill Museum
29. USS Constitution Museum

Overnachten
1. Revere Hotel Boston Common
2. Harborside Inn
3. Milner Hotel

Eten en drinken
1. Parla
2. Mamma Maria
3. Bricco
4. McCormick & Schmick's
5. Sakurabana

Winkelen
1. Faneuil Hall Marketplace

Actief
1. Urban AdvenTours

Uitgaan
1. Boston Beer Works
2. Royale Nightclub
3. Sweetwater Tavern
4. The Black Rose
5. Tunnel

— Freedom Trail
zie blz. 88

— Harbor Walk
zie blz. 95

Alles wat buiten deze plattegrond ligt, kunt u vinden op kaart 3 van de uitneembare kaart

House werd in 1776 de Onafhankelijkheidsverklaring voorgelezen. Op de tweede verdieping baat de Boston Society een klein museum met voorwerpen uit de eerste dagen van de Onafhankelijkheidsoorlog uit (mei-sept. dag. 9-18, anders dag. 9-17 uur).

Rond Faneuil Hall

Vanuit de Old State House loopt u via Congress Street naar de *Cradle of Liberty*. **Faneuil Hall** 12 (dag. 9-17 uur), in 1742 geopend en in 1806 door Charles Bulfinch uitgebreid tot een pronkstuk van de Federal style, draagt met recht de titel 'de wieg van de onafhankelijkheid'. Niet alleen de *Sons of Liberty* wisten hier grote mensenmassa's in vervoering te brengen, ook William L. Garrison, die streed voor de afschaffing van de slavernij, vrouwenrechtenactivist Susan B. Anthony en John F. Kennedy verkondigden op deze plek hun visie voor een betere wereld. Een wie is wie uit rebelse tijden siert als een enorme muurschildering de achterwand van het auditorium. Ertegenover ligt de sinds een revitalisering in de jaren 70 meestbezochte attractie van Boston. De in 1825 gebouwde 'Griekse tempel' is het epicentrum van de **Quincy Market** 13 en lokt met zowel standjes met culinaire hoogstandjes als coffeeshops. De braderiesfeer op **Faneuil Market Place** 14 daarvoor contrasteert bijna pijnlijk met de zes glazen torens van het in 1995 ingewijde **Holocaust Memorial** 15 aan Union Park. De torens symboliseren de zes grootste concentratiekampen en de zes miljoen tijdens de Tweede Wereldoorlog vermoorde Joden.

Het huidige stadhuis (City Hall) is onderdeel van het **Government Center** 16, een door architect I. M. Pei in brutalistische stijl uitgevoerd betonnen complex. Voor een welverdiende pauze kunt u terecht in het **Union Oyster House** 17 (zo.-do. 11-21.30, vr., za. 11-22 uur) op Union Street, wellicht het oudste restaurant van de stad. Op de bovenverdieping van het donkere etablissement bracht een Louis Philippe genaamde jonge kostganger de dames van de upper class in 1796 naar verluidt niet alleen Frans bij, alvorens hij koning van Frankrijk werd.

Waterfront

Op deze plek hebt u twee mogelijkheden om te deserteren van de Freedom Trail. Het moderne **New England Aquarium** 18 (juli-sept. zo.-do. 9-18, vr., za. 9-19, anders ma.-vr. 9-17, za., zo. 9-18 uur, IMAX-voorstellingen dag. 9-22.30 uur) aan de Central Wharf – een deel van de indrukwekkende Boston Waterfront – ligt op zo'n 10 minuten lopen. U ziet hier niet alleen haaien in enorme zoutwateraquaria, maar kunt er ook terecht voor goede walvisobservatietochten. Hebt u behoefte aan wat frisse zeelucht? Op de Long Wharf legt de **Inner Harbor Ferry** 19 aan (zie blz. 98). Ten noordwesten van Union Oyster House ligt in de buurt van de TD Garden het aan de sportieve historie van New England gewijde **Boston Sports Museum** 20 (100 Legends Way, ma.-vr. 10-17, za., zo. 11-17 uur). Op vier verschillende afdelingen verhaalt het over de vier populairste professionele sporten van de stad: ijshockey (in Amerika gewoon hockey genoemd), basketbal, American football en honkbak (*baseball*). U loopt tijdens de wandeling trouwens over wat ooit de duurste bouwplaats van de Verenigde Staten was. Voorheen ging de weg naar North End bij het Union Oyster House onder de Expressway door. Tot in 1991 begonnen werd met de aanleg van de maar liefst zestien miljard dollar kostende tunnel die de stadssnelweg moest vervangen, het Central Artery/Tunnel Project, beter bekend als de **Big Dig** 21, de grote graafpartij. In 2004 werd het eerste deel van de tunnel (met acht tot tien rijstroken) geopend, twee jaar later was het project ten einde. Sindsdien rijden hier elke dag vierhonderdduizend auto's onder een mooi, Rose Fitzgerald Kennedy Greenway genoemd park.

North End

Achter u bevindt zich nu de typisch Noord-Amerikaanse skyline van Downtown Boston, voor u North End – kleinstedelijk, voornaam, menselijk. Van 1630 tot de onafhankelijkheid was het de enige woonwijk van Boston. Het dagelijks leven speelde zich af rond de North Square. Hier waren kerken en de markt en woonden zeelui en koop- en ambachtslieden. Met de onafhankelijkheid brak echter een nieuw tijdperk aan. De koningsgezinden verruilden de stad voor Engeland of Canada, arme immigranten uit Ierland namen hun plaats in. Rond 1850 was de helft van Boston van Ierse afkomst, de *Irish Connection*. Back Bay (ontstaan door drooglegging van de baai) en Beacon Hill bloeiden op, terwijl North End een sloppenwijk werd. Speculanten bouwden huurkazerne's op de plek waar voorheen villa's stonden.

Rond 1900 zorgden Joodse immigranten uit Oost-Europa voor een frisse wind in North End. Ze trokken in de huizen van de Ieren die, inmiddels opgeklommen in de vaart der volkeren, in andere delen van de stad woonden. Onder deze inmiddels gevestigde Ierse Amerikanen waren de in Green Street geboren Rose Kennedy, de 'oermoeder' van Amerika, en haar vader John F. Fitzgerald, opa van de Kennedybroers John F., Robert en Edward. Zijn voorlopig laatste metamorfose kreeg de wijk in de jaren 30. Sindsdien is North End het Little Italy van Boston, met **Hanover** en **Salem Street** als levendigste straten. Er zijn espressobars en een kleine honderd Italiaanse restaurants en de mopperende senioren die op klapstoeltjes voor de deur van hun woning zitten, maken de sfeer compleet.

Tip

Fietsen op de Boston Harborwalk

Op de Boston Harborwalk, een trail voor voetgangers en fietsers, kunt u de naar de zee gerichte kant van de havenstad verkennen. Het pad loopt van East Boston en Charlestown naar Dorchester en bestaat uit met elkaar verbonden kades en boulevards. U hebt de Atlantische Oceaan steeds in het vizier en wandelt of fietst langs North End, Downtown en South Boston. Het is een erg leuke fietsroute (kijk voor fietsverhuur bij Urban AdvenTours op blz. 99), vooral het gedeelte tussen North End en de John F. Kennedy Library and Museum (www.boston harborwalk.com). De bij Urban Adven-Tours verkrijgbare kaart *Bike Routes of Boston* is erg handig voor uw oriëntatie. Meer dan 60 van de ruim 75 km die de Harborwalk uiteindelijk moet tellen, zijn inmiddels aangelegd.

Paul Revere House [22]

apr.-okt. dag. 9.30-17.15, anders dag. 9.30-16.15 uur

De Freedom Trail voert vervolgens naar de mooie North Square. Het eenvoudige Paul Revere House was allang gesloopt als de beroemdste zoon van de stad er niet in had gewoond. Het is gebouwd rond 1680 en is het oudste nog bestaande huis in de stad. In de koloniale *saltbox* woonde Revere van 1770 tot 1800. Een gedicht van Henry Wadsworth Longfellow uit 1861 maakte een *local hero* van de zilversmid. Dat was overigens niet geheel verdiend. Want de rebellenleider uit Lexington was niet de enige die kwam waarschuwen voor de oprukkende Britten. Ook William Dawes, Samuel Prescott en een dertigtal andere ruiters bewezen in de nacht van 18 april 1775 goede Amerikanen te zijn. Maar op hun namen kon Longfellow, zo wil de overlevering, niet zo goed rijmen.

Old North Church 23

juni-okt. dag. 9-18, mrt.-mei dag. 9-17 uur, anders 10-16 uur

Op Hanover Street loopt u langs St. Stephen's Church de **Paul Revere Mall** 24 op. De met bomen omzoomde passage met het ruiterstandbeeld van Revere en bronzen plaquettes met de namen van andere patriotten op de muren loopt richting de spitse witte toren van de Old North Church. De fotogenieke georgiaanse kerk uit 1723 is de oudste van de stad. Op de gedenkwaardige avond die Revere zijn roem schonk, zou de koster met twee lantaarns in de kerktoren de rebellen in Charlestown hebben gewaarschuwd dat de Britse soldaten de Charles River naar Lexington hadden overgestoken. Over details, zoals de vraag of het allemaal echt zo is gegaan, zijn de meningen van historici nog steeds verdeeld.

Copp's Hill Burial Ground 25

Verdoofd van zo veel heldenverering, klautert u ten slotte voor wat frisse lucht Hull Street op naar Copp's Hill. Op het hoogste punt van de wijk ligt de Copp's Hill Burial Ground. Op de in 1660 ingerichte begraafplaats liggen zo veel botten dat het gras boven de trottoirrand uitkomt. Behalve zo'n duizend in een hoekje begraven slaven vonden hier voornamelijk prominente puriteinen een laatste rustplaats, onder wie heksenrechter Cotton Mather (1663-1728). Tijdens de Slag om Bunker Hill beschoten de Britten vanaf hier het duidelijk zichtbare Charlestown.

Charlestown

Leonard P. Zakim Bunker Hill Memorial Bridge 26

Vanaf de Charlestown Bridge ziet u deze in 2003 geopende asymmetrische brug al liggen. Een meesterwerk van de ingenieurs, die een boven de rivier bij elkaar komende chaos van tot wel acht rijstroken moesten beteugelen. Het is de breedste tuibrug (kabelbrug) ter wereld. Zijn wat lange naam (hij wordt meestal gewoon Zakim Bridge genoemd) is het resultaat van politiek geharrewar – geen unicum in City Hall. Liberale Bostonse politici wilden de brug graag vernoemen naar de Joodse burgerrechtenactivist Lenny Zakim, maar conservatiever representanten uit Charlestown wilden een naam ter ere van de historische Slag van Bunker Hill (zie verderop). Uiteindelijk kregen beide groepen hun zin. En dat is dan weer níét zo gebruikelijk in de Amerikaanse politiek.

Bunker Hill Monument 27 en Museum 28

sept.-juni dag. 9-17, anders tot 18 uur; museum sept.-juli dag. 9-17, anders tot 18 uur

De top van de pylonen van de brug zijn 'kopieën' van het **Bunker Hill Monument** (▶ kaart 3, J 3). De van ver zichtbare, 73 m hoge obelisk richt zich als een manende wijsvinger op uit de heuvelopwaarts lopende huizenzee van Charlestown. Het uitzicht vanaf het monument is geweldig. En onderweg naar boven op de 294 trappen hebt u alle tijd om u te verwonderen over de manier waarop Amerikanen zelfs van een nederlaag een overwinning weten te maken. Op 17 juni 1775 probeerden Engelse troepen de heuvel in te nemen. Getrainde beroepssoldaten stonden tegenover tweeduizend slecht bewapende kolonisten. De Britse officieren dachten dat het een makkie zou worden, maar de eerste twee aanvalsgolven mislukten. Pas de derde doorbrak de Amerikaanse stellingen en beëindigde de veldslag. Vijfhonderd kolonisten en maar liefst duizend *redcoats* vonden de dood bij deze Britse pyrrusoverwinning. Het nieuws over het verloop van de slag deed afbreuk aan het onoverwinnelijke imago van het leger van het *British Empire*.

Het in de zomer van 2007 geopende **Bunker Hill Museum** (▶ kaart 3, J 3) aan de voet van het monument herinnert aan dit eerste grote gewapnde conflict van de Onafhankelijkheidsoorlog met een dramatisch panorama, tentoonstellingen en een diashow (elk halfuur).

USS Constitution Museum 29

www.ussconstitutionmuseum.org, apr.-okt. di.-vr. 14.30-18, za., zo. 10-18, anders do., vr. 14.30-16, za., zo. 10-16 uur

Slechts 22 jaar later bouwde de staat waaraan de kolonisten op de heuvel nog niet eens durfden denken hier het modernste oorlogsschip van zijn tijd. De met 54 kanonnen uitgeruste USS Constitution, een snel fregat met een romp van de hardste eiksoort, verliet in 1797 de Charlestown Navy Yard om Amerikaanse koopvaardijschepen in de Middellandse Zee te beschermen tegen Noord-Afrikaanse piraten. Het schip won maar liefst 42 zeeslagen en kreeg in de oorlog van 1812 de bijnaam *Old Ironsides*, omdat de kogels van de Britse HMS Guerrière zonder schade van zijn planken afkaatsten. Alle voorstellen om de USS Constitution naar de schroothoop te varen, zijn met dank aan burgers met historisch besef tegengehouden. Zodoende is het tegenwoordig het oudste nog varende oorlogsschip ter wereld. Elke 4 juli vaart de USS Constitution, feestelijk uitge-

De USS Constitution, feestelijk uitgedost voor de feestelijkheden

Tip

Inner Harbor Ferry 19
De Inner Harbor Ferry vaart elke 15 min. op en neer tussen Navy Yards (niet ver van de USS Constitution) in Charlestown en Long Wharf in Boston. Het is de beste en goedkoopste manier om Boston vanaf het water te verkennen. Terwijl u de benen strekt op het bovendek, toont de vierhonderd jaar oude havenstad zich in al zijn schoonheid (enkele reis $ 3,50).

dost, door de haven van Boston. In het aangrenzende museum komt u alles te weten over het schip.

Overnachten

Overnachten in Boston is niet echt goedkoop. Maar de volgende hotels zijn elk op hun eigen manier bijzonder. Verder geldt net als in alle grote steden: hoe verder van het centrum, hoe goedkoper. Voor de *best price* boekt u online op de website van het hotel zelf, maar voor een vergelijking zijn boekingssites als www.booking.com of www.hotels.com aan te bevelen.

Voordelige B&B's en gemeubileerde appartementen voor een langer verblijf vindt u bij **Bay Colony Bed & Breakfast Associates** (tel. 1 617 720 0522, www.bnbboston.com) en de **Bed and Breakfast Agency of Boston** (tel. 1 617 720 3540, www.boston-bnbagency.com). Die laatste bemiddelt voor zo'n honderdvijftig B&Bs en appartementen tegen prijzen tussen $ 70 en $ 200.

Location, location – **Revere Hotel Boston Common** 1: ▶ kaart 3, J 6, 200 Stuart St., tel. 1 617 482 1800, 1 800 183 0907, www.reverehotel.com, vanaf $ 200. Aan de buitenkant nog steeds de troosteloze gevel van het Radisson, vanbinnen een aangenaam pretentieloos boetiekhotel. Welkomstbubbels in de lobby, mooie designerkamers en een parkeergarage. Op drie minuten wandelen van de Boston Common.

Typisch Boston – **Harborside Inn** 2: 185 State St., tel. 1 617 723 7500, 1 888 723 7565, www.harborsideinnboston.com, 2 pk met uitzicht op het atrium vanaf $ 200, op de stad $ 210. Veel hotel tegen een redelijke prijs in een gerenoveerd koopmanshuis uit de 19e eeuw. Alle kamers zijn anders, maar ze hebben alle oude houten vloeren en oosterse tapijten aan de verder kale muren. Niet ver van Faneuil Hall.

Solide – **Milner Hotel** 3: ▶ kaart 3, J 6, 78 Charles St. South, tel. 1 617 426 6220, 1 800 453 1731, www.milnerbostonhotel.com, vanaf $ 130. Voor Bostonse begrippen redelijk betaalbaar oud stadshotel. De kamers zijn misschien iets té neutraal ingericht, maar het hotel ligt perfect voor een verkenningstocht van Boston.

Eten en drinken

Bostons restaurants zijn zoals de stad zelf: modern zonder tradities uit het oog te verliezen, multicultureel, chic, hip.

Excentriek – **Parla** 1: 230 Hanover St., tel. 1 617 367 2824, www.parlaboston.com, dag. vanaf 16.30, brunch za., zo. 11-14.30 uur, vanaf $ 21. Net als je denkt dat je in North End alleen pizza en pasta kunt krijgen, zie je deze kleine bar-lounge met intieme *speakeasy*-sfeer. De keuken is modern-Italiaans, de ossobuco van zeeduivel een aanrader.

Bella Italia – **Mamma Maria** 2: 3 North Sq., tel. 1 617 523 0077, www.mammamaria.com, zo.-do. 17-22, vr., za. 17-23 uur, vanaf $ 27. Al vele jaren de onbetwiste nummer een van North End. Traditionele gerechten uit Toscane en

Piemonte, zoals gegrilde zwaardvis met basilicum.

California meets Italy – Bricco 3: 241 Hanover St., tel. 1 617 248 6800, www.bricco.com, dag. vanaf 16 uur, vanaf $ 26. Goede combinatie van innovatieve en traditionele Italiaanse gerechten. Stedelijke sfeer, via een *kitchen cam* kunt u de keukenbrigade in de gaten houden tijdens hun werkzaamheden. De bijbehorende loungebar Enoteca Bricco is een populaire hang-out voor Bostons nachtvlinders.

Gezellig – McCormick & Schmick's 4: Faneuil Hall Marketplace, www.mccormickandschmicks.com, tel. 1 617 720 5522, ma.-do. 11.30-23, vr., za. 11.30-24, zo. 11.30-22 uur, vanaf $ 20. Al dertig jaar een seafoodinstituut. Bistrosfeer, gezellige bar van walnotenhout.

Sushitempel – Sakurabana 5: 57 Broad St., tel. 1 617 542 4311, www.sakurabanaonline.com, ma.-do. 11.30-21.30, vr. 11.30-22, za. 17-21.30 uur, vanaf $ 16. Sushi, maki en nigiri van de beste kwaliteit. Al jaren goed en betrouwbaar. Populaire lunchplek van kantoorpersoneel uit de buurt.

Winkelen

Mode – Voordelige boetieks, winkels en souvenirshops vindt u in de **Faneuil Hall Marketplace** 1 (www.faneuilhallmarketplace.com). Goed om te weten: bij het kopen van kleding en schoenen tot $ 175 vervalt de *sales tax*.

Actief

Fietsen – Urban AdvenTours 1: 103 Atlantic Ave., tel. 1 617 670-06 37, www.urbanadventours.com. Onder andere zes verschillende fietstochten met gids dwars door Boston. Bijvoorbeeld de populaire *Bikes@Night,* bij zonsondergang over de nieuwe Boston Harborwalk (zie blz. 95), en de *Tour de Boston* van de Charles River naar de haven.

Uitgaan

Het ooit na kantooruren volledig uitgestorven Downtown is wat het nachtleven betreft weer helemaal opgekrabbeld. Vooral de ring rond Faneuil Hall en aan de Boston Common.

Bier en sport – Boston Beer Works 1: 112 Canal St., tel. 1 617 896 2337, www.beerworks.net, zo.-do. 11.30-24, vr., za. 11.30-1 uur. Geen kaartjes kunnen krijgen voor de wedstrijd van de Celtics of Bruins? Kijk dan hier op een van de veertien beeldschermen – met een kan bier en een enorme hamburger.

Chique nachtclub – Royale Nightclub 2: ▶ kaart 3, J 6, 279 Tremont St., tel. 1 617 338 7699, www.royaleboston.com. Ally McBeal zou hier prima op haar plek zijn. De chique club zit in een oude balzaal van het Tremont Boston Hotel, inclusief podium en balkon. Grote dansvloer, lekkere muziek, op zaterdag salsa. Er vinden ook regelmatig optredens plaats.

Popiejopie – Sweetwater Tavern 3: ▶ kaart 3, J 6, 3 Boylston Pl., Back Bay, tel. 1 617 351 2515, www.sweetwatercafeboston.com, dag. 11.30-2 uur, vanaf $ 9. Bar, *pub food*, top 40-muziek, dansvloer, ook tafels buiten.

Echt Iers – The Black Rose 4: 160 State St., tel. 1 617 742 2286, www.blackroseboston.com, vanaf $ 16. Deze authentieke Ierse pub is al sinds 1976 dé plek voor livemuziek – altijd luid, altijd vrolijk. Bekroonde clam chowder en cornedbeef naar receptuur uit *the old country*.

Cool en hot – Tunnel 5: 100 Stuart St., (in het W Hotel), tel. 1 617 357 5005. Dansen tot het weer licht wordt – of je omvalt. De beste dj's van de stad, gewel-

Boston – Beacon Hill

Bezienswaardigheden
1. Acorn Street
2. Mount Vernon Street
3. Nichols House Museum
4. Louisburg Square
5. Pinckney Street
6. Museum of African American History
7. Otis House Museum

Overnachten
1. The Liberty Hotel
2. The Boxer

Eten en drinken
1. Beacon Hill Bistro
2. Bin 26 Enoteca

Winkelen
1. Charles Street

Alles wat buiten deze plattegrond ligt, kunt u vinden op ▶ kaart 3 van de uitneembare kaart

dige lichtshow en topgeluid. Hier komen locals uit alle 'klassen'.

Beacon Hill ▶ kaart 3, H/J 5

Het is een vreemd eend in het stadsbeeld. Voor een achtergrond van moderne kantoortorens van glas en staal in Downtown ligt aan de zuidkant van de Beacon Hill een wijk die zelfs midden in de avondspits, badend in het licht van de ondergaande zon, serene rust uitstraalt. De wijk die de heuvel zijn naam gaf is een stad in een stad, een vredige oase in het drukke alledaagse leven van Boston – en al tweehonderd jaar de chicste woonwijk van de stad. In Beacon Hill is het oude Amerika nog te voelen. Het Amerika van gentlemen met hoge hoeden en hun in Europa shoppende vrouwen, van paardenkoetsen, butlers en Franse privéleraren. Wie Boston zegt, bedoelt Beacon Hill, glimmende zwarte hekken en gietijzeren tralies die ervoor zorgen dat kwaadwillenden niet bij de goed verzorgde bakstenen huizen kunnen komen.

Beacon Hill bestaat voornamelijk uit rijtjeshuizen. De vermogende Bostonians van toen accepteerden dat victoriaanse grandeur ontbrak in de ontwerpen van Charles Bulfinch. De veelgevraagd architect, die het State House had ontworpen, besloot tot dan toe onbebouwde zuidkant van de heuvel te kopen en daar een chique wijk neer te zetten voor vermogende Bostonians. Zijn plannen slaagden: de nieuwe elite kwam, aangetrokken door het nieuwe centrum van de macht en een prestigieuze architect. Sindsdien heeft Beacon Hill vele prominente bewoners gehad: *first families* als de Cabots en de Lowells, de Vanderbilts, dichter en Boston-chroniqueur Oliver Wendell Holmes, auteurs Louisa May Alcott en Henry James en John Kerry, de uitdager van George W. Bush bij de presidentsverkiezingen van 2004.

Er is geen straat in de Verenigde Staten – behalve misschien Rodeo Drive in Los Angeles – waar zo veel Europese luxeauto's rijden en zo veel dure rashonden worden uitgelaten als Beacon Street. De onroerendgoedprijzen zijn dan ook navenant, zoals u kunt zien in de vitrines van de makelaars in Charles Street. Om een voorbeeld te geven: een vijfkamerwoning in het hart van de wijk, op Louisburg Square, kost meer dan tien miljoen dollar.

Tussen Beacon Street en Louisburg Square

De mensen die de huishoudens van de elite draaiende hielden, waren elders in de wijk 'verstopt'. Achter de huizenrij van de rijken lagen smalle steegjes met de kleine huurwoningen van de koks, koetsiers en dienstmeisjes. Branch Street en de vaak gefotografeerde **Acorn Street** 1 zijn voorbeelden van zulke speciaal voor het personeel uit de grond gestampte woongebieden. **Mount Vernon Street** 2 wordt gezien als de mooiste straat van Beacon Hill. Twee van de patriciërshuizen zijn ontworpen door Charles Bulfinch, een van de eerste in Amerika geboren architecten. In 1802 tekende hij nr. 85 voor zijn vriend Freund Harrison Gray Otis en twee jaar later nr. 55, waar nu het **Nichols House Museum** 3 (alleen met rondleiding, apr.-okt. di.-za. 11-16, anders do.-za. 11-16 uur), het enige huis op de Hill dat te bezichtigen is. Interessant is ook **Louisburg Square** 4, ooit het sociale epicentrum van de wijk. Bulfinch liet zich voor het plein inspireren door de van grasvelden en fonteinen voorziene pleinen van chique buurten in Londen. Het voorname Louisburg Square voelt met zijn prachtige Greek revival-huizen dan ook aan als een stukje victoriaans Engeland. Gaat uw interesse in het bijzonder uit naar dit stukje Boston, plan uw vakantie dan rond de derde donderdag van mei. Dan openen twaalf leden van de voorname Beacon Hill Garden Club namelijk een dag hun tuinen voor het publiek. Het is een unieke gelegenheid een blik te werpen achter de oude bakstenen muren(www. beaconhillgardenclub.org).

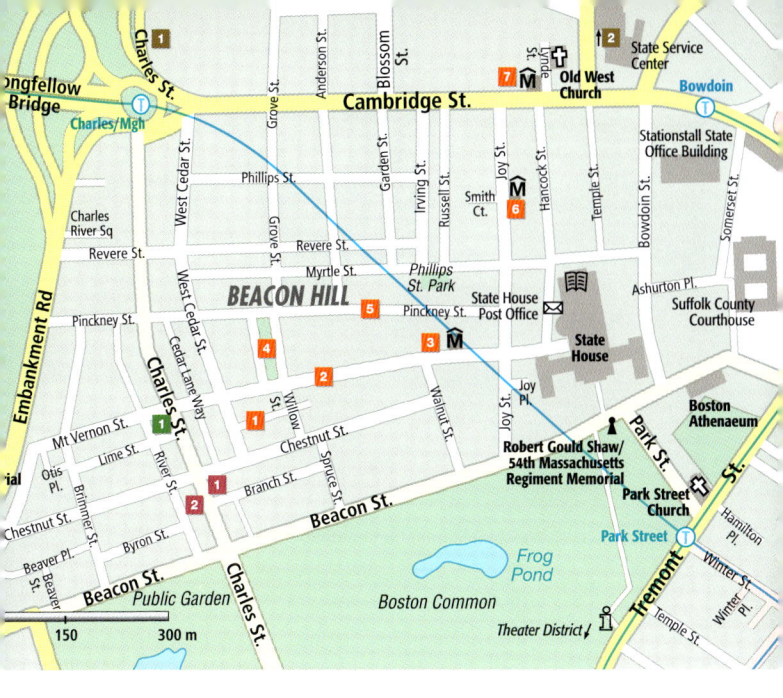

Het andere Beacon Hill

Hoe men onder elkaar kon blijven, toont de parallel aan Mount Vernon Street lopende **Pinckney Street** 5. Het is de enige straat in Beacon Hill zonder zijstraten, een garantie voor exclusiviteit. Ten noorden ervan, voorbij de top van de heuvel, begon het Boston van de huurkazernes, waar ambachts-

De met klimop begroeide muren van het chique Beacon Hill

lieden en vrije kleurlingen leefden. Tot de Burgeroorlog was dit een knooppunt van de *Underground Railroad*, een netwerk van geheime paden en onderkomens dat liep van Louisiana tot Canada en gevluchte slaven de weg naar de vrijheid wees. Joy Street tussen Pinckney en Cambridge Street was het centrum van zwart Boston. Over het alledaagse leven van de kleurlingen in een staat die de slavernij dan wel al in 1783 had afgeschaft, maar die zwarte burgers de facto segregeerde, informeert het **Museum of African American History** 6 in Joy Street (hoofdseizoen ma.-za. 10-16 uur; 1e ma. sept. tot laatste ma. mei ma.-za. 10-16 uur). Hier begint ook de 2,6 km lange **Black Heritage Trail** (zie blz. 104).

Voor andere stadsdelen was de bouw van Beacon Hill slecht nieuws. Bijvoorbeeld voor Bowdoin Square. Van de voormalige chique wijk staat tegenwoordig alleen nog het tussen *minimalls* en kantoorgebouwen ingeklemde **Otis House Museum** 7 (wo.-zo. 11-17 uur, alleen te bezichtigen met rondleiding). Aan het interieur van het in Federal style gebouwde huis uit 1796 kunt u zien hoe de upper class destijds leefde. U kunt hier onder andere geïmporteerde vloerkleden zien, uitheems behang, meubels en het antieke bureau van de heer des huizes, een jurist en speculant die actief was in de lokale politiek en het zelfs schopte tot burgemeester.

Overnachten

Jailhouse rock – **The Liberty Hotel** 1: 215 Charles St., tel. 1 617 224 4000, www.libertyhotel.com, 2 pk vanaf $ 380. De Charles Street-gevangenis werd voor $ 150 miljoen verbouwd tot het meest bijzondere luxehotel van de stad. Bewaard gebleven zijn het 27 m hoge centrale binnenplein met grote ronde ramen, dat nu als lobby fungeert, en de galerijen waar vroeger de cellen zaten – in een ervan zat ooit de beroemde vervalser Frank Abagnale jr. (door Leonardo di

Caprio vertolkt in *Catch Me if You Can*). De cellen zijn inmiddels vervangen door prachtig gestylede kamers. Het hotel is perfect gelegen voor een wandeling door Beacon Hill en ligt vlak bij de 27 km lange hardlooproute aan de Charles River.

In een hoekje – **The Boxer** 2 : ▶ kaart 3, J 4, 107 Merrimac St., tel. 1 617 624 0202, www.theboxerboston.com, 2 pk vanaf $ 240. Boetiekhotel in een oud *flatiron*-gebouw. De junior suites van het taps toelopende hotel – met ramen aan drie kanten – zijn de mooiste. Alle kamers zijn geschilderd in rustgevende aardtonen.

Eten en drinken

Ontspannend – **Beacon Hill Bistro** 1 : 25 Charles St., tel. 1 617 723 7575, www.beaconhillhotel.com/the-bistro, ma.-vr. 17.30-23, za., zo. 19.30-22 uur, vanaf $ 25. Lichte Franse keuken met Californische inslag. Aanbevelingen: de geconfijte kip en het klassieke bistrogerecht *steak frites*. Veel mahoniehout, grote spiegels aan de wand en lange banken creëren een aangename sfeer.

Wining and dining – **Bin 26 Enoteca** 2 : 26 Charles St., tel. 1 617 723 5939, www.bin26.com, ma.-do. 12-22, vr., za. 12-23, zo. 17.30-22 uur, vanaf $ 20. Gezellige, in warme tinten ingerichte wijnbar. Op de kaart staan meer dan tweehonderd wijnen en de daarbij geserveerde Italiaans geïnspireerde gerechten zijn zo voortreffelijk dat de zaak al diverse *food pairing*-prijzen heeft gewonnen.

Winkelen

Antiek – op een stukje **Charles Street** 1 van minder dan 500 m bevinden zich ruim veertig antiekzaken.

Back Bay en omgeving
▶ kaart 3, F-H 5-7

Aan het begin van de 19e eeuw werden ten westen van Beacon Hill dammen in de Charles River gebouwd. Hierdoor ontstond een onwelriekend moeras. Bostons bestuurders besloten twee vliegen in één klap te slaan: het droogleggen van het gebied zou goed zijn voor de volksgezondheid én nieuw land voor woningen creëren. In 1857 begonnen het baggeren en dertig(!) jaar later was de stad 2 km² groter. Architect Arthur Gilman, die de nieuwe wijk zou bouwen, was een groot liefhebber van het werk van zijn collega G. E. Haussmann, die net half Parijs had herschapen met brede boulevards en avenues en second-empirehuizen. In Boston verbinden vijf met de lineaal getrokken oost-west-assen sindsdien de Public Garden en de Boston Common met Kenmore Square. Deze boulevards geven Back Bay een open, chic karakter.

De eindeloze lanen werden toentertijd goed ontvangen. Ze stonden in schril contrast met het middeleeuwse doolhof dat de rest van Boston kenmerkte en gaven vorm aan de heersende optimistische stemming. Back Bay werd het *Nouveau Quartier* van de bovenklasse. Prachtige, vier tot vijf verdiepingen tellende huizenrijen in second-empirestijl werden gebouwd langs boulevards met klinkende namen als Marlborough en Newbury. Het uithangbord is evenwel Commonwealth Avenue. Deze is maar liefst 80 m breed en heeft een groene middenstrook met bomen. De laan werkt tot op de dag van vandaag als een magneet op de *rich and famous*. Een *townhouse* aan de in Back Bay-jargon afgekorte Comm. Ave. kost meer dan tien miljoen dollar. Voor dat geld heeft de eigenaar niet alleen een troef op zak voor bij het ▷ blz. 107

Op ontdekkingsreis

Door zwart Boston

In 1638 vestigden de eerste zwarte New Englanders zich in Boston. De 2,5 km lange Black Heritage Trail voert langs veertien plekken op Beacon Hill die een belangrijke rol speelden in de geschiedenis van deze lang genegeerde bevolkingsgroep.

Kaart: ▶ kaart 3, H/J 5

Duur: een halve dag
Info: www.afroammuseum.org, brochure *self guided tour* in het Museum of African American History
Beginpunt: Robert Gould Shaw and 54th Regiment Memorial
George Middleton House: 5-7 Pinckney St.
Charles Street Meeting House: Mt. Vernon/Charles St.
Lewis and Harriet Hayden House: 66 Phillips St.
Smith Court Residences: 3 en 10 Smith Court
Museum of African American History, Abiel Smith School: 46 Joy St., ma.-za. 10-16 uur, toegang gratis
The African Meeting House: 46 Joy St.

De eerste van de tegenwoordig ongeveer vierhonderdduizend Afro-Amerikanen van New England vestigden zich in 1638 in Boston. Anders dan in de kolonies in het zuiden stond hun maatschappelijke status hier niet van tevoren vast. Pas in de 18e eeuw verslechterde hun situatie. Boston was – net als Salem, Providence en Newport – een omslaghaven voor goederen uit de hele wereld, maar ook voor slavenhandel. Door de invoering van zogenaamde *slave codes* werd ook de bewegingsvrijheid van de vrije zwarten in Boston ernstig ingeperkt.

Bostons zwarte gemeenschap

Dat New England de slavenhouderstaten niet volledig volgde, lag deels aan de grote invloed van de lokale abolitionisten. Maar het noordoosten was sowieso niet afhankelijk van slavenarbeid. Het verbod op slavernij aan het eind van de 18e eeuw stootte hier dan ook niet op verzet. De verhouding tussen blank en zwart was echter verre van normaal. Telkens als het politieke klimaat in Boston verharde, sloeg de publieke opinie over zwarten om. Bijvoorbeeld aan het begin van de 19e eeuw, toen de zwarte gemeenschap van Boston zich ontwikkelde tot een knooppunt van de zogenaamde Underground Railroad. Zwarte families verborgen gevluchte slaven en wezen hen de weg naar Canada. Toen het congress in 1850 de Fugitive Slave Act aannam, die plantagebezitters het recht gaf gevluchte slaven ook buiten hun eigen staat op te eisen, gingen knokploegen op straat op jacht naar sympathisanten van de slavernijtegenstanders. De tegenstellingen bleven tot ver in de 20e eeuw bestaan. Toen in 1974 werd getracht de integratie op Bostonse scholen via een rechtszaak te forceren, kwam het tot ernstige rellen. Het plan om kinderen uit witte buurten naar zwarte scholen te sturen, stuitte vooral in het Iers-Amerikaanse South Boston op hevige weerstand, die tot uitdrukking kwam door het met stenen bekogelen van bussen met zwarte scholieren. Pas in 1997(!) was de integratie volgens de Board of Education volledig geslaagd.

De Black Heritage Trail

Tegenwoordig wonen de meeste zwarte Bostonians in het stadsdeel Roxbury. Tussen 1800 en 1900 was de zwarte gemeenschap echter geconcentreerd in Beacon Hill, op een door Pinckney, Cambridge, Joy en Charles Street begrensd deel dat tegenwoordig bekendstaat als North Slope. De Black Heritage Trail voert hier langs gebouwen (waarvan slechts enkele openbaar toegankelijk zijn) die een belangrijke rol hebben gespeeld in de strijd voor een beter Amerika. Elk huis, elke kerk en elk monument herinnert aan een groot moreel besef en grote moed onder vaak levensgevaarlijke omstandigheden. De interessantste ervan zijn de volgende:

Ten eerste het **Robert Gould Shaw and 54th Regiment Memorial (1)** (zie blz. 89).

George Middleton House (2)

Het oudste door zwarte Bostonians gebouwde huis (1797) draagt de naam van een zwarte strijder voor de Amerikaanse onafhankelijkheid. Later verdedigde hij gewapend zijn recht om de afschaffing van slavernij te vieren op de Boston Common.

Charles Street Meeting House (3)

Ook in deze in 1807 gebouwde kerk werden de rassen destijds gescheiden

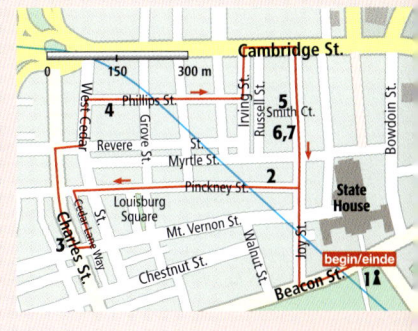

De Black Heritage Trail is ruim 2,6 km lang

gehouden. Als protest tegen deze apartheid nodigde abolitionist Timothy Gilbert zijn zwarte vrienden in de jaren 30 van de 19e eeuw uit plaats te nemen op de voor zijn familie gereserveerde kerkbank. Later bouwde Gilbert de eerste niet-gesegregeerde kerk van de VS.

Lewis and Harriet Hayden House (4)

Het echtpaar liet op dit adres gevluchte slaven onderduiken. Premiejagers werden opgewacht met brandende kaarsen – als ze ook maar een voet over de drempel zouden zetten, zouden de Haydens niet aarzelen het daaronder liggende buskruit aan te steken.

Smith Court Residences (5)

Vijf voor een zwart woongebied typische bakstenen huizen uit de vroege 19e eeuw. Naast ambachtslieden woonden hier zwarte activisten als William C. Nell (nr. 3), de eerste zwarte historicus van de stad, en Joseph Scarlett (nr. 10), een van de succesvolste zwarte ondernemers van die tijd.

Abiel Smith School (6)

De eerste uitsluitend voor zwarte kinderen gebouwde school van het land, die tegenwoordig kan worden bezichtigd in het gebouw van het Museum of African American History (zie blz. 102). Verschillende tentoonstellingen tonen de strijd om onderwijsgelijkheid van de Afro-Amerikanen.

The African Meeting House (7)

Het in 1806 door zwarte metselaars en ambachtslieden gebouwde huis was in de 19e eeuw het centrum van de zwarte gemeenschap. Het gebouw kent een rijke historie. Zo werd er in 1832 de New England Anti-Slavery Society opgericht door William Lloyd Garrison en werd hier het door kolonel Robert Gould Shaw aangevoerde Massachusetts 54th Regiment gerekruteerd. Tegenwoordig bevindt zich hier onder andere het **Museum of African American History** (zie blz. 102), dat met wisselende exposities telkens weer een ander onbekend aspect van het zwarte leven in Boston voor het voetlicht brengt.

namedroppen op cocktailparty's, maar ook een aantal van de beste restaurants, musea, boetieks en concertzalen van de stad voor de deur.

Oriëntatie in Back Bay

Je kunt je in Back Bay makkelijk oriënteren. De oost-west-assen Beacon en Marlborough Street, Commonwealth Avenue, Newbury en Boylston Street worden door acht kortere dwarsstraten onderverdeeld in *blocks*. **Newbury Street** is met designerboetieks, meer dan tachtig beautysalons en op naam gereserveerde parkeerplekken het Rodeo Drive van Boston. De meeste hotels liggen aan winkelstraat **Boylston Street**. Het noordwesten van Back Bay grenst aan het universiteits- en kroegenkwartier **Kenmore Square**. De beste kunstmusea van de stad liggen in Fenway aan de westelijke rand van de wijk.

De **Charles River Esplanade**, niet ver van Beacon Street en Arlington Street, is een groot park aan de Charles River, met mooie routes voor hardlopers en fietsers en voldoende plek voor kleine bootjes. In de zomer worden concerten gegeven in de Hatch Memorial Shell aan de Esplanade. Het openluchtpodium in de vorm van een open kingsize oester is bovendien het toneel van een typische New England-traditie, **Free Friday Flicks**. Dan wordt het terrein bevolkt door talloze families met picknickmanden, die vanaf 20 uur op een gigantisch scherm kunnen kijken naar de nieuwste familiefilms uit Hollywood.

Rond Copley Square

Copley Square [1] en John Hancock Tower [2]

Het begin- en eindpunt van de verkenning is het plein, het hart van de wijk. De weg wordt gewezen door een kantoortoren die nu eens slank en breekbaar lijkt, dan weer robuust – de voorbij zwevende wolken weerspiegelen in zijn glazen omhulsel, zodat het gebouw lijkt op te gaan in de lucht. De uit Boston stammende *starchitect* I. M. Pei bouwde het gebouw in 1976 voor verzekeringsmaatschappij Hancock op basis van een parallellogram en gebruikte maar liefst 10.344 glazen platen om dit effect te bewerkstelligen. Het gebouw was nog niet af of er begonnen al glazen platen naar beneden te vallen. Tot de oorzaak was gevonden, werden de ramen vervangen door spaanplaten – Boston had korte tijd, zo spotte de lokale pers, het hoogste spaanplaatgebouw ter wereld. Sinds 2015 heet het gebouw officieel **200 Clarendon Street**.

Trinity Church [3]

Alleen te bezichtigen met een tour met of zonder gids ($ 7), www.trinitychurchboston.org

Waar de Hancock Tower volledig in zijn omgeving opgaat, valt deze in 1877 gereedgekomen kerk naar romantisch mediterraan voorbeeld behoorlijk uit de toon. Het meesterwerk van Henry Hobson Richardson is een vreemde eend tussen de wolkenkrabbers. Binnenin werden scènes opgenomen van de film *The Boondock Saints* (1999).

Boston Public Library [4]

www.bpl.org, ma.-do. 9-21, vr., za. 9-17, zo. 13-17 uur

Nog interessanter dan de met friezen versierde gevel in Italiaanse renaissancestijl is de historie van dit gebouw. Het was in 1848 de eerste openbare bilbiotheek van het land en tevens de eerste waar niet alleen boeken werden bewaard, maar ook uitgeleend. De BPL heeft tegenwoordig een bestand van meer dan zes miljoen werken en ruim twee miljoen leden. Bezienswaardig

Boston – Back Bay en South End

Bezienswaardigheden
1. Copley Square
2. John Hancock Tower
3. Trinity Church
4. Boston Public Library
5. Shops at Copley Place
6. Prudential Tower
7. Christian Science Church Center
8. Museum of Fine Arts
9. Isabella Stewart Gardner Museum
10. Boston Center for the Arts

Overnachten
1. Gryphon House B and B
2. Newbury Guest House
3. Hotel 140
4. HI-Boston Hostel
5. Chandler Inn Hotel
6. Encore B & B

Eten en drinken
1. Fleming's
2. Sonsie
3. Summer Shack
4. The Beehive
5. Charlie's Sandwich Shoppe
6. South End Buttery

Winkelen
1. Lord & Taylor
2. Marshalls

Uitgaan
1. Symphony Hall
2. Citi Performing Arts Center
3. Venu
4. Bill's Bar
5. Whiskey's Food & Spirits

Alles wat buiten deze plattegrond ligt, kunt u vinden op ▶ kaart 3 van de uitneembare kaart

---

zijn de oaseachtige binnenplaats, de muurschilderingen op de bovenste etages en Bates Hall, de 72 m lange, 15 m hoge en door vijftien prachtige boogramen verlichte leeszaal (informatie over de dagelijkse rondleidingen door het gebouw is verkrijgbaar bij de balie).

Copley Place en Prudential Tower

Wie liever prijskaartjes leest dan boeken, is aan het juiste adres bij de **Shops at Copley Place** 5 (ma.-za. 10-20, zo. 12-18 uur). U vindt hier meer dan honderd winkels, waaronder Neiman Marcus en Louis Vuitton, en als u de roltrap neemt, 'zweeft' u langs een waterval. Vanhier loopt u door een glazen passage over Huntington Avenue naar de 'Pru'. Bij zijn opening in 1964 was de **Prudential Tower** 6 met zijn 221 m het hoogste bouwwerk van het land buiten Manhattan. Het wordt door de Bostonians gezien als een van de lelijkste gebouwen van de stad, maar Pru heeft toch wat te bieden: de **Skywalk** (nov.-feb. dag. 10-20, mrt.-okt. dag. 10-22 uur), een 360 graden-uitkijkplatform op de vijftigste verdieping. Wanneer de dag ten einde loopt, is restaurant Top of the Hub de ideale plek om de benen te strekken.

Christian Science Church Center 7

di.-zo. 10-16 uur

De monumentale koepel aan de zuidwestkant van de Pru is van de in 1906 ingewijde Mother Church Extension, die werd gebouwd om de twaalf jaar oudere Mother Church. Ernaast zetelt in een bombastisch kantoorgebouw van I. M. Pei uit de jaren 70 het hoofdkwartier van de **Christian Science Church**. De combinatie van kerk en gebouw is enorm – bijna een stad op zich.

Mary Baker Eddy (1821-1910), lange tijd lijdend aan chronische pijnen, maar uiteindelijk genezen door de helende kracht van de Bijbel, richtte de geloofsgemeenschap op in 1879. De kerk heeft tegenwoordig vierhonderdduizend leden in meer dan zestig landen en beschikt over radio- en televisiezenders en een eigen krant, de *Christian Science Monitor*. Hoogtepunten van het centrum zijn het indrukwekkende Colonnade Building, de 220 m lange Reflecting Pool, waarin het water over afgeronde randen van rood graniet vloeit, en het Mapparium in de lobby van de Mary Baker Eddy Library. Deze wereldbol met een doorsnede van tien meter, waar u doorheen kunt lopen, werd vervaardigd uit zeshonderd kleurrijke glazen platen en heeft een geweldige akoestiek.

The Fenway

Verder naar het westen gaat Back Bay over in het met muziekscholen, kleine podia en kroegen al 'in de invloedssfeer' van Kenmore Square liggende wijk Fenway. Deze reikt van Fenway Park – het honkbalstadion van de legendarische Boston Red Sox – via de parken van de Back Bay Fens en de Symphony Hall tot Huntington Avenue.

Museum of Fine Arts 8

www.mfa.org, ma.-di., za., zo. 10-17, wo.-vr. 10-20 uur

Het verlangen om kunst te verzamelen onder één dak mondde al in de jaren 50 van de 19e eeuw uit in de oprichting van dit museum, dat zich sinds 1909 op zijn huidige plek op Huntington Avenue bevindt. Het gebouw is een klassieke tempel van graniet, met een portiek en op het grasveld ertegenover een ruiterstandbeeld van een prairie-indiaan. U betreedt het museum tegenwoordig door de in 1981 aangebouwde westelijke vleugel, een ontwerp van I. M. Pei. Het museum heeft meer dan een miljoen artefacten in bezit, waarvan de mooiste te zien zijn in acht verzamelingen. Het aanbod varieert van potscherven uit de antieke oudheid tot zilversmeedkunst van Paul Revere. Het bezienswaardigst is echter de European Collection op de tweede verdieping, waar naast Rembrandts en Van Goghs ook een van de grootste verzameling Monets buiten Frankrijk te zien is. De American Collection op de eerste verdieping geeft eindelijk een gezicht aan alle namen die u tot nu toe bent tegengekomen. Te bewonderen zijn onder andere Copley's portretten van John Hancock, Paul Revere en Joseph Warren en Gilbert Stuarts onafgemaakte George Washington – het portret dat het 1-dollar-biljet siert.

Isabella Stewart Gardner Museum 9 ▶ kaart 3, F 7

www.gardnermuseum.org, wo.-ma. 11-17 uur

Ook aan de overkant is kunst te zien. In Fenway Court, de naam van het gebouw, wordt geen rekening gehouden met wetenschappelijk verantwoorde kunsthistorie, maar puur met plezier. Zo wilde de dame het, die hier – tot grote gruwel van kunstexperts – ongeveer vijfentwintighonderd schilderijen, zeefdrukken, tekeningen en beeldhouwwerken verzamelde, waarbij ze zich helemaal niets aantrok van wat anderen vonden, maar alleen afging op haar eigen smaak. Isabella Stewart Gardner (1840-1926), rijke weduwe en, laten we zeggen, onconventioneel, was het enfant terrible van de Bostonse upper class. Kunst, zei ze tot grote schok van de experts, moet inspireren, niet vervelen. Veel van de aan haar toegeschreven schandalen zijn zwaar overdreven, maar ze dronk wel degelijk liever bier dan thee, hobbelde in ossenkarren door Boston en droeg wanneer ze naar de Boston Symphony ging luisteren weleens een hoofdband met het opschrift 'Oh, You Red Sox'. Haar villa Fenway Court uit 1899, door lokale dagbladen ooit *Belle's Folly* genoemd, is gebouwd rond een prachtig Venetiaans atrium, waarop je vanuit omringende galerijen neerkijkt en waarin je uitstekend kunt lunchen. Te zien zijn onder andere werken van Rembrandt, Vermeer, Matisse, Degas en John Singer Sargent. Titiaans *De ontvoering van Europa*, een van de belangrijkste werken uit de renaissance, is een van de hoogtepunten van het museum.

Op de Charles River

Al wordt hier jaarlijks in april de beroemde Boston Marathon gelopen, erg rijk aan **joggingroutes** is de stad niet. Een uitzondering is de **Charles River Esplanade**, een beide oevers van de rivier volgende groenstrook tussen de Charles River Dam en Watertown, die maar liefst 27 km lang is en ook wordt gebruikt door fietsers en skaters.

Vanaf het water kunt u Boston en Cambridge verkennen van een zelden gefotografeerde kant. Vooral een kano- of kajaktocht tijdens zonsondergang is leuk. Individuele en groepstochten met of zonder gids worden georganiseerd door **Charles River Canoe & Kayak** (▶ kaart 3, D 4, 2401 Commonwealth Ave., tel. 1 617 965 5110, www.paddle boston.com). De kleine zeil- en roeibootjes die u op de rivier ziet varen, keren 's avonds terug naar de jachthaven van **Community Boating** (▶ kaart 3, H 5, 21 Mugar Way, tel. 1 617 523 1038, www.community-boating.org). Niet alleen Bostonians leren hier zeilen, duizenden toeristen hebben hun diploma hier gehaald. Ervaren schippers kunnen een boot huren voor een dagje op het water.

South End

Lanen met oude bomen, omzoomd door victoriaanse baksteenarchitectuur, mooie pleinen, gezellige bistro's en bakkertjes ... Bij de bouw van South End in de jaren 50 van de 19e eeuw hebben de architecten zich vooral laten inspireren door Londen – zoals hun doelgroep, rijke kooplieden, het wilden. Tegenwoordig is het door Massachusetts Avenue, Berkeley Street, Columbus en Harrison Avenue begrensde gebied een van de meest gewilde woonlocaties van de stad. South End is vooral in trek bij jonge gezinnen en *same sex*-stellen.

Het beste beginpunt voor een wandeling door de wijk is het Boston Center for the Arts (zie hieronder) aan Tremont Street. Daarna bereikt u snel een van de mooiste straten van Boston. De schaduwrijke **Union Park Street**, met zijn lange park met fonteinen en een gedenkteken op het fietspad in het midden van de straat is het beste voorbeeld van de voor South End zo typische *residential parks*.

Boston Center for the Arts 10

539 Tremont St., www.bcaonline.org, tel. 1 617 426 5000, ma.-vr. 9-17 uur
Het zelfbenoemde *urban cultural village* in een voormalige orgelfabriek bestaat onder andere uit de gerenommeerde Mills Gallery (wo. 12-17, do.-za. 12-21, zo. 12-17 uur), het Community Music Center of Boston, de Boston Ballet School, een theater, restaurant The Beehive (zie blz. 112) en een vijftigtal kunstateliers. Vooral de Mills Gallery, gespecialiseerd in hedendaagse lokale en regionale kunst, is de moeite waard.

Overnachten

Victoriaans – **Gryphon House B & B** 1: 9 Bay State Rd., tel. 1 617 375 9003, www.innboston.com, 2 pk vanaf $ 275. Prachtig oud herenhuis aan de noordelijke rand van Back Bay, niet ver van Kenmore Square. Nostalgici kunnen hier hun hart ophalen aan acht mooie suites in victoriaanse stijl, een eerbiedwaardige salon en een entreehal met een elegant gebogen trap. Bijzonder mooi is de Aerie genoemde suite op de vierde verdieping. De bed and breakfast ligt niet ver van Newbury Street en de bezienswaardigheden van de wijk.
Gezellig koopje – **Newbury Guest House** 2: 261 Newbury Street, tel. 1 617 670-60 00, www.newburyguesthouse.com, 2 pk vanaf $ 180. Verrassend voordelig, in drie victoriaanse huizen ondergebrachte bed and breakfast op de 'Rodeo Drive van Boston'. Bescheiden, maar gezellige kamers met wifi en veel historische details als oude houten vloeren en andere accessoires.
Ideale ligging – **Hotel 140** 3: 140 Clarendon St., tel. 1 617 585 5600, www.hotel140.com, 2 pk vanaf $ 180. Goedkoop boetiekhotel tussen Newbury Street en South End. De gunstige ligging compenseert de wat kleine, eenvoudig uitgeruste kamers.
Trefpunt voor reizigers – **HI-Boston** 4: ▶ kaart 3, J 6, 19 Stuart St., tel. 1 617 536 9455, www.hihostels.com/hostels/hi-boston, vanaf $ 45 per bed op de slaapzaal, 2 pk vanaf $ 160. Modern hostel met prima faciliteiten en grote gemeenschappelijke ruimten in de buurt van Chinatown.
Europees – **Chandler Inn Hotel** 5: 26 Chandler St., tel. 1 617 482 3450, www.chandlerinn.com, 2 pk vanaf $ 220. Fijn boetiekhotel aan een rustige straat tussen Back Bay en South End. Om die reden ook een ideale basis voor ontdekkingstochten in beide wijken.
Net als thuis – **Encore Bed and Breakfast** 6: ▶ kaart 3, H 7, 116 W. Newton St., tel. 1 617 247 3425, www.encorebandb.com, 2 pk vanaf $ 155. Vier leuke kamers in een mooi townhouse. Persoonlijke service van de eigenaren.

Eten en drinken

Vlees en wijn – **Fleming's** 1: 217 Stuart St. (in het Boston Park Plaza), tel. 1 617 292 0808, www. flemingssteak house. com, ma.-wo. 17- 22, do.-za. 17-23, zo.

16-21 uur, vanaf $ 28. Steaks uit Argentinië, Amerikaanse prime ribs, lam en kip met een mediterrane twist in een elegante sfeer. Meer dan honderd wijnen per glas.

Culinaire wereldreis – **Sonsie** 2: 327 Newbury St., tel. 1 617 351 2500, www.sonsieboston.com, zo.-di. 18-23, wo.-za. 18-24 uur, vanaf $ 20. Het trefpunt van culinair Boston is al vijfentwintig jaar lang *the place to be*. Daar zijn verschillende dingen debet aan: de fantastische service, de beste martini's van de stad (ook te nuttigen in de gezellige cocktaillounge) en natuurlijk de eclectische *world cuisine*. Aan te bevelen zijn de eendenborst, de steenovenpizza's en de gegrilde zwaardvis.

Seafood en meer – **Summer Shack** 3: 50 Dalton St., tel. 1 617 867 9955, www.summershackrestaurant.com, ma.-do. 17-22, vr. tot 23, za. 11.30-23, zo. tot 22 uur, vanaf $ 19. Groot, luidruchtig familierestaurant, waar verrassend goede vis, uitstekende seafood en heerlijk sappige steaks worden geserveerd. De Bostonse versie van de typisch New Englandse *lobster shack* die u overal in de regio tegenkomt. Een favoriete hang-out van fans van de Boston Red Sox.

Creatief – **The Beehive** 4: 541 Tremont St, tel. 1 617 423 0069, www.beehiveboston.com, dag. 17-2 uur, vanaf $ 23. Eigentijdse, creative keuken in het Boston Center for the Arts. Probeer vooral de *Moroccan cigars*, met lam gevulde loempia's. Bijna elke dag optredens van bandjes.

Bostons beste ontbijt – **Charlie's Sandwich Shoppe** 5: 429 Columbus Ave., tel. 1 617 536 7669, ma.-vr. 6-14.30, za. 7.30-13 uur, vanaf $ 10. Toen de hotels in Boston nog gesegregeerd waren, was Charlie's de enige plek waar zwarte muzikanten na hun optreden wat te eten konden krijgen. Historische foto's sieren de muren, uit de keuken komen de lekkerste eiergerechten, wentelteefjes en wafels. Probeer een plekje aan de bar te bemachtigen!

Mensen kijken – **South End Buttery** 6: ▶ kaart 3, H 7, 314 Shawmut Ave., tel. 1 617 482 1015, www.southendbuttery.com, dag. 6-20 uur, vanaf $ 7. Bakkerij en café op de hoek van Union Park Street. Altijd verse croissants, scones, bagels en sandwiches.

Winkelen

De beste plekken om in Boston te shoppen zijn **Copley Place,** de winkels van het **Prudential Center** en **Newbury Street** voor chique merken als Saks Fifth Avenue.

Kleding – Aan Boylston Street bevinden zich meer dan honderd winkels, voornamelijk kledingzaken als Talbot's en Eddie Bauer. **Lord & Taylor** 1 (760 Boylston St.), het Bostonse filiaal van de oudste prestigieuze warenhuisketen van de Verenigde Staten, is dé plek voor designerkleding.

Boeken – De beste boekwinkels en antiquariaten van de stad zijn te vinden in Newbury Street.

Betaalbaar – **Marshalls** 2: 500 Boylston St., tel. 1 617 262 6066, www.marshallsonline.com. Marshalls, in 1956 in Boston opgericht, is Amerika's tweede grootste textieldiscounter. Elke week vinden tot tienduizend nieuwe artikelen hun weg naar de winkel. Merkkleding voor bodemprijzen en een zeer uitgebreide en goede schoenenafdeling.

Actief

Vier topteams – Boston, sporthoofdstad van de Verenigde Staten! De Grand Old Lady draagt die bijnaam met verve, want sport heeft hier altijd een hoofdrol gespeeld. Ook in de 21e eeuw vieren teams uit de City of Chamions successen. Zo wonnen de New England Patriots sinds 2001 al vijf maal de Super Bowl, de finale van het American-footballseizoen. Fans van honkbalteam Red Sox hadden lang niets te juichen, maar sinds de Sox in 2004 voor het eerst sinds 1918 de World Series wonnen, hebben ze het kunstje tweemaal herhaald. En in 2008 wisten de basketballers van de Celtics eindelijk weer eens aartsrivaal Los Angeles Lakers te verslaan in de finale van het NBA-seizoen. De Bruins, het ijshockeyteam van de stad, deed een duit in het zakje door in 2011 de Stanley Cup binnen te slepen.

Wilt u de soms wat gerserveerd overkomende Bostonians zien op hun enthousiastst? Bezoek dan een wedstrijd van een van deze teams – of kijk met locals in de kroeg (Boston Red Sox, seizoen apr.-sept., Fenway Park, tel. 1 877 733 7699, www.redsox.com; New England Patriots, seizoen sep.-jan., 1 Patriot Pl., Foxboro, tel. 1 800 543 1776, www.patriots.com; Boston Celtics, seizoen nov.-juni, TD Garden, 100 Legends Way, tel. 1 617 931 2222, www.bostonceltics.com; Boston Bruins, seizoen okt.-juni, TD Garden, zie Celtics, www.bostonbruins.com).

Uitgaan

Muziek en theater

Het door de legendarische James Levine aangevoerde Boston Symphony Orchestra, de Boston Pops onder Keith Lockhart, de Handel and Haydn Society en natuurlijk de Boston Chamber Music Society ... Cultuur was altijd al iets groots in Boston. Er zijn in de Grand Old Lady bijna dagelijks voorstellingen van wereldklasse te zien – in een chic auditorium of met moderne lasershows. Het Boston Symphony Orchestra en de Handel and Haydn Society vertonen hun kunsten in de **Symphony Hall** [1]. **Boston Symphony Orchestra:** Symphony Hall, 301 Massachusetts Ave., tel. 1 617 266 1492, www.bso.org. Het in 1881 opgerichte symfonieorkest voert tijdens het seizoen (okt.-april) zowel

Een van de beroemdste honkbalclubs ter wereld: Boston Red Sox

klassieke als lichtere werken uit. Speeldagen: di., do., za. De Boston Pops spelen van van mei tot juli (di.-zo.). Actuele programma's zijn te vinden in onder andere de dagbladen *Boston Globe* en *Boston Herald* en in de alternatieve weekkranten *Dig Boston* en *The Boston Phoenix*. Kaartjes zijn verkrijgbaar bij de kassa of via BosTix (tel. 1 617 262 8632, www.bostix.org), dat tevens loketten heeft op Copley Square (Boylston en Dartmouth, ma.-za. 10-18, zo. 11-16 uur) en in de Quincy Marketplace (di.-za. 10-18, zo. 11-16 uur). Op de dag van de voorstelling verkoopt BosTix overgebleven kaartjes voor de halve prijs.

Handel and Haydn Society: 300 Massachusetts Ave., tel. 1 617 262 1815, www.handelandhaydn.org. Het al in 1815 opgerichte gezelschap gebruikt bij zijn uitvoeringen moderne instrumenten.

Citi Performing Arts Center 2: 270 Tremont St., tel. 1 617 482 9393, www.citicenter.org. Onder deze paraplu vallen zowel het Wang Center (270 Tremont St.) als het Shubert Theatre (265 Tremont St.). Beide programmeren ook shows en Broadwaymusicals.

Nachtleven

Sinds tv-advocaat Ally Mc Beal liet zien hoe en waar professioneel-chic Boston de werkdag uitgeleide doet, heeft het nachtleven van de stad eindelijk de erkenning die het verdient. Na zonsondergang is er vooral veel te doen op Boylston Street en rond Kenmore Square. De bars in Back Bay en South End zijn dan weer populair bij yuppen.

Dansen maar – **Venu** 3: ▶ kaart3, J 6, 100 Warrenton St., tel. 1 617 338 8061, dag. 22.30-2, wo. 22-2 uur. Tegen de tijd dat het in andere clubs al wat rustiger wordt, gaat het hier pas echt los. Mooie, jonge Bostonians dansen hier op dancehall, zouk, hiphop, house en latin.

Lekker onbeschaafd – **Bill's Bar** 4: 5 Lansdowne St., tel. 1 617 247 1222, di.-za. 22-2, zo. 21.30-2 uur. *Rock-'n-roll never dies*, zeker niet in Bostons beste muziekcafé. Bij Bill's krijgen nieuwe indie-bandjes net zo zeer een kans als oudgedienden uit de Amerikaanse rockwereld. Luidruchtig, plakkerige tafeltjes en een gezellige sfeer.

College crowd – **Whiskey's Food & Spirits** 5: 885 Boylston St., tel. 1 617 262 5551, ma.-vr. 11.30-2, za., zo. 10-2 uur. Als u wilt weten heo het eraan toegaat op de beruchte collegefeestjes, bent u hier aan het juiste adres.

Bezienswaardigheden in andere wijken

Institute of Contemporary Art ▶ kaart 3, L 6

www.icaboston.org, di.-wo., za., zo. 10-17, do.-vr. 10-21 uur

Met een verhuizing naar het Seaport District in 2006 en een nieuwe permanente collectie wilde het al in 1936 opgerichte instituut weer aansluiting vinden bij het wereldberoemde Museum of Modern Art in New York. Het ziet er vooralsnog naar uit dat het in die opzet is geslaagd. Het museumgebouw van Diller Scofidio + Renfro is in elk geval een indrukwekkende constructie die half over het water hangt en 's avonds prachtig verlicht wordt. In de in natuurlijk licht badende tentoonstellingsruimten is werk te zien van innovative kunstenaars uit de Verenigde Staten en de rest van de wereld. In de permanente collectie zijn vooral werken te zien van digitale en videokunstenaars.

John F. Kennedy Presidential Library ▶ kaart 3, J 7

www.jfklibrary.org, dag. 9-17 uur

Het is in de Verenigde Staten een traditie dat een president na zijn ambtermijn een bibliotheek naar zich vernoemd krijgt. Die voor Bostons geliefdste zoon ligt in Dorchester in het zuidoosten, op de campus van de University of Massachusetts-Boston. Met zijn klare lijnen – ook dit gebouw is ontworpen door I. M. Pei – valt de bibliotheek behoorlijk op in het silhouet van de haven. De John F. Kennedy Presidential Library documenteert niet alleen het presidentschap van het 35e staatshoofd van de Verenigde Staten, maar met foto's en beeld- en geluidsfragmenten ook zijn leven vóór de in 1963 vermoorde Kennedy tot het hoogster ambt werd gekozen. Verder zijn hier onder andere replica's te zien van JFK's bureau in het *oval office* en de studio waarin hij in 1960 het eerste televisiedebat uit de geschiedenis voerde met tegenstander Richard Nixon. Vanzelfsprekend is er ook een expositie gewijd aan (de garderobe van) Kennedy's vrouw Jacqueline.

Het ontnuchterende sluitstuk van de tentoonstelling is de in een donkere ruimte doorlopend afgespeelde video van de moord op Kennedy.

Cambridge ▶ D 9

In 2001 verraadde de *Boston Globe* 'Harvard's dirty little secret': de uitgifte van de begeerde aantekeningen *cum, magna* en *summa cum laude* was klaarblijkelijk aan inflatie onderhevig. Zelfs doorsneestudenten ontvingen topcijfers. En inderdaad, het valt wel op dat elk jaar meer dan 90% van de Harvard-studenten op z'n minst cum laude voor zijn studie slaagt, terwijl dat bij andere eliteuniversiteiten als bijvoorbeeld Yale bij nog niets eens de helft van de *graduates* het geval is.

Is het wereldberoemde **Harvard**, opleider van presidenten, Nobelprijswinnaars en CEO's nog maar een schim van zichzelf? Clichés zijn moeilijk uit te roeien. Voor de Bostonians is tegenwoordig nog net zo simpel als vijftig jaar geleden: de overkant van de Charles River is *where the smart kids are*. En die slimmerikken drukken nog steeds hun stempel op Bostons zusterstad Cambridge.

Die stad met iets meer dan honderdduizend inwoners begon in 1630 als New Towne. In 1636 richtten de puriteinen daar een college voor geestelijken op, om het voortbestaan van hun theocratie veilig te stellen. Het instituut werd vernoemd naar beschermheer John Harvard. In het inmiddels in Cambridge omgedoopte dorp stond in 1640 de eerste drukpers van Noord-Amerika. Het ontwikkelde al snel een reputatie als hét educatieve centrum van de regio. Tijdens de belegering van Boston hadden de rebellen hier hun hoofdkwartier. Naast de leergangen religie en ethiek ontwikkelden zich in de loop der jaren andere faculteiten: in 1782 medicijnen, in 1817 rechten en in 1867 tandheelkunde. Vrouwen mogen hier studeren sinds 1879. Harvard heeft acht Amerikaanse presidenten, meer dan dertig Nobelprijswinnaars en talloze beroemdheden opgeleid.

De tweede eliteschool van de stad – in tegenstelling tot Harvard boven elke kritiek verheven – werd opgericht in 1861. De campus van het **Massachusetts Institute of Technology** (MIT), een opmerkelijk ensemble van functionele moderne architectuur, ligt op Kendall Square in de arbeiderswijk East Cambridge. In de 20e eeuw, en dan vooral tijdens de Vietnamoorlog, werd het traditioneel liberale stadje ook wel Moscow on the Charles genoemd. MIT-professoren gaven hun studenten betere cijfers zodat ze niet zouden worden opgeroepen voor militaire dienst – een praktijk die op den duur ook oversloeg naar Harvard. Geschat wordt dat ongeveer de helft van de inwoners van Cambridge tegenwoordig ▷ blz. 118

Op ontdekkingsreis

Harvard – midden in het campusleven

Het door kroegen omringde Harvard Square is het epicentrum van het academisch leven. Studenten geven rondleidingen over de campus; ze kennen alle ins en outs van de geschiedenis van de universiteit. Aansluitend kunt u prachtige kunstwerken bewonderen in de vele musea.

Kaart: ▶ D 9
Beginpunt: Harvard Square
Duur: halve tot hele dag
Longfellow House: 105 Brattle St., dag. 9.30-17 uur, rondleidingen
Busch-Reisinger Museum: 32 Quincy St., dag. 10-17 uur
Fogg Art Museum: 32 Quincy St., dag. 10-17 uur
Arthur M. Sackler Museum: 485 Broadway, dag. 10-17 uur
Harvard Museums of Science and Culture: 11 Divinity Ave., dag. 9-17 uur
Harvard Museum of Natural History: 26 Oxford Street, dag. 9-17 uur

Harvard Square

Zijn identiteit heeft wat geleden onder de komst van de vele inwisselbare koffieketens, maar in de zomer zorgen bandjes, straatartiesten en kunstenaars hier nog altijd voor een leuke alternatieve sfeer. Vanhier kunt u Old Cambridge verkennen via de mooie Brattle Street. Vooral het in 1759 gebouwde **Longfellow House**, waar de beroemde dichter woonde en vanwaaruit George Washington de belegering van Boston beval, is een bezoekje waard. Massachusetts Avenue is de belangrijkste winkelstraat. Hier vindt u ook de omheinde Harvard Yard, wat een goed startpunt is voor een wandeling over de campus.

Rond de Harvard Yard

De metro uit Boston spuwt u exact voor de Old Yard uit. 'You can't paak your caa in Havaad Yaad', roepen de gidsen tegen de gasten die ondergronds zijn gekomen, als een demonstratie van het bijzondere plaatselijke dialect. Het zijn meestal studenten van het **Harvard Information Center**, bewapend met een karrevracht anekdotes. Zoals die over het Statue of Three Lies in de Old Yard voor de University Hall. Op de eerste plaats heeft niet John Harvard model gezeten voor het beeld dat zijn naam draagt, maar een student – Harvard zelf stierf 'portretloos'. Ten tweede wordt het beeld elke twee jaar vervangen en ten derde staat er dan wel 'John Harvard, founder 1638' op, maar de mecenas wás helemaal niet de oprichter van de universiteit, maar 'slechts' de geldschieter. Hoe dan ook hebben de studenten *ol' John* in het hart gesloten. Sommigen wrijven voor examens over zijn schoenen, voor geluk, anderen plassen ertegenaan voor prestige.

Vanuit de **Old Yard** slentert u verder over de brede campus met slaapzalen en collegegebouwen van baksteen en graniet. Werp vooral even een blik op de door een imposante zuilenrij bewaakte **Widener Memorial Library**, met 3,5 miljoen boeken de grootste particuliere bibliotheek ter wereld, en de bij de beroemde Harvard Law School behorende **Langdell Hall**.

De musea van Harvard

De eersteklas kunstmusea die onderdeel uitmaken van **Harvard Art Museums** (www.harvardartmuseums.org) liggen dicht bij elkaar. Het **Busch-Reisinger Museum** is het enige in de VS dat zich heeft toegelegd op Duitstalige expressionisten. De Joseph Beuys-verzameling is een van de grootste ter wereld. Het **Fogg Art Museum** documenteert de ontwikkeling van Europese kunst sinds de middeleeuwen. Direct ernaast ligt het **Arthur M. Sackler Museum**, dat is gewijd aan antieke en Aziatische kunst. Twee blocks naar het noorden liggen de **Harvard Museums of Science and Culture**. Het in 1866 opgerichte **Peabody Museum of Archeology and Ethnology** richt zich met interessante artefacten op volkenkunde en heeft een mooie verzameling Meso-Amerikaanser kunst. In het **Harvard Museum of Natural History** (www.hmsc.harvard.edu) zijn onder meer de tussen 1877 en 1936 door de Duitse gebroeders Blaschka gemaakte *Blashka Glass Flowers* te zien, gedetailleerde mondgeblazen glasbloemen. Het **Museum of Comparative Zoology** en het **Geological Museum**, die beide deel uitmaken van het natuurhistorisch museum, zijn niet echt de moeite waard.

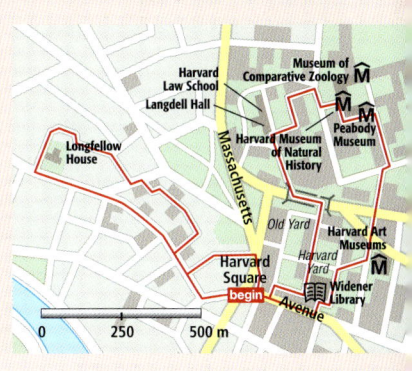

op een of andere manier verbonden is aan de grote en kleinere onderwijsinstituten.

Overnachten

Helemaal in stijl – **Mary Prentiss Inn:** 6 Prentiss St., tel. 1 617 661 2929, www.maryprentissinn.com, 2 pk vanaf $ 170. Historische inn met antiek meubilair, maar gelukkig wel moderne orthopedische matrassen.

Eten en drinken

Relaxed – **Toscano:** 52 Brattle St., Harvard Square, tel. 1 617 354 5250, www.toscanoboston.com, dag. 11.30-22 uur, vanaf $ 14. Met seizoensproducten uit de omgeving verfijnde Toscaanse keuken. Ontspannen sfeertje.

Moussaka meets shoarma – **Aceituna Grill:** 605 W. Kendall St., tel. 1 617 252 0707, www.aceitunagrill.com, ma.-vr. 11-20, za. 11.30-20, vanaf $ 11. Bij studenten populaire tent die de keukens van het Midden-Oosten en Griekenland combineert tot heerlijk 'upscale fastfood'.

Winkelen

In Cambridge kun je uitstekend shoppen, vooral rond **Harvard Square.** Hier vindt u de laatste trends van jonge designers, maar ook confectie, winkels voor organisch *health food* en natuurlijk Starbucks en co. Van de vele boekwinkels, vooral aan Massachusetts Avenue, kan het u gaan duizelen.

Uitgaan

Harvard Square is 's avonds *the place to be.* Studentikoos – **Grendel's Den:** 89 Winthrop St., Harvard Square, tel. 1 617

'Ik zie je op de trap!' – voor de Widener Memorial Library in Harvard

491 1160. Luidruchtige studententent met als motto *Resisting the Tide of Corporate Homogenization since 1971*. Livemuziek, pubgerechten vanaf $ 8.
Iers tot en met – **The Plough & Stars:** 912 Massachusetts Ave., tel. 1 617 576 0032. Overtuigende Ierse pub op Central Square, met livemuziek en prima eten (vanaf $ 9).

Info

Cambridge Office for Tourism: 4 Brattle St., tel. 1 617 441 2884, www.cambridge-usa.org
Harvard Information Center: Smith Campus Center, 30 Dunster St., tel. 1 617 495 1573, www.harvard.edu/on-campus/visit-harvard
MIT Information Center: 77 Massachusetts Ave. (Rogers Building), tel. 1 617 253-4795, ma.-vr. 9-17 uur, www.institute-events.mit.edu/information-center

Vervoer

Vanuit Boston met de Red Line van de metro tot Harvard Yard. Te voet over de Harvard Bridge. Parkeren is in Cambridge een groot probleem, vooral in de buurt van Harvard Square.

Omgeving van Boston ▶ D 8/9

U hebt van Boston genoten en Harvard bewonderd, niets staat een roadtrip door (de rest van) New England meer in de weg. Tenminste ... Oké, Boston is bepaald geen Los Angeles, maar even snel de stad uit rijden, is er niet bij. Greater Boston is de elfde grootste agglomeratie van de Verenigde Staten. Er wonen bijna vijf miljoen mensen. Grote verkeersinfarcten blijven sinds de opening van de Big Dip meestal uit, maar in de spits kan het vreselijk druk zijn. Ach, dan kunt u tenminste een beetje om u heen kijken. Langs de interstates en highways naar het achterland, vooral aan Rte. 128, liggen de hoofdkantoren van hightechgiganten als 3Com, AMD, Bose, EMC, Akamai, Intel. Dat ze juist deze omgeving hebben gekozen, heeft onder andere te maken met de voortrekkersrol die de regio al sinds eeuwen speelt. Sinds de puriteinen met Boston een 'moreel baken voor de hele wereld' schiepen, heeft het gebied veel (technologische) ontwikkelingen voortgebracht. Hier vochten de Amerikanen de eerste slagen uit van de Onafhankelijkheidsoorlog, hier formuleerden ze een grondwet, die later als voorbeeld gold voor de Amerikaansde. Aan het begin van de 19e eeuw werd hier de basis gelegd voor de Amerikaanse Literatur en het Amerikaanse industrietijdperk, en na de Tweede Wereldoorlog zorgde de regio er met zijn universiteiten voor dat de Verenigde Staten niet alleen konden meekomen in het informatietijdperk, maar zelfs wereldwijde leider op het gebied werden.

Er is een aantal plekken in New England die u helpen de Verenigde Staten te begrijpen en zodoende een bezoekje waard zijn. Zoals Lexington en Concord, waar kolonisten uitgroeiden tot Amerikanen en later de Amerikaanse literatuur werd geboren. Of Salem, waar de heksenjacht plaatsvond die synoniem staat met de vervolging van onschuldigen. En Lowell, de eerste als zodanig gebouwde industriestad, waar later ook de eerste arbeidersprotesten van het land plaatsvonden en die, ook dat past gek genoeg in het plaatje, de vader van de Amerikaanse tegencultuur tot zijn beroemdste zonen telt. Nergens anders in de Verenigde Staten vonden zo veel sleutelscènes plaats in de ontwikkeling van het land tot wereldmacht als hier.

Salem ▶ D 9

Naar Salem kom je voor één ding: heksen. De door Arthur Miller literair vereeuwigde (*The Crucible*, 1952) heksenprocessen, die hier in 1692 begonnen, zijn de hoofdattractie van de stad (zie blz. 122). Het *Salem bewitched*-circus heeft de grote rol die de stad speelde in de tijd van de handel van China naar de achtergrond gedrongen. Aan het begin van de 19e eeuw was alleen al de belasting op geïmporteerde goederen goed voor 15% van de staatsinkomsten. Chinese handelspartners dachten dat Salem een sprookjesachtig rijk land was – zo veel schepen uit het stadje meerden er toentertijd aan in China.

Peabody Essex Museum ✺

Uit bezorgdheid om de uitgestorven binnenstad – alle heksen ten spijt ligt het centrum er na zes uur 's avonds verlaten bij – heeft het stadsbestuur sinds het begin van de eeuw meer ingezet op de *merchant princes*, zoals de kleine tweeduizend succesvolste handelaars uit Salem worden genoemd. Het leuke Peabody Essex Museum (East India Sq., di.-zo. 10-17 uur) is gewijd aan hun biografieën. Een dertigtal expositieruimten laten zien hoe deze eerste miljonairs van de Verenigde Staten woonden. Huizen vol Chinees porselein en speciaal voor hen op maat gemaakte huishoudelijke goederen, portretten die zijn geschilderd door Chinese kunstenaars, draagstoelen van mahonie en prachtige ivoren gravures. Een verzameling toont portretten van stoer kijkende kapiteins en reders. Zelfs het complete huis van de koopmansfamilie Huang is hier te bewonderen, precies zoals het tweehonderd jaar geleden was.

Maritiem Salem

Hoe vooruitstrevend de in de regio gebouwde boten meer dan tweehonderd jaar geleden al waren, ziet u aan de klipper **Salem Friendship**. De zeewaardige replica van het handelsschip uit 1796 ligt in Salem Harbor en maakt onderdeel uit van de **Salem Maritime National Historic Site** (193 Derby St.), die ook rondleidingen door het **Custom House** en **Derby House** organiseert (dag. 9-17 uur). In het Custom House (1819) werkte Nathaniel Hawthorne drie jaar als douanebeambte en vanuit het Derby House uit 1762 kon miljonair Elias Hasket Derby zijn in de haven liggende schepen bekijken.

Overnachten

Victoriaans – **Salem Inn:** 7 Summer St., tel. 1 978 741 0680, 1 800 446 2995, www.saleminnma.com, vanaf $ 150. Victoriaanse inn met in historische stijl ingerichte kamers in drie panden. Een aantal ervan beschikt over een kitchenette, de meeste hebben een open haard.
Gemoedelijk – **The Coach House Inn:** 284 Lafayette St., tel. 1 978 744 4092, 1 800 688 8689, www.coachhousesalem.com, vanaf $ 155. In een van de ruime kamers in dit kapiteinshuis uit 1879 zult u heerlijk dromen.

Eten en drinken

Vlak bij de heksen – **Bella Verona:** 107 Essex St., tel. 1 978 825 9911, www.bellaverona.com, ma.-za. 16-22, zo. 16-21 uur, vanaf $ 15. Geweldige Noord-Italiaanse keuken in het hart van de stad. Informele, pretentieloze sfeer. Heerlijke spaghetti all'amatriciana en chianti.
Gezelligheid – **Tavern on the Green:** Hawthorne Hotel, 18 Washington Sq. (Common), tel. 1 978 825 4342, www.hawthornehotel.com/dining, dag. 11-23 uur, vanaf $ 8. Typisch Amerikaanse keuken, heerlijke *chowder*.

Winkelen

Behekst – De maand oktober staat in Salem, het zal u niet verbazen, volledig in het teken van Halloween. Het einde van het drie weken durende heksenfestival Haunted Happenings wordt op 31 oktober gevierd met een groot verkleedfeest op de Salem Common (www.hauntedhappenings.com). De benodigde heksenuitrusting – bezem, hoed en toverdrankjes – kunt u kopen in de **Crow Haven Corner** (125 Essex St., dag. 10.30-17 uur). Of u vertrouwt volledig op de 'profheksen' van **HEX Old World Witchery** (246 Essex St., tel. 1 978 666 0765, www.hexwitch.com), waar u behalve een uitdossing wellicht ook nog een handige toverspreuk kunt opdoen.

Info

Destination Salem: 81 Washington St., tel. 1 978 741 3252, www.salem.org

Lexington en Concord ▶ D 9

Deze twee plaatsen worden door Amerikanen in een adem genoemd. In Lexington vielen op 19 april 1775 de eerste schoten, in Concord wonnen de kolonisten nog dezelfde dag de eerste slag van de Onafhankelijkheidsoorlog. De voorgeschiedenis: 's nachts ging een Britse legereenheid van zevenhonderd soldaten op weg naar het 35 km verderop gelegen Concord om daar een wapenopslagplaats van de rebellen te overvallen. Enkele ruiters slaagden er echter in de in Lexington verblijvende rebellenleiders Sam Adams en John Hancock op tijd te waarschuwen. De volgende ochtend wachtten 77 *Minutemen* – zo genoemd omdat ze binnen één minuut gevechtsklaar moesten kunnen zijn – de *Redcoats* op de Lexington Green op. Tijdens een kort vuurgevecht sneuvelden acht kolonisten en de soldaten vervolgden hun weg over de huidige Battle Road genoemde Route 2A. In Concord eindigde hun opmars echter abrupt. Op de andere kant van de Old North Bridge wachtten nog eens vijfhonderd Minutemen. Wie het eerste schot vuurde, weet niemand meer, maar dat het een schot was 'dat de hele wereld hoorde' ('*the shot heard around the world*'), daarover zijn Amerikaanse historici het eens. De Britten leden zware verliezen en trokken zich terug richting Boston. Daags erna bezetten ze de stad, en de rest is geschiedenis.

Lexington

Uiteraard profiteren Lexington en Concord van hun mythische verleden. Oude kroegen zijn trots op hun oorlogsverleden, al is er maar één kogelgat in de muur te zien. Bij prachtige, meer dan tweehonderd jaar oude huizen hangen informatieborden die de bezoekers wijzen op historische data en daden – nauwkeurig tot op het uur van de dag waarop ze plaatsvonden. Beide plaatsen, inmiddels welvarende voorstadjes van Boston, noemen zichzelf trots de Birthplace of America. Gelukkig voor de toerist gaat het er hier tegenwoordig weinig krijgshaftig aan toe. Boven Lexingtons hoofdattractie, de zorgvuldig onderhouden **Battle Green,** waait dan wel een gigantische *stars and stripes*, het in 1900 onthulde monument The Minute Man toont echter geen grimmige gevechten, maar Captain Parker, aanvoerder van de Minutemen, met heldhaftig opgestroopte mouwen. Eromheen zorgen mooi opgeknapte koloniale huizen voor het pittoreske New England-gevoel. In de in 1709 geopende **Buckman Tavern** (dag. 10-16 uur) werden de gewonde Minutemen behandeld. Het gat in ▷ blz. 125

Op ontdekkingsreis

Salem – de heksenjacht en Amerika's obsessie met moraal

Salem staat als geen andere plaats in de Verenigde Staten synoniem voor de vervolging van onschuldigen.

Kaart: ▶ D 9

Voor wie: iedereen die een blik wil werpen achter de schermen van de hier en daar té bloeddorstig geënsceneerde heksenattracties en een en ander wil bekijken in historisch perspectief.

Planning: bezichtigingen in de middag, het Witch Trial Memorial kunt u het beste 's ochtends vroeg bekijken.

Salem Witch Museum [1]: Washington Sq., www.salemwitchmuseum.com, juli-aug. dag. 10-19, anders dag. 10-17 uur, $ 9

Witch Dungeon Museum [2]: 16 Lynde St., www.witchdungeon.com, apr.-nov. dag. 10-17 uur

Witch Trials Memorial [3]: Old Burying Point Cemetery

House of the Seven Gables [4]: Derby Street 115, www.www.7gables.org, nov.-juni dag. 10-17, juli-okt. dag. 10-19, $ 13

Wat gebeurde er in Salem?

In de zomer van 1692 begonnen de dochter van dominee Samuel Parris en haar nichtje zich vreemd te gedragen. Toen bezorgde burgers, strenggelovige puriteinen, de meisjes ondervroegen, beschuldigden deze enkele dorpsgenoten van hekserij. Het duurde niet lang voor er veel meer zogenaamde heksen werden 'ontmaskerd'. Meer dan vierhonderd mensen werden aangeklaagd voor hekserij. Honderdvijftig van hen belandden in de gevangenis, twintig werden opgehangen.

De transcripten van de verhoren zijn ongelooflijk: 'Sarah Good, met welke boze geesten ga je om?' 'Met geen enkele.' 'Heb je geen pact met de duivel gesloten?' 'Nee.' 'Waarom teister je deze kinderen?' 'Ik teister ze niet.' 'Welk schepsel werkt in jouw dienst?' 'Geen enkel schepsel, ik ben onterecht aangeklaagd.'

De rechter had geen medelijden en Sarah Good, een bedelaar, werd op 16 juli 1692 opgehangen. Pas toen zelfs de vrouw van de gouverneur van Massachusetts van hekserij werd beschuldigd, was de nachtmerrie ten einde – even abrupt als hij was begonnen.

Hypothesen

De zoektocht naar redenen voor deze collectieve hetze van de burgers houdt echter aan. Sociologen hebben geprobeerd het te verklaren, net als feministen, psychologen en uiteindelijk historici. Die zien de gebeurtenissen in de context van de tijd waarin ze plaatsvonden en verwijzen naar de onzekere situatie. Indianen en Fransen terroriseerden de steden en dorpen in het noorden. Tussen 1676 en 1690 overleed een op de tien kolonisten aan een aanval van hen.

Veel van de aangeklaagde vrouwen waren jonge meisjes uit Maine die, waarschijnlijk getraumatiseerd door aanvallen van indianen – hadden gezegd in Salem de duivel te hebben gezien in de vorm van een indiaan. Voor de godvrezende kolonisten hadden, zo luidt de hypothese van de historici, de verklaringen van de getraumatiseerde meisje plausibel in de oren geklonken. De pragmatische leiders van de kolonie Massachusetts hadden de verklaringen gebruikt om hun eigen falen bij het beschermen van de gemeenschap te maskeren – alleen omdat de indianen hadden geheuld met de duivel, hadden ze op de vlucht moeten slaan. Ook deze uitleg is inmiddels sterk bekritiseerd. Het is dus een kwestie van tijd voor iemand met een andere verklaring komt.

Hoe dan ook komt er door de gebeurtenissen een typisch Amerikaans fenomeen naar voren: de publieke discussie over de moraal van een bepaald persoon. Tot aan het McCarthy-tijdperk in de jaren 50 werd dit een heksenjacht genoemd, tegenwoordig hebben we het over een verkiezingsstrijd. Eens in de vier jaar wordt dit enorme land een klein dorpje waar de kandidaten zich, net als vroeger in Salem, moeten verdedigen voor een 'jury', die vervolgens

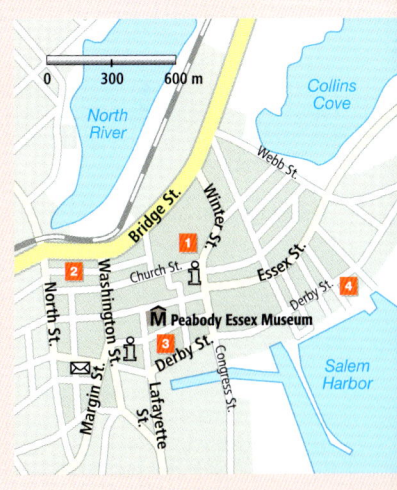

Monument ter nagedachtenis aan de vermoorde vrouwen

beslist of het hier gaat om een *good guy* of een *bad guy* (m/v).

Wandeling

Salem heeft goed munt geslagen uit de heksenjacht van toen. Behalve talloze souvenirwinkels, die bezems en andere 'heksige' memorabilia verkopen, zijn op z'n minst vier makkelijk te voet bereikbare heksenattracties in het centrum de moeite waard.

Salem Witch Museum 1
In dit museum worden de gebeurtenissen van 1692 bloedig, maar tot in de details nauwkeurig gereconstrueerd met levensgrote wassen beelden die zelfs huiveringwekkend kreunen en gillen. De show duurt ongeveer een halfuur en is chronologisch opgezet. De audiovisuele presentatie wordt met elke scène angstaanjagender; vooral de man van wie de borstkas wordt ingedrukt met grote keien, zal niet iedereen kunnen verdragen – let dus goed op met kleine kinderen. Begeleidende tentoonstellingen werpen een licht op (onderzoek naar) hedendaagse hekserij.

Witch Dungeon Museum 2
Dit is de plek waar de vermeende heksen tijdens hun proces werden opgesloten. Professionele acteurs spelen sleutelscènes van de heksenhysterie na, zoals het proces van Sarah Good. Een huiveringwekkende ervaring!

Witch Trials Memorial 3
De 'heksen' en hun beruchtste rechters zijn weer verenigd op de Old Burying Point Cemetery (achter het Peabody Essex Museum), waar ook John Hathorne werd begraven – een van de belangrijkste aanklagers in de heksenprocessen. Het Witch Trials Memorial, een rij ruwe blokken met de namen van de twintig opgehangen 'heksen', herinnert aan Salems geschiedenis. Onder de namen van de doden staan hun laatste woorden. Zo zei Elizabeth Howe: 'If it was the last moment I was to live, God knows I am innocent.'

House of the Seven Gables 4
Niet ver van de Salem Maritime National Historic Site staat dit sombere gebouw, dat werd gebouwd in 1668. Het huis was voor schrijver Nathaniel Hawthorne de inspiratiebron voor zijn roman met dezelfde naam uit 1851. Gekosumeerde gidsen verzorgen rondleidingen waarin heel wat angstaanjagende anekdotes aan bod komen. In de tuin staat het bescheiden, hier herbouwde geboortehuis van de auteur. Hawthorne, die een W toevoegde aan zijn naam om zich te distantiëren van zijn voorvader, de beruchte heksenrechter Hathorne, verwerkte het duistere deel van zijn familiegeschidenis door erover te schrijven.

de deur zou te wijten zijn aan een afgeketste Engelse kogel. Een stukje verderop staat het **Hancock-Clarke House** (36 Hancock St., juni-okt. dag. 10-16, nov.-juni za., zo. 10-16 uur), een kleine bruine *saltbox* waarin Adams en Hancock in de bewuste nacht het nieuws te horen kregen. Behalve koloniale meubels is ook de trommel waarop tijdens de salvo's van de kolonisten werd geslagen.

Op de Battle Road naar Concord

Veel van de historische gebouwen in Lexington en Concord maken deel uit van het **Minute Man National Historic Park**, dat stukken land omvat aan beide zijden van de Battle Road. In het Minute Man Visitor Center (mrt.-okt. dag. 9-17, anders 9-16 uur) kunt u een audiovisuele samenvatting zien van de gebeurtenissen. Na 8 km door een dicht bos bent u in Concord.

Concord

Nog meer dan Lexington heeft Concord zijn landelijke charme behouden: witte kerkjes en mooie koloniale huizen, omgeven door groen. De **Old North Bridge** (Monument St.), of in elk geval de in 2005 gerestaureerde replica uit 1956, is op het eerste gezicht zomaar een bruggetje over een kabbelend beekje. Hij maakt pas indruk als je bedenkt dat dit de plek is waar de supermacht USA voor het eerst zijn spierballen liet zien. Wie wanneer op wie schoot, kunt u achterhalen in het North Bridge Visitor Center (174 Liberty St., dag. 9-17 uur).

Indrukwekkend is ook dat Concord een kleine zestig jaar later het literaire hart van de Verenigde Staten was. De grondleggers van de Amerikaanse literatuur woonden op een steenworp afstand van elkaar in deze omgeving. Nathaniel Hawthorne woonde van 1842 tot 1845 in **Old Manse** (269 Monument St., juni-okt. dag. 12-17 uur), een grijs houten huis in het blikveld van de Old North Bridge, dat hij had gehuurd van de familie Emerson. In 1852 kocht hij **Wayside** (455 Lexington Rd., apr.-okt. di.-zo. 10-17.30 uur), waar hij tot 1870 woonde. Het mooie huis met een terras rondom was daarvoor het oudelijk huis van Louisa May Alcott, die er zelf woonde tot 1848. Beide huizen zijn nog ingericht met het originele meubilair. Direct naast Wayside staat **Orchard House** (apr.-okt. ma.-za. 10-16.30, zo. 13-16.30, anders ma.-vr. 11-15, za. 10-16.30, zo. 13-16.30 uur), waar Alcott *Little Women* schreef en ze met haar gezin woonde tussen 1858 en 1877. In **Emerson House** (28 Cambridge Turnpike, apr.-okt. do.-za. 10-16.30, zo. 13-16.30 uur) resideerde van 1835 tot 1882 de mastermind van het transcendentalisme. Hier kwamen New Englands intellectuele zwaargewichten bij elkaar. Interessanter is echter het **Concord Museum** (200 Lexington Rd., www.concordmuseum.org, dag. 9-17 uur). Naast veel historische objecten ziet u hier ook de schrijfkamer van Emerson en de spullen waarmee Henry David Thoreau zijn kluizenaarschap aan **Walden Pond** draaglijker maakte.

Walden Pond

Het kleine meer ten zuiden van Concord aan de SR 126 is beschermd als **Walden Pond State Reservation**. Thoreaus beeld en een reconstructie van het hutje (915 Walden St.) waarin hij zijn beroemdste boeken schreef, werken die een inspiratiebron waren voor burgerrechten en milieuactivisten en de hippiebeweging, trekken fans uit de hele wereld.

Hebt u minder met de schrijver, dan kunt u alsnog van het mooie zandstrandje genieten, en de 2,5 km lange wandelroute om het meer is een van de hoogtepunten van Concord.

Overnachten

Geheel in stijl – **Hawthorne Inn:** 462 Lexington Rd., Concord, tel. 1 978 369 5610, www.hawthorneinnconcord.com, $ 160-230. Door oude bomen omgeven, gezellige B&B met gevulde boekenkasten, hoogpolige vloerkleden en kamers met hemelbedden en moderne meubels.
Gemoedelijk – **Samuel Fitch House:** 91 Powers Rd., Concord/Westford, tel. 1 978 952 6888, www.samuelfitchhouse.com, $ 200-240. Drie gemoedelijke kamers en een tweekamersuite in het aanpalende *carriage house*.

Eten en drinken

Voordelig – **Bertucci's:** 1777 Massachusetts Ave., Lexington, tel. 1 781 860 9000, ma.-do. 11-21.30, vr., za. 11-22, zo. 12-22 uur, vanaf $ 11. Vestiging van een keten van Italiaanse familierestaurants.
Lokaal – **Via Lago:** 1845 Massachusetts Ave., Lexington, tel. 1 781 861 6174, ma.-wo. 7-21, do.-za. 7-21.30 uur, vanaf $ 7. Levendig café met bakkerij en afhaalgedeelte, dat 's avonds wordt omgetoverd tot Italiaans restaurant. Alles wordt vers bereid met lokale ingrediënten.
Voor ieder wat wils – **Colonial Inn:** 48 Monument Sq., Concord, tel. 1 978 369 9200, www.concordscolonialinn.com, $ 8-37. In het grootste hotel van Concord zitten drie restaurants voor elk budget: Merchants Row (fine dining, lunch en diner), The Village Forge Tavern (pubgerechten) en Liberty at the Colonial inn (informeel, ideaal met kinderen, dag. 11-21 uur).

Info

Lexington Visitor Center: 1875 Massachusetts Ave., tel. 1 781 862 1450, www.tourlexington.us.

Concord Chamber of Commerce: 15 Walden St., Suite 7, tel. 1 978 369 3120, www.concordchamberofcommerce.org.

Cape Ann ▶ D 8

Gloucester

In het Gloucester Visitors Center denkt men met plezier terug aan de filmcrew uit Hollywood die hier *The Perfect Storm* (2000) opnam. In de laatste scène, die zich afspeelt in St. Peter, zaten de medewerkers als figuranten op de kerkbanken terwijl actrice Mary Elizabeth Mastrantonio een toespraak hield ter nagedachtenis aan kapitein Billy Tyne (George Clooney) en de rest van de crew van de Andrea Gail. Ze waren terechtgekomen in de *Halloween Nor'Easter* van 1991, de ergste storm sinds mensenheugenis, en ondergegaan. Het was, zeggen de locals, exact dezelfde tekst als in het jaar van de ramp daadwerkelijk werd uitgesproken op dezelfde plek. Regisseur Wolfgang Petersen hoorde bij het editen van de film een geluid dat hij in eerste instantie niet kon thuisbrengen. Later ontdekte hij dat dat het in de keel kloppende hart van de emotionele Mastrantonio was.

Verhalen als deze hoort men veel in Cape Ann. Op het schiereiland 65 km ten noorden van Boston draait sinds het ontstaan van Gloucester in 1623 alles om de visvangst. Het geschreeuw van meeuwen en de geur van zout water bepalen hier de sfeer, samen met de beroemde, *lobster shacks* genoemde kreeftstandjes, die je van mei tot oktober proberen te verleiden tot een snackstop. In de 19e eeuw was Gloucester de productiefste vissershaven ter wereld. Tot de crisis van 1990 waren visvangst en -verwerking de enige inkomstenbronnen.

Maar de ruwe Noord-Atlantische Oceaan gaf niet alleen, hij nam ook. Bijna elke familie in het 31.000 inwoners tellende stadje heeft wel iemand verloren aan de zee. Aan de mensen die nooit terugkwamen, herinnert het monument van de **Gloucester Fisherman** (Western Blvd. en Stacy Ave.). Op de tien granieten platen staan de namen van vijfduizend van de meer dan tienduizend Gloucester-vissers die een zeemansgraf kregen. In de haven erachter staan nog steeds tweehonderd kotters geregistreerd. De pleziervaarders zijn echter allang in de meerdeheid.

De grote maritieme geschiedenis van het stadje wordt in ere gehouden door het prachtige, in 2015 gerestaureerde **Cape Ann Historical Museum** (27 Pleasant St., di.-za. 10-17, zo. 13-16 uur). Hier hangt werk van door de oceaan gefascineerde schilders als Fitz Hugh Lane. De kunstenaarskolonie **Rocky Neck**, een verzameling in galeries getransformeerde woonboten in het oosten van de stad, is de perfecte plek voor een souvenir. Als u hier eenmaal bent, moet u beslist ook even naar de fotogenieke vuurtoren Eastern Point.

Rockport en Halibut Point

Niet ver van route 127A van Gloucester naar Rockport ligt het **Sleeper-McCann House** (75 Eastern Point Blvd., juni-okt. di.-za. 10-17, rondleiding met gids), het bijzondere huis van Henry Davis Sleeper (1873-1934). De in zijn tijd beroemdste binnenhuisarchitect van het land richtte het uit veertig kamers bestaande labyrint in naar historische thema's en het is zeer bezienswaardig

Hetzelfde geldt helaas niet (meer) voor het 8 km ten noorden van Gloucester gelegen stadje **Rockport**. De jachthaven, met door de wind scheef gegroeide loodsen en boothuisjes, was in de jaren 20 weliswaar een kunstenaarskolonie, maar er komen tegenwoordig zo veel dagjesmensen uit Boston dat het eigenlijk niet meer leuk is. De meeste kans een 'parelvisser' te vinden, hebt u in de exposities van de **Rockport Art Association** (12 Main St., ma.-wo. 10-17, do.-za. 10-20, zo. 12-17 uur).

Ten noorden van Rockport voert de noordelijke kustweg Rte. 127 naar **Halibut Point State Park** (mei-okt. dag. 8-21 uur). Het park, vroeger een steengroeve voor graniet, bestaat uit een 5 km lang stuk beschermde rotskust waar u vanaf hoge kliffen een geweldig uitzicht hebt – vooral bij de *scenic overlook*. Trails in het park voeren door kniehoge bosbessenstruiken naar picknickplaatsen met een mooi uitzicht.

Overnachten, eten

Functioneel – **Cape Ann Motor Inn:** 33 Rockport Rd., tel. 1 978 281 2900, 1 800 464 8439, www.capeannmotorinn.com, $ 95-240. Mooi gelegen aan het strand van Long Beach.

Het oog wil ook wat – **Atlantis Oceanfront Inn:** 175 Atlantic Rd., tel. 1 978 283 0014, www.atlantisoceanfrontinn.com, 2 pk $ 115-190. Tijdens het heerlijke ontbijt dwaalt de blik af naar de eindeloos blauwe Atlantische Oceaan. Modern hotel, perfect voor luie strandvakanties.

Actief

Whale watching – Een aantal aanbieders brengt bezoekers naar de voedselgebieden van de noordelijke Stellwagen Bank. Bijzoorbeeld **Cape Ann Whale Watch** (415 Main St., Rose's Wharf, tel. 1 800 877 5110, www.seethewhales.com).

Info en evenementen

Gloucester Tourism Commission: 9 Dale Ave., tel. 1 978 281 4101, www.gloucester-ma.gov

St. Peter's Fiesta: 26-29 juni. Processies en muzikale optredens van de Italiaanse gemeenschap. Op de laatste dag wordt de vissersvloot gezegend (www.stpetersfiesta.org).

Lowell ▶ D 8

'En als de zon boven Amerika ondergaat en ik op de vervallen oude pier aan de rivier zittend naar de brede, brede luchten boven New Jersey kijk en al dat ruige land voel dat in één ongelooflijke gigantische massa helemaal naar de Westkust golft, en heel die lange weg (...) als niemand, niemand weet wat er nog komen zal behalve de morsige verlatenheid van de ouderdom, denk ik aan Dean Moriarty, zelfs aan de oude Dean Moriarty, de vader die we nooit meer hebben gevonden, dan denk ik aan Dean Moriarty.' De man die zo weemoedig zijn beroemdste boek *On the Road* eindigde, werd soms zelf bijna gek van verlangen. Jack Kerouac (zie blz. 70) kwam uit Lowell, en wie vandaag de dag door het stadje rijdt, begrijpt waarom hij destijds is weggegaan – ook al zijn de mistroostige textielfabrieken en huurkazernes inmiddels vervangen door musea en moderne appartementencomplexen. Lowell is de eerste op de tekentafel geschapen stad van de VS. Hier begon de industriële revolutie, hier beleefden de Amerikanen voor het eerst de overgang van een agrarische naar een industriële maatschappij, waarin het werk eentonig was en de fabriekshoorn het ritme bepaalde, niet de seizoenen. In 1813 kopieerde de Bostonse koopman Francis Cabot Lowell wat hij had gezien in Engelse textielfabrieken. Hij bouwde om zijn mechanische weefgetouw in 1822 echter niet alleen een fabriek aan de Merrimack River, maar een hele stad, met arbeiderswoningen, kerken, scholen en kanalen, en noemde hem naar zichzelf. Lowell werd het voorbeeld voor veel andere *milltowns* en de grootste textielproducent van het land.

De welvaart van de industrieel ging echter ten koste van de arbeiders. Een hongerloontje en een zeventigurige werkweek leidden tot de eerste stakingen van het land, die vaak met gevaar voor eigen leven werden aangevoerd door de *Mill Girls*. Als tieners met een jaarcontract naar Lowell gelokt, zaten ze vijftien uur per dag aan het weefgetouw, nooit wetend wanneer ze vervangen zouden worden door nog goedkopere immigranten, die vanaf 1840 de stad in stroomden. Niet lang na de arbeidersprotesten begon de exodus van de textielfabrikanten naar het goedkopere zuiden. Lowell kwijnde weg en leek nog tot ver na de Tweede Wereldoorlog van de kaart te verdwijnen.

Lowell National Historical Park
246 Market St., www.nps.gov/lowe, dag. 9-17 uur

In de jaren 70 werd het Lowell echter gered door hightechbedrijven. Te-

Liberty Ride
De aan statistiekjes verslaafde Amerikanen hebben de gewoonte historische gebeurtenissen tot op de minuut precies te documenteren. Alleen al daarom zou u moeten deelnemen aan de **Liberty Ride**. Een shuttlebus rijdt in Concord een paar keer per dag van het ene eind van Battle Road naar het andere, terwijl een gekostumeerde gids historisch authentiek drama ten beste geeft – zoals het verhaal van Bloody Angle, waar dertig soldaten vermoord werden (startpunt Lexington Visitors Center, juni-okt. dag. 10, 11.30, 13, 14.30 uur, tel. 339 223 5623, www.tourlexington.us/libertyride.html, $ 28).

Een van de hoogtepunten aan de Kerouac Trail: de bar van de Pawtucketville Social Club

gelijkertijd ging de stad zich met de opening van het **Lowell National Historical Park** op toerisme richten. Industriële ruïnes werden getransformeerd tot tentoonstellingsruimten, die te bezoeken zijn via het Visitor Center, en door de kanaaltjes van de oude fabriekscomplexen worden boottochten georganiseerd. Hoogtepunt is de in 1876 gebouwde **Boott Cotton Mills** (115 John St.), waar de herrie van 88 nog functionerende weefgetouwen de toenmalige arbeidsomstandigheden oorverdovend illustreren.

Kerouacs Lowell

In het **Patrick J. Mogan Cultural Center** (40 French St., dag. 13.30-16.30 uur) kunt u middels de *Working People Exhibit* alles te weten komen over de Mill Girls. Hier wordt ook Jack Kerouac met een kleine tentoonstelling geëerd. Ti-Jean, zoals zijn vrienden hem noemden, was, zoals velen in het multi-etnische Lowell, van Frans-Canadese afkomst. Te zien zijn onder meer zijn oude Underwood-typemachine, een kurkentrekker, zijn rugzak, aspirine en andere rekwisieten van zijn onrustige leven. Hij brengt nog steeds de gemoederen in beweging: bij zijn graf op het **Edson Cemetery** (375 Gorham St.) laten fans lege bier- en drankflessen met gedichten 'for Jack' erin. Lowell heeft na lang twijfelen – was de beroemdste alcoholist van de stad nu wel zulke goede reclame? – een **Kerouac Trail** gecreëerd. De brochure met allerlei Kerouac-bezienswaardigheden is verkrijgbaar in het Visitor Center van het Historical Park. Last but not least wordt de auteur jaarlijks in oktober gevierd met het Lowell Celebrates Kerouac-festival (www.lowellcelebrates kerouac.org).

Info

Greater Merrimack Valley Convention & Visitors Bureau: 61 Market St., Unit 1C, tel. 1 978 459 6150, www.merrimackvalley.org

IN EEN OOGOPSLAG

Massachusetts

Hoogtepunten ☀

Provincetown: zand waait over straat. Meeuwen schreeuwen, zwevend op stevige windvlagen. Het ruikt naar zeewier, zout en zeeafval. Een paar fietsers verdwijnen tussen de duinen. Provincetown, de beste schuilplaats aan het eind van de weg. Zie blz. 139

Mass MoCA: provocatief, anders, tegen de stroom in. Het Massachusetts Museum of Contemporary Arts in North Adams zoekt met elke tentoonstelling weer de grenzen op – om ze te verleggen. Er is plek zat: de expositieruimten zijn de grootste van de Verenigde Staten. Zie blz. 169

Op ontdekkingsreis

Nantucket Whaling Museum: soms is een waargebeurd verhaal nog spannender dan de klassieker die erop gebaseerd is. In dit kleine museum in Nantucket ligt de sleutel tot *Moby Dick*. Alleen heette de kapitein in het echt niet Ahab, maar, veel minder poëtisch, Pollard. Zie blz. 150

Rockwell Museum, Stockbridge: critici vonden hem maar een 'perfecte-wereldschilder', maar 'het volk' was gek op het werk van deze illustrator – net als Ronald Reagen trouwens. De populariteit van het werk van Norman Rockwell weerspiegelt de sfeer van een hele natie. Zie blz. 162

Bezienswaardigheden

Plimoth Plantation, Plymouth: een bezoek aan het omheinde dorp is een tijdreis naar 1627. Zie blz. 133

Hancock Shaker Village, bij Pittsfield: de nederzetting van de geloofsgemeenschap van zachtaardige fundamentalisten is de mooiste van New England. Zie blz. 165

Actief & creatief

Fietstocht op de Cape Cod Rail Trail: een waar paradijs voor tweewielers. Zie blz. 137

Op de fiets over Martha's Vineyard: de rit op het rustige eilandje gaat behoorlijk in de benen zitten. Zie blz. 146

Bash Bish Falls State Park: kale granietrotsen, donkere spelonken, prachtige vergezichten en klaterende watervallen. Dit is een van de fotogeniekste plekken van Massachusetts. Zie blz. 161

Sfeervol genieten

Belfry Inn, Sandwich: in de voormalige katholieke kerk kun je heerlijk slapen met een engeltje op je schouder. Vooral de kamers in de Painted Lady en de Abbey zijn geweldig. Zie blz. 135

Six Flags New England, Springfield: een fijne afwisseling – achtbanen in plaats van galeries. Zie blz. 156

Tanglewood Music Festival: het Boston Symphonic Orchestra, internationale solisten, pop, rock en jazz – Lenox is 's zomers hét adres voor de beste muziek. Zie blz. 164

Uitgaan

Chicken Box: het nachtleven in Nantucket is net zo uitgelaten als de rare naam doet vermoeden. Zie blz. 152

Jacob's Pillow Dance Festival, Becket: moderne dansvoorstellingen van de beste gezelschappen van Noord-Amerika. Zie blz. 164

Amerika's begin

De zee en de stranden, mooie universiteitsstadjes, groene heuvels – Massachusetts ís New England. De mooiste facetten van de staat zijn Cape Cod, de Pioneer Valley en de Berkshire Hills.

Cape Cod

Zandstranden en pastelkleurig licht: Cape Cod, het haakvormige schiereiland ten zuidoosten van Boston, heeft heel wat bieden. In patriottisch Plymouth wordt gezwaaid met de *stars and stripes*, in het links-liberale Provincetown hangt de regenboogvlag trots op veel gebouwen. Er staan kapitale zomervilla's op plekken waar de oostkustadel altijd al vakantie vierde, terwijl er in andere dorpen nauwelijks *rich and famous* te zien waren.

In Provincetown gingen de pelgrimvaders aan land, in Plymouth stichtten ze een nederzetting. Of, zoals het in marketingtermen wordt gespind: de Verenigde Staten begonnen in New England, maar New England begon op de Cape. Zijn naam heeft Cape Cod te danken aan de kabeljauwvisserij (cod = kabeljauw), maar de walvisvangst bracht pas grote welvaart naar de regio. En zodra de eerste doorgaande wegen waren gebouwd, werd Cape Cod ontdekt als zomerverblijf. En dat is het nog steeds. Dat betekent dus ook dat je in de zomermaanden niets kunt zonder reservering.

Bezienswaardig zijn op het schiereiland eigenlijk alleen de dorpjes langs de oude Rte. 6A, de Cape Cod National Seashore en Provincetown. De ontwikkelde zuidelijke helft van de Cape is niet echt de moeite waard. De enige reden om Falmouth of Hyannis te bezoeken, is dat hier de veerboten naar Nantucket en Martha's Vineyard vertrekken.

Plymouth ▶ D 9

Voor je het schiereiland op rijdt, kom je in Plymouth. Eigenlijk hadden de pelgrimvaders veel zuidelijker willen landen. Herfststormen dreven de Mayflower echter van koers. Het resultaat is links van de snelweg te zien: schreeuwerig pelgrimtoerisme en de twijfelachtige bijnaam *America's Hometown* voor een stadje met nog geen zestigduizend inwoners dat tegenwoordig het inkoopcentrum van van Zuidwest-

---

INFO

Toeristische informatie
Massachusetts Office of Travel & Tourism: 10 Park Plaza, Suite 4510, Boston, MA 02116, tel. 1 617 973 8500, www.massvacation.com

Vervoer
De afstand tussen Boston en Cape Cod is zo'n 120 km. Voor de bezienswaardigheden van Plymouth, waar u vanzelf langskomt, moet u maximaal vier uur uittrekken. Het verkeer op het schiereiland is traag, op de midden erdoorheen lopende Hwy. 6 na.
De snelste weg van Boston naar Pioneer Valley is Interstate 90. Rte. 5 en Interstate 91 volgen de vallei van het zuiden naar het noorden, maar het mooiste landschap is beter te bewonderen via de tragere Rte. 5.
Naar de Berkshires gaat u vanuit het noorden over de Mohawk Trail of vanuit het zuiden over Interstate 90.

Massachusetts is. Alle pelgrimbezienswaardigheden liggen overzichtelijk aan het water.

Plymouth Rock

Tijdens een verkenning van Plymouth is het niet lastig te zien waar de eerste attractie zich bevindt – bij de mini-tempel. De Plymouth Rock was schijnbaar de eerste plek die de passagiers van de Mayflower bij hun landing beroerden. Een replica van hun schip, de in 1957 in London gebouwde **Mayflower II** (eind mrt.-eind nov. dag. 9-17 uur, wegens restauratie tot 2019 niet te bezoeken), ligt vlakbij in het water. Het is moeilijk voor te stellen hoe de 102 vrome passagiers het twee maanden lang hebben uitgehouden op de 32 m lange boot. Ze brachten het grootste deel van de reis benedendeks door, waar het vies was en enorm stonk. Aan boord vertellen tegenwoordig 'echte' pelgrimvaders angstaanjagende anekdotes over de overtocht.

Pilgrim Hall Museum

75 Court St., www.pilgrimhall.org, feb.-dec. dag. 9.30-16.30 uur

Welke persoonlijke bezittingen de passagiers van de Mayflower allemaal bij zich hadden, is te zien in het vanbuiten op een schrijn lijkende Pilgrim Hall Museum.

Massasoit Statue

Dit monument (35 Carver St.) toont de hoofdman van de Wampanoag, Massasoit, die hulpeloze kolonisten tijdens hun eerste winter in Amerika hielp bij het vinden van voedsel. Als hij had geweten dat er van zijn honderdduizend stamgenoten tussen Cape Cod en Narragansett Bay vijftig jaar later nog maar een handjevol over zouden zijn, dan was hij wellicht niet zo behulpzaam geweest (zie blz. 68). Ziektes en de door de kolonisten uitgelokte King Philip's War onder zijn zoon Philip roeiden zijn volk bijna uit. Thanksgiving heeft voor de huidige generatie Wampanoag dan ook een bittere bijsmaak. Terwijl blank Amerika in Plymouth jaarlijks met pauken en trompetten de eerste oogst op Amerikaansem bodem herdenkt, verzamelen de afstammelingen van Massasoit zich op hun Day of National Mourning rond zijn beeld om te herdenken dat Philips gevierendeelde lichaam hier ooit 27 jaar lang tentoon werd gesteld.

Plimoth Plantation

26 River Street, www.plimoth.org, dag. 9-17 uur

Minder emotie, maar meer wetenschappelijk gefundeerde kennis, voornamelijk van de oerbewoners van de streek, biedt het uitstekende museum **Plimoth Plantation** 3 km verder naar het zuiden. Achter het museum staat het omheinde museumdorp, een reconstructie van Plymouth in 1627. Uit kookpotten boven open vuur komen zoete geuren, de gekostumeerde 'bewoners' hakken hout, slaan hoefijzers en kletsen met elkaar – en met de bezoekers. Een mooie wandelroute voert vanhier naar de **Wampanoag Homesite**, waar afstammelingen van de Wampanoag een voor die tijd typerend dorpje hebben gereconstrueerd en de Mayflower-geschiedenis vanuit hun oogpunt vertellen.

Overnachten

Aan het water – **Bradford Inn & Suites:** 98 Water St., tel. 1 508 746 6200, www.bradfordinnsuites.com, $ 100-160. Confortabele inn aan het water. Mooi uitzicht op de zeilbootjes in de jachthaven, op loopafstand van alles in het dorp.
Knus – **Best Western Cold Spring Motel:** 188 Court St., tel. 1 508 746 2222,

800 678 8667, $ 110-170. Mooi motel op rustige plek. Alle bezienswaardigheden zijn binnen tien minuten lopen te bereiken.

Eten en drinken

Informeel – **Tavern on the Wharf**: 6 Town Wharf, tel. 1 508 927 4961, www.tavernonthewharf.com, dag. 11.30-24 uur, vanaf $ 12. Vis en seafood direct van de vissersboot. Daarnaast goede pizza's en hamburgers, en alles met uitzicht op de historische zee.

Caraïbische sfeer – **The Cabby Shack**: 30 Town Wharf Restaurant & Pub, tel. 1 508 746 5354, www.cabbyshack.com, vanaf $ 14. Op hete zomerdagen waant u zich hier in de Caraïben: terrassen op twee verdiepingen, de zee en de jachthaven in het zicht, verse kreeft en calypsomuziek. Wat kan een mens zich nog meer wensen?

Winkelen

Kunstnijverheid en meer – Er is in Plymouth een hoop meuk te koop, vooral in het centrum rond Main St., Middle St. en Court St. Tussen alle 'Colonial'-souvenirwinkels zitten echter ook een paar pareltjes. De in een saltbox uit 1640 gevestigde **Sparrow House Pottery** (42 Summer St., do.-di. 10-17 uur) bijvoorbeeld, met hoogwaardig keramiek. **Lily's Apothecary** (6 Main St. Extension, di. 12-17, wo.-za. 10-17 uur) verkoopt cosmetica in een sfeer die een mix lijkt van Miami Beach, Parijs en New York, en in de **Main Street Marketplace** (46-58 Main St., dag. 10-17, zo. 12-17 uur) bieden een kleine tweehonderd antiquairs hun waar aan. Ver weg van de pelgrimvaders is in de **Dasken Gallery** (Rte. 1, 1 Puritan Place, achter de Hyundai-dealer, tel. 1 508 591 7600, www.daskengallery.com, za., zo. 12-16) kunst van jong talent en gevestigde namen uit de regio te zien en te koop.

Actief

Kreeftenvangst – Rol uw mouwen op en trek de kreeftenvallen aan boord. Op de **Lobster Tales**, een schip voor zeventig passagiers, leert u niet alleen hoe u de gepantserde krachtpatsers moet vangen, maar ziet u dit stukje Amerika ook vanuit het perpectief van de pelgrimvaders (Lobster Tales, Town Wharf, tel. 1 508 746 5342, www.plymouthcruises.com, apr.-okt).

Info

Destination Plymouth: 134 Court St., tel. 1 508 747 7525, www.seeplymouth.com, Visitor Center, 130 Water St.

Sandwich ▶ E 10

Het 12 km lange en 160 m brede Cape Cod Canal maakt van de kaap een eiland dat in het noorden door de Sagamore en in het zuiden door de Bourne Bridge wordt verbonden met het vasteland. Het aangename Cape-gevoel maakt zich meteen van u meester wanneer u Sandwich in rijdt. Het eerste plaatsje na de Sagamore Bridge is misschien wel het mooiste van Cape Cod, en sowieso het oudste – het werd in 1637 gesticht door quakers die de puriteinen in Plymouth te fanatiek vonden. Lieflijk komt het tevoorschijn achter een dicht woud. Er zijn een dorpsvijver met eendjes, een replica van een molen uit 1654, goed onderhouden kapiteinshuizen, het typisch New Englandse ensemble van groen en kerkjes, schattige inns en een bakkertje met goede koffie.

De haven van Plymouth

Bezienswaardigheden

De bezienswaardigheden in Sandwich zijn niet zo professioneel opgezet als in Plymouth en zijn daardoor des te leuker. Het **Heritage Museum & Gardens** (67 Grove St., www.heritagemuseumsandgardens.org, apr.-okt. dag. 10-17 uur) heeft onder andere een collectie klassieke auto's zoals de Duesenberg van Gary Cooper uit 1931 en een kleine galerie met maritieme volkskunst. In het **Sandwich Glass Museum** (129 Main St., www.sandwichglassmuseum.org, feb.-mrt. wo.-zo. 9.30-16, apr.-dec. dag. 9.30-17 uur) worden de mooiste voorbeelden getoond van het tot 1888 hier geproduceerde Sandwich-glas. En het rond 1680 gebouwde **Hoxie House** (18 Water St., in een parkje midden in het dorp, niet geopend voor publiek) is een kleine en eenvoudige saltbox. Na het diner kunt u de dag uitluiden op de **boardwalk** – houten plankieren die door het moeras naar het strand voeren.

Over de Sandwich boardwalk

Een wandeling over de 330 m lange Sandwich boardwalk over de Mill Creek en in de wind ruisend moerasgras naar zee is een avondritueel van de locals. Misschien vertellen ze u onderweg wel hoe het was toen orkaan Bob in 1991 de eerste boardwalk de lucht in blies. Startpunt: het einde van Jarves St.

Overnachten

Degelijk – **The Dan'l Webster Inn & Spa:** 149 Main St., tel. 1 508 888 3622, 1 800 444 3566, www.danlwebsterinn.com, $ 150-320. Als koloniaal huis 'verklede' *motor inn*. De meeste kamers hebben een hemelbed, haard en jacuzzi. Restaurant, pub.

Gedenkwaardig – **The Belfry Inn & Bistro:** 8 Jarves St., tel. 1 508 888 8550, 1 800 844 4542, www.belfryinn.com, $ 160-310. Prachtige, uit twee huizen

en een kerk bestaande inn. Vooral de kamers in de Painted Lady, een huis in Queen Annestijl, en in de Abbey, een omgebouwde kerk met bistro en bar, zijn mooi.
Prima– **The Earl of Sandwich Motel**: 378 Rte. 6A, tel. 1 508 888 1415, 1 800 442 3275, www.earlofsandwich. com, $ 70-150. Prima motel in East Sandwich, en route naar Provincetown.

Info en evenementen

Info
Cape Cod Chamber of Commerce: 5 Patti Page Way, Centerville, MA 02632, tel. 1 508 362 3225, www.capecodchamber.org

Evenement
Mashpee Wampanoag Pow Wow: 1e week van juli. Vierdaags, kleurrijk feest van de oerbewoners van de streek, met wedstrijden en traditionele dansen (www.mashpeewampanoagtribe-nsn.gov/powwow).

Op Route 6A naar Provincetown ▶ E 9/10

Harder dan 60 km/h kunt u op de langs meertjes en moerassen slingerende Route 6A (www.capecodroute6a.com) meestal niet rijden. Aan beide zijden van de tweebaansweg staan mooie houten huisjes, omgeven door groen, met dure auto's op de oprit en een windvaan in de vorm van een walvis op het dak – een tweedehandsautodealer of fastfoodtent zult u hier niet aantreffen, daar zorgt de Old King's Highway Historical Commission wel voor.

Yarmouthport
Bij **Hallet's Store** (139 Rte. 6A) kunt u geheel in stijl terecht voor een tussendoortje. In de zaak, die in 1889 zijn deuren opende als apotheek, komen veel locals. De zware eikenhouten bar en de ouderwetse *soda dispenser* erbovenop zijn net zo oubollig als de smaken ervan: gember, sarsaparilla of *root beer*, berk (*birch beer*), kers en sinaasappel.

Duinlandschap onder een strakblauwe hemel op Cape Cod

Dennis

Vanuit Dennis is veel te zien: van de top van de op een heuvel gebouwde **Stone Observation Tower** reikt de blik over de baai tot aan Provincetown. Ook het **Cape Playhouse** (Rte. 6A, 820 Main St., tel. 1 508 385 3911, www.capeplayhouse.com, juni-sept.,) is een bezoekje waard. Talloze Hollywoodsterren, onder wie Gregory Peck en Lana Turner, begonnen hun carrière in dit in 1927 opgerichte zomertheater. Daarnaast bevindt zich in Dennis het gerenommeerde **Cape Cod Museum of Art** (Rte. 6A, www.ccmoa.org, mei-okt. di.-za. 10-17, zo. 12-17 uur). De kleine duizend schilderijen illustreren de invloed die de kaap heeft gehad op lokale en internationaal vermaarde kunstenaars als Childe Hassam en Robert Motherwell, een van de hoofdvertegenwoordigers van het abstract expressionisme.

Fietstocht op de Cape Cod Rail Trail

Fietstocht op de Cape Cod Rail Trail

Beginpunt: South Dennis, eindpunt: Wellfleet, lengte: 35 km, duur: ca. 1 dag, fietsverhuur: Idle Times Bike Shop, 188 Bracket St., N. Eastham, tel. 1 508 255 5070, www.idletimesbikes.com, vanaf $ 25 per dag

Cape Cod, licht heuvelachtig en licht bebost, is een paradijs voor fietsers die houden van rust. Er voert een flink aantal mooie fietsroutes kriskras over het schiereiland, vele ervan leiden naar verlaten strandjes en verborgen baaien. Een van de mooiste fietsroutes is de Cape Cod Rail Trail, die een deel van een voormalig spoortraject tussen Boston en Provincetown volgt. Het spoor werd in 1848 aangelegd en de lijn werd in de jaren 60 opgeheven. De fietsroute tussen South Dennis en Wellfleet komt langs een aantal idyllische dorpjes.

Vanuit **South Dennis** fietst u eerst door een moerasgebied met een weelderig bos en fotogenieke watertjes. Dan komt u in **Nickerson State Park**, waar u kunt stoppen bij een van de acht glasheldere meren. Kort daarna steekt het fietspad de oude Highway 6A over. Als u, niet ver van de kruising, de rustige **Crosby Lane** blijft volgen, bereikt u na een paar honderd meter een mooi strand aan de Cape Cod Bay. Voor duinen, wind en golven moet u nog even doorfietsen naar Orleans, waar u bij het Orleans Center afbuigt van Main Street richting **Nauset Beach**. Eenmaal terug op de Rail Trail komt u algauw bij de **National Seashore**, waar de duinen door een dennenbos lopen. Hier buigt de Nauset Bike Trail van de Rail Trail af om te eindigen op het heerlijke, zelfs in het hoogseizoen niet overdreven drukke Coast Guard Beach. Net voor Wellfleet is nog een doorsteekje de moeite waard. **Mass**

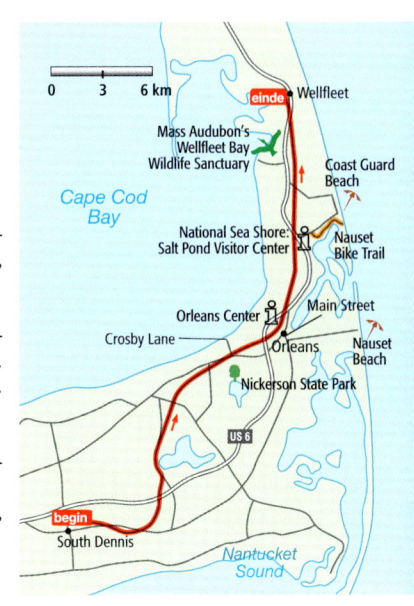

Tip

Oesters en boeken voor lunch

De bestelling plaatst u bij het eerste raam, dan wacht u op het strand tot u wordt geroepen en haalt u het eten op bij het tweede venster: **Mac's Seafood** op de pier van Wellfleet is een instituut. En als u een biertje of bloody mary bij uw oesters wilt drinken, gaat u eenvoudigweg naar het Bookstore & Restaurant om de hoek, waar u tijdens het wachten door een grote collectie leesmateriaal kunt struinen (Mac's Seafood, 265 Commercial St., tel. 1 508 349 0404, www.macsseafood.com; Bookstore & Restaurant, 50 Kendrick Ave., tel. 1 508 349 3154 www.wellfleetoyster.com/bookstore).

Audubon's Wellfleet Bay Wildlife Sanctuary is een beschermd wetland waar talrijke vogel- en amfibiesoorten te zien zijn.

Brewster

Brewster staat bekend om zijn mooie kapiteinshuizen, waar prachtige verhalen bij horen. De spannendste kroniek is die van kapitein David Nickerson. Een gesluierde vrouw, zo wil de overlevering, had hem tijdens de Franse Revolutie in Parijs een baby in zijn handen geduwd met het verzoek deze in Amerika te laten opgroeien. Historici menen bewijs te hebben dat het hierbij ging om de verloren zoon van Marie Antoinette en Lodewijk XVI. Ook René Rousseau, zoals Nickerson zijn pleegzoon had genoemd, werd kapitein – en bleef 26 jaar lang op zee. Hij wordt herdacht op het kerkhof van de neogotische **First Parish Church** (1969 Rte. 6A). Zijn naam is te zien op de achterkant van kapitein Nickersons grafsteen.

Een bezienswaardigheid die u in Brewster zeker niet zou mogen overslaan, is het **Cape Cod Museum of Natural History** (Rte. 6A, 869 Main St., www.ccmnh.org, juni-eind sept. dag. 9.30-16, anders wo.-zo. 11-15 uur). Naast de gebruikelijke tentoonstellingen over de ecologische samenhang tussen de zee en het moeras zijn er mooie, becommentarieerde wandelroutes tussen vijvers en prieeltjes, die representatief zijn voor Cape Cod.

Cape Cod National Seashore

Na Orleans gaat Rte. 6A over in de vierbaans Rte. 6, die door lichte, op zand groeiende bossen naar het noorden voert. Naast de weg liggen talloze motels en restaurants voor vissers en strandgasten.

In **Eastham** geeft het **Salt Pond Visitor Center** (Rte. 6, dag. 9-16.30 uur) informatie over de door president Kennedy in 1961 geopende Cape Cod National Seashore. Het nationale park, dat bestaat uit hoge duinen, wetlands en door de wind kromgetrokken bosjes, beschermt zo'n 70 km kust aan de Atlantische Oceaankant. U kunt het vrijwel onbewoonde gebied van het zich helemaal tot aan Provincetown uitstrekkende park te voet of per fiets verkennen. Minder actieve vakantiegangers zullen genieten van de eindeloze stranden.

Overnachten

Volledig ontspannen – **Lamb and Lion Inn**: 2504 Rte. 6A, Barnstable, tel. 1 508 362 6823, 1 800 909 6923, www.lambandlion.com, $ 150-330. Vriendelijke kamers in lichte Cape Cod-kleuren rond een groot zwembad. De uitbater drukt zelf folders met leuke uitstapjes en de favoriete restaurants van hemzelf en zijn vaste gasten.

Eten en drinken

Romantisch – **Red Pheasant:** 905 Rte. 6A, Dennis, tel. 1 508 385 2133, www.redpheasantinn.com, di.-zo. vanaf 17 uur, vanaf $ 25. Creatieve Amerikaanse keuken in een tweehonderd jaar oude voormalige schuur. Heerlijke eend en lam. Reserveren is absoluut nodig.

Bewezen succes – **Brewster Fish House:** Rte. 6A, 2208 Main St., Brewster, tel. 1 508 896 7867, www.brewsterfishhouse.com, ma.-za. 11.30-21.30, zo. 12-21.30 uur, vanaf $ 25. Zoals de naam van dit restaurant al doet vermoeden, komt hier verse vis, kreeft en ander seafood op tafel. Een en ander wordt bereid volgens bewezen receptuur. De sfeer is *casual chic*. Reserveren is aan te bevelen.

Actief

Zwemmen – Het beste strand van **Dennis** is **Corporation Beach** (Corporation Rd.). Het is er schoon en het water is meestal kalm – *bayside* is de zee over het algemeen rustiger. Aan de zes stranden van de **Cape Cod National Seashore** gaat het er heel wat wilder aan toe. Alle stranden hebben voldoende parkeerplaatsen, kleedhokjes, douches en lifeguards.

Provincetown ✳ ▶ E 9

Het circa drieduizend inwoners tellende Provincetown, oud en kronkelig, ligt op het noordelijkste puntje van Cape Cod en lijkt door het duinlandschap voor de stadsgrens afgesneden te zijn van de rest van de wereld. In 1620 kwamen de pelgrimvaders hier bij van de barre overtocht. De stad bloeide op ten tijde van de walvisjacht in de vroege 19e eeuw. Veertig pieren strekten zich destijds uit in de baai – er zijn er nog drie over. Na het walvistijdperk keerde het stadje terug naar de visserij. Hiervoor werden matrozen uit de Azoren aangetrokken. Zo'n 15% van de inwoners is van Portugese afkomst – er is zelfs een lokaal Portugees radiostation, Radio Globo.

Rond 1900 veranderde de demografie van de stad wederom. Het licht, de zee en het gevoel van leven *at the end of the road* trok kunstenaars en homoseksuelen – Provincetown werd P-Town. Edward Hopper, Jackson Pollock, Mark Rothko schilderden hier allen, vaak in de eenzaamheid van de *dune shacks* bij het strand. De wilde feesten van de kunstenaars waren legendarisch. Ook voor theater was plek in P-Town. Eugene O'Neill en Tennessee Williams werkten met de Provincetown Players – Marlon Brando, Al Pacino en Richard Gere begonnen hier hun carrière.

Tegenwoordig is P-Town 'de liberaalste stad ten oosten van San Francisco'. 80 % van de huizen, zo zeggen makelaars, zijn eigendom van homoseksuele *wash-ashores*. P-Town is een van de duurste onroerendgoedmarkten van de Verenigde Staten. Zeer strenge bouwvoorschriften houden speculanten voorlopig nog buiten ▷ blz. 142

Tip

'Te voet' naar P-Town

Als u geen tijd hebt voor Cape Cod, maar Provincetown niet wilt overslaan, kunt u de oude walvisjagersstad prima als dagtocht vanuit Boston bezoeken. De catamaran Provincetown III vaart driemaal daags (8.30, 13 en 17.30 uur, terug 10.30, 15 en 19.30 uur) en doet slechts anderhalf uur over de trip (vertrek bij het World Trade Center, Seaport Blvd., tel. 877 783 3779, www.boston-ptown.com, retour $ 88).

CASH ONLY
NO
- CHECKS
- CREDIT CARDS
- FOREIGN CURRENCY

THANK YOU

LOST TICKETS
24 HR MINIMUM

MACMILLAN PIER
PARKING LOT RATES
$2.50 PER HOUR
OR ANY PORTION THEREOF
DAILY MAXIMUM $25.00

Favoriet

MacMillan Wharf ▶ kaart 2, C 2

Te voet 'over zee' wandelen zonder een doel. De meeuwen schreeuwen, de geur van vis hangt in de lucht. Aan het eind van de pier omdraaien en de zon zien wegzakken achter Provincetown. De laatste stralen lijken extra lang te blijven hangen boven de huizen en de bootjes – een magisch gezicht. Overdag is de MacMillan Wharf vooral de plek waar de veerboten uit Boston aankomen. Ze spuwen een bont gezelschap van rolkoffers achter zich aan trekkende stedelingen uit. De sfeer is uitgelaten, de levenslust van de reizigers aanstekelijk.

Op het noordelijkste puntje van Cape Cod: Provincetown

de spreekwoordelijke stadsmuren. Zodoende kunt u hier nog steeds slapen in gemoedelijke B&B's en Inns in plaats van grote resorts. De vele restaurants en de grote diversiteit in vrijetijdsbesteding – van aan het strand liggen tot shoppen en bar-hoppen – zorgen ervoor dat P-Town nog steeds een ideale vakantiebestemming is.

Rond Commercial Street

De hoofdstraten van het dorp zijn Bradford Street en de parallel lopende, smalle Commercial Street. Een veertigtal korte dwarsstraten verbinden de twee. Voor een trottoir is geen plek – als er een auto voorbijrijdt, moet u zich zo'n beetje tegen de huizen aan duwen.

De mooiste accommodaties liggen in het rustige West End. Achter de huizen op Commercial Street begint het strand. Daar liggen boten, boeien en kreeftenkooien. Vooral in de zomermaanden wordt P-Town bevolkt door een behoorlijk gemêleerd gezelschap. Tijdens een ochtendwandeling kun je een visser met een stoppelbaard tegen het lijf lopen, onderweg naar huis na een nacht op zee, *same sex*-koppels die hun teckel aan het uitlaten zijn en jonge ouders met een kinderwagen.

In het moderne bezoekerscentrum **Stellwagen Bank National Marine Sanctuary** (205 Commercial St, ma.-vr. 9-16 uur) vertellen computers met touchscreens u alles over de onderwaterfauna van de ten noorden van Provincetown gelegen Stellwagen Bank, een krillrijke speelplaats voor walvissen en dolfijnen.

Commercial Street is ook de **winkelstraat** van de stad. Openingstijden variëren; veel winkeliers sluiten 's middags, maar zijn 's avonds net zo lang open als er klanten zijn. Er zijn chique boetieks, ledewarenwinkels, dragqueen-shops en kunstgaleries en natuurlijk kunt u hier ook heerlijk mensen kijken.

Pilgrim Monument
1 High Pole Hill Road, www.pilgrimmonument.org, dag. 9-17 uur
Wiens idee deze 77 m hoge (116 trappen) Toscaanse campanile was, weet niemand meer, maar het uitzicht is meer dan de moeite waard. President Roosevelt legde in 1907 de eerste steen, in 1910 was de toren klaar.

Musea
De **Highland Lighthouse** (www.highlandlighthouse.org, mei-okt. dag. 10-17.30 uur) biedt een korte videopresentatie, een bijzondere giftshop en een prachtig panoramisch uitzicht over de zee en de duinen. In de **Provincetown Art Association and Museum** (460 Commercial St., www.paam.org, dag. vanaf 11 uur) gaat het om de kunstscene van de stad.

Stranden bij Provincetown
Om de omgeving van het stadje te verkennen, kunt u het beste een fiets lenen of huren. Het duurt nooit lang voor u bij een van de prachtige stranden uitkomt. Een brede strook zand en een gezellige sfeer wanneer de zon ondergaat kenmerken de twee mooiste: **Race Point Beach** en **Herring Cove Beach**. De eerste biedt 13 km geel zand, flinke golven en het interessante, aan de ecologie van het duinlandschap gewijde Province Lands Visitor Center. Het aan de baaikant gelegen Herring Cove Beach is rustiger. In de zomer rijden er pendelbussen tussen de MacMillan Wharf en beide stranden.

Overnachten

P-Towns beste – **Crowne Pointe Historic Inn**: 82 Bradford St., tel. 1 508 487 6767, 1 877 276 9631, www.crownepointe.com, $ 140-600. Chic hotel met veel gezellige hoekjes. Alle kamers individueel ingericht, mooie tuin met zwembad en jacuzzi.
Inclusief vertier – **Crown & Anchor**: 247 Commercial St., tel. 1 508 487 1430, www.onlyatthecrown.com, $ 150-330. Een van Provincetowns oudste herbergen is nog altijd goed. Inclusief nachtclub, gaydisco en cabaret.
Om te delen – **Revere Guest House**: 14 Court St., tel. 1 508 487 2292, 1 800 487 2292, www.reverehouse.com, $ 160-400. Acht kamers, twee gemeenschappelijke badkamers op de gang. Mooie tuin.

Eten en drinken

Liefde voor details – **Front Street**: 230 Commercial St., tel. 1 508 487 9715, www.frontstreetrestaurant.com, juni-

---

Sportief door de duinen

Van de vele trails door de duinen achter Provincetown zijn die naar de drie vuurtorens de mooiste. Het makkelijkst bereikbaar is de tot een bed and breakfast getransformeerde **Race Point Lighthouse**. Voor beide andere moet u een flink stuk lopen: **Wood End Light Lookout Station** en **Long Point Light Station**, vanuit de stad gezien postzegeltjes aan de horizon, liggen respectievelijk halverwege en aan het eind van de 'vishaak' onder de stad. Een netwerk van fietspaden door de duinen en naar de stranden bestrijkt de hele noordpunt. Voor fietsen kunt u terecht bij een aantal verhuurbedrijven, voornamelijk op Commercial Street.

okt. dag. 18-22.30 uur, vanaf $ 19. Kelderbistro, sinds jaar en dag de nummer een van P-Town. Alles wat ter tafel komt, smaakt heerlijk, van de *pumpkin tortelloni* tot de *crab stuffed filet mignon*.
Geraffineerd – **The Mews Restaurant & Café:** 429 Commercial St., tel. 1 508 487 1500, www.mews.com, dag. vanaf 17 uur, vanaf $ 25. Restaurant op het strand, grote ramen. Uit de topkeuken komen heerlijkheden uit de hele wereld en vers seafood, bereid naar de oude wetten van *American fusion cuisine*. Beste wodkakaart van de Cape. Café en bistro op de bovenverdieping.
Geen fratsen – **Lobster Pot:** 321 Commercial St., tel. 1 508 487 0842, www.ptownlobsterpot.com, mei-okt. 11.30-22.30 uur, vanaf $ 21. Hier draait het, zoals de naam al doet vermoeden, maar om één ding: kreeft.
Machtig – **Napi's:** 7 Freeman St., tel. 1 800 571 6274, www.napisptown.com, mei-okt. dag. 17-22, dag. 11.30-14.30, 17-22 uur, vanaf $ 25. Met houten tafeltjes en allerlei zee-parafernalia gedecoreerde verzamelplek voor jong P-Town. Op de kaart staan machtige gerechten uit de Griekse, Portugese en Chinese keuken.
Ongezellig lekker – **Portuguese Bakery:** 299 Commercial St., tel. 1 508 487 1803. Linoleum vloeren, triplexbankjes en tl-licht: erg gezellig is het hier niet. Maar dat hoeft ook helemaal niet. Na meer dan honderd jaar is deze buurtbakker verheven boven elke twijfel. Aan te bevelen zijn de broodpudding en de *pasteis de natas* (vanilletaartjes).

Winkelen

Kunst en meer – Winkels met een goede reputatie op Commercial St. zijn **Karilon Gallery and Angela Russo Fine Art Giclee** (nr. 447, tel. 1 508 487 2380) en de **Albert Merola Gallery** (nr. 424, tel. 1 508 487 4424, www.albertmerolagallery.com). Een dwarsdoorsnede van het bonte palet Provincetowners krijgt u in **Adam's Pharmacy** (nr. 254), de oudste kruidenier van de stad.

Actief

Walvis in zicht! – **Whale Watch:** tel. 1 800 826 9300, 1 508 240 3636, www.whalewatch.com, apr.-okt. Driemaal daags varen de boten van de MacMillan Wharf naar de Stellwagen Bank.

Uitgaan

Als de nacht valt, gaat het helemaal los in de bars en clubs in en rond Commercial Street.
Oudgediende – **Governor Bradford:** 312 Commercial St., tel. 1 508 487 9618. Al tientallen jaren dé plek voor heteroseksuele nachtbrakers. Pooltafels en livemuziek.
Altijd druk – **Paramount Nightclub:** 247 Commercial St. (in de Crown & Anchor), tel. 1 508 487 1430. Grootste club van de stad. Disco en livemuziek.
Hip – **The A-House:** 6 Masonic Pl., tel. 1 508 487 3169, www.ahouse.com, dag. 12-1 uur. Favoriete plek van de gayscene. Disco en *macho-bar* (dag. 22-1 uur) op de eerste verdieping.

Info en evenementen

Info

Provincetown Tourism Office: 330 Commercial St., provincetowntourismoffice.org, dag. 9-17 uur (buiten seizoen weekends gesloten).

Evenementen

Blessing of the Fleet: 4e week juni. Bont straatfeest rond de zegening

van de viskotters (www.provincetown portuguesefestival.com).
Fantasia Fair: 3e en 4e week oktober. Extravagant feest van P-Towns homogemeenschap (www.fantasiafair.org).

Martha's Vineyard ▶ D/E 10

Aan het begin van de zomer, zo zeggen ze hier, nemen taxichauffeurs afscheid van hun familie; ze werken tot de herfst dag en nacht om een financiële buffer op te bouwen om de winterdip te overbruggen. Ze moeten wel: het leven op het 8 km voor de zuidkust van Cape Cod gelegen eilandje is niet goedkoop. De kosten voor levensonderhoud liggen hier 60% boven het landelijk gemiddelde, de onroerendgoedprijzen 90! Het eiland met de mooie naam is een van de populairste vakantiebestemmingen van de Verenigde Staten. Door de stranden met warm, ondiep water, bossen en met eiken omzoomde lanen is het ook in trek bij beroemdheden die hier, anders dan in bijvoorbeeld wintersportwalhalla Aspen, met rust gelaten worden – ze durven zich dan ook gewoon blootsvoets, met strandhaar in de openbaarheid te vertonen. In de zomer stijdt het aantal 'bewoners' van Martha's Vineyard van zo'n vijftienduizend naar meer dan honderdduizend.

De belangrijkste plaatsen zijn **Vineyard Haven** en **Edgartown.** Beide kennen een verleden als vissers- en walvisjagershaven en beschikken over op zee uitkijkende kapiteinshuizen. Een paar van de mooiste stranden van het eiland omzomen het 's avonds meestal luidruchtige feestdorp **Oak Bluffs.** De belangrijkste attracties zijn echter de vredige combinatie van land en zee, het ontbreken van schreeuwerige reclameborden en de mooie kustwegen.

Bezienswaardigheden

In **Vineyard Haven** zijn de historische wijk rond **William Street** en het **Old Schoolhouse Museum** (110 Main

Martha's Vineyard: villa's in Oak Bluffs

St., juni-sept. di.-vr., zo. 12-16 uur) de moeite waard. Ook het uit meerdere gebouwen bestaande **Vineyard Museum** (59 School St., www.mvmuseum.org, juni-okt. ma.-za. 10-17, anders ma.-za. 10-16 uur) in Edgartown is interessant. Hier kunt u onder meer logboeken van walvisjagers en een vergeelde foto van kapitein Valentine Pease, die Herman Melville (*Moby Dick*) inspireerde.

Een belangrijke attractie van **Oak Bluffs** is **Cottage City**, een mooie collectie van driehonderd filigrane 'peperkoekhuisjes'. Ze vervingen aan het eind van de 19e eeuw een tentendorp, waarin methodisten uit het hele land elkaar troffen tijdens de jaarlijkse Methodist Camp Meetings. De oranje, rood en grijs glimmende **Gay Head Cliffs** zijn vooral bij zonsondergang een fotogeniek natuurlijk schouwspel.

Wandelen door het binnenland

De mooiste wandelroutes zijn die in de beschermde natuurgebieden van het eiland. Zoals die in de **Felix Neck Wildlife Sanctuary** (Felix Neck Drive, bezoekerscentrum ma.-za. 9-16, zo. 10-15 uur) op een schiereilandje tussen Edgartown en Oak Bluffs. Deze voeren door een licht bos en zoutwatermoerassen naar mooie stranden en broedgebieden van water- en wadvogels. Meer dan duizend inheemse en ingevoerde plantensoorten kunt u bewonderen op de idyllische wandelpaden door het **Polly Hill Arboretum** (809 State Rd., dag.) in West Tisbury.

Stranden op Martha's Vineyard

Aan de circa 200 km lange kustlijn van het eiland liggen veel mooie stranden. **Joseph Sylvia State Beach** was een van opnamelocaties van Steven Spielbergs *Jaws*. In de film is het door duinen en wilde rozen omgeven strand dan wel angstaanjagend, in het echt kunt u hier zorgeloos zonnebaden en zwemmen.

Katama Beach, het grootste openbare strand van het eiland, is in verband met zijn grote golven populair bij surfers. **Menemsha Public Beach**, vlak bij de toegang naar Dutcher's Dock, ligt lekker uit de wind en is zelden vol. De weg naar het 8 km lange **Aquinnah Beach** voert tussen bessenstruiken naar een strook zand waar je een heerlijk eind-van-de-wereldgevoel krijgt.

Op de fiets door Martha's Vineyard

Beginpunt: Edgartown, eindpunt: Aquinna, lengte: 36 km, fietsverhuur: Wheel Happy, 18 N. Summer St., Edgartown, tel. 1 508 627 7210, www.wheelhappybicycles.com

De tocht door het heuvelachtige binnenland van het eiland voel je behoorlijk in je benen. Maar om u alvast gerust te stellen: als u geen zin hebt om ook nog helemaal terug te fietsen, hoeft dat ook niet. De bussen op het eiland hebben namelijk allemaal een fietsdrager.

De fietstocht begint in **Edgartown**, waar u door groenstroken naar het westen rijdt. De Edgartown-West Tisbury Road is uitgerust met een mooi fietspad, dat regelmatig volledig wordt 'ommuurd' door een bos. In het slaperige **West Tisbury** moet u beslist even pauzeren bij Alley's General Store. Alley's is al sinds 1858 de place to be voor alles van vishaken en speelgoed tot de dagelijkse boodschappen, en fungeert tevens als postkantoor.

Aan de rand van het dorpje buigt een zijstraat af naar de **Music Road**. Het is een waar genot om over deze stille landweg te fietsen. Met hoog gras begroeide stenen muren begeleiden de weg, erachter liggen, midden in het groen, goed onderhouden boerderijen – schilderachtige pastorale stillevens in groen, blauw en grijs.

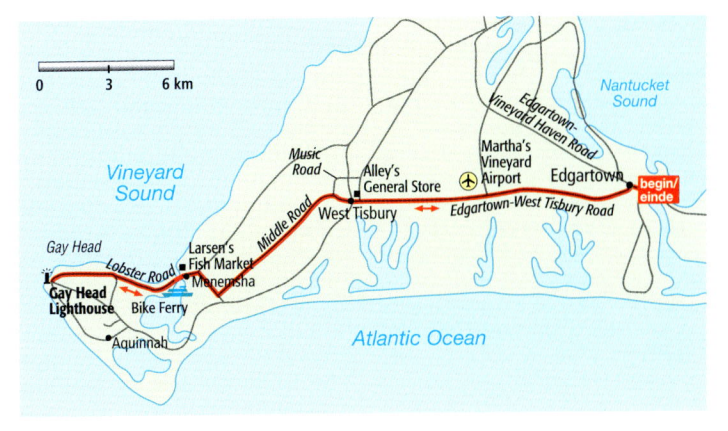

Op de fiets over Martha's Vineyard

Even later, op de bochtige **Middle Road**, gaat het flink bergop. U ziet al snel de Atlantische Oceaan van een behoorlijke hoogte. En dan gaat het weer omlaag. Met rokende remblokjes rolt u het vissersdorp **Menemsha** in. Bij Larsen's Fish Market (56 Basin Rd., dag. 9-19 uur) is elke dag verse kreeft te koop – de *lobster sandwiches* zijn niet te versmaden.

Een paar meter verderop ligt de **Bike Ferry** voor anker. De voor zes fietsers ingerichte pontonboot zet zijn passagiers over naar de andere oever van de 150 m brede Menemsha Lagune. **Lobster Road** aan de overkant van de lagune is het mooiste traject van deze fietstocht. Rechts de Atlantische Oceaan, links het moeras en de verspreid in het manshoge struikgewas gelegen huizen van de Wampanoag-indianen van **Aquinnah**. Daarachter liggen de kliffen van **Gay Head** met de beroemde vuurtoren. Je zou hier kunnen denken op een strand in de Caraïben te fietsen – mits de zon schijnt natuurlijk.

Het laatste stuk van de route loopt weer omhoog, op Lighthouse Road naar de **Gay Head Lighthouse** (9 Aquinnah Circle, 's zomers dag. 10-17 uur, $ 5) hoog boven de rood en grijs glinsterende Gay Head Cliffs. Het uitzicht vanaf de top doet zelfs de ergste spierpijn vergeten.

Overnachten

Centraal – **Vineyard Square Hotel & Suites:** 38 N. Water St., Edgartown, tel. 1 508 627 4711, 1 800 627 4701, www.vineyardsquarehotel.com, $ 160-360. Midden in de historische oude stad, met uitzicht op de jachthaven. Heerlijk terras met schommelstoelen.

In style – **The Christopher:** 24 S. Water St., Edgartown, tel. 1 508 627 4784, www.thechristophermv.com, $ 250-550. Dromen in hemelbedden, ontbijten met stijl in een historisch kapiteinshuis.

Praktisch – **Island Inn:** 30 Island Inn Rd., Oak Bluffs, tel. 1 508 693 2002, 1 877 272 5943, www.islandinn.com, $ 120-360. Aan de rand van Oak Bluffs gelegen, eenvoudig, uit meerdere appartementengebouwen bestaand resort. Tennisbanen, restaurant. Prima basis voor dagtochtjes.

Eten en drinken

Populair– **Atria**: 137 Main St., Edgartown, tel. 1 508 627 5850, www.atriamv.com, juni-aug. dag. 17.30-22, vanaf $ 34. Een van de populairste restaurants van het eiland. Fusionkeuken met verse, lokaal gekweekte ingrediënten. Ook tafels op de veranda. Bijzonder interessant: *cod is great*, in prosciutto gewikkelde kabeljauw.

Recht voor z'n raap – **Square Rigger**: 225 Edgartown Vineyard Haven Rd., Edgartown, tel. 1 508 627 9968, www.squareriggerrestaurant.com, dag. 11-15, 17-22 uur, vanaf $ 23. Mooie houten balken in een oud pand, steaks en seafood van de houtskoolgril.

Actief

Fietsen – Huurfietsen kunnen telefonisch of online worden gereserveerd bij **Wheel Happy** (8 S. Water St., Edgartown, tel. 1 508 627 5928, www.wheelhappybicycles.com), waar u ook terechtkunt voor fietskaarten en tips.

Uitgaan

Livemuziek – Strenge alcoholwetten hebben het eiland bijna drooggelegd. Met de nadruk op bijna, want bij **The Lampost/Rare Duck** (111 Circuit Ave., Oak Bluffs, tel. 1 508 693 4032) vloeit het bier rijkelijk en wordt opgetreden door leuke bandjes. Voor een goede bodem zorgen de hamburgers en dik belegde sandwiches.

Info en vervoer

Info

Chamber of Commerce: Beach St., tel. 1 508 693 0085, www.mvy.com

Veerboten

U kunt vanuit vijf havens naar het eiland. Het enige autoveer vertrekt vanuit Woods Hole (Steamship Authority, tel. 1 508 477 8600, www.steamshipauthority.com, ma.-vr. 7.30-21, za., zo. 8-17 uur) en moet u absoluut reserveren. Voetgangersveren vertrekken vanuit Falmouth (naar Oak Bluffs, tel. 1 508 548 4800), Hyannis (naar Oak Bluffs, tel. 1 508 778 2600), New Bedford (naar Vineyard Haven, tel. 1 866 683 3779) en Nantucket (naar Oak Bluffs, tel. 1 508 778 2600, alleen in de zomer). Meer info over alle veerverbindingen vindt u op www.vineyardferries.com.

Nantucket ▶ E 10/11

Als u Nantucket bezoekt, kunt u uw huurauto het beste achterlaten in Hyannis of Harwich Port. Het 50 km voor de zuidkust van Cape Cod gelegen eilandje beslaat een derde van de oppervlakte van Martha's Vineyard en is – althans, volgens Herman Melville – slechts een hoopje zand met tienduizend eilanders.

Deze locals noemen hun Nantucket liever *little grey lady in the sea*, naar de grijze, met rode klimrozen begroeide houten huisjes. De meesten wonen in het eveneens Nantucket genoemde hoofdplaatsje van het eiland. Het stadje heeft de hoogste vierkantemeterprijs van heel Massachusetts. Er werd begin deze eeuw dan ook een bittere strijd geleverd tussen bezorgde bewoners en speculanten van het vasteland, die de historische Waterfront wilden transformeren in een dure jachthaven – zoveel opwinding had het eiland sinds het einde van het walvistijdperk rond 1840 niet meer gezien. Het getouwtrek leidde tot onbevredigende compromissen, maar Nantucket ademt nog steeds de sfeer van anderhalve eeuw geleden.

Na het verlaten van de veerboot passeert u een paar fietsverhuurders, even verderop staat u op de kinderkopjes van de door victoriaanse panden omzoomde **Main Street**. De lichtjes omhoog lopende straat is met zijn restaurants en winkels het epicentrum van het eiland. Aan het begin van de 19e eeuw was dit het centrum van de New Englandse walvisvangst. Schepen uit Nantucket voeren op alle wereldzeeën, hun harpoeniers waren de allerbeste. De vrouwen ontwikkelden zich tijdens de lange afwezigheid van hun echtgenoten tot succesvolle ondernemers. Main Street werd destijds ook wel Petticoat Row genoemd vanwege de goedlopende, door vrouwen gerunde winkels. Wat u tijdens uw bezoek zeker niet zou moeten missen, is het **Nantucket Whaling Museum** (zie blz. 150).

Sinds het einde van de walvisjacht leeft het eiland van toerisme. Bezoekers komen hier om te relaxen op de in totaal 80 km aan stranden en om ontspannen te wandelen of fietsen naar een van de vele vuurtorens. De mooiste stranden zijn **Dionis Beach**, **Jetties Beach**, **Madaket Beach** en **Surfside Beach**.

Overnachten

Uitnodigend – **The Roberts House**: 11 India St., tel. 1 508 228 0600, www.robertshouseinn.com, $ 130-500. Mooi pand in Griekse revivalstijl met veranda en schommelstoelen om mensen te kijken. Gezellige kamers met victoriaanse inrichting, een aantal met hemelbed.
Pretentieloos – **The Periwinkle Guest House**: 7-9 N. Water St., ▷ blz. 152

Gemoedelijk victoriaans: de winkelstraten van Nantucket

Op ontdekkingsreis

Nantucket Whaling Museum – hoe Melville op Moby Dick kwam

Harpoenen, scheepsmodellen en portretten van succesvolle kapiteins – avontuurlijke figuren met zwarte ooglapjes en glimmende oorringen. Het kleine Nantucket Whaling Museum belicht met veel liefde de legende van Moby Dick.

Kaart: ▶ kaart 2, D 5
Voor wie: voor iedereen die voorbij de bloederige slachtpartijen kan kijken en meer wil weten over de walvisvangst in de regio en de invloed ervan op de ontwikkeling van New England.
Duur: 1 tot 2 uur

Informatie: 13 Broad St., mei-okt. dag. 10-17, 1-23 nov. 11-16 uur, $ 20, www.nha.org/sites

Het skelet van de 14 m lange potvis lijkt op de bezoekers af te komen. Op talloze plekken wordt duidelijk gemaakt hoe gevaarlijk het werk van de walvisjagers was. Ergens anders, in een wat afgelegen kamertje, is een kleine, kinderlijk aandoende tekening te zien, die ook in het online-archief van het museum te bekijken is. Op de plaat, gemaakt door ene Thomas Nickerson, is een potvis te zien die een walvisvaarder ramt. Komt u dat bekend voor? Dat kan; de manier waarop *Moby Dick* tot stand kwam, is misschien nog wel spannender dan de beroemde roman zelf. Herman Melville leerde op zee ene William Henry Chase kennen. De jongen uit Nantucket was de zoon van Owen Chase, twintig jaar eerder de eerste stuurman van de walvisvaarder Essex. Melville had verhalen gehoord over het lot van dat schip: het was in 1820, duizend zeemijlen ten westen van de Galapagoseilanden, door een potvis tot zinken gebracht. William Henry leende Melville het boek dat Chase senior had geschreven over zijn hachelijke avonturen, en de rest is literatuurgeschiedenis.

Dagboek van een scheepsjongen

140 jaar lang – *Moby Dick* was allang een klassieker – was Chase' boek de enige bron over het lot van de Essex. Maar toen werd het dagboek van een zekere Thomas Nickerson ontdekt op een zolder in *upstate* New York. Nickerson was scheepsjongen op het onheilsschip. In 1980 kwam het dagboek terecht bij een historicus, en pas sindsdien is de volle omvang van de tragedie bekend. In 1819 verliet de Essex met kapitein George Pollard aan het roer de haven van Nantucket. Een jaar later stuitte het schip in de uitgestrekte Stille Oceaan op een school potvissen. Het onvoorstelbare gebeurde: een reusachtige stier ramde de boeg van het schip zo hard, dat het binnen de kortste keren ten onder ging. De twintigkoppige bemanning kon zichzelf in veiligheid brengen in drie kleine walvisbootjes. Uit angst voor kannibalen op de Markiezenarchipel zetten ze koers naar de kust van Zuid-Amerika – op zo'n zesduizend kilometer. Het lukte ze een maand lang om de boten bij elkaar te houden. Op de vijfendertigste dag dreef een storm ze echter uit elkaar. In de boot van Chase stierf een aantal mensen. De eerste twee lij-

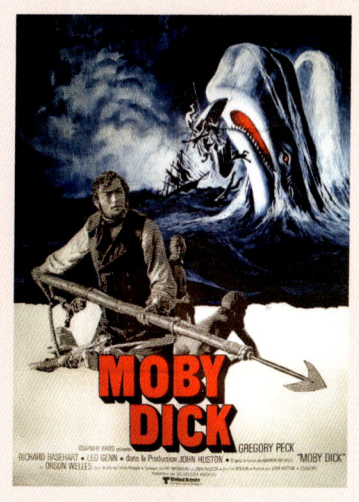

Verfilmd met Gregory Peck: *Moby Dick*

ken werden in zee gegooid, maar toen overwon de overlevingsdrang. Eerst aten ze het hart, later de armen en benen van de doden. Tien dagen later werden Chase en twee lotgenoten opgepikt door een Engels schip. Ook kapitein Pollard en vier andere bemanningsleden werden gered.

Hoe groot de potvis was die het schip destijds ramde, zal altijd een vraag blijven. Maar zelfs de kop van het kleine exemplaar aan het plafond is nog zo groot als een vrachtwagen.

tel. 1 508 228 9267, 1 800 837 2921, www.theperiwinkle.com, $ 115-400. Charmante accommodatie met hemelbedden vlak bij het Whaling Museum.

Eten en drinken

Elegant – **Brant Point Grill:** in het White Elephant Hotel, 50 Easton St., tel. 1 508 325 1320, apr.-dec. dag. 11.30-15, 17.30-22 uur, diner vanaf $ 29. Elegant steak- en kreeftrestaurant met terras. Door het blad *Wine Spectator* geroemde wijnkaart.
Rijendik – **Black-Eyed Susan's:** 10 India St., tel. 1 508 325 0308, www.black-eyedsusans.com, dag. 7-13, 18-22 uur, vanaf $ 26. De rij voor de deur toont wel aan hoe populair dit restaurant is. Op de kaart staan lichte, gezonde gerechten, die op creatieve wijze worden bereid. Erg lekker is de linguini met lokale venusschelpen. BYOB – u mag uw eigen wijn meenemen.

Actief

Fietsen – Er lopen talloze wandel- en fietsroutes kriskras over het eiland. Bij de veerboten vindt u fietsverhuurders als **Young's Bicycle Shop** (6 Broad St., tel. 1 508 228 1151, www.youngsbicycleshop.com, dag. 8.30-18 uur).

Uitgaan

Het nachtleven is lekker overzichtelijk.
Livemuziek – **The Brotherhood of Thieves** (23 Broad St., tel. 1 508 228 2551, www.brotherhoodofthieves.com) staat al sinds jaar en dag voor gezelligheid.
Dansen – **The Chicken Box** (16 Dave St., tel. 1 508 228 9717 www.thechickenbox.com) is de populairste (en enige) discotheek van het eiland.

Info en evenementen

Info
Nantucket Island Chamber of Commerce: Zero Main St., tel. 1 508 228 1700, Fax 325 4925, www.nantucketchamber.org

Veerboten
De **Steamship Authority** (tel. 1 508 477 8600, www.steamshipauthority.com) onderhoudt een autoveerdienst tussen Hyannis en Nantucket. De **Hy-Line Cruises High Speed Ferry** (tel. 1 800 492 8082, www.hylinecruises.com) halveert de reistijd naar een uur, maar is ook duurder. Deze reder onderhoudt in de zomermaanden ook een directe verbinding tussen Nantucket en Martha's Vineyard.

Festival
Nantucket Daffodil Festival: 4e week van april. Tijdens het driedaagse festival bloeien drie miljoen narcissen.

New Bedford ▶ D 10

Waarom u na het lieflijke Cape Cod nog naar New Bedford bent gereden, zult u zich afvragen als u de stad binnenrijdt: niets te zien behalve een trieste bruine huizenzee met kranen, schepen en containers ertussen. Vanaf de highway duidt niets erop dat dit ooit het centrum van de walvisindustrie was. Want toen de haven van Nantucket rond 1840 verzandde, werd New Bedford de nieuwe 'marktleider'. Tot 1860 vertrokken meer dan zevenhonderd New Englandse schepen met tienduizenden zeelui aan boord de wereldzeeën op. Jaarlijks werden twintigduizend potvissen binnengehaald. Nog eens vijftigduizend mensen hielden zich bezig met de verwerking aan land. Vierhonderd van de gedrongen walvisvaarders

New Bedford

waren alleen al in New Bedford geregistreerd. Zeeluit uit alle delen van de wereld dronken hier hun gage op. De stad, waar altijd de stank van de traanovens boven hing, werd schathemeltjerijk. Het einde van het walvistijdperk kon New Bedford opvangen dankzij zijn grote vissersvloot en het op tijd diversificeren. Door overbevissing in de jaren 90 veranderde de situatie dramatisch. Sindsdien is het inmiddels tienduizend inwoners tellende stadje voor een groot deel afhankelijk van toerisme.

De populatie van het huidige New Bedrod is een mooie afspiegeling van het maritieme verleden: meer dan 60 % is van Portugese afkomst, de rest van Frans-Canadese, Duitse, Ierse en Noorse. Van Moby Dick & co. is in de stad nauwelijks nog wat te zien. Alleen het **New Bedford Whaling National Historic Park** in de oude stad documenteert aan de hand van dertien huizenblokken het belang van de walvisvangst. Ook kunt u zich aansluiten bij een bij het bezoekerscentrum beginnende wandeling met gids (Park Visitor Center, 33 William St., www.nps.gov/nebe, eind mei-eind juni weekends, juli-aug. dag. 10.30 en 14.30 uur). De twee 'sterren' van het park doen er alles aan om de historie op een spannende manier voelbaar te maken. In het **New Bedford Whaling Museum** (www.whalingmuseum.org, apr.-dec. dag. 9-17, anders di.-za. 9-16, zo. 11-16 uur) zijn rubberboten te zien, harpoenen, een compleet skelet van een 22 m lange blauwe vincis, logboeken, een tentoonstelling gewijd aan Herman Melville en een 27 m lang model van de walvisvaarder Lagoda. Je voelt hier bijna hoe het voor de zeemannen was om zo lang over de zeven wereldzeeën te varen.

Direct ertegenover staat de in 1832 ingewijde kapel **Seaman's Bethel** (www.

Wirwar van scheepsmasten in de haven van New Bedford

Massachusetts

seamensbethel.org, dag. 9-17 uur). De walvisvaarders werden hier, zoals Melville het beschreef, gezegend alvorens ze voor jaren aan een stuk de zee op gingen. Op tientallen platen aan de muur zijn de namen te lezen van zeelui die niet terugkwamen.

Eten en drinken

Ontspannen – **Freestone's City Grill:** 41 William St., tel. 1 508 993 7477, www.freestonescitygrill.com, ma.-za. 11.30-22.30, zo. 12-21 uur, vanaf $ 10. Op slechts een blok van het Whaling Museum gelegen restaurant in een voormalig bankgebouw. Heerlijk seafood, onder meer een bekroonde vissoep, topsteaks en lekker sandwiches. Vaak livemuziek.

Onweerstaanbaar – **Antonio's:** 267 Coggeshall St., tel. 1 508 990 3636, www.antoniosnewbedford.com, dag. 11.30-21.30, uur, vanaf $ 11. Dit Portugese restaurant ten noorden van het Historic Park behoort tot de beste van Massachusetts. Heerlijke shrimps!

Info

Destination New Bedford: Fisherman's Wharf/Pier 3, tel. 1 508 979 1745, www.destinationnewbedford.org

Pioneer Valley

De historische Pioneer Valley is een deel van de in noord-zuidrichting lopende Connecticut Valley die reikt van Springfield tot Vermont. Kosmopolitisch en liberaal als Boston en met idyllische dorpjes op en top New England – het beste uit twee werelden. Je kunt het je nu niet meer voorstellen, maar dit was tot 1800 het 'Wilde Westen'. In het zuiden is Pioneer Valley behoorlijk stads, maar hoe verder je naar het noorden rijdt, over groene heuvels, langs eerbiedwaardige *college towns*, hoe meer het *classic* New England wordt. Tot diep in de 18e eeuw was dit *America's frontier*. Overvallen en ontvoeringen waren aan de orde van de dag. Pas met de vestiging van papier- en textielfabrieken aan het begin van de 19e eeuw braken betere tijden aan. De industrie bracht genoeg geld in het laatje om modern onderwijs en kunst te financieren. Tegenwoordig studeren zo'n zestigduizend jonge Amerikanen in de vallei. De prominentste vijf onderwijsinstellingen zijn Amherst College, Hampshire College, de University of Massachusetts (Amherst) en de gerenommeerde vrouwencolleges Smith en Mount Holyoke in respectievelijk Northampton en South Hadley.

De locals zijn voornamelijk van Engels-Ierse afkomst. De stedelijke Pioneer Valley heeft tegenwoordig een verhoogde instroom van immigranten uit Zuidoost-Azië, Rusland en Latijns-Amerika. De homoseksuele inwoners noemen het dal ook wel *Happy Valley* – hier woont de grootste homogemeenschap ten oosten van San Francisco, in Northampton bloeit een actieve lesboscene. Nog een bijzonderheid: er zijn in deze kleine regio meer onafhankelijke boekwinkels dan in Boston.

Springfield ▶ B 9

Westernfans weten het: Gary Cooper schoot met een Springfield Rifle op de slechteriken. In de 19e eeuw was de stad aan de Connecticut River de wapensmid van Amerika. Crises en werkloosheidsgolven ten spijt kwam de stad op de kruising van de interstates 90 en 91 er steeds weer bovenop – Springfield wordt niet voor niets *Comeback City of America* genoemd. Aantrekkelijk is het

Pioneer Valley is met plaatsen als Deerfield een plaatje

stadje niet; naar Springfield kom je voornamelijk om te winkelen.

Voor basketbalfans is hier echter wel degelijk wat te zien: de moderne, met multimediagadgets volgestopte **Naismith Memorial Basketball Hall of Fame** (1000 Hall of Fame Ave., www.hoophall.com, dag. 10-16/17 uur, dec.-april ma., di. gesl.). Middels exposities is de ontwikkeling te zien van de sport die door dr. James Naismith in 1891 als wintersport voor zijn studenten werd bedacht. Van de eerste wedstrijden in een YMCA in Springfield tot de door driehonderd miljoen mensen uitgeoefende sport die het nu is.

Amerika's innigste relatie met vuurwapens kunt u bestuderen in de **Springfield Armory National Historic Site** (1 Armory Sq., www.nps.gov/spar, eind mei-nov. dag., anders wo.-zo. 9-17 uur). Nadat George Washington in 1794 de strategisch goede plek had uitgezocht, ontstond hier de grootste wapenfabriek van het land. Tot de sluiting in 1968 werden hier wapens geproduceerd voor Amerikaanse soldaten, waaronder het in de burgeroorlog gebruikte Springfield-geweer. Het in 1978 geopende museum heeft de grootste wapencollectie van de Verenigde Staten.

Een tyrannosaurus rex op ware grootte is te zien in het **Springfield Science Museum** (21 Edwards Street, www.springfieldmuseums.org, ma.-za. 10-17, zo. 11-17 uur). In de African Hall kunt u op safari en het aangrenzende Seymour Planetarium voert u mee naar de sterren.

Overnachten

Heerlijk ouderwets – **Naomi's Inn**: 20 Springfield St., tel. 1 413 433 6019, 1 888 762 6647, www.naomisinn.net, $ 90-

230. Drie kamers waaruit u niet meer zult willen vertrekken. Op een steenworp afstand van het centrum.

Eten en drinken

Rustiek – **The Student Prince Café**: 8 Fort St., tel. 1 413 734 7475, www.studentprince.com, ma.-wo. 11-21, do.-za. 11-22, zo. 12-20 uur, vanaf $ 14. Amerikaanse en Duitse keuken – *bratwurst*, steaks en schnitzels.

Winkelen

Outlets – Winkelcentrum **Tower Square** (1500 Main St., tel. 1 413 733 2171, www.visittowersquare.com) heeft meer dan zestig winkels, waaronder de US Factory Outlets. Honderden andere zaken vindt u op en rond **Boston Road**.

Actief

Pretpark – In het voorstadje Agawam ligt **Six Flags New England,** met meer dan veertig *thrill rides*, waaronder negen achtbanen en twee wildwaterbanen (Rte. 159, 1623 Main St., www.sixflags.com/newengland).

Info

Greater Springfield Convention and Visitors Bureau: 1441 Main St., Springfield, tel. 1 413 787-1548, 1 800 723 1548, www.valleyvisitor.com

South Hadley ▶ B 9

De met 17.600 inwoners kleinste college town in de Valley staat bijna geheel in het teken van de universiteit. Het in 1836 voor meisjes gestichte Mount Holyoke College heeft een chique, met esdoornbomen gedecoreerde campus. Hier studeren zo'n tweeduizend vrouwen uit zeventig landen.

Bezienswaardig is het **Mount Holyoke College Art Museum** (Lower Lake Rd., di.-vr. 11-17, za., zo. 13-17 uur), waar veertienduizend schilderijen en beeldhouwwerken te zien zijn. In de als *Teaching Museum* voor de studenten ingerichte zalen wachten oude meesters en Romeinse busten.

Op een wandeling door het **Allen Skinner State Park** (Rte. 47, apr.-nov.) kunt u uw hoofd dan weer helemaal leegmaken. Vanuit het 600 m boven South Hadley gelegen, met de auto bereikbare Summit House ligt de uitgestrekte, fotogenieke Connecticut Valley aan uw voeten.

Liefhebbers van bizarre attracties komen helemaal aan hun trekken in **Nash Dino Land** (Rte. 116, ma., do.-za. 10-16, zo. 12-16 uur). Vanuit het museum met giftshop loopt u langs met mos begroeide dinostandbeelden naar een omheinde steengroeve, waar dinosaurussporen te zien zijn – zij het sterk geërodeerd. De ziel van het bedrijf was de in 1997 overleden Carlton Nash. In de jaren 30 struikelde hij over stenen met *dino tracks*. Niet veel later begon hij de gefossiliseerde voetafdrukken te verkopen met als slogan *The perfect gift for those that have everything*.

Northampton ▶ B 9

Northampton, ook wel NoHo, heeft dan wel slechts 29.000 inwoners, maar in Main Street is de sfeer door de chique winkels, restaurants en koffietentjes toch kosmopolitisch. Het in 1875 door Sophia Smith opgerichte Smith College, met een campus in een mix van neogotiek en postmodernisme, verdreef de fundamentalistische bedomptheid uit het in 1654 door puriteinen gestichte stadje. Het studiegeld voor een jaartje Smith bedraagt $ 35.000 – het leerprogramma, zo wordt gezegd, is net zo veeleisend. In het bijbehorende **Smith College Museum of Art** (Elm St., di.-za. 10-16, zo. 12-16 uur) ziet u werk van onder anderen Georgia O'Keefe, Picasso, Monet en Degas. Vanaf de galerijen op de derde vedieping hebt u een mooi uitzicht op de campus en Northampton.

Door de Chesterfield Gorge

De op een paar kilometer ten westen van Northampton gelegen Chesterfield Gorge is een romantisch stilleven van ruige grijze rotsen en bossen, die worden weerspiegeld door het heldere water van de Westfield River. Er zijn korte, mooie trails naar uitkijkpunten.

Overnachten

Nostalgisch – **Hotel Northampton:** 36 King St., tel. 1 413 584 3100, www.hotel northampton.com, $ 150-260. Met opzet oubollig gehouden Grand Hotel in het centrum. Café en Wiggins Tavern.

Praktisch – **Autumn Inn:** 259 Elm St., tel. 1 413 584 7660, $ 100-180. Prima uitvalsbasis (met zwembad!) voor tripjes door de omgeving, niet ver van de campus.

Eten en drinken

Uitbundig – **Northampton Brewery:** 11 Brewster Court, tel. 1 413 584 9903, www.northamptonbrewery.com, ma.-za. 11.30-1, zo. 12-1 uur. Smakelijke ale en lager in de oudste brouwerijpub van New England, en de beste hamburgers en pizza's van Pioneer Valley.

Urban – **Eastside Grill:** 19 Strong Ave., tel. 1 413 586 3347, www.eastsidegrill. com, ma.-vr. 17-22, za. 16-22.30, zo. 16-21, za. 16-22.30, zo. 16-21 uur, vanaf $ 17. Populair stadsrestaurant. Steaks, seafood, cajun-cuisine.

Winkelen

Voor ieder wat wils – Main Street is altijd druk met studenten, universiteitsmedewerkers en mensen met raar haar. Vooral die laatsten zijn de doelgroep van winkels als **Sasha's Gypsy Heart** (nr. 122, vintagekleren), **Ten Thousand Villages** (nr. 82, derdewereldkunst) en de **Don Muller Gallery** (nr. 40, sieraden).

Actief

Nature center – In het door de gerenommeerde Massachusetts Audubon Society beheerde **Arcadia Nature Center and Wildlife Sanctuary** (Rte. 10, richting Easthampton, tel. 1 413 584 3009, ma.-do. 9-12, vr., za. 9-15.30 uur) zijn mooie wandelroutes door een beschermd wetland, dat wordt bewoond door vele soorten wadvogels.

Uitgaan

Het is nauwelijks te geloven, maar wie hier 's avonds op stap gaat, heeft keuze te over. Bijzonder aan te bevelen is:

The Tunnel Bar

Afzakken voor een afzakkertje. Deze 'verborgen' martinibar met heerlijke leren fauteuils en XL-cocktails bevindt zich in een 30 m lange tunnel onder het Union Station Restaurant in Northampton (125A Pleasant St., tel. 1 413 341 3161, www.thetunnelbar.com, dag. 17-2 uur).

Massachusetts

Luid en goed – **Iron Horse Music Hall:** 20 Center St., tel. 1 413 584 0610, kaartjes tel. 1 413 586 8686, www.iheg.com. Het beste adres voor livemuziek (bijna elke avond). Behalve lokale rockers ook internationale sterren.

Info

Greater Northampton Chamber of Commerce: 99 Pleasant St., Northampton, tel. 1 413 584 1900, www.explorenorthampton.com

Amherst ▶ B 9

Het centrum van dit 38.000 inwoners tellend, typisch New Englands stadje ligt rond een door mooie esdoornbomen omzoomde common. Met boeken zeulende studenten horen bij het stadsbeeld: Amherst telt maar liefst drie hogescholen, het roemrijke Amherst College aan de common, de moderne University of Massachusetts en het Hampshire College aan de rand van de stad, dat maar langzaam loskomt van zijn hippie-imago.

Op de campus van Amherst College, door met klimop begroeide muren van de buitenwereld afgeschermd, staat het mooie **Mead Art Museum** (www.amherst.edu/museums/mead, di.-do., zo. 9-24, vr. 9-20, za. 9-17 uur), dat een eersteklas collectie oude meesters heeft, maar ook werk van Russische modernisten en belangrijke Amerikaanse stromingen zoals de Hudson River School.

Emily Dickinson Museum

280 Main St., www.emilydickinsonmuseum.org, mrt.-apr., sept.-dec. wo.-zo. 11-16, mei-aug. wo.-zo. 10-17 uur

Op de common straalt het mooie, door dicht groen omgeven museum een bijzondere charme uit. Het is gevestigd in twee gebouwen, het crèmekleurige geboorte- en woonhuis van de dichteres, The Homestead, en het huis met een torentje van haar broer, Evergreen. Het museum trekt Dickinson-fans uit de hele wereld. Rondleidingen door de nauwelijks aangetaste kamers geven een indruk van het leven en werk van de excentrieke poëet, maar eveneens van de dagelijkse beslommeringen van de Amerikaanse upper class rond 1850. De meer dan achttienhonderd gedichten, die haar postuum wereldberoemd maakten, schreef Dickinson in een spartaans gemeubileerde achterkamer. Het bureau waaraan ze dat deed, staat nog steeds op dezelfde plek.

Fietsen op de Norwottuck Rail Trail

Het geasfalteerde fietspad (www.mass.gov/eea/agencies/dcr/massparks/regionwest/norwottuck-rail-trail.html) voert van Amherst naar het 16 km verderop gelegen Northampton en doorkruist landerijen en beschermde wetlands.

Overnachten

Oog voor detail – **Allen House Victorian B&B Inn:** 599 Main St., tel. 1 413 253 5000, www.allenhouse.com, $ 75-195. Goed verzorgde, met oog voor deail ingerichte kamers in het centrum.
Voordelig – **University Lodge:** 345 N. Pleasant St., tel. 1 413 256 8111, $ 70-150. Centraal gelegen motel in lodgestijl.

Eten en drinken

Vrolijk – **The Pub:** 15 East Pleasant St., tel. 1 413 549 1200, www.amherstpub.com, dag. 11.30-1 uur, vanaf $ 7. *Watering hole* voor uitbundige *college kids* en andere jeugdigen. Grote burgers, sandwiches en salades.

Uitgaan

Studentikoos – **Black Sheep Café:** 79 Main St., tel. 1 413 253 3442. Studentenkroeg en deli in één, bijna elke avond livemuziek.

Deerfield ▶ B 9

Midden in een idylle als op een olieverfschilderijtje uit opoe's tijd – uitgestrekte mais- en tabaksvelden, rode schuren – ligt Deerfield, een plaatsje met net vijfduizend inwoners. Het dorp was vanaf 1669 een voorpost van de Engelse beschaving en overleefde heel wat indianenovervallen.

Tweemaal werd Deerfield volledig weggevaagd, de laatste keer tijdens de Deerfield Massacre in de winter van 1704. Collaborerende indianen en Fransen doodden toen 56 kolonisten en verbanden de overgebleven 109 naar het 480 km verderop gelegen Montreal. Deerfield verrees echter toch weer, met dank aan de landbouw en de Deerfield Academy, een *prep school* die in hoog aanzien staat.

Om de mooie historische huizen aan de hoofdstraat te behouden, werd in 1952 de vereniging Historic Deerfield opgericht (www.historic-deerfield.org). Tegenwoordig zijn veertien van de meer dan tachtig panden te bezichtigen – de door 250 mensen bewoonde oude binnenstad is een prachtig openluchtmuseum. Het **Hall Tavern Information Center** (dag. 9.30-16.30 uur) tegenover de Deerfield Inn organiseert rondleidingen. Zeer bezienswaardig in deze tijdcapsule uit de 18e eeuw is het al in 1880 geopende **Memorial Hall Museum** (8 Memorial St., mei-nov. di.-zo. 11.30-16.30 uur) met een collectie volkenkundige voorwerpen uit de 'wilde' tijd, zoals een door Tomahawks bewerkte deur uit 1704.

Mohawk Trail

De mooiste weg van Deerfield naar Williamstown! Een paar kilometer ten noorden van Deerfield stuit Rte. 5 op de in oost-westelijke richting lopende Rte. 2. Het 101 km lange traject tussen Millers Falls en Williamstown staat bekend onder de naam Mohawk Trail. De weg volgt een oud indianenpad en verloopt door een erg fotogeniek en dunbevolkt gebied van de Berkshire Hills. Tussen Florida en North Adams worden de *hills* echte bergen en slingert de Mohawk Trail zich met krappe bochten een weg door het steeds somberder ogende berglandschap.

Overnachten

Historisch – **Deerfield Inn:** 81 Old Main St., tel. 1 413 774 5587, 1 800 926 3865, www.deerfieldinn.com, $ 180-380. Victoriaanse kamers met originele meubels en replica's. Goed restaurant met topservice.

Massachusetts

De Berkshires

Een vakantie in de Berkshire Hills in het westen van Massachusetts staat al vele generaties lang voor cultuur en natuur, beide op hoog niveau en aangenaam gecombineerd. In oude country inns kunt u de dagen al (ijs)thee slurpend en mensen kijkend op de veranda langzaam voorbij laten gaan, met af en toe een ontspannende autorit door het groene heuvellandschap, inclusief verkwikkende wandeling door een stil bos.

's Avonds kunt u dan naar een concert of theatervoorstelling, vaak met artiesten van werelfaam – de uitpuilende evenementenagenda kan wedijveren met die van New York City. Dit gebied was vroeger immers het zomerverblijf van de dichters en andere kunstenaars en hun rijke bewonderaars. Rond 1900 werden de Berkshires ook wel Inland Newport genoemd, met dank aan de vele prachtige cottages, waarin de rijkaards konden bijkomen van het geld verdienen.

Klinkt dit alles u een beetje té slaperig in de oren? Geen zorgen: u kunt een bezoek aan de Berkshires zo (ont)spannend maken als u zelf wilt. Overdag blootvoets naar romantische watervallen? U helemaal in het zweet werken op lastige trails die u naar fantastische uitkijkpunten voeren? Picknicken in een park in **Tanglewood**, luisterend naar de Boston Symphony Orchestra? Een prima combinatie, die met gemak in één dag past. De Berkshires zijn goed voor elk soort vakantie. De valleien zijn hier breder dan in het oosten. Je ziet overal landbouwgronden en leert hier al snel drie types nederzettingen te onderscheiden. Functionele stadscentra uit rood baksteen zoals in **Pittsfield** herinneren aan de tijd van de vroeg-industriële Milltowns. De general store, die ook fungeert als postkantoor en benzinestation, is vaak het sociale middelpunt van slaperige dorpjes en gehuchten. En in toeristencentra als **Stockbridge** en **Lenox** is het vaak zo druk dat een parkeerplaats zoeken een frustrerende onderneming is die doet denken aan rondjes rijden in Boston. Maar ondanks het toerisme komen de Berkshires landelijker over dan de Pioneer Valley. En het mooiste is dat het pastorale New England zelfs vanuit Stockbridge maar drie minuten rijden is.

Info

Berkshires Visitors Bureau: 66 Allen St., Pittsfield, tel. 1 413 499 1600, www.berk shires.org. Informatieve site, ook voor gratis hotelreserveringen.

Stockbridge ▶ A 9

Onberispelijk, perfect, idyllisch, dat is Stockbridge in een notendop. Maar ook, aldus sceptici, te mooi om waar te zijn. Of je valt voor Stockbridge, dat in 1734 werd gesticht als missiepost voor indianen, is een kwestie van smaak. De populariteit van het stadje met zo'n 2500 inwoners is gek genoeg te herleiden naar 11 september 2001. Na de terroristische aanslagen in Washington en New York steeg het aantal bezoekers hier enorm. Nog meer dan anders waren mensen op zoek naar een mooiere, perfecte wereld en Stockbridge sloot daar mooi op aan. Niet alleen omdat het stadje zo pittoresk is, maar ook omdat het in een adem genoemd wordt met een van de populairste kunstenaars van Amerika. Veel van de pittoreske plaatjes in de vele giftshops zijn van de hand van Norman Rockwell: de mooie rij huizen op Main Street, het postkantoortje, de alledaagse scènes met liefdevol getekende figuren. En zo is Stockbridge ook. Vanaf

Stockbridge

Prachtige herfstkleuren in de kalme Berkshires

het terras van de koloniale **Red Lion Inn** kunt u onder het genot van een kop koffie de bedrijvigheid van Main Street op u in laten werken. Of bezoek het kleine **Mission House** (19 Main St., juli-aug. rondleidingen za., zo. 10-13 uur elk heel uur), waar de eerste missionaris van het dorp woonde, of **Chesterwood** (4 Williamsville Rd., mei-okt. dag. 10-17 uur), het zomerverblijf van Daniel Chester French. De beeldhouwer maakte onder andere de beroemde zittende Abraham Lincoln in het Lincoln Memorial in Washington DC, het monument van John Harvard in Cambridge (Mass.) en *The Minute Man* in Concord (Mass.). Een verplicht nummer is in elk geval het **Norman Rockwell Museum** (9 Rte. 183, zie blz. 162).

Wandelgebieden rond Stockbridge

Ten zuiden van Stockbridge, in het uiterste zuidwesten van Massachusetts, ligt het **Bash Bish Falls State Park**. De slechts dertig minuten durende hike door het dichte naaldbos naar de plek waar het water 20 m diep in een tot zwemmen uitnodigend bekken stort, wordt door outdoorliefhebbers beschouwd als een van de mooiste van New England (10 km ten zuiden van South Egremont, Falls Rd.).

Een andere mooi wandelgebied is het **October Mountain State Forest** ten noorden van Stockbridge bij Lee. De Appalachian Trail (zie blz. 53) loopt door het prachtige gemengde bos. Een ander, nog fotogenieker pad voert naar de Schermerhorn Gorge, een diepe spelonk in de berghelling.

Festivals in Stockbridge

Stockbridge is in de zomer een ideale uitvalsbasis voor een bezoek aan drie beroemde festivals. Het gerenommeerde **Berkshire Theatre Festival** (www.berkshiretheatregroup.org, ▷ blz. 164

Op ontdekkingsreis

Rockwell Museum – schilder van de Amerikaanse ziel

Geen enkele kunstenaar uit de Verenigde Staten schilderde Amerika mooier. Maar Norman Rockwell tekende, zoals het aan hem gewijde museum in Stockbridge laat zien, als *America's most beloved artist* meer dan een kitscherige ideale wereld.

Kaart: ▶ A 9
Duur: 1 tot 2 uur, inclusief wandeling door de prachtige tuinen rond het complex
Planning: mei-nov. dag. 10-17, anders ma.-vr. 10-16, za., zo. 10-17 uur, toegang volwassenen $ 18, kinderen $ 6

Adres: 9 Rte. 183
Info: www.nrm.org

Het in een prachtig wit gebouw gehuisveste museum is goed gevuld. Eerbiedig schuifelen de bezoekers voorbij aan vier grote afbeeldingen. Zelfs de kinderen zijn muisstil wanneer hun lerares vertelt over de schilderijen. De toespraak van president Roosevelt over de staat van de natie in 1941, zo zegt ze, inspireerde de schilder tot het maken van deze tekeningen. De serie heet *Four Freedoms*. De eerste afbeelding, *Freedom of Speech*, toont een jonge man, sprekend tot zijn gemeenschap. Op *Freedom of Worship* zijn biddende mensen te zien, bij *Freedom from Want* zit een familie aan een gedekte tafel. Het indrukwekkendste beeld is dat van *Freedom of Fear*. Op deze tekening is een kinderkamer te zien. Een kind wordt liefdevol ingestopt door zijn ouders. De vader houdt een krant vast met de schreeuwerige koppen 'Bombing', 'Horror' en 'Battle of Britain'.

Op de voorpagina

Norman Rockwell (1894-1978) wordt vaak aangemerkt als *America's most beloved artist*. Oud-president Ronald Reagan noemde hem zijn favoriete kunstenaar. Rockwel werd geboren in New York en woonde en werkte vanaf 1953 in Stockbridge. Op dat moment was hij al een instituut: wanneer de *Saturday Evening Post* een van zijn tekeningen op de voorpagina zette, steeg de oplage met een kwart miljoen exemplaren. Zijn werk sierde vanaf 1916, toen hij nog kinderboeken illustreerde in New York, in totaal 323 voorpagina's van die krant en was te zien op meer dan tachtig tijdschriftcovers.

Typische Rockwell-onderwerpen

Spelende kinderen, van het harde werk pauzerende volwassenen en artsen die op het oog gezonde patiënten onderzoeken toonden de Amerikanen een mooie wereld met traditionele normen en waarden. Rockwells oog voor detail en zijn talent een boodschap over te brengen, maakten hem tot de lieveling van de reclamewereld. Hij schilderde een ideale wereld in politiek turbulente tijden. Daarmee was hij in de kunstwereld een buitenbeentje, maar sprak hij de 'gewone man' enorm aan.

Rockwell werd pas geaccepteerd als 'echte kunstenaar' toen hij zich ging toeleggen op serieuzer onderwerpen.

Tijdens een rondleiding leert u een hoop

Zo maakte hij een fantastische serie over racisme toen hij de burgerrechtenbeweging volgde voor het tijdschrift *Look* – donkere beelden die de onmenselijkheid van de segregatie laten zien.

Het Norman Rockwell Museum was altijd al een geliefde plek waar de Amerikaanse normen en waarden gevierd worden. Maar de populariteit ervan is in het nieuwe milennium, met zijn economisch en politiek onzekere tijden, groter dan ooit.

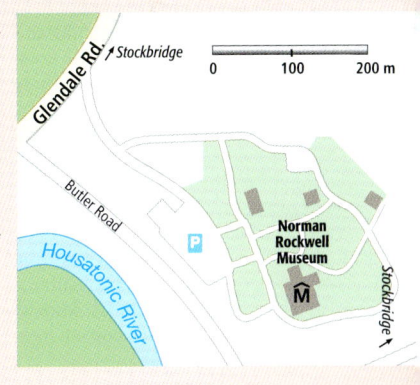

Tip

Guthrie Center
Een hele generatie groeide op met Arlo Guthries lied *Alice's Restaurant*. Het restaurant is allang gesloten, maar de Trinity Church die de folkzanger ooit inspireerde, staat ten zuiden van Stockbridge in **Great Barrington**. De kerk diende in 1967 als achtergrond van de gelijknamige film. In 1991 kocht Guthrie het gebouw en transformeerde hij het in het multifunctionele Guthrie Center. Hier is muziek te horen, wordt gemediteerd en sluiten oude hippies uit alle delen van de Verenigde Staten vriendschappen (Trinity Church, 2 Van Deusenville Rd., tel. 1 413 528 1955, www.guthriecenter.org, zie website voor evenementen).

juni-eind aug.) vindt sinds het einde van de 19e eeuw onder andere plaats in een omgebouwde schuur op Main Street. Te zien zijn oude en nieuwe producties met in de hoofdrollen vaak Broadwaysterren en beroemdheden uit de film- en televisiewereld.

Een halfuur rijden ten noordoosten van Stockbridge ligt aan Rte. 8 het plaatsje Becket. Hier vindt elk jaar het **Jacob's Pillow Dance Festival** (www.jacobspillow.org, eind juni-eind aug.) plaats. Internationaal vermaarde groepen als het Dance Theatre of Harlem presenteren op meerdere podia hun nieuwste producties.

Lenox, twintig minuten rijden ten noorden van Stockbridge, staat in het hele land bekend om het **Tanglewood Music Festival** (www.bso.org, juli-aug.). Behalve de vaste gasten van het Boston Symphony Orchestra en solisten uit de klassieke wereld treden op dit festival vaak ook wereldberoemde pop- en rockartiesten op.

Overnachten

Traditioneel – **Red Lion Inn:** 30 Main St., tel. 1 413 298 5545, www.redlioninn.com, $ 120-400. Prachtige, victoriaans ingerichte kamers in een pand dat in 1773 werd gebouwd als postkoetshalte en aanpalende *guest houses*. Antieke lift, drie restaurants, comfortabele leeshoekjes in de lobby, ideale veranda voor *people watching*.

Geen fratsen – **Pleasant Valley Motel:** 42 Stockbridge Rd., West St. tel. 1 413 232 8511, $ 50-120. Zestien eenvoudige kamers op korte afstand van Tanglewood en Stockbridge.

Eten en drinken

Voor ieder wat wils – **Red Lion Inn:** 30 Main St., tel. 1 413 298 5545, www.redlioninn.com. Het beroemde hotel beschikt over drie restaurants in verschillende prijsklassen. In de Main Dining Room (17-22 uur, vanaf $ 26) worden moderne, met recepten uit de oude wereld verfijnde Amerikaanse gerechten bereid. Vooral de eend, zalm en forel zijn aanbevelenswaardig. **Widow Bingham's Tavern** (zo.-do. 17.30-21, vr., za. tot 21.30 uur, vanaf $ 15) is minder formeel. Hier kunt u terecht voor lekkere sandwiches, sappige steaks en hamburgers. In de **Lion's Den** (zo.-do. 16-22, vr., za. 16-23 uur, vanaf $ 15) worden pastagerechten en pizza's geserveerd onder het genot van livemuziek (vanaf 20 of 21 uur).

Winkelen

Antiek – de gemeente doet er alles aan om het Rockwelliaanse stadsbeeld te conserveren. De antiek- en souvenirwinkels aan **Main Street** zijn dan ook geheel in stijl.

Pittsfield ▶ A 9

Lange tijd leek Pittsfield er alles aan te doen om zo onaantrekkelijk mogelijk te zijn voor toeristen. In de 19e eeuw was het een bloeiende papierfabrieksstad met bewoners uit alle windstreken, maar ergens in de vaart der volkeren had Pittsfield de aansluiting gemist en tot het begin van de 21e eeuw gold het als een anoniem administratief centrum. Tegenwoordig is het stadje met het onberispelijk gerestaureerde oude centrum echter een aangename tussenstop en een prima uitvalsbasis voor een verkenning van de omgeving. En bent u een echte Herman Melville-fan, dan moet u hier beslist een extra dag inplannen. Want Melville schreef zijn *Moby Dick* niet in het vooronder van een walvisjager, maar in een bedompte kamer op de bovenverdieping van zijn huis **Arrowhead** (780 Holmes Rd., dag. 9.30-17, rondleidingen 10-16 uur) aan de zuidrand van de stad, waar tegenwoordig persoonelijke bezittingen van de auteur worden tentoongesteld. Misschien nog interessanter, want volgestopt met Melville-memorabilia, is de Herman Melville Memorial Room in de **Berkshire Athenaeum,** de openbare bibliotheek (1 Wendell Ave., ma., vr. 9-17, di.-do. 9-21, za. 10-17, juli-aug. ma., wo., vr. 9-17, di., do. 9-21, za. 10-17 uur). Hier is ook de tafel te zien waaraan hij zijn laatste roman *Billy Budd* schreef.

Hancock Shaker Village

De beste reden om Pittsfield te bezoeken, ligt echter buiten de stad. 8,5 km ten westen ervan staat namelijk de **Hancock Shaker Village** (Rtes. 20 en 41, zie blz. 165). De religieuze gemeenschap van de Shakers beleefde zijn bloeitijd in de vroege 19e eeuw. Tegenwoordig onderhouden slechts een handjevol broeders en zusters nog een nederzetting in het zuiden van Maine. De Shakers behoren echter tot het culturele erfgoed van New England vanwege hun geniaal eenvoudige meubilair, dat vooral Japanse en Scandinavische ontwerpers tot op de dag van vandaag inspireert (zie blz. 260). Hancock werd van 1790 tot 1960 bewoond. De eenentwintig stenen huizen van het museumdorp zijn nog ingericht met de originele meubels. U krijgt hier inzicht in het alledaagse leven van de volgens oerchristelijke principes levende mensen. Bezienswaardig zijn in het bijzonder het grote Brick Dwelling en de Round Stone Barn genoemde ronde schuur – deze is zo slim gebouwd, dat één man maar liefst 54 koeien tegelijk kon voederen.

Overnachten

Betrouwbaar – **Berkshire Inn:** 150 W. Housatonic St., tel. 1 413 443 3000, www.berkshireinn.com, $ 60-90. Goed onderhouden, eenvoudig motel met schone kamers en een zwembad. Een van de beste budgetaccommodaties in de Berkshires.

Eten en drinken

Vrolijke boel – **The Underground Pub:** 1 West St. (in de Crowne Plaza), tel. 1 413 553 2257, www.berkshirecrowne.com/theunderground.php, di.-zo. 17-2 uur, vanaf $ 9. Gezellige Engelse pub met bijna elke dag livemuziek en entertainment als de *Open Mic Nights* en voetbalwedstrijden op een groot scherm. Prima pubgerechten.

Williamstown ▶ A 8/9

Ten noorden van Hancock worden de Berkshire Hills steiler en de dalen smaller. Williamstown, ▷ blz. 168

Favoriet

Hancock Shaker Village ▶ A 9
Eenentwintig gebouwen, opsmukloze architectuur in wit en rood: de voormalige City of Peace van de religieuze gemeenschap is ook nu nog een oase van rust. Het mooie aan de geloofsgemeenschap is dat niemand werd gedwongen er te blijven. Ongeveer honderd *believers* woonden en werkten in Brick Dwelling onder één dak. De *brothers* aan de oost- en de *sisters* aan de westkant. Hun vertrekken werden slechts gescheiden door een onzichtbare lijn – het klokkentouw in het midden van de gang herinnert aan de plek waar die liep. Werkte deze scheidslijn? Meestal wel, maar zo nu en dan vielen een broeder en zuster voor elkaar. Zo'n stelletje lieten de Shakers zonder problemen vertrekken. Met geld, kleding en alle geluk voor de toekomst (apr.-okt. dag. 10-17 uur, apr., mei, toegang $ 20, okt., nov. alleen rondleidingen, zie ook blz. 165).

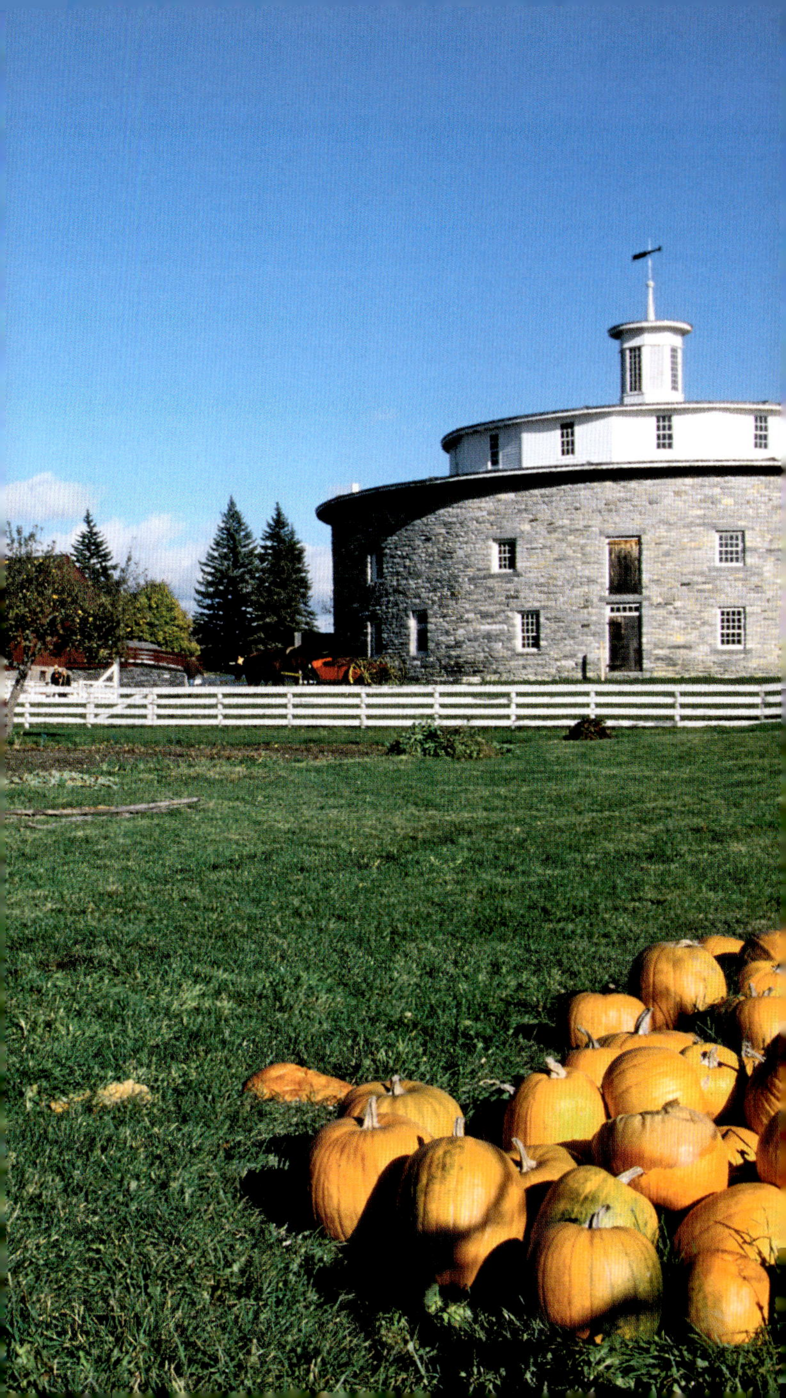

het collegestadje in de noordwesthoek van Massachusetts, ligt aan de voet van de 1000 m hoge bergketen. Het slechts negenduizend inwoners tellende stadje staat geheel in het teken van kunst en onderwijs. De meer dan vijftig mooie gebouwen in georgiaanse en federale stijl in het centrum behoren tot het eerbiedwaardige Williams College, eromheen lopen netjes geklede studenten met boeken onder hun arm onder oude bomen door. 's Avonds begeven ze zich allemaal naar Spring Street, een bedrijvige straat met restaurants, boetieks en cafés.

Sterling and Francine Clark Art Institute

225 South St., www.clarkart.edu, dag. 10-17 uur

Williamstown staat wereldwijd bekend om de collecties van dit instituut. De verzamelwoede van de erfgenamen van het Singer-naaimachine-imperium resulteerde in een van de beste kunstgaleries van het land. In het marmeren gebouw in classicistische stijl zijn werken te zien van oude meesters en moderne kunstenaars, maar ook sleutelstukken uit de Amerikaanse kunstgeschiedenis. Bijzonder mooi zijn meer dan dertig Renoirs, de Italiaanse renaissancemeesters en rariteiten van Henri de Toulouse-Lautrec.

Tip

Vinyl en masse

Liefhebbers van 'oudewetse' langspeelplaten en zeldzame cd's kunnen hun hart ophalen bij Toonerville Trolley CDs & Records in Williamstown. De specialiteit van deze unieke platenwinkel zijn jazz- en rockplaten (131 Water St., tel. 1 413 458 5229 www.toonervilletrolleyrecords.com).

Williams College Museum of Art

15 Lawrence Hall Dr., dag. 10-17 uur

Deze verzameling doet niet veel onder voor die van het Sterling and Francine Clark Art Institute. Er is kunst te zien vanaf de Mesopotamiërs tot aan de moderne tijd, ondergebracht in bezienswaardige museumarchitectuur.

Overnachten

Elegant – **The Orchards Hotel:** 222 Adams Rd., tel. 1 413 458 9611, 1 800 225 1517, www.orchardshotel.com, $ 160-300. Vanbuiten erg sober, aan de binnenkant smaakvol ingerichte kamers. Uitstekend op de Franse keuken geïnspireerd restaurant Gala. Hier verblijven Hollywoodcrews als ze in de buurt moeten filmen.

Centraal gelegen – **Northside Motel:** 45 North St. (tegenover de campus), tel. 1 413 458 8107, www.northsidemotel.com, $ 59-140. Centraal gelegen motel met schone kamers en een goede prijs-kwaliteitsverhouding. Prima uitvalsbasis voor een verkenning van de omgeving.

Eten en drinken

Exotisch – **Spice Root:** 23 Spring St., tel. 1 413 458 5200, www.spiceroot.com, di.-za. 11.30-14.30, zo. 12-15, di.-zo. 17-22 uur, vanaf $ 16. Moderne Indiase keuken in een eenvoudige setting. Erg populair bij studenten.

Creatief – **Mezze Bistro & Bar:** 777 Cold Spring Rd. (Rte. 7), Sheep Hill/Williamstown, tel. 1 413 458 0123, www.mezzerestaurant.com, zo.-do. 17-21, vr., za. 17-22 uur, vanaf $ 20. Aangenaam, ruim opgezet restaurant aan de Green River. Functioneel decor, *very artsy*. Eclectische keuken met Marokkaanse en Californische accenten.

Winkelen

Kunst en antiek – Gewinkeld wordt aan Spring Street. Kunstgaleries en antiekwinkels wachten op welvarende ouders die hun studerende kroost bezoeken. Erg interessant is de in hedendaagse Amerikaanse kunst gespecialiseerde **Harrison Gallery** (nr. 39, wo.-za. 10-17.30, zo. 11-16 uur).

Uitgaan

Theater – Tijdens het **Williamstown Theatre Festival** (tel. 1 413 597 3400, www.wtfestival.org, eind juni-aug.) zijn klassieke en moderne uitvoeringen te zien, vaak geënsceneerd door Broadwayregisseurs, met in de hoofdrollen Hollywoodsterren.

North Adams ▶ A 9

Mass MoCA ✳

1040 Mass MoCA Way, www.massmoca.org, zomer dag. 10-18 (do.-za. 19), anders wo.-ma. 11-17 uur, ook rondleidingen met gids

Hoe kunst en donaties een hele stad kunnen laten opbloeien, is te zien in North Adams, een lange tijd noodlijdende fabrieksstad met achttienduizend inwoners. Het in 1999 geopende Massachusetts Museum of Contemporary Arts (Mass MoCA) presenteert in zevenentwintig fabriekshallen hedendaagse kunst als *work-in-progress*: u kijkt de kunstenaars op de vingers tijdens het creatieve proces en wandelt door collages van de meest bizarre materialen (zie ook blz. 79).

Op Mount Greylock

De mooiste show wordt gegeven door Moeder Natuur. Het uitzicht over de groene toppen van de regio vanaf de vanuit North Adams ook met de auto 'bedwingbare', net 1000 m hoge Mount Greylock, is het mooiste dat Massachusetts te bieden heeft. Bij goed weer kunt u wel 150 km ver kijken. Boven herinnert de 30 m hoge **Memorial Tower** aan de gesneuvelden van de wereldoorlogen. In de **Bascom Lodge** uit 1937 (tel. 1 413 743 1591, www.bascomlodge.net), een rustieke, met keien gebouwde herberg, kunnen wandelaars overnachten. Met de auto kunt u over de Parkroad rijden (tussen Williamstown en North Adams de borden naar rechts volgen).

Het gebied beschikt over een circa 120 km lang **trailsysteem voor hikers en mountainbikers**. De Appalachian Trail kruist de top. Een erg mooi hikingpad is de op Hopper Road in Williamstown beginnende Money Brook Trail. Deze ongeveer 16 km lange rondgang voert u over de top. Onderweg passeert u een waterval en prachtige uitkijkpunten.

Overnachten

Innovatief – **The Porches Inn:** 231 River St., tel. 1 413 664 0400, www.porches.com, $ 170-290. Coole designkamers met retro-elementen in een zes voormalige arbeiderswoningen omvattend complex met aaneengesloten balkons.

Eten en drinken

Hartelijk gastheerschap – **Gramercy Bistro:** 87 Marshall St. (tegenover het Mass MoCA), tel. 1 413 663 5300, www.gramercybistro.com, wo.-ma. vanaf 17 uur, zo. ook brunch 11-14 uur, vanaf $ 20, brunch vanaf $ 10. New American cuisine met ingrediënten uit de regio in een klassieke bistrosfeer. Aan te bevelen is de eendenborst met port-bosbessensaus en wilde rijst.

IN EEN OOGOPSLAG

Rhode Island

Hoogtepunt ☀

Colonial Newport: kronkelige steegjes, oude huizen – Newports oude stad is een van de best bewaard gebleven stadsdelen uit de koloniale tijd. Met zijn gebedshuizen voor alle goden is het een indrukwekkend voorbeeld van de tolerantie van vroeger tijden. Zie blz. 177

Op ontdekkingsreis

De Newport Mansions: Amerika's miljardairs, zoals de Astors en Vanderbilts, woonden als koningen in paleizen van marmer en goud. Hoe zij leefden, is onwerkelijk, zelfs surreëel – en geenszins een reflectie van de sociale werkelijkheid van die tijd. Zie blz. 178

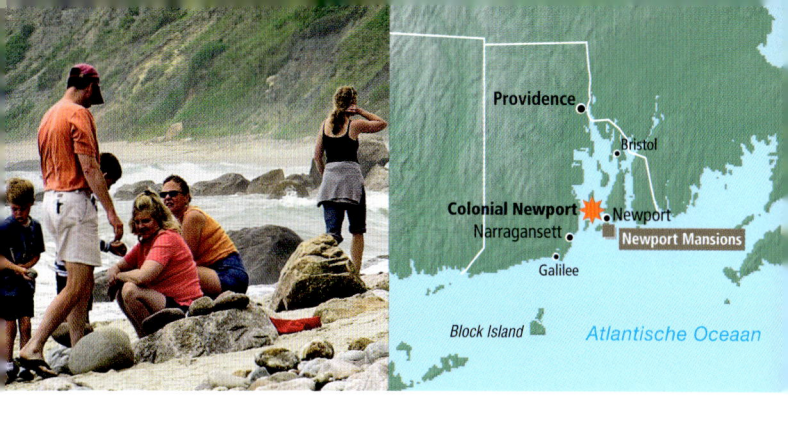

Bezienswaardigheden

John Brown House, Providence: de bouwheer was slavendrijver en politicus. Zie blz. 173

Herreshoff Marine Museum, Bristol: de prachtige oude jachten zijn een esthetisch genot. Zie blz. 176

Touro Synagogue, Newport: de oudste synagoge van de Verenigde Staten reflecteert de lange traditie van religieuze tolerantie in Rhode Island. Zie blz. 177

Actief & creatief

Cliff Walk, Colonial Newport: als er destijds al paparazzi waren geweest … Deze wandelroute op hoge kliffen biedt een mooi zicht op de tuinen van de superrijken. Zie blz. 177

Kajakken in de Narragansett Bay: tijdens zonsondergang pedellen is een van de hoogtepunten van een bezoek aan de baai. Zie blz. 184

Sfeervol genieten

Waterfire: creatief nachtelijk spel van vuur en water op de Providence River. Zie blz. 175

Gooseberry Beach, Newport: wit zand, grijze rotsen, rustig kabbelend water – ontspanning tot en met. Zie blz. 181

Blue Dory Inn, Block Island: grijp na het ontbijt uw badhanddoek en slenter omlaag naar de Crescent Beach. Zie blz. 185

Uitgaan

Angelo's Civita Farnese: traditionele arbeiderskantine in Providence. Zie blz. 174

Lupo's Heartbreak Hotel, Providence: hier gaat het maar om een ding: liverock. Zie blz. 174

The Boom Boom Room: de naam van deze discotheek had niet beter kunnen zijn. Zie blz. 182

Een ministaatje

Witte zeilen als spikkels in een blauwe zee, jachthavens vol schitterende schepen die worden bekeken vanaf de terrassen van cafés aan de waterkant, dat is Rhode Island pur sang. Maar *Little Rhody*, van oudsher een toevluchtsoord voor andersdenkenden en een Democratenbastion, is ook uiterst geschiedrijk. Rond de Narragansett Bay stuit u op vele historische plekken, maar maak u geen zorgen: de zee blijft altijd in zicht.

Rhode Island heeft zijn naam te danken aan de Nederlandse avonturier Adrian Block. Hij noemde een van de eilandjes in de Narragansett Bay in 1614 wegens zijn rode leembodem 'roode eylandt'. Vlak daarna kwamen de eerste kolonisten – al dan niet vrijwillig. Roger Williams, in verband met zijn 'gevaarlijke denkbeelden' – zoals de scheiding van kerk en staat – verbannen uit Salem, stichtte in 1636 een stad naar eigen smaak aan het eind van de Narragansett Bay. Providence maakte als enige stad serieus werk van de destijds veelgeroemde vrijheid van godsdienst en heette joden, quakers en hugenoten welkom. In de King Philip's War (1675-1676) werden de oerinwoners echter ook hier bejegend met de destijds gebruikelijke wreedheid.

De 18e eeuw bracht dankzij de Trans-Atlantische driehoekshandel grote welvaart. In 1793 begon hier de toekomst van Amerika: in Pawtucket werden de eerste door waterkracht aangedreven weefgetouwen gebruikt – het startsein van de industrialisering. Maar ook de walvisvaart heeft de regio geen windeieren gelegd. Uiteindelijk bouwden Vanderbilt & co. hier hun zomerhuizen en werd Rhode Island het favoriete oord van de oostkustadel. De 20e eeuw zag meer hoogte- dan dieptepunten: de crises, na 1945 door het vertrek van de textielindustrie en in 1990 en 2008 door de kapitaalmarkt, konden door tijdige diversificatie redelijk worden opgevangen.

Providence ▶ C/D 10

Tot zo'n dertig jaar geleden was de binnenstad van Providence zo'n beetje ten dode opgeschreven. Een derde van de inwoners was er weggetrokken, de City was uitgestorven. Maar de hoofdstad van Rhode Island geldt tegenwoordig als hét voorbeeld van stedelijke vernieuwing, niet in de laatste plaats dankzij de inspanningen van burgemeester Vincent 'Buddy' Cianci. De flamboyante Italiaanse Amerikaan was twintig jaar de baas van de stad, maar belandde in 2002 overigens achter tralies om zijn banden met de maffia. Hoe dan ook is het verloederde art-decohotel Biltmore weer een chique vijfsterrentent, werd een van de noodlijdende warenhuizen getranformeerd in Lupo's Heartbreak Hotel, een van de beste podia voor

INFO

Toeristische informatie
Rhode Island Tourism Division: 315 Iron Horse Way, Suite 101, Providence, RI 02908, tel. 1 800 556 2484, 401 539 3031, www.visitrhodeisland.com

Vervoer
Vanuit Boston bent u het snelst via de I-95 naar Providence. Van Cape Cod neemt u de I-195 naar Newport. Rhode Island is de dwerg onder de Amerikaanse staten. Via de interstate bent u er in twintig minuten doorheen.

rockmuziek aan de oostkust, en werd de oude Loews-bioscoop, waar de verf vanaf bladderde, opgewaardeerd tot het Providence Performing Arts Center. Speculanten ontvingen belastingvoordelen als ze hun leegstaande panden verbouwden tot woonhuizen, kunst werd gesubsidieerd. Het resultaat is een levendige, kosmopolitisch aanvoelende binnenstad, die zijn wedergeboorte elke zomer viert met het Waterfire-festival. De twee rivieren van de stad worden dan verlicht door fakkels, straatartiesten zorgen voor een braderiesfeer.

Downtown

De Providence River scheidt Downtown van de woon- en universiteitswijk College Hill op de gelijknamige heuvel. Naar een typische common met kerk zult u vergeefs zoeken: Roger Williams voerde de scheiding van kerk en staat ook door in het stadsbeeld. Het **Roger Williams National Memorial** (North Main en Smith St.), een mooi park op de plek van de eerste nedezetting, herinnert aan de vrijdenker. Verderop verheft het op Smith Hill gebouwde **Rhode Island State House** (ma.-vr. 10-12, 13-16 uur) zich boven de stad. Het is gekroond door de op een na grootste zelfdragende koepel ter wereld. In de in 1901 gebouwde regeringszetel staan onder andere het koninklijke tolerantie-edict en veel indrukwekkende schilderijen met patriottische scènes en portretten van beroemde politici. Vanaf de trappen van het State House kijkt u uit over het mooie, met lagunen en kanalen uitgeruste **Waterplace Park**, een van de beste plekken tijdens Waterfire, de **Providence Place Mall** en de compacte, eclectische binnenstad. Bezienswaardig zijn hier de in 1828 geopende **Arcade**, Amerika's oudste shoppingmall in Griekse revivalstijl, en het in 1898 in beaux-artsstijl gebouwde **Union Station,** het voormalige treinstation. Een derde van de ruim zeshonderd restaurants in Providence werd geopend sinds de laatste eeuwwisseling. Vele ervan staan in en bij Waterplace Park en rond de zeer Italiaans aandoende DePasquale Plaza op **Federal Hill** in het westen van de stad, Providence's Little Italy.

College Hill

Ook aan South Main Street aan de voet van College Hill stikte hit van de nieuwe eettentjes. Hier kunt u prima even bijtanken tussen een bezichtiging van het **First Baptist Meeting House** (75 North Main St., www.firstbaptistchurchinamerica.org, ma.-vr. 10-16 uur), de oudste doopsgezinde kerk van de Verenigde Staten, en een beklimming van de best wel steile heuvel.

College Hill is de oudste woonwijk van de stad. De wortels liggen rond **Benefit Street.** Welvarende kooplui bouwden hier zo veel prachtige panden, dat met recht gesproken wordt over de *Mile of History*. Bezienswaardig zijn onder meer het **Old State House** (nr. 150, ma.-vr. 8.30-16.30 uur), waar al twee maanden voor de Onafhankelijkheidsverklaring de trouw aan de Engelse koning werd afgezworen, en het **Rhode Island School of Design Museum** (nr. 224, www.risdmuseum.org di.-zo. 10-17, do. tot 21 uur), waar zowel antieke als Aziatische kunst te zien is.

Het georgiaanse **John Brown House** (hoek Power St., rondleidingen apr.-nov. di.-vr. 13.30 en 15, za. 10.30, 12, 13.30 en 15 uur), met zijn prachtige meubilair, was eigendom van een bijzonder ijverig lid van de hier alomtegenwoordige familie Brown, die in de 18e en 19e eeuw veel notabelen voortbracht. John Brown verdiende zijn geld met de

China- en slavenhandel en was tevens een Amerikaanse patriot en staatsman van het eerste uur. Zijn huis gold toen het in 1788 gereedkwam als het mooiste van het hele land.

De naamgever van de heuvel ligt nog verder bergop. De in 1764 in Warren gestichte en in 1804 naar Providence verhuisde **Brown University** is de op twee na oudste hogeschool van New England en een van de prestigieuste van de Verenigde Staten. U betreedt de instelling door de middeleeuws aandoende Van Winckle Gates. Boekenwurmen moeten absoluut een blik werpen in de bibliotheek, de **John Carter Brown Library** (George en Brown St., ma.-vr. 8.30-17, za. 9-12 uur). Het beaux-artsgebouw beschikt over een erg mooie collectie Amerikaanse boeken uit de 18e eeuw

Overnachten

Oud en mooi – **The Providence Biltmore:** 11 Dorrance St., tel. 1 401 421 0700, 1 800 294 7709, www.providence biltmore.com, $ 150-360. Aangename kamers, bezienswaardige open trap in de lobby, glazen lift, centraal in Downtown.

Op z'n Italiaans – **Hotel Dolce Villa:** 63 DePasquale Square, tel. 1 401 383 7031, www.dolcevillari.com, $ 170-270. Midden in Little Italy op Federal Hill gelegen *all suites hotel*. Ruime, spierwitte kamers met kitchenette. Talloze cafés, *gelaterias* en *ristorantes* voor de deur.

Eten en drinken

Op z'n Frans – **Chez Pascal:** 960 Hope St. (hoek 9th St.), tel. 1 401 421 4422, www.chez-pascal.com, ma.-do. 17.30-21.30, vr., za. 17.30-22 uur, vanaf $ 24. Klassieke Franse gerechten, bereid met verse ingrediënten van de markt.

Sfeervol – **Waterman Grille:** 4 Richmond Sq., tel. 1 401 521 9229, www. watermangrille.com, ma.-do. 17-21, vr., za. 17-22, zo. 16-20 uur, vanaf $ 22. New American cuisine met invloeden uit de hele wereld. Mooi gebouw met rood baksteen, oude houten balken en grote ramen met uitzicht op de Seekonk River.

Huiselijk – **Angelo's Civita Farnese:** 141 Atwells Ave., tel. 1 401 621 8171, www. angelosri.com, ma.-do. 11.30-21, vr., za. 11.30-22, zo. 12-21 uur, vanaf $ 11. Goede Italiaan op Federal Hill. Locals komen hier al meer dan negentig jaar genieten van solide kost.

Winkelen

Shoppingmalls – Zo'n tweehonderd winkels, waaronder Nordstrom, Sony en Tiffany, en veel trendy restaurants en bistro's vindt u in de **Providence Place Mall** (1 Providence Place, www. providenceplace.com, ma.-za. 10-21, zo. 12-18 uur), boekwinkels en boetiekjes aan **Thayer Street** op College Hill. Een culinair avontuur is een bezoekje aan **Costatino's Venda Ravioli** (265 Atwells Ave., tel. 1 401 421 9105, www.venda ravioli.com, ma.-za. 8.30-18, zo. 8.30-16 uur) in Little Italy, met allerlei heerlijkheden uit Italië en een klein café.

Uitgaan

Thayer Street achter de universiteit is de eet- en drinkstraat van de studenten. Het **Providence Performing Arts Center** (220 Weybosset St., tel. 1 401 421 2787, www. ppacri.org) is de thuiszaal van de Rhode Island Philharmonic Orchestra. Naast inkoppers als de *Notenkraker* treden hier ook sterren als Van Morrison en Liza Minelli op. In **Lupo's Heartbreak Hotel** (79 Washington St., tel. 1 401 331 5876, www.lupos.com) komen zowel regionale als internationale topacts uit de rock-, pop-, folk- en blueswereld op het podium.

Info en evenementen

Info
Providence Warwick Convention & Visitors Bureau: 10 Memorial Blvd., Providence, tel. 1 401 456 0200, www.goprovidence.com

Festival
Waterfire: tijdens de meeste weekends van eind april tot eind september worden na zonsondergang fakkels in het water gelaten – een mooi gezicht (www.waterfire.org).

De omgeving van Providence

Pawtucket ▶ C 10

De een kleine miljoen inwoners grote agglomeratie van Providence sluit in het noorden aan op Pawtucket. De stad aan de Blackstone River wordt gezien als de wieg van de industrialisering van Amerika. In 1793 ging Samuel Slater met knowhow uit Engeland gebruikmaken van de waterkracht van de rivier; met geld van de familie Brown bouwde hij hier de eerste mechanische katoenspinnerij van de nieuwe wereld. Tegenwoordig maakt de Slater Mill, een groot, steeds verder uitgebreid bakstenen complex met een bewaard gebleven

Het silhouet van Providence weerspiegelt in het water

machinepark, onderdeel uit van de **Slater Mill Historic Site** (67 Roosevelt Ave., www.slatermill.org, mei-okt. di.-zo. 10-16 uur), waartoe ook de historische **Wilkinson Mill** met zijn 8 ton zware waterrad behoort.

Bristol ▶ D 10

Dit in een baai gelegen mooie stadje op de weg naar Newport herinnert met statige architectuur uit de tijd van de Trans-Atlantische driehoekshandel aan de bloeitijd van de 18e en vroege 19e eeuw. Als u houdt van mooie zeilschepen, bent u hier aan het juiste adres. In de loodsen van de Herreshoff Manufacturing Co., die tot 1945 een aantal van de snelste zeilschepen ter wereld bouwde, zit nu het **Herreshoff Marine Museum** (1 Burnside St., www.herreshoff.org, mei-okt. dag. 10-17 uur). Hier zijn zo'n zestig schepen te zien, waaronder de Sprite uit 1859, die talloze wedstrijden heeft gewonnen. Een aparte zaal wordt ingenomen door de America's Cup Hall of Fame – Herreshoff bouwde zeven winnaars van de beroemde regatta.

Het eersteklas **Haffenreffer Museum of Anthropology** (21 Prospect Street, di.-zo. 10-16 uur, gesloten tijdens vakanties van de Brown University) is gewijd aan de traditionele cultuur van de indianen, vooral van de Wampanoag, die niet ver van hier de eerste klap uitdeelden in de bloedige King Philip's War.

Last but not least: de **Blithewold Mansion, Garden & Arboretum** (101 Ferry Rd., www.blithewold.org, apr.-sept. di.-zo. 10-16 uur). Het in 1908 gebouwde paleis met maar liefst vijfenveertig kamers van industriemagnaat Augustus van Winkle heeft een heerlijke tuin vanwaar u tijdens een wandeling prachtig op zee kunt uitkijken.

Newport ▶ D 10

Deze stad, zo pochen althans Rhode Island-brochures, heeft de meeste must see-bezienswaardigheden van de staat. En het klopt: Newport, aan de ingang van de Narragansett Bay is een plaatje, waarin u zeker een nacht moet doorbrengen. 's Avonds, wanneer u in een van de luidruchtige havenkroegen zit en uw blik over de duurste jachten ter wereld laat zweven, kunt u dan de indrukken van de dag op u in laten werken – tijdens de bezichtigingen van de weelderige *mansions* van Newport hebt u daar wellicht helemaal geen tijd voor gehad.

Newport, in 1639 net als Providence gesticht als toevluchtsoord voor andersdenkenden, werd rijk door de Trans-Atlantische driehoekshandel en geruïneerd door de Onafhankelijkheidsoorlog. De stad heeft tegenwoordig de hoogste concentratie koloniale gebouwen van de hele Verenigde Staten. Na de Burgeroorlog werd de stad

---

Tip

Het witte paard

De in 1687 geopende **White Horse Tavern** in Newport is Amerika's oudste doorlopend uitgebate herberg. William Mayes bouwde het in 1673, zijn zoon met dezelfde naam nam het over, toen hij zijn leven als piraat vaarwel zegde. Tegenwoordig biedt de White Horse Tavern New American cuisine in een koloniale sfeer. Bezienswaardig zijn de vele olieverfschilderijen en de enorme open haarden (26 Marlborough St., tel. 1 401 849 3600, www.whitehorsenewport.com zo.-do. 11-21, vr., za. 11-22 uur, vanaf $ 15).

door de superrijken ontdekt en werd Newport een etalage van hun welvaart. Aan de zuidrand van de stad bouwden ze eerst enorme, maar nog redelijk 'eenvoudige' residenties. Maar uiteindelijk begon er een wedloop waarbij steeds grotere, protserige 'paleizen' werden neergezet.

Ook op sportief gebied waren de Astors, Vanderbilts en andere rijke families trendsetters. In 1881 werd hier de eerste Tennis Open van Amerika gehouden, in 1894 de eerste Golf Open. Uit de regatta's van de vrijetijdszeilers ontstond de America's Cup, die van 1930 tot 1983 hier werd gehouden en van Newport de 'zeilhoofdstad van de wereld' maakte.

Tegenwoordig leeft Newport voornamelijk van het toerisme. De viskotters – die tegenwoordig kreeften vangen – liggen letterlijk in de schaduw van de witte luxejachten. Eind augustus beleeft de in de zomer toch al uit zijn voegen barstende stad nog een extra invasie tijdens het Newport Jazz Festival, dat muziekfans uit de hele wereld trekt.

Colonial Newport ✹

Het stadsbestuur had na de Onafhankelijkheidsoorlog heel wat puin te ruimen. Voor sloopwerkzaamheden was lange tijd geen geld – laat staan voor nieuwbouw. *Elk nadeel heb z'n voordeel*: dankzij gebrek aan financiële middelen staan er in Newport vandaag de dag nog meer dan tweehonderd huizen uit de koloniale tijd overeind. De historische stadskern is dan ook een koloniaal kleinood. Laat u niet afschrikken door de drommen toeristen en de daarbij horende kitsch: rond het sympathieke **Washington Square** staan unieke getuigenissen van de rijke geschiedenis.

De beste introductie is het **Museum of Newport History** (127 Thames St., www.newporthistory.org, dag. 10-17 uur) in de Brick Market uit 1762.

De Cliff Walk

www.cliffwalk.com

De mooiste wandelroute in Rhode Island begint op de hoek van Memorial Blvd. en Eustie Ave. aan de westpunt van Easton's Beach en loopt 5 km langs de Atlantische Oceaan op hoge kliffen. Dat u hier in de tuinen kunt kijken van de mansions hebt u te danken aan een kleine groep strijdlustige vissers. Die stapten rond 1900 naar de rechter omdat de Vanderbilts en Astors hun pad wilden afsluiten. De rechtsgang had succes. U kunt vanaf het pad dus niet alleen naar de zee kijken, maar ook de tuinen van de buitenhuizen bewonderen.

Old Colony House

Washington Square, www.newporthistory.org, ma.-vr. 9.30-12, 13-16, za., zo. 9.30-12 uur

Dit gebouw, van 1739 tot 1900 de regeringszetel van Rhode Island, heeft heel wat meegemaakt. Twee maanden voor alle andere kolonies verklaarde Rhode Island zich hier onafhankelijk van Engeland. Later trof George Washington er de Franse generaal Rochambeau ter voorbereiding op de beslissende belegering van Yorktown.

Touro Synagogue

85 Touro St., www.tourosynagogue.org, rondleidingen juli-sept. zo.-vr. 10-15.30 uur elk halfuur, do. 10-18 uur, anders zo.-vr. 11-14 uur

Het Old Colony House werd in 1781 zwaar beschadigd door toedoen van Britse kanonnen. Zodoende moesten de rebellen hun bijeenkomsten tijdelijk in de synagoge houden. Het gebedshuis werd in 1763 ingewijd. Binnen staan twaalf zuilen, die ▷ blz. 181

Op ontdekkingsreis

De Newport mansions – pracht en praal

De Newport mansions zijn toonzalen van de excessieve rijkdom van de eerste miljardairs van Amerika. Tijdens een rondleiding zult u versteld staan van de luxe en mateloosheid die hier tijdens de *gilded age* ongegeneerd werd tentoongespreid.

Kaart: ▶ kaart 2, A 5
Voor wie: iedereen die interesse heeft in de Amerikaanse sociale historie
Duur: 2 tot 4 uur
Planning: Marble House (foto boven), The Elms, Rosecliff en The Breakers (vanaf 9 of 10 uur), entree vanaf $ 16, er zijn diverse combinatiekaartjes te koop bij de Preservation Society of Newport, tel. 1 401 847 1000, www.newportmansions.org, kaartjes online of in de mansions zelf.
Beginpunt: The Breakers

Newport rond 1890: de idealen van Emerson en Thoreau zijn opgelost. Slechts één ding telt: geld. De periode die op basis van een romantitel van Mark Twain *gilded age* (gouden tijdperk) wordt genoemd, kreeg met de mansions van Newport een indrukwekkend monument. Het was de tijd van de selfmade men en de captains of industry, van omzetbelasting en anti-trustwetten. De industrialisering maakte het land welvarend en enkele families fabelachtig rijk.

De overweldigende meerderheid van de Amerikanen bleef echter straatarm. In 1890 verdienden elf van de twaalf miljoen huishoudens in het land minder dan $ 1200 per jaar. Zowel vanaf het platteland als vanuit het buitenland kwamen steeds meer werkzoekenden naar de al uit hun voegen barstende steden, waar het recht van de sterkste gold. Deze overlevingsstrijd van de kansarmen is indrukwekkend door Martin Scorsese vastgelegd in *Gangs of New York* (2002).

Prachtvol: Beechwood Mansion

Arbeidersconflicten ...

In de jaren 80 van de 19e eeuw mondde de sociale onrechtvaardigheid uit in gewelddadige arbeidersconflicten. Alleen al in 1886 staakten 700.000 arbeiders. De werkgevers reageerden met harde hand. Tijdens de landelijke Great Railroad Strike van 1877 lieten ze op hun werknemers schieten: elf doden, veertig gewonden. De industriëlen traden vooral hard op tegen de nog jonge vakbonden. In 1886 staakten landelijk 340.000 arbeiders voor de achturige werkdag. Toen de politie van Chicago een arbeidersbijeenkomst hardhandig uit elkaar sloeg, explodeerde er een bom die een agent doodde. Daarop werden vier vakbondleiders gearresteerd en opgehangen.

In de jaren 90 van de 19e eeuw beleefde Amerika ten slotte de ernstigste arbeidersgeschillen uit zijn geschiedenis. Alleen al de staking bij de Pullman Palace Car Company, een producent van treinwagons, leidde tot demonstraties en straatgevechten in zesentwintig staten. Net als alle voorgaande bereikte ook deze staking zijn doel niet, en de leiders werden gevangen gezet.

... en first world problems

Wat er intussen gebeurde in Newport? Ook de uit een oud Nederlands geslacht stammende Caroline Astor was strijdbaar. Haar strijd ging echter niet over leven en dood – al zag ze dat zelf waarschijnlijk anders. Want het ondenkbare was gebeurd: haar geheime lijst met 'The 400' – vertegenwoordigers van het oude geld – was uitgelekt naar de pers. Het was een ramp voor de trendsetter, die hierop haar rol als prominentste socialite verloor aan Alva Vanderbilt, een typisch geval van níeuw geld – wat het voor Astor nog veel erger maakte.

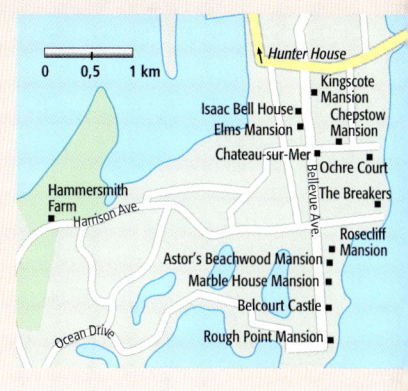

De mansions

De meeste van de vijftien mansions, de villa's, liggen aan Bellevue en Harrison Avenue en Ocean Drive. Hebt u niet zo veel tijd, bezoek dan op z'n minst The Breakers. Dit buitenhuis is de beste afspiegeling van de lifestyle van de nieuwe rijken en het oude geld.

Wat Cornelius Vanderbilt II met **The Breakers** (44 Ochre Point Ave., apr.-okt. dag. 10-18 uur, nov.-mrt. wisselende openingstijden) wilde bereiken, toen hij het eind 19e eeuw liet bouwen, ligt voor de hand: zijn plompe renaissancepaleis moest de grootste zijn. Ook William K. Vanderbilt wilde indruk maken op zijn gasten. Zijn **Marble House** (596 Bellevue Ave., zie blz. 178) is geïnspireerd op de kastelen aan de Loire en nog protseriger ingericht dan The Breakers.

The Elms (367 Bellevue Ave.) ademt Frans classicisme. Het werd in 1899 gebouwd door kolenbaron Edward Julius Berwind en beschikt onder andere over een enorme balzaal. Toch kan deze niet tippen aan die van Mrs. Oelrichs, een andere rivaal van de Astors. In haar op het Grand Trianon in Versailles geïnspireerde **Rosecliff** (548 Bellevue Ave.) zijn heel wat weelderige dansfeesten gehouden.

Astor's Beechwood (580 Bellevue Ave.) is in 1857 gemodelleerd naar een Italiaans palazzo. Hier hield 'The Mrs. Astor' hof, de koningin van de Newportse society. Wie op haar lijst stond, hoorde erbij en mocht hopen op een uitnodiging voor een van haar legendarische feesten. Het complex werd in 2010 gekocht door de oprichter van het Amerikaanse softwareconcern Oracle. Na een flinke restauratie en verbouwing is op de eerste verdieping het Beechwood Arts Museum ontstaan, waarin zijn collectie kunst uit de 18e en 19e eeuw te zien is.

Tijdens een ritje op Ocean Drive kunt u bijkomen van de vele indrukken. De op een heuvel links van de weg gelegen **Hammersmith Farm** is niet meer te bezichtigen. Het mooie landgoed – Jackie Bouvier en JFK gaven elkaar hier in 1953 het jawoord – is na jaren als Kennedybedevaartsoord weer in privébezit.

Laat zien wat je hebt: rijk gedekte tafel voor de 'adel' van Newport

de twaalf stammen van Israël symboliseren. De oudste synagoge van Noord-Amerika geldt als bewijs van de (religieuze) tolerantie van de Newporters.

Andere bezienswaardigheden

Zelfs de met het hevig bekritiseerde moederland geassocieerde anglicanen werd in 1726 toegestaan een kerk te bouwen, de sneeuwwitte **Trinity Church** (Queen Anne Sq., dag. 10-16 uur). Vlakbij staat in Touro Park een gebouw waarvan de oorsprong voer voor discussie is. Wie de **Old Stone Mill** (Mill St., Ecke Bellevue Ave.), een 9 m hoge, uit keien gebouwde toren op boogvormige zuilen, heeft gebouwd, is onbekend – wat leidde tot vele speculaties. Sommigen beweerden dat de toren stamt uit de tijd van de Vikingen. Of dat nu waar is of niet, als u met een sundowner in de hand in een bar op de **Long Wharf** zit en naar de zeilschepen in de verte kijkt, kunt u zich makkelijk inbeelden dat ze toebehoren aan Noormannen.

Stranden bij Newport

Met zo veel zee is het vrij logisch dat de stranden van Newport minstens zo aanlokkelijk zijn als alle bezienswaardigheden. Het mooiste, **Gooseberry Beach**, ligt aan **Ocean Drive**. Het is een idyllische, door rotsen omgeven zandstrand met een parkeerplaats, douches en omkleedcabines. Goed bereikbaar is ook het langgerekte, aan Memorial Boulevard gelegen **Easton's Beach**, dat ook First Beach wordt genoemd.

Overnachten

Klassiek – **Hotel Viking:** 1 Bellevue Ave., tel. 1 401 847 3300, 1 800 556 7126, www.hotelviking.com, $ 160-500. De Astors sliepen hier, de Kennedy's ook. Het in 1926 gebouwde hotel, een lid van Historic Hotels of America, herinnert met veel pluche en mahoniehout aan de gilded age.

Charmant – **Pilgrim House:** 123 Spring St., tel. 1 401 846 0040, www.pilgrimhouseinn.com, $ 120-310. Goed onderhouden herenhuis met grote kamers op slechts vijf minuten van de Cliff Walk. Ontbijt op het dakterras.

Trendy – **Mill Street Inn:** 75 Mill St., tel. 1 401 849 9500, 1 800 392 1316, www.millstreetinn.com, $ 170-440. Gezellig boetiekhotel in een oude molen. De moderne kamers detoneren mooi met de klassieke omgeving.

Eten en drinken

Seafood with a view – **The Mooring:** Sayer's Wharf, tel. 1 401 846 2260, www.mooringrestaurant.com, zo.-do. 11.30-21, vr., za. 11.30-22 uur, vanaf $ 19. Populair vanwege zijn lekkere seafoodgerechten en de mooie blik op de haven en de zonsondergang.

Newport-legende – **Clarke Cooke House:** Bannister's Wharf, tel. 1 401 849 2900, dag. 11.30-22.30 uur, vanaf $ 28. Al generatieslang de plek waar toeristen en locals op elkaar stuiten. Restaurants en bars op verschillende etages en een mooi uitzicht op de jachthaven. Seafood, zwaardvis en lekker gekruide pasta.

Romantisch – **Café Zelda:** 528 Thames St., tel. 1 401 849 4002, www.zeldasnewport.com, vr., za. 17-22, zo.-do. 17-21.30 uur, vanaf $ 24. *The best little cafe between Bar Harbor and Key West*, zo omschrijft Zelfda zichzelf. Dat is misschien wat overdreven, maar de creatieve Franse keuken is absoluut de moeite waard.

Winkelen

Nautisch – Stuurwielen op T-shirts en zeilschepen op koffiemokken – winke-

Rhode Island

Op de levendige Bannister's Wharf is het 's avonds prima toeven

len in Newport is voornamelijk winkelen naar souvenirs. De 'gewone' winkels staan op **Thames St.**

Uitgaan

Het gaat in Newport niet alleen maar los rond de traditionele *Spring Break*, de paasvakantie van de college kids, waarin ze alles doen wat op de campus niet mag. In de zomerweekends is de oude stad stevig in handen van de twens. Hun habitat: de bars en clubs aan Thames Street.

Populair – **The Boom Boom Room:** Bannister's Wharf (onder de Candy Store), tel. 1 401 849 2900, vr., za. 21-1 uur. Beroemde – of beruchte – club voor iedereen die wil dansen, ongeacht leeftijd. De dj's draaien alles van Sinatra tot de Black Eyed Peas.

I'm in the mood – **Newport Blues Café:** 286 Thames St., tel. 1 401 841 5510. Bijna elke dag livemuziek.

Cool – **Dockside:** 1 Waites Wharf, tel. 1 800 960 4573. Eten, drinken en dansen op livemuziek, uitzicht op de jachtaven.

Info

Newport Information Center: 23 America's Cup Ave., tel. 1 401 845 9110, 1 800 976 5122, www.discovernewport.org

Newport Reservations: tel. 1 401 848 0300. Reserveringen voor hotels, motels en B&B's.

South County ▶ C 10

Rhode Island is de enige staat in New England waar geen enkele *covered bridge* staat. Aan mooie bruggen echter geen gebrek: over de elegante Newport Bridge en de Jamestown Bridge komt u van Newport via de Narragansett Bay in het South County genoemde zuidwesten van *Little Rhody*. De belangrijkste reden om erheen te gaan, is dat er zo veel mooie stranden zijn. De sfeer in de South County is beduidend meer ontspannen dan 'daarboven' in Newport. Zongebruinde boys en girls rijden in oude pick-uptrucks door het landschap; het 'slurpende' geluid van teenslippers is vaak het enige dat je hoort naast de wind door de duinen en het ruisen van de zee.

In koloniale dorpjes als **Wickford** met zijn schaduwrijke lanen – hier werden de buitenopnamen van de film The Witches of Eastwick (1987) gedraaid – of het landelijke **Kingston** met de University of Rhode Island bent u de drukte van Newport snel vergeten.

Overnachten

Stijlvol en praktisch – **Admiral Dewey Inn:** 668 Matunuck Beach Rd., Wakefield, tel. 1 401 783 2090, www.admiraldeweyinn.com, $ 125-175. Tien behaaglijke, met een mix van victoriaanse en moderne elementen ingerichte kamers en een geweldig terras. Erg praktisch is de nabijheid van de veerboten naar Block Island.

Info

South County Tourism Council: 4808 Tower Hill Rd., Wakefield, tel. 1 401 789 4422, 1 800 548 4662, www.southcountyri.com

Narragansett ▶ C/D 10

De eerste plek om uw badpak aan te trekken is een aan de Boston Neck Road gelegen, 700 m lang **zandstrand**. De middeleeuws uitziende toren aan de zuidpunt hoort bij het Narragansett Casino Resort, dat in 1900 door een brand werd verwoest en waarin zich tegenwoordig een klein museum bevindt.

Interessanter is het **South County Museum** in de oude Canonchet Farm (115 Strathmore St., www.southcountymuseum.org mei-juni, sept.-okt. vr., za. 10-16, zo. 12-16, juli,aug. wo.-za. 10-16, zo. 12-16 uur), waarin gereedschap en huisraad te zien zijn van de pioniers en boeren uit de omgeving. Zo krijgt u een indruk van het alledaagse leven in de tijd voor de industrialisering. Ocean Road verlaat Narragansett in zuidelijk richting. Aan het eind van de weg, bij de achthoekige **Point Judith Lighthouse**, vloeien weilanden, duinen, stranden en de zee in elkaar tot een aquarel in groen, geel en blauw.

Poulaire stranden

Niet ver van Point Judith ligt het bij families geliefde **Roger Wheeler State Beach.** Op **Scarborough State Beach**, iets verder naar het oosten, liggen voornamelijk jongeren.

Overnachten

Romantisch – **Tower House B&B:** 46 Earles Ct., tel. 1 401 783 3787, www.towerhousebandb.com, $ 150-220. Grote kamers in een villa met weelderige tuin. Strand en restaurants op loopafstand.

Eten en drinken

Altijd prima – **Coast Guard House:** 40 Ocean Rd., tel. 1 401 789 0700, ma.-do.

11.30-15, 17-22, vr. 11.30-15, 17-23, za. 17-23, zo. 10-14, 16-22 uur, vanaf $ 16. Naast het oude casino. Prima seafood, vissoep en steak. Maar vooral een geweldig uitzicht op zee.

Actief

Kajakken – Het **Kayak Centre of Rhode Island** biedt vanuit zijn dependance in Wickford diverse kajaktochten in de Narragansett Bay en naar Block Island. Vooral de twee uur durende *sunset paddle* is mooi (9 Philips St., tel. 1 401 295 4400, www. kayakcentre.com).

Galilee ▶ C 10

Het vissersplaatsje Galilee heeft alles wat New England verder niet heeft: weinig opsmuk en opgerolde mouwen. Een paar kleine visfabrieken produceren een zure stank en op Main Street zijn meer kuilen in de weg dan toeristen op de stoep. Breedgeschouderde vissers zitten in fish-and-chipszaakjes, zongebruinde tieners hangen rond in surfshops – Galilee zou net zo goed ergens ten noorden van San Francisco kunnen liggen. De paar bezoekers die er komen, trekken meestal direct naar de grote pier.

Overnachten

Praktisch – **Lighthouse Inn:** 307 Great Island Rd., tel. 1 401 789 9341, 1 877 789 9341, www.lighthouse-inn-ri.com, $ 100-260. Motelachtige accommodatie aan het strand, niet ver van de veerboot naar Block Island. Zwembad en steak-

De rotsachtige kust van Block Island

house. Laat u niet misleiden door de naam: de vuurtoren ligt 4 km verderop.

Eten en drinken

Gezellig trefpunt – **George's of Galilee**: 250 Sand Hill Cove Rd., tel. 1 401 783 2306, www.georgesofgalilee.com, dag. vanaf 11 uur, vanaf $ 14. Sinds 1948 hét seafoodrestaurant (met sushibar!) van het dorp. Strand en veerboot op een steenworp afstand.

Actief

Walvisobservatie/diepzeevissen – in juli en augustus biedt **Frances Fleet Inc.** (tel. 1 401 783 4988, www.francesfleet.com) walvisobservatietochten en vistripjes door het kalme water van de baai.

Block Island ▶ C 11

Vanuit Galilee vaart een autoveer naar het 20 km voor de kist liggende Block Island. Het heuvelachtige eiland, met zo'n achthonderd vaste bewoners, heeft in de zomermaanden een onweerstaanbare aantrekkingskracht op locals van het vasteland. Een tweede Martha's Vineyard is Block Island echter zeker niet. Daarvoor is de infrastructuur te slecht – en de eilanders zorgen ervoor dat daar geen verandering in komt.

Overigens is het niet de moeite om uw huurauto mee te nemen op het eiland. Op de smalle slingerwegen kunt u beter uit de voeten met een fiets of scooter, die u meteen na het aanleggen kunt huren bij de **The Moped Man** (tel. 1 401 466 2029 www.blockislandtransportation.com).

Mooie dagtochten voor hikers en fietsers voeren naar oude vuurtorens en fotogenieke rotskusten. Alleen al het zuidwesten van het eiland, het beschermd **Rodman's Hollow**, biedt meer dan 40 trailkilometers.

Stranden op Block Island

Het meer dan 4 km lange **Crescent Beach** is het populairste strand van het eiland, zowel om te zwemmen als om uit te waaien. Veel rustiger is het aan de voet van de 50 m hoge Mohegan Bluffs in het zuiden gelegen **Vail Beach**.

Overnachten

Vorstelijk – **Atlantic Inn**: High St., Old Harbor, tel. 1 401 466 5883, 1 800 224 7422, www.atlanticinn.com, $ 185-320. Oud strandhotel met huiselijk ingerichte kamers en een veranda om mensen te kijken.

Romantisch – **Blue Dory Inn**: Dodge St., Old Harbor, tel. 1 401 466 5891, 1 800 992 7290, $ 95-400. Ruime kamers in een victoriaanse pand aan het witte Crescent Beach. Top voor een huwelijksreis.

Eten en drinken

Levendig – **Ballard's**: Old Harbor, tel. 1 401 466 2231, mei-okt. dag. 11.30-23 uur, vanaf $ 12. Sociaal middelpunt van het eiland. Seafood, livemuziek.

Info en vervoer

Info

Block Island Tourism Council: 40 Center Rd., tel. 1 800 383 2474, www.blockislandinfo.com.

Veerboten

Meerdere afvaarten vanuit Point Judith. Voor auto's ruim van tevoren reserveren (tel. 1 401 783 7996, www.blockislandferry.com).

IN EEN OOGOPSLAG

Connecticut

Hoogtepunten ✳

Yale University: de op twee na oudste universiteit van de Verenigde Staten is de traditionele aartsvijand van Harvard. Zie blz. 196

Litchfield Hills: de lucht is schoon en de weiden en wouden groen. Stadjes als uit de folder: Main Streets en greens die hun historische schoonheid hebben behouden en bijna nergens de in Amerika zo gebruikelijke shoppingmalls. Zie blz. 201

Op ontdekkingsreis

Eli Whitney Museum: creativiteit, optimisme en de drang om het maximale uit het leven te halen: veel van de oer-Amerikaanse deugden manifesteren zich in de person van Eli Whitney. Het aan de uitvinder gewijde museum bij Hamden toont zijn levenswerk in de Amerikaanse context. Zie blz. 194

Bezienswaardigheden

Mashantucket Pequot Museum, Foxwoods: de geschiedenis van de oerinwoners van Noord-Amerika – vanuit hén geredeneerd. Zie blz. 190

Nook Farm, Hartford: hier waren Mark Twain (*Huckleberry Finn*) en Harriet Beecher Stowe (*De negerhut van oom Tom*) buren. Zie blz. 200

Actief & creatief

Talcott Mountain State Park: vanuit Heublein Tower hebt u een prachtig uitzicht op de bossen van Connecticut. Zie blz. 201

White Memorial Conservation Center Museum, Litchfield Hills: hier leert u de dierenwereld van New England kennen: herten, bevers en nog veel meer ... Zie blz. 202

Litchfield Hills: ... en dan gaat u naar een observatiepost en zoekt u ze in de vrije natuur. Zie blz. 202

Sfeervol genieten

Philip Johnson Glasshouse: het glazen huis van de starchitect in New Canaan is een compromisloos statement van het modernisme dat het pastorale landschap eromheen gebruikt als muren. Zie blz. 196

Louis' Lunch, New Haven: de wieg van de hamburger, meer dan honderd jaar onaangetast. Zie blz. 196

Uitgaan

Foxwoods Resort Casino: shows, concerten, bokswedstrijden – als u zich hier verveelt, is dat uw eigen schuld. Zie blz. 190

Goodspeed Opera House, East Haddam: hier worden musicals en comedy's 'uitgeprobeerd' voor ze naar Broadway gaan. Zie blz. 192

Toad's Place, New Haven: stoelen, tafels en een bar – hier draait alles om goede livemuziek. Zie blz. 197

'Very New Englandly'

Slavenschepen en duikboten. Beeldschone stadjes met uitstekende galeries. Een succesverhaal van indianen. Broadwaysterren op het platteland, op try-outpodia. En een elite-universiteit met onderhoudende anekdotes over prominente alumni. Vooral het zuiden van Connecticut biedt voldoende bezienswaardigheden voor een kleurrijke vakantie.

De Nederlandse Adrian Block zeilde in 1614 als eerste over de Connecticut River. In 1623 stichtten zijn landgenoten op de plek van het huidige Old Saybrook de nederzetting Kievit's Hoeck. In de jaren 30 van de 17e eeuw verloren ze de Connecticut Valley aan Engelse kolonisten uit Massachusetts. De door hen gestichte plaatsen Windsor, Wethersfield en Hartford werden in 1638 samengevoegd tot de Connecticut Colony, die met de Fundamental Orders of Connecticut de eerste geschreven grondwet van de nieuwe wereld had. De officiële bijnaam van de staat, Constitution State, wordt door de inwoners trots op hun kentekenplaten gevoerd. Aan het einde van de 18e eeuw ontstond hier de *Yankee ingenuity*. De inventiviteit en het zakelijk inzicht van de Connecticut-Yankees brachten niet alleen de veiligheidsspeld en de kurkentrekker voort, maar rustten ook het leger uit. Talloze innovatieve ondernemers stammen uit Connecticut. Onder hen Eli Whitney, de grondlegger van massaproductie, en Samuel Colt, de uitvinder van de revolver. De depressie van de jaren 30 stortte de staat in een diepe crisis. Fabrieken moesten sluiten, werden gesloopt en nooit meer opgebouwd – de staat is tegenwoordig voor driekwart groen. In de jaren 60 begon de sanering van de binnensteden. Bezoekers zien tegenwoordig een verzorgd en gecultiveerd Connecticut. De staat is zo welvarend, dat zijn inwoners in Hollywoodfilms steevast worden geportretteerd als advocaten of architecten.

Mystic ▶ C 11

De twee redenen voor een tussenstop in Mystic zijn voor New Englandse begrippen enigszins 'disneyesk', maar toch de moeite waard.

Mystic Seaport

75 Greenmanville Ave., www.mysticseaport.org, dag. 9-16/17 uur
De oude walvisjagershaven aan de monding van de Mystic River, beroemd geworden door *Mystic Pizza*, een van Julia Roberts' eerste films (1988), conserveert hier zijn geschiedenis. Het om oude scheepswerven heen gereconstrueerde

INFO

Toeristische informatie
Connecticut Office of Tourism, 1 Constitution Plaza, Hartford, tel. 1 860 256 2800, www.ctvisit.com

Vervoer
In Connecticut lijken alle wegen naar Hartford – en in mindere mate naar New Haven – te voeren. Het zuiden van de staat ligt al min of meer in de 'New York Area' – vooral daar moet u dus rekening houden met flink wat verkeer. Rijden op de landelijke wegen in het noorden van de staat is een stukken ontspannender bezigheid.

Goede oogst in Litchfield

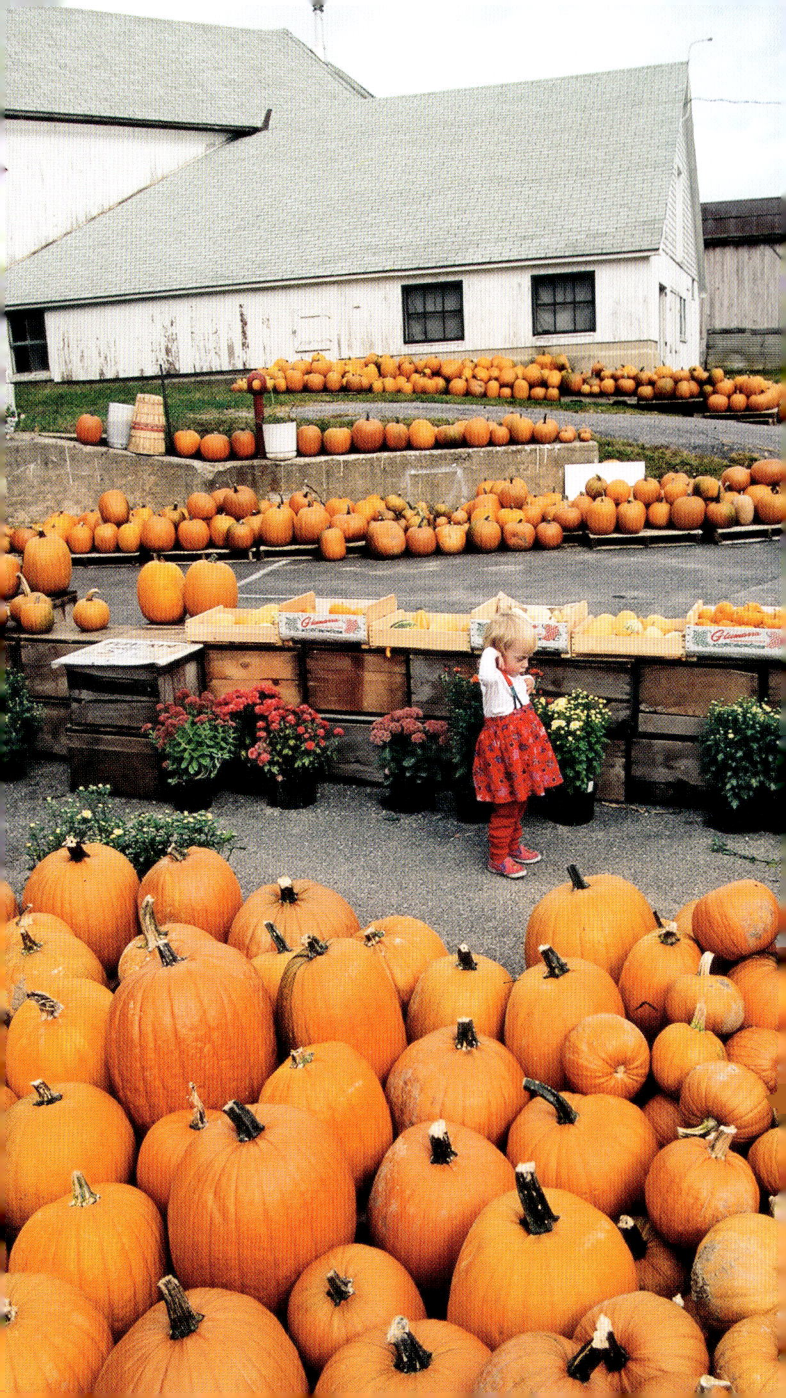

Connecticut

Foxwoods Casino wordt gerund door de Pequot-stam

museumstadje draait de klok met circa zestig historische gebouwen honderdvijftig jaar terug. Het hoogtepunt van dit openluchtmuseum voor het hele gezin is de in 1841 gebouwde driemaster Charles W. Morgan, de laatste drijvende walvisjager ter wereld. De andere topattractie is de Amistad. De zeewaardige replica van het door de gelijknamige Spielberg-film beroemd geworden slavenschip kan, wanneer het hier voor anker ligt, worden bezichtigd. Een expositie documenteert zijn dramatische geschiedenis.

Mystic Aquarium

55 Coogan Blvd., www.mystic aquarium.org, dag. 9-17/18 uur
In het aan de I-95 gelegen aquarium zijn zo'n vierduizend zeebewoners te zien. Daarnaast is er een tentoonstelling over de Titanic. Het instituut van de beroemde marien archeoloog Robert Ballard is bij het aquarium aangesloten. U kunt er alles te weten komen over zijn laatste projecten.

Foxwoods Resort Casino

Bij Ledyard, aan de landinwaarts voerende Rte. 2, dirigeren niet te missen borden u naar het **Foxwoods Resort Casino** (www.foxwoods.com). Het turquoise- en lilakleurige complex is de grootste 'gokhal' van de Verenigde Staten. Eigenaar is de Pequot-stam (zie blz. 67). Het casino verdiende zichzelf niet alleen binnen no-time terug, maar is ook een werkgever van duizenden bleekgezichten uit de omgeving en maakte de stam puissant rijk.

Mochten de indiaanse motieven en beelden tussen de eenarmige bandieten en speeltafels niet duidelijk genoeg maken wat de achtergrond van het casino is, dan doet het 193,4 miljoen dollar kostende **Mashantucket Pequot Museum** (110 Pequot Trail, wo.-za. 9-17 uur, www.pequotmuseum.org) dat wel. Het grootste museum in zijn soort viert met levensgrote diorama's en optredens de cultuur van de Pequot en andere Noord-Amerikaanse stammen.

Overnachten

Luxueus – **Steamboat Inn:** 73 Steamboat Wharf, tel. 1 860 536 8300, www.steamboatinnmystic.com, $ 150-300. Lichte, smaakvol met antiek en modern meubilair ingerichte kamers, sommige met bubbelbad. Rustig achterhuis aan de rivier.
Centraal – **The Whaler's Inn:** 20 E. Main St., tel. 1 860 536 1506, 1 800 243 2588, www.whalersinnmystic.com, $ 115-265. Gemoderniseerde accommodatie in victoriaanse stijl in vijf panden midden in Mystic. Met goed Italiaans restaurant Bravo Bravo.
Degelijk – **Comfort Inn of Mystic:** 48 Whitehall Ave. (I-95, exit 90), tel. 1 860 572 8531, $ 65-200. Moderne motelkamers, zwembad, fitness.

Eten en drinken

Intiem – **Captain Daniel Packer Inn Restaurant & Pub:** 32 Water St., tel. 1 860 536 3555, www.danielpacker.com, dag. 11.30-15, 17-22 uur, vanaf $ 20. Twee eettentjes onder een dak, de een wat chiquer, de ander informeel. In het restaurantgedeelte komen typische New England-gerechten op tafel.
Bedevaartsoord – **Mystic Pizza:** 56 W. Main St., tel. 1 860 536 3700, www.mysticpizza.com, dag. 16-21 uur, vanaf $ 9. Pizzeria voor Julia Roberts-fans: haar gelijknamige hoofdroldebuut is hier doorlopend te zien. Leuke sfeer, enorme pizza's.

Winkelen

Divers – Als u de kitscherig nagebouwde 'koloniale' panden kunt negeren, is het best leuk om te slenteren door de **Olde Mistick Village** (Rte. 27) met zijn zestigtal winkels. Smaakvolle

Tip

Kunst als basis ▶ C 11

'Roots/revolution/renaissance' luidt het motto van Hygienic Art Inc., een ongewone galerie in New London die is ontstaan toen burgers en kunstenaars de handen ineen sloegen om de sloop van een oude loods te verhinderen. Nu tonen een aantal van de interessantste kunstenaars van de oostkust hier hun werk – ongehinderd door censuur, geldzaken of jury's (Hygienic Art Inc., 79 Bank St., di.-vr. 14-19, za. 11-19, zo. 12-16 uur, www.hygienic.org).

souvenirs kunt u echter beter kopen in de galeries en workshops op Main Street, aan beide kanten van de door *Mystic Pizza* beroemd geworden ophaalbrug.

Info

Eastern Regional Tourism District: 27 Coogan Blvd., Mystic, tel. 1 860 536 8822, www.ctvisit.com

Naar de Connecticut River Valley

Groton, Old Lyme, Fenwick ▶ B/C 11

Onderweg naar de 'Amerikaanse Rijn' zult u ongetwijfeld op het leger stuiten. Maar geen zorgen, in het nuchtere **Groton** aan de Thames River, het hoofdkwartier van de Amerikaanse onderzeebootvloot, hoeft u niet te vrezen voor oorlogshandelingen. De belangrijkste werkgever van het plaatsje is General Dynamics, Amerika's grootste duikbotenbouwer. In 1954 werd hier de USS

Nautilus gebouwd, de eerste atoomonderzeeër ter wereld. Deze duiklegende, die in 1958 als eerste onder de Noordpool voer, is de ster van het **Submarine Force Museum** (I-95, exit 86, naast de Naval Submarine Base, www.ussnautilus.org, wo.-ma. 9-16/17 uur). Na een bezichtiging van het claustrofobie opwekkende gevaarte kunt u langs een tentoonstelling over tweehonderd jaar Amerikaanse zeevaart lopen.

Aan de monding van de Connecticut River in de Long Island Sound vergeet u de *war games* snel. Nadat u de snelweg hebt verlaten, slingert de weg zich door mooie oude dorpjes met wilde-rozenperkjes en herbergen met in de wind piepende houten uithangborden. Plezierjachten glijden door het blauwe water langs beboste oevers en ademen de frisse lucht in.

In **Old Lyme** herinnert het mooie **Florence Griswold Museum** (96 Lyme St., www.lorencegriswoldmuseum.org, apr.-dec. di.-za. 10-17, zo. 13-17, jan.-mrt. wo.-zo. 13-17 uur) met zijn Amerikaanse impressionisten aan de rond 1900 hier florerende klunstenaarskolonie, waartoe onder anderen Childe Hassam hoorde. Aan de westelijke oever ziet u zandbanken, landtongen en schiereilandjes. In het exclusieve **Fenwick** – Katherine Hepburn woonde hier – kunt u de (vakantie)huizen van rijke Yankees en New Yorkers bewonderen.

Door zijn kilometerslange zandstrand is het **Rocky Neck State Park** bij Old Lyme vooral geliefd bij gezinnen.

Van Essex naar East Haddam ▶ B 10/11

In **Essex**, ooit het scheepsbouwcentrum, tegenwoordig een prentenboekstadje, staat het **Connecticut River Museum** (67 Main St., www.ctrivermuseum.org, dag. 10-17 uur). Hier staat een replica van de door spierkracht aangedreven Turtle, de eerste duikboot ter wereld. De iets noordelijker aan de Connecticut River gelegen plaatsen **Chester** en **Hadlyme** worden sinds 1769 verbonden door een veerboot (april-nov. ma.-vr. 7-18.45, za., zo. 10.30-17 uur). Het veer kan acht à negen auto's en een kleine vijftig passagiers per keer overzetten. Vanaf de boot kunt u **Gillette Castle** (mei-okt. dag. rondleidingen 10-17 uur) zien liggen, de in 1919 gebouwde mooi-van-lelijkheid-villa van de destijds beroemde acteur en kasteelfan William Gillette. New Yorkse notabelen voeren toentertijd verder stroomopwaarts naar het theater. Het hoog boven de rivier uit torende victoriaanse **Goodspeed Opera House** in **East Haddam** staat tot op de dag van vandaag hoog aangeschreven. Hier worden musicals getest voor ze zich aan Broadway wagen (6 Main St., tel. 1 860 873 8668, www.goodspeed.org).

Overnachten

Klassiek – **Old Lyme Inn:** 85 Lyme St., Rte. 1, Old Lyme, tel. 1 860 434 2600, www.oldlymeinn.com, $ 140-240. Klein hotel in een voormalige boerderij. Smaakvol ingericht met victoriaans meubilair.

Historisch – **Griswold Inn:** 36 Main St., Essex, tel. 1 860 767 1776, www.griswoldinn.com, $ 160-360. The Gris, sinds 1776 in bedrijf, behoort met zijn gezellige kamers, zijn bar en drie goede restaurants bij Essex zoals Hotel de Paris bij Monaco.

Eten en drinken

Huiselijk – **Old Lyme Inn Grill:** in de Old Lyme Inn (zie hierboven), vanaf $ 8. Drie restaurants in één. In de Tap Room kunt u terecht voor stevige pubgerechten, in de chiquere Parlor wordt creatief gekookt en de Library Bar is een hangout voor locals.

Info

Central Region Tourism District – Connecticut's Heritage River Valley: 1 Constitution Plaza, Hartford, tel. 1 860 787 9640, www.centerofct.com

New Haven ▶ B 11

Hoe noemen we een inwoner van Connecticut? Een grappenmaker zal antwoorden met *commuter* (forens) – Connecticut wordt steeds meer de 'slaapkamer' van New York City. Gezien het drukke verkeer en de anonieme nieuwbouwwijken aan beide kanten van de I-95 zult u het wellicht met hem eens zijn. Tot New Haven is alleen het in 1639 gestichte **Guilford** met zijn koloniale stadskern de moeite waard.

New Haven, thuis van de wereldberoemde Yale University, is een schoonheid die bloeit temidden van lelijke industriegebieden. De in 1638 door de puriteinen gestichte stad was diepzeehaven, verkeersknooppunt en standplaats van reusachtige horloge-, wapen- en machinefabrieken. De universiteit 'produceerde' niet alleen wetenschappers, maar ook praktisch ingestelde slimmeriken als Eli Whitney (zie blz. 194). Na de Tweede Wereldoorlog verpauperde het centrum. Vele miljoenen restauratiedollars later is de (binnen)stad aan de Long Island Sound weer helemaal opgekrabbeld en kent het, met dank aan Yale, een levendige cultuurscene.

De City is prima te voet te verkennen en concentreert zich rond de traditionele green. Een welstandscommissie kent men hier niet: er staan gebouwen in zo veel verschillende bouwstijlen dat het u kan gaan duizelen. Aan de green liggen drie kerken, **Trinity Church, Center Church** en ▷ blz. 196

Multimedia meets boekenwurmen: de Beinecke Library in Yale

Op ontdekkingsreis

Eli Whitney Museum and Workshop

Ouders zullen het wel kunnen waarderen. Hun kinderen draaien schroeven aan, friemelen afdichtingsringen in flessenhalzen en buigen zich met gefronst voorhoofd over complex lijkende ontwerptekeningen, terwijl zij de vitrines bestuderen.

Kaart: ▶ B 11
Duur: 1 tot 2 uur
Planning: 915 Whitney Ave., Hamden, www.eliwhitney.org, wo.-vr. 12-17, za., zo. 11-16 uur

Probleemoplossing. Dat is de specialiteit van dit museum, dat met grote regelmaat workshops organiseert voor scholieren. Uit heel New England komen schoolbussen vol kinderen om eraan deel te nemen. Hun ouders hopen natuurlijk dat er iets van de rusteloze uitvindersgeest van de naamgever in hun kroost zit. Het ten noorden van New Haven in Hamden gelegen museum is geheel gewijd aan Eli Whitney, waaraan we meer te danken hebben dan alleen de katoenontkorrelmachine.

Geniale uitvinder

Hoe deze echter de Amerikaanse geschiedenis heeft beïnvloed, wordt hier gedocumenteerd in tentoonstellingen, die interesssante invalshoeken belichten. Creativiteit, visioniar ondernemerschap, grenzeloos optimisme: Eli Whitney (1765-1825), daarover zijn Amerikaanse historici het eens, belichaamde de Amerikaanse kardinale deugden als geen ander. Al op zijn veertiende verdiende de uit een eenvoudig gezin stammende jongen zijn eerste geld met een spijkerfabriek. Zijn belangrijkste uitvinding bouwde hij in 1793 in Georgia: de katoenontkorrelmachine. Flinke slavenhanden hadden een dag nodig voor een pond katoen, Whitney's machine deed met gemak honderd pond. De machine ontketende een revolutie op de plantages in het zuiden van de Verenigde Staten, maar zorgde helaas ook voor een opleving van de slavernij. *King Cotton* had een veelvoud aan arbeidskrachten nodig om de machines dag en nacht te kunnen laten draaien.

Een uitdaging

De *cotton gin* bracht Whitney zelf weinig geluk. Strenge patentwetten waren er in die tijd nog niet, en zijn machine was makkelijk na te maken. Dure rechtszaken en processen ruïneerden de uitvinder, maar hij begon al snel van voren af aan, dit keer in Hamden, Connecticut. Niemand minder dan minster van buitenlandse Zaken Thomas Jefferson vroeg Whitney om de industriële productie van precisie-instrumenten te stimuleren. Whitney zei ja en beloofde in minder dan twee jaar tienduizend musketten te leveren. In onze tijd van massaproductie klinkt dat als een nogal bescheiden aantal, maar in de 18e eeuw werd elk geweer met de hand vervaardigd door wapensmeden die er vele jaren over hadden gedaan om hun vak onder de knie te krijgen. Daarnaast waren deze vaklui in Amerika een zeldzaamheid, omdat de begeerde specialisten niet zomaar hun Europese thuisland mochten verlaten.

Tienduizend musketten in twee jaar dus – dat was ongehoord, dat had nog nooit iemand voor elkaar gekregen! Bovendien had Whitney nog nooit een geweer in elkaar gezet. Maar hij had een plan: hij bouwde een machine om het werk over te nemen en organiseerde de productiefasen zo dat elke (ongeschoolde) arbeider maar een paar eenvoudige handelingen hoefde te verrichten. De korte productietijd bleef desalniettemin onrealistisch en Whitney leverde pas tien(!) jaar later. Het ging de regering echter helemaal niet om de punctualiteit, menen historici. Door Whitney in te huren, wilden ze verandering bewerkstelligen – en die kregen ze.

Het belang van de fabriek

In Whitney's fabriek bevindt zich tegenwoordig het museum, met exposities over de carrière en het persoonlijke leven van de uitvinder. Whitney legde de basis voor massaproductie, en wees de Verenigde Staten de weg naar economische suprematie.

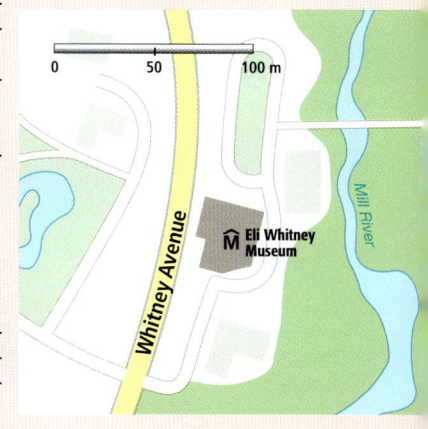

United Congregational Church in respectievelijk neogotische, federale en georgiaanse stijl. Opmerkelijk is de **Amistad Memorial** voor de moderne City Hall (165 Church St.). Het 4 m hoge, slavenvoorman Joseph Cinque voorstellende bronzen beeld staat exact op de plek waar de slaven ooit geïnterneerd waren. Het herinnert aan het slavenschip Amistad. De menselijke vracht nam in 1839 de macht over, maar werd vervolgens niet naar huis, maar naar New Haven gelootst. Hier en in Hartford werden de slaven aangeklaagd voor muiterij. Met hulp van abolitionisten en de Amerikaanse president John Quincy Adams werden ze na een proces van twee jaar vrijgelaten en naar Afrika gestuurd. Meer over deze geschiedenis kunt u te weten komen in het **New Haven Museum & Historical Society** (114 Whitney Ave., www.newhavenmuseum.org, di.-vr. 10-17, za. 12-17 uur).

Tip

Louis' Lunch

Wilt u hier iets bestellen, dan zult u uw order over de bar heen moeten schreeuwen – anders hoort het (soms ronduit onbeschofte) personeel u niet in de chaos. Maar deze eettent in New Haven kan zich die arrogantie veroorloven. Hier werd namelijk dé Amerikaanse fastfoodklassieker 'uitgevonden'. In 1900 schoof Louis Lassen een platgemaakte gehaktbal tussen twee sneetjes witbrood voor een klant die iets warms om mee te nemen bestelde. Daarmee was de hamburger geboren. Recept noch omgangsvormen zijn sindsdien veranderd. Een proletarische en tegelijkertijd typisch Amerikaanse eetervaring (261 Crown St., tel. 1 203 562 5507, www.louislunch.com, di., wo. 11-15.45, do.-za. 12-2 uur, vanaf $ 6)

Yale ✳

Op de New Haven Green begint Yale's met klimop begroeide neogotiek. Aan de in 1701 opgerichte universiteit studeren meer dan elfduizend studenten. U kunt de campus betreden door de Phelps Gate en zelf op ontdekkingstocht gaan of u in het **Mead Visitor Center** aanmelden voor een door een student gevoerde rondleiding (149 Elm St., ma.-vr. 10.30, 14, za., zo. 13.30 uur).

Naast auditoria, slaapzalen en mensa zijn ook de musea van Yale een bezoekje waard. Boekenwurmen kunnen zich laven in de met marmer beklede **Beinecke Rare Books Library** (121 Wall St., ma.-do. 9-19, vr. 9-17, za. 12-17 uur). In het moderne **Yale Center for British Art** (1080 Chapel St., di.-za. 10-17, zo. 12-17 uur) zijn de meeste Britse kunstenaars buiten Groot-Brittannië te zien. Ertegenover toont de **Yale University Art Gallery** (1111 Chapel St., di.-vr. 10-17, do. tot 20, za., zo. 11-17 uur) meer dan honderdduizend kunstobjecten, waaronder Monets en Picasso's, Etruskische vazen en artefacten uit Afrika. Moe van het slenteren kunt u daarna de benen strekken onder een van de vele bistrotafeltjes langs Chapel Street.

Vlakbij ligt het **Shubert Performing Arts Center** (247 College St.), het populairste try-outpodium van New England. Een mooi uitzicht op New Haven en de Long Island Sound hebt u vanuit **East Rock Park** (East Rock Rd., apr.-nov.). Meer dan 16 km aan wandelpaden doorkruisen het terrein aan de noordrand van de stad.

Philip Johnson Glasshouse

199 Elm St., mei-okt., kaartjes vooraf bestellen, tel. 1 203 594 9884, www.theglasshouse.org, rondleidingen beginnen bij het Visitor Center

In de nog steeds landelijke zuidwesthoek van Connecticut bouwde starchitect Philip Johnson in 1949 een huis van glas voor zichzelf. Johnson overleed in 2005; sinds 2007 is zijn Glasshouse in New Canaan een bedevaartsoord voor fans van het modernisme (zie blz. 83). De eenvoudige vormentaal van deze stijl werd nooit resoluter in de praktijk gebracht: een vloer van straatstenen met daarboven muren en een dak van glas. De enige concessie aan de conventies is de in een cilinder gelegen badkamer. Johnson zag af van alles wat huiselijkheid en gezelligheid zou bewerkstelligen en schiep zo een 'huis' dat het pastorale landschap waardoor het omgeven is, gebruikt als buitenmuur. Het Glasshouse en andere gebouwen van de architect zijn alleen te bezichtigen middels een rondleiding.

Overnachten

Lifestylerig – **The Study at Yale:** 1157 Chapel St., tel. 1 203 503 3900, www.studyatyale.com, $ 200-300. Designhotel met grote, tijdloos ingerichte kamers, restaurant Heirloom en leuk café.
Centraal – **New Haven Hotel:** 229 George St., tel. 1 203 498 3100, www.newhavenhotel.com, $ 95-245. Prima hotel met smaakvol ingerichte kamers niet ver van de universiteit en het Shubert Performing Arts Center.

Eten en drinken

Sushihemel – **Miya's:** 68 Howe St., tel. 1 203 777 9760, www.miyassushi.com, vanaf $ 12. Wat eruitziet als een studententent is stiekem New Englands beste sushirestaurant. De menukaart telt een angstaanjagende vijftig pagina's!
Vreemde vegetarische eend – **Claire's Corner Copia:** 1000 Chapel St., tel. 1 203 562 3888, www.clairescornercopia.com, ma.-vr. 8-21, za., zo. 9-21 uur, vanaf $ 7,50. Sinds 1975 hét vegetariërsbastion in een omgeving die gek is op vlees. Uitstekende quiches en een heerlijke vegaburger.

Winkelen

Uitgebreid – Op **Chapel** en **College St.** kunt u naar hartenlust shoppen. Er zijn kledingwinkels, boekhandels en aparte boetieks zoals hippiedecorateur **Group W Bench** (1171 Chapel St.), die al 'eeuwen' love&peace-stickers en dergelijke verkoopt.

Uitgaan

Klassiek en blues – Zegt u het maar: een avondje (licht) klassiek of musical in het **Shubert Performing Arts Center** (zie linkerpagina) of blues, jazz of rock in **Toad's Place** (300 York St., tel. 1 203 624 8623, www.toadsplace.com).

Info

Greater New Haven Convention & Visitors Bureau: 545 Long Wharf Rd., tel. 1 203 777 8550, 1 800 332 7829, www.visitnewhaven.com.

Hartford en omgeving

New Englands grootste contrast: hectische, door freeways ingesloten agglommeraties versus stille landwegen door slaperige gehuchten. Kunst- versus natuurgenot – extremen op de vierkante meter. Van Hartford, de nuchtere hoofdstad van Connecticut en *Insurance Capital of America*, gaat het naar de Litchfield Hills, waar ▷ blz. 200

Favoriet

Mark Twain House ▶ B 10

The house that Mark built is zo indrukwekkend omdat het de menselijkheid van zijn net zo geniale als tegenstrijdige karakter toont. Aan bijna elk detail van het huis hangt een geschiedenis. Bijvoorbeeld aan de engelen aan het bed in de slaapkamer. Die vonden Mark Twain en zijn vrouw Olivia zo mooi, dat ze met hun hoofd bij het voeteneinde gingen liggen om ze beter te kunnen bewonderen. Of aan Twains schrijfplek op zolder; een met een biljarttafel uitgeruste creatieve enclave om letterlijk boven de beslommeringen van het alledaagse leven uit te stijgen – de enige plek in huis waar de uit een goed nest komende Olivia haar man uit Missouri liet roken en vloeken. Als hij last had van writer's block kon hij urenlang biljarten met zijn zwarte butler (zie ook blz. 200).

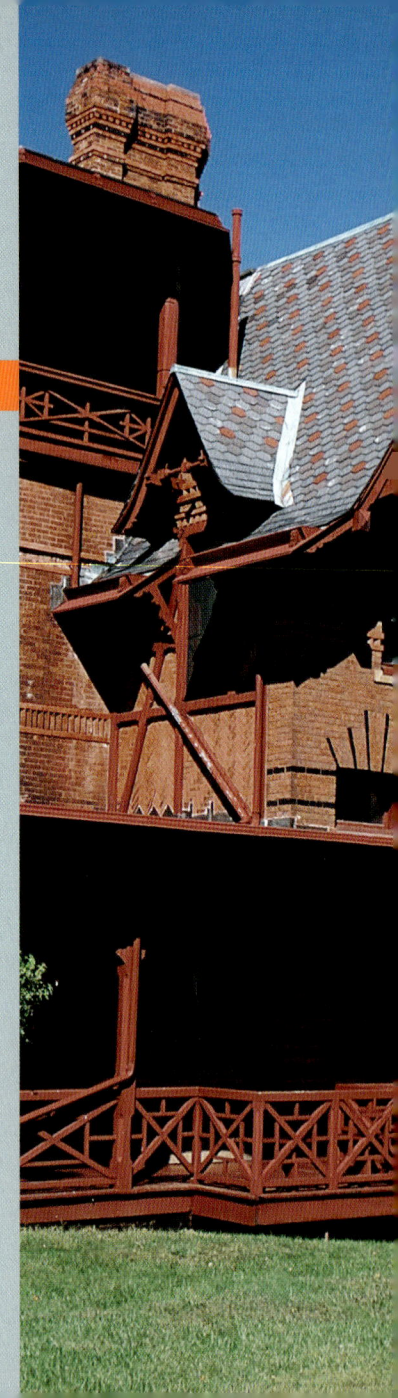

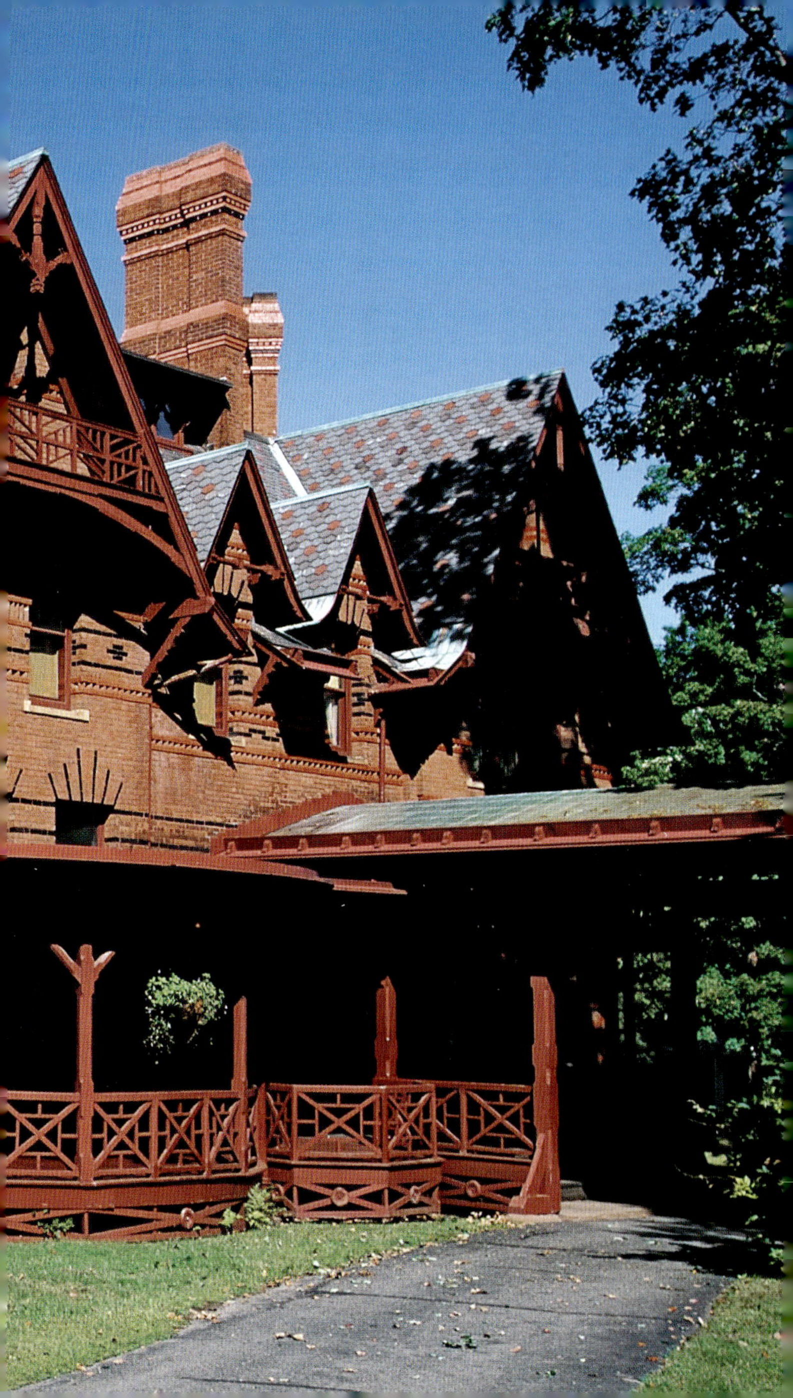

Connecticut

In Hartford staan de hoofdkantoren van talloze verzekeringsmaatschappijen

prachtige oude huizen rond de mooiste *village greens* van New England staan.

Hartford ▶ B 10

De meeste toeristen komen naar Hartford voor Samuel Langhorne Clemens alias Mark Twain (1835-1910). De beroemde schrijver komt oorspronkelijk uit Missouri, maar vestigde zich in 1874 hier, onder andere omdat hij het stadje zo mooi vond. Het in 1636 door puriteinen gestichte Hartford was toen Twain er woonde een van de rijkste steden in het oosten van de Verenigde Staten. Colt vervaardigde hier zijn vuurwapen, de lokale verzekeringsmaatschappijen kenden een bloeitijd in de 19e eeuw. Tegenwoordig hebben weer meer dan vijftig verzekeringsmaatschappijen hier hun hoofdkantoor. Daarnaast produceert de stad computers en straalmotoren, zware wapens (Colt heet tegenwoordig Colt Firearms) en onderdelen voor vliegtuigen. Kantoortorens en lompe parkeergarages hebben de door Twain zo gewaardeerde esthetiek van de stad geen goed gedaan, zal de Twain-fan teleurgesteld concluderen tijdens zijn bedevaart.

Nook Farm: Mark Twain en Harriet Beecher Stowe

Een paar minten rijden van het centrum ligt op een landgoed dat vroeger bekendstond als Nook Farm het **Mark Twain House & Museum** (351 Farmington Ave., www.marktwainhouse.org, alleen rondleidingen, dag. 9.30-17.30 uur). Bordeauxrood en stilistisch ondefinieerbaar weerspiegelt het de ongrijpbare persoonlijkheid van de bouwheer, die continu over de schouder van de architect meekeek. U wordt door een gids rondgeleid door de negentien met originele meubels ingerichte vertrekken. Op deze plek schreef Twain wereldliteratuur, onder meer zijn beroemdste boek, *De lotgevallen van Huckleberry Finn* (1884). Twain was niet de enige auteur op Nook Farm. Zijn buurvrouw was niemand minder dan Harriet Beecher Stowe. De strijdlusitge abolitionist, wier *De negerhut van Oom Tom* al miljoenen keren over de toonbank is gegaan, woonde in een bescheiden, maar gezellige cottage tegenover Twain. In haar laatste maanden wandelde ze, aldus Twain, verward in haar ochtendjas door zijn tuin. Het **Harriet Beecher Stowe Center** (77 Forest St., www.harrietbeecherstowecenter.org, ma.-za. 9.30-17, zo. 12-17 uur) herinnert met origineel meubilair en fotomateriaal aan de burgerrechtenactiviste.

Talcott Mountain State Park
do.-zo. 10-17 uur

U hoeft niet te wachten op de bladverkleuring in de Indian summer om de **Heublein Tower** in het ten noordwesten van Hartford gelegen Talcott Mountain State Park te beklimmen. Het uitzicht over de Farmington River Valley en de skyline van Hartford is in elk jaargetijde de moeite waard.

Overnachten

Praktisch – **Red Roof Plus Hartford Downtown:** 440 Asylum St., tel. 959 888 3000, $ 95-160, www.redroof.com. Veel hotel voor weinig geld in het centrum van Hartford. Ruime, functioneel ingerichte kamers niet ver van het Mark Twain House.
Betaalbaar – **Radisson Hotel Hartford:** 50 Morgan St., tel. 1 866 460 7456, www.radisson.com, $ 130-228. Prima ketenhotel dat niet de hoofdprijs kost.

Eten en drinken

Urban – **Trumbull Kitchen:** 150 Trumbull St., tel. 1 860 493 7412, ma.-za. 12-23 (vr., za. 24), zo. 16-22 uur, vanaf $ 16. Zien en gezien worden. Op de menukaart staat een creatieve mix van internationale gerechten.

Winkelen

Shop till you drop – Winkelen gebeurt in Hartford in de voorsteden. In het centrum is echter ook een aantal prima winkels, vooral rond het **Civic Center** en **State House Square.**

Litchfield Hills ✹ ▶ A 10

Als de hoofdrolspelers van in New York gesitueerde sitcoms zeggen dat ze klaar zijn voor een leven in een cottage *up north,* bedoelen ze meestal de Litchfield Hills. De heuvelachtige, dichtbeboste noordwesthoek van Connecticut is het traditionele toevluchtsoord van bemiddelde New Yorkers. Veel meer dan een brievenbus aan de straat is er echter niet merkbaar van hun aanwezigheid. De typisch New Englandse mix van bewust onbewust understatement en een landelijke elegantie zorgt ook hier op het 'platteland' voor rust. Niets herinnert er nog aan dat hier ooit het erts werd gedolven waaruit de wapens van het leger werden gefabriceerd.

Litchfield
De in 1719 gestichte hoofdplaats Litchfield was aan het einde van de 18e eeuw bijna hetzelfde lot beschoren als Pawtucket en Lowell. De industrialisering werd echter in gang gezet op andere plekken en het dorpje bleef zoals zijn welvarende bewoners het achterlieten. Vervolgens namen de onderwijsinstellingen de stad over. In Litchfield werd de eerste juristenschool van het land geopend, evenals de eerste hogeschool voor meisjes. De lange rechthoekige green, vanwaaruit straten met oude bo-

men in alle richtingen uitwaaien, de in 1828 ingewijde, beeldschone **Congregational Church**, representatieve houten en stenen huizen in toentertijd modieuze stijlen, tearooms, antiquairs – als er geen auto's zouden rijden, zou u zich in de tijd van de rijtuigen wanen.

Bezienswaardig is het **Litchfield Historical Society Museum** (7 South St., www.litchfieldhistoricalsociety.org, apr.-nov. di.-za. 11-17, zo. 13-17 uur). Hierin zijn exposities over de geschiedenis van de omgeving te zien en zit ook de **Tapping Reeve House & Law School** (82 South St.) uit 1774 gevestigd. Onder de twaalfhonderd alumni van deze eerste juristenschool van het land zijn ook een kleine dertig senatoren, veertien gouverneurs en twee vicepresidenten. De houten schoolbanken waren door jurist en grondlegger Tapping Reeve zelf in elkaar getimmerd. Dit alles is interessant, maar wellicht een beetje saai. Het **White Memorial Conservation Center Museum** (Rte. 202 naar Bantam, dan Whitehall Rd., www.whitememorialcc.org, ma.-za. 9-17, zo. 12-17 uur) is een stuk 'interactiever'. Het in een beschermd natuurgebied gelegen natuurhistorisch museum, een van de beste van New England, toont de dierenwereld van New England. Buiten wacht een mooi trailnetwerk op hikers.

Wandelingen door de Hills

Nadat u binnen alles te weten bent gekomen over de dierlijke bewoners van

De Litchfield Hills zijn het best per fiets of te voet te verkennen

het White Memorial Conservation Center, kunt u uw nieuw opgedane kennis meteen in de praktijk brengen op een meer dan 50 km groot wandelgebied in het beschermde natuurgebied. Talloze observatieplatforms bieden goede gelegenheden om herten, bevers en misschien wel een bobcat (rode lynx) te zien.

Of u kiest voor de wandeling over het voetbalveldgrote, door oude bomen en monumenten omzoomde **Litchfield Green** in het plaatsje zelf.

Horlogemuseum

Na een cappuccino aan de Litchfield Green is het heerlijk om simpelweg doelloos rond te rijden door het lieflijke heuvellandschap met zijn vele bossen. Uitgerekend hier, waar tijd geen rol lijkt te spelen, is een attractie die juist te maken heeft met tijdmeting. Het **American Clock & Watch Museum** (100 Maple St., www.clockandwatchmuseum.org, apr.-nov. dag. 10-17 uur) ten zuidoosten van **Bristol** heeft namelijk een geweldige verzameling oude Amerikaanse horloges.

Overnachten

Praktisch – **The Litchfield Inn:** 432 Bantam Rd., tel. 1 860 567 4503, 1 800 499 3444, www.litchfieldinnct.com, $ 100-210. 'Historische' herberg aan de rand van het dorp – ideaal voor dagtochtjes in de omgeving. De inn heeft themasuites met namen als Queen Victoria en Sherlock Holmes.
Prima verzorgd – **Starbuck Inn:** 88 North Main St., Kent, tel. 1 860 927 1788, www.starbuckinn.com, $ 160-290. Tegelijkertijd elegant en gezellig, en bovendien op loopafstand van het mooie stadscentrum van Kent. Nog mooier dan de schitterende kamers is het parkachtige landgoed.

Eten en drinken

De meeste restaurants en cafés liggen rond de Litchfield Green.
Meeting point – **The Village Restaurant:** 25 West St., tel. 1 860 567 8307, www.village-litchfield.com, pub dag. 11.30-24, restaurant dag. 11.30-21.30/22 uur, vanaf $ 20. Best Bar en Best Prime Rib zijn maar een paar van de onderscheidingen die dit mooie restaurant aan de Litchfield Green tot nu won. In de bijbehorende pub komen veel locals.
Topkeuken – **West Street Grill:** 43 West St., tel. 1 860 567 3885, www.weststreetgrill.com, wo.-ma. 11.30-14.30, 17.30-21 uur, vanaf $ 17. Moderne Amerikaanse keuken met invloeden uit de hele wereld. Seizoensingrediënten, altijd vers.

Winkelen

Antiek – De Litchfield Hills zijn een paradijs voor antiquiteitenjagers. Een lijst met **antiekwinkels** in de omgeving is verkrijgbaar bij het CT Convention & Visitors Bureau (zie hieronder).
Jeffrey Tillou Antiques (39 West St., Litchfield, tel. 1 860 567 9693, ma., wo.-za. 10.30-17, zo. 11-16.30 uur) is gespecialiseerd in meubilair en schilderijen uit de 18e en 19e eeuw.
Origineel souvenir – Thuisblijvers verrassen met wijn uit Connecticut? De riesling en chardonnay van de **Haight-Brown Vineyard** (29 Chestnut Hill Rd., tel. 1 860 567 4045 www.haightvineyards.com) bij Litchfield zijn prima.

Info

Northwest CT Convention & Visitors Bureau: P. O. Box 968, Litchfield, Ct. 06759 0968, tel. 1 860 567 4506, www.litchfieldhills.com

IN EEN OOGOPSLAG

Vermont

Hoogtepunt ✹

Newfane en Grafton: idyllisch, betoverend, pittoresk – twee stadjes die eruitzien alsof ze zijn geschilderd. Zie blz. 208

Op ontdekkingsreis

Sugar shacks: in de 'suikerhutten' in de esdoornwouden van Vermont worden in het voorjaar niet alleen ahornsiroop en aanverwante zaken geproduceerd. Een bezoekje met het hele gezin aan zo'n shack is voor Vermonters een ritueel dat na een lange winter het begin van het voorjaar markeert – het is dus een vrolijke boel. Zie blz. 214

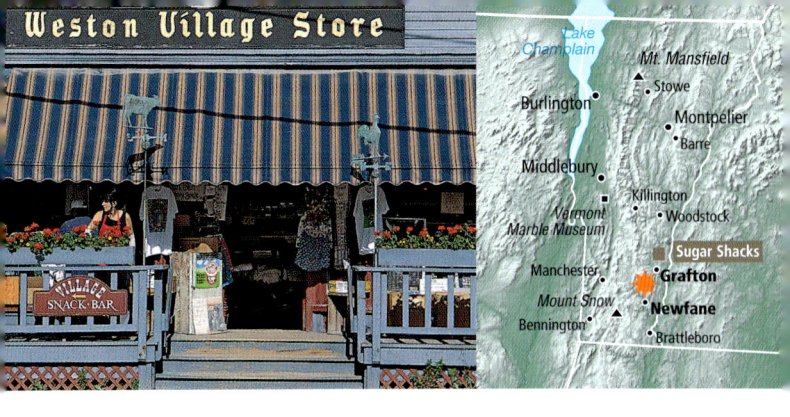

Bezienswaardigheden

Bennington Museum: de geschiedenis uit patriottisch oogpunt. Zie blz. 210

Vermont Marble Museum, Vermont Valley: wat je allemaal met marmer kunt doen. Zie blz. 213

Shelburne Museum, bij Burlington: het mooiste openluchtmuseum van de regio beschikt ook over een geweldige kunstgalerie. Zie blz. 224

Actief & creatief

Mountainbiking op Mt. Snow: spannende afdalingen gegarandeerd op *single tracks* en *downhills*. Zie blz. 208

Peddelen op de Battenkill: Vermonts mooiste rivier om op te kajakken. Zie blz. 212

Mount Mansfield: tussen Stowe en de top passeert u alle vegetatiezones van New England. Zie blz. 222

Sfeervol genieten

Gallery Walk, Brattleboro: op de eerste vrijdag van de maand verandert het centrum in een openluchtgalerie. Zie blz. 207

The Artist's Loft Gallery, Brattleboro: raak geïnspireerd door toegankelijke kunst. Zie blz. 207

Blueberry Hill Inn, bij Middlebury: een bezoek aan de sauna aan de vijver zal u altijd bijblijven. Zie blz. 219

Uitgaan

Cult kijken in het Latchis Theatre, Brattleboro: de nieuwste films van onafhankelijke filmmakers. Zie blz. 207

Nightspot, Killington: hier danst de lycrageneratie. Zie blz. 216

Higher Ground, Burlington: het beste uit de lokale en nationale rockscene. Zie blz. 225

Amerika's progressiefste staat

Vermont, vaak geprezen als progressiefste staat van het land vanwege zijn groene milieupolitiek, laat ook weleens een ander gezicht zien. Zo zijn in afgelegen gebieden soms conservatieve 'Take back Vermont'-graffiti te zien, als protest tegen té liberale medeburgers. De Amerikaanse urbanisatiedrang, die ervoor heeft gezorgd dat gigantische lappen landbouwgrond bebouwd zijn met suburbs en shoppingmalls, is Vermont bespaard gebleven. De hele staat ligt onder een deken van New England-idylle. In de op groene grasmatten gelegen boerderijen met hun mooie rode silo's wonen knoestige boeren, die onafhankelijk denken. Veertien jaar lang wás Vermont dat ook daadwerkelijk. Tot 1791 werd hier een eigen munt geslagen, in Vermont was slavernij al afgeschaft toen ze daar elders nog over na moesten denken. Vermont trad met tegenzin toe tot de Unie. De volksheld van de staat is Ethan Allen (1738-1789), die zijn *Green Mountain Boys* aanvoerde in een beslissende slag tegen de Britten die de onafhankelijkheid bracht.

Aan het eind van de jaren 60 ontdekten de hippies de stille valleien. Vele ervan zijn blijven hangen. Ze baten B&B's uit of hebben zich ontwikkeld tot succesvolle ondernemers – zoals de legendarische ijsmakers Ben Cohen en Jerry Greenfield. De strengste milieuwetgeving van het land zorgt ervoor dat Vermont leefbaar blijft. Wie bijvoorbeeld wil bouwen, moet ervoor zorgen dat zijn huis in de omgeving past.

De hang naar onafhankelijkheid zit nog steeds in de Vermonters. De Second Vermont Republic-beweging (www.vermontrepublic.org) roept op tot afscheiding van de Verenigde Staten. Voorlopig zal het echter bij dromen blijven. In 2007 stemde slechts dertien procent voor onafhankelijkheid.

Het zuiden

Tussen het uitnodigende Brattleboro en Killington, het grootste outdoorvakantiegebied van het oosten, liggen het wandelgebied van de Green Mountains, een uitgeholde berg, een kaaswalhalla, een aan de moeder van de naïeve schilderkunst gewijd museum en het American Museum of Fly Fishing. Het zijn geen spannende bezienswaardigheden, maar in Zuid-Vermont gaat het niet om de bestemming, maar om de reis – in deze idyllische streek is de weg het doel.

Brattleboro ▶ B 8

De tussen de uitlopers van de Green Mountains aan de Connecticut River gelegen plaats is voor reizigers uit het zuiden een van twee toegangspoorten tot Vermont. De andere is Bennington op de westelijke hellingen van de Green

---

INFO

Toeristische informatie
Vermont Dept. of Tourism and Marketing: 1 National Dr., 6th floor, Montpelier, VT 05620 0501, tel. 1 802 828 3237, www.vermontvacation.com

Vervoer
Als onze lieve heer een rijbewijs had, dan zou hij vast het liefst achter het stuur zitten in Vermont. Overal rustige landwegen, niemand heeft haast en in de stadjes kun je makkelijk een (gratis) parkeerplaats vinden.

Brattleboro

Mountains (zie blz. 210). Brattleboro, in 1753 gesticht en in de 19e eeuw een booming industriestad, transformeerde in de jaren 90 tot cultuurstad en viert dat feit elke eerste vrijdag van de maand met de **Gallery Walk**. Winkels, restaurants en trottoirs veranderen dan in tentoonstellingsruimten voor lokale en regionale kunstenaars, wat zorgt voor een volksfeestachtige sfeer (www.gallerywalk.org).

Geen zorgen als die eerste vrijdag van de maand niet goed uitkomt in uw planning. Op Main Street bevinden zich talloze interessante galeris, zoals **The Artist's Loft Gallery** (nr. 103), een creatieve mix van kunstenaarshangout, ouderwetse salon en denktank, die is aangesloten bij de galerie van portretschilder William Hays.

Bezienswaardigheden

Brattleboro's reputatie als bijzonder progressieve stad wordt op meerdere manieren waargemaakt. Zo is er geen anonieme supermarkt in het centrum, maar worden de dagelijkse boodschappen gedaan in de **Brattleboro Food Co-op** (2 Main St., ma.-za. 7-21, zo. 9-21 uur), waar onder andere honderden soorten kaas te koop zijn. Hier en in andere winkels kunt u aangesproken worden door iemand die u een petitie tegen genetisch gemodificeerde groente wil laten tekenen en hangen borden met 'Breastfeeding Mothers Welcome'.

Aan Main Street liggen verder talloze goed restaurants, kroegen en coffeeshops. Kijk vooral even binnen bij het **Latchis Hotel** (50 Main St., www.latchishotel.com), een art-decoherberg uit 1938 met prachtige kamers en een eigen bioscoop, het **Latchis Theatre**, waar zowel blockbusters als cultfilms te zijn zijn.

Nadat u in het **Brattleboro Museum and Art Center** (10 Vernon St., www.brattleboromuseum.org, wo.-ma. 11-17 uur) alles te weten bent gekomen over de regionale geschiedenis en lokale kunst, rijdt u via Rte. 30 en 35 de Green Mountains in.

Rode graansilo's horen net zo bij Vermont als ijs van Ben & Jerry's

Mountainbiken op Mt. Snow

De mountainbike is dan wel 'uitgevonden' in San Francisco, maar de eerste mountainbikeschool van de Verenigde Staten werd in 1988 ten noordoosten van Brattleboro bij Mt. Snow (www.mountsnow.com) geopend. Het terrein van de **Mount Snow Skiresorts**, dat sinds 1990 de National Championship Series (NCS) organiseert, beschikt over 220 km trails, waaronder de zwaarste downhilltrail van het oosten. Fietsen kunnen worden gehuurd in het Mountain Bike Center. Bergop neemt u de stoeltjeslift.

Overnachten

Katterig – **The One Cat:** 43 Clark St., tel. 1 802 579 1905, www.theonecatvermont.com, $ 110-160. Mooie kleine B&B, waar meer dan één kat woont.
Ongewoon – **Latchis Hotel:** 50 Main St., tel. 1 802 254 6300, 1 800 798 6301, www.latchis.com, $ 100-220. In 1938 gebouwd als hotel/bioscoop/balzaal in art-decostijl. Een van de mooiste hotels van Zuid-Vermont.

Eten en drinken

Klein maar fijn – **Peter Havens:** 32 Elliot St., tel. 1 802 257 3333, www.peterhavens.com, wo.-za. vanaf 17.30 uur, vanaf $ 23. Alles klopt hier, van de persoonlijke ontvangst door de eigenaar tot de moderne Amerikaanse keuken met huisgemaakte heerlijkheden als *pasta del mar* en lam in gele madrascurry.

Actief

Peddelen – Het **Vermont Canoe Touring Center** (451 Putney Rd., tel. 1 802 257 5008, www.vermontcanoetouring center.com) naast de Veterans Memorial Bridge verhuurt kajaks en kano's en organiseert tochten met gids op riviertjes in de buurt.

Info en evenementen

Info

Brattleboro Area Chamber of Commerce: 180 Main St., tel. 1 802 254 4565, www.brattleborochamber.org

Evenement

Brattleboro Winter Carnival: 4e week van februari. Volksfeest met livemuziek en pannenkoek-eetwedstrijd.

Newfane en Grafton ✸ ▶ B 8

Newfane

Een paar minuten rijden ten noorden van Brattleboro ligt het slaperige dorpje Newfane met een village green, fonteinen en smetteloos witte kerk, Union Hall en rechtbank. Wereldvreemd is het gehucht zeker niet: in 2006 was het een van de eerste gemeenten die zich schaarde achter een resolutie tot *impeachment* (afzetting) van toenmalig president George W. Bush. Over deze daad van burgerlijke ongehoorzaamheid kunt u met gemak een gesprek opzetten met een van de locals. In goed gezelschap bent u hier overal: in de inns rond Newfane logeerden onder anderen Tom Cruise en Nicole Kidman, Henry Kissinger en Mick Jagger.

Kijk vooral even naar binnen bij **klokkenmaker Ray Bates** (The British Clockmaker, 49 West St., www.thebritishclockmaker.com). Bates restaureert al meer dan vijftig jaar schitterende antieke klokken in zijn knusse atelier.

Grafton

Via de heuvelachtige uitlopers van de Green Mountains rijdt u langs rode schuren en witte hekjes van Brattleboro naar Grafton, New Englands kaaswalhalla. De vier jaar oude cheddar van de in 1890 opgerichte **Grafton Village Cheese Company** (Townsend Rd., www.graftonvillagecheese.com, dag. 10-18 uur), die Vermont zijn reputatie als kaashoofdstaat heeft gegeven, is de bekroonde hoofdrolspeler bij spontane picknicks op de motorkap. Neem uw tijd en kijk toe bij het *cheddaring*, het omdraaien van de kazen.

Overnachten

Typisch New England – **The Grafton Inn**: 92 Main St., Grafton, tel. 1 802 843 2231, 1 800 843 1801, www.graftoninnvermont.com, $ 150-310. Over acht historische panden verdeeld onderkomen met gezellige kamers en een goed restaurant.

Long Trail, Highway 100 ▶ B 5-7

De groene bergen zijn de ruggengraat van Vermont. Ze zijn niet zo 'wild' als de White Mountains (zie blz. 230), maar bieden meer dan genoeg inspannend vertier voor outdoorfans. De **Long Trail**, Vermonts langeafstandswandelroute (zie blz. 53), volgt ze van Massachusetts tot Canada. Wie de 438 km lange route wil afleggen, moet daar een maand voor uittrekken – elk jaar verdienen zo'n zeventig wandelaars de

De herfst kleurt Newfane prachtig rood-geel

Tip

Voor spoorwegfans

Van juni tot oktober trekken de oude locomotieven van de Green Mountain Railroad liefdevol gerestaureerde wagons door het prentenboeklandschap van Zuid-Vermont. Vooral de dagelijks tussen Bellows Falls aan de Connecticut River en Chester Depot rijdende Green Mountain Flyer is top – een ontspannende reis van twee uur door opoe's tijd. (Green Mountain Railroad Corp., 1 Railway Lane, Burlington, tel. 1 800 707 3530, www.rails-vt.com).

eretitel *Thru-Hiker*. Het kan natuurlijk ook makkelijker: **Rte. 100**, een van de *Scenic Routes* van New England, kronkelt over de oostelijke helling van de Green Mountains door dichte bossen en mooie open plekken en voert langs gehuchten waar de kruidenier het sociale middelpunt is. De mooiste daarvan is **Weston**, een rustig, vijfhonderd zielen tellend vlekje aan het eind van de West River Valley, met green, victoriaans prieel en natuurlijk een general store.

Bennington ▶ A 8

Vanuit Brattleboro klimt Rte. 9 tot een hoogte van 800 m en voert hierbij door de dichte bossen van de Green Mountains National Forest. U rijdt langs de pistes van Mount Snow en Haystack Mountain, twee van een tiental uitstekende ski- en mountainbikegebieden. Halverwege het traject buigt Rte. 100 in noordelijke richting af naar Killington (zie blz. 213). Rte. 9 daalt echter af naar arbeidersstad Bennington. Ingeklemd tussen de Taconic Range en de Foothills van de Green Mountains bevindt het centrum van Old Bennington zich op een bergzadel boven de Walloomsac River.

Het **Bennington Battle Monument** (15 Monument Circle, apr.-okt. dag. 9-17 uur), een 100 m hoge obelisk waar je even aan moet wennen, heeft een prachtige preekstoel. Deze herinnert aan de in 1777 door de kolonisten gewonnen Slag van Bennington, die de Onafhankelijkheidsoorlog een beslissende zet in de richting van de Amerikanen gaf.

Musea in Bennington

Op de weg naar de obelisk ligt het uitstekende **Bennington Museum** (75 Main St., www.benningtonmuseum.org dag. 10-17 uur) met tentoonstellingen over de geschiedenis van Vermont. Typisch Vermonts is dat George Washingtons rit naar Bennington in 1790 wordt neergezet als de eerste buitenlandreis van een Amerikaanse president – Vermont was immers nog onafhankelijk.

Een van expositieruimten is volledig gewijd aan Anna Mary Robertson Moses, oftewel **Grandma Moses** (1860-1961). Dit icoon van de Amerikaanse naïeve schilderkunst begon pas op zeventigjarige leeftijd te schilderen en baarde wereldwijd opzien met haar scènes van het landelijke New England.

Het zijn misschien wel de meest gefotografeerde bouwwerken van New England, maar de beroemde overdekte bruggen kregen pas in de zomer van 2003 een eigen museum. Het **Vermont Covered Bridge Museum** (44 Gypsy Lane, www.thebennington.org/covered-bridge, wo.-ma. 10-17 uur) houdt zich alleen maar bezig met deze New Englandse instituten. Waarom bruggen destijds daken hadden, waarvoor ze nog meer worden gebruikt – ze hebben niet voor niets *kissing bridges* als bijnaam – en met welke uitdagingen hun constructeurs te maken kregen, wordt hier met veel liefde uitgelegd.

Overnachten

Gezellig – **South Shire Inn:** 124 Elm St., tel. 1 802 447 3839, www.southshire.com, $ 130-200. Romantische victoriaanse inn met een mooie bibliotheek en veel handgemaakte details. Lichte kamers waarin u zich binnen no-time thuis zult voelen.

Eten en drinken

True blue – **The Blue Benn:** 314 North St./Rte. 7, tel. 1 802 442 5140, ma., di. 6-17, wo.-za. 6-20, zo. 7-16 uur, vanaf $ 5. De blauwe entree, veel roestvrij staal en klassieke dinerstoelen maken deze jarenvijftigzaak tot een ware attractie.

Winkelen

Kunstnijverheid – Ook Bennington zet cultuur in om de lokale economie te stimuleren. Op en rond Main Street zit een hele rits leuke kunstnijverheidszaakjes, zoals **Hawkins House Craftsmarket** (262 North St., ma.-za. 10-18, zo. 11-17.30 uur) en **Fiddlehead at Four Corners** (338 Main St., dag. 10-18 uur).

Actief

Hiken – De **Long Trail** begint niet ver van Bennington. De lokale afdeling van de Green Mountain Club (www.meetup.com/gmcbennington) kan u voorzien van informatie en organiseert regelmatig wandelingen met gids.

Info

Bennington Area Chamber of Commerce: 100 Veterans Memorial Dr., tel. 1 802 447 3311, www.bennington.com

Manchester ▶ A 8

Rte. 7A van Bennington naar Manchester voert langs de westelijke hellingen van de Green Mountains, met aan de linkerkant de Taconic Range. Het stadje Manchester heeft als geen ander de commercie uit zijn centrum **Manchester Village** verband. Met trottoirs uit marmeren platen en het grandioze **Equinox Hotel,** waar piccolo's in livrei gasten uit limousines helpen, is het hier heerlijk dromen van de goede oude tijd.

Manchester Center is dan weer het andere uiteinde van het spectrum. Het bestaat uit designeroutlets van onder andere Escada, Ralph Lauren en Giorgio Armani en fastfoodrestaurants. Vlakbij staat het **American Museum of Fly Fishing** (4070 Main Street, www.amff.org, di.-za. 10-16 uur). Met glinsterende ogen bekijken vissers uit heel Amerika hier wat voor vliegvisgerei fanatieke hengelaars hebben verzameld sinds de 16e eeuw.

Uitstapjes in de omgeving

Ten zuiden van Manchester is **Hildene** (Rte. 7A, mei-okt. dag. rondleidingen 9.30-16.30 uur) de moeite waard. Het prachtige, achter bomen verborgen landgoed hoog boven de Battenkill River was eigendom van de oudste zoon van Abraham Lincoln en bevat prachtige originele meubels.

De **Equinox Skyline Drive,** een bochtenrijke tolweg, voert van Rte. 7A naar de 1172 m hoge **Mount Equinox.** Boven reikt uw blik tot de White Mountains in het oosten en de Adirondacks in het westen. Bij de ingang zijn trailkaarten beschikbaar. Een handvol mooie wandelroutes begint bij de weg en volgt de hellingen van de berg naar de top, die als roofvogelgebied vooral populair is bij vogelaars (www.equinoxmountain.com, eind mei-eind okt. 9-16 uur, $ 15 per auto/bestuurder plus $ 5 p.p.).

Het rustige Weston ligt aan highway 100

Overnachten

Romantisch – **1811 House:** Manchester, 3654 Main St./Rte. 7A, tel. 1 802 362 1811, 1 800 432 1811, www.equinoxresort.com/accommodations/inns/1811House, $ 140-320. Ooit het huis van een kleindochter van Abraham Lincoln, tegenwoordig onderdeel van het Equinox Resort. Victoriaans ingerichte kamers met liefde voor detail.

Verstandig – **Weathervane Motel:** Rte. 7A, tel. 1 802 362 2444, 1 800 262 1317, www.weathervanemotel.com, $ 100-200. Prima motel met zwembad.

Eten en drinken

Creatief – **The Perfect Wife Restaurant & Tavern:** 2594 Depot St., tel. 1 802 362 2817, www.perfectwife.com, dag. 17-22, uur, vanaf $ 20. 'Freestyle' beschrijft de keuken het best: van vegetarische Thaise gerechten en filet mignon tot kalkoenschnitzel en tonijnsteaks.

Actief

Peddelen – De in zuidelijke richting stromende **Battenkill River** is een van New Englands beste rivieren om te kanoën. Een aantal bedrijven biedt een- tot vijfdaagse trips aan, bij sommige vaart u van inn naar inn. Bijvoorbeeld **BattenKill Canoe Ltd.**, 6328 Rte. 7A, tel. 1 802 362 2800, www.battenkill.com.

Info

Manchester and the Mountains Chamber of Commerce: 39 Bonnet St., Manchester Center, tel. 1 802 362 6313, www.visitmanchestervt.com

Vermont Valley ▶ B 8

Ten noorden van Manchester gaat Rte. 7A over in de US-7 en voert tussen de 1000 m hoge Green Mountains en de Taconic Range naar het noorden. Niets wijst erop dat in deze bergen het beste marmer van het land ligt. Het gesteente wordt sinds de vroege 19e eeuw gedolven en is terug te vinden in heel wat monumenten en regeringsgebouwen in Washington DC.

De marmergroeven hebben deels spectaculaire uitzichten. Zo buigt in Danby een straat linksaf naar de **Danby Quarry**. De groeve, diep onder de Dorset Mountain, is de grootse onderaardse ter wereld. Op een diepte van bijna 2 km snijden speciale zagen mamereren blokken uit van vele tonnen. De 10 m hoge tunnels worden gestut door marmeren zuilen – een surreële witte wereld waarin weinig licht doordringt. De Danby Quarry is niet te bezichtigen, maar de op transport wachtende blokken bij de ingang zijn indrukwekkend.

Foto's van het binnenste van Dorset Mountain vindt u op www.vermontquarries.com en in het **Vermont Marble Museum** (52 Main St., Proctor, www.vermontmarblemuseum.org, mei-okt. dag. 10-17 uur) in het nabijgelegen Proctor. Het museum, dat u betreedt door een haag van op elkaar gestapelde marmerblokken, is ondergebracht in oude fabriekshallen van de Vermont Marble Co. en toont behalve allerlei soorten marmer ook borstbeelden van alle Amerikaanse presidenten – uiteraard van marmer.

Killington ▶ B 7

Niet ver van Proctor voert Rte. 4, ook aangemerkt als Scenic Route, over de Green Mountains naar het oosten. Halverwege het traject kondigen kale berghellingen het *Beast of the East* aan: Killington is New Englands grootste skigebied. Het uit zes toppen bestaande, steeds weer uitgebreide resort bedient een markt die de gehele oostkust bestrijkt. In de zomer dalen mountainbikers af, wandelaars kunnen hun lol op met routes die deel uitmaken van de Appalachian Trail (zie blz. 209).

Overnachten

Goede uitvalsbasis – **Inn at Long Trail**: 709 Rte. 4 (niet ver van de afslag naar Killington), tel. 1 802 775 7181, 1 800 325 2540, www.innatlongtrail.com, $ 110-210. Rustieke herberg die een goede uitvalsbasis vormt voor wandelingen op de elkaar hier kruisende Long Trail en Appalachian Trail.

Supervoordelig – **Killington-Pico Inn**: Rte. 4 (tussen Rutland en Killington), tel. 1 802 773 4088, 1 800 548 4713, www.killingtonpico.com, $ 60-130. Eenvoudig motel met jacuzzi in de tuin.

Eten en drinken

Sportief-elegant – **Zola's Grill & Theodore's Tavern**: 103 Rte. 4 (in de Cortina Inn), tel. 1 802 773 3333, dag. 8-23 uur, vanaf $ 10. New American cuisine met mediterrane invloeden. Prima burgers en pizza's.

Ongedwongen – **Outback Pizza**: 2841 Killington Rd., tel. 1 802 422 9885, www.outbackpizzakillington.com, 11-24 uur, vanaf $ 10. Maakt reclame met de slogan *All other restaurants are too civilized* – dan weet je het wel.

▷ blz. 216

Op ontdekkingsreis

Sugar shacks – vloeibaar goud, diep in de bossen

Elk voorjaar trekken Vermonters met het hele gezin naar de *sugar shacks*. In rustieke hutten genieten ze gezamenlijk tijdens een stevige maaltijd van de daar geproduceerde ahornsiroop. Het is na de lange winter een culinaire begroeting van de lente.

Kaart: ▶ A/B 8
Duur: 1 tot 2 uur
Planning: Plummers Sugar House, Grafton, www.plummerssugarhouse.com, New England Maple Museum, Rte. 7, Pittsford (ten noorden van Rutland), tel. 1 802 483 9414, www.maplemuseum.com, dag. 10-16 uur

Plummer's Sugar House, niet ver van Grafton, diep in de wouden van Vermont. Mensen staan met een houten stok in hun handen voor een lange, met sneeuw bedekte tafel en wachten. Dan komt iemand met een emmer en een lepel; hij giet verse, nog warme ahornsiroop in kleine porties in de sneeuw. Daarin koelt de amberkleurige vloeistof af tot een plakkerige, iets vastere massa, die op de houten stok wordt gespiest. Erg charmant is deze handeling niet uit te voeren, maar de gêne daarvoor verdwijnt onmiddellijk wanneer het warme, kleverige goedje je smaakpapillen beroert.

Gigantische productie

Vermont is dankzij zijn enorme esdoornwouden de grootste ahornsiroopproducent van de Verenigde Staten. In 2016 werd een recordhoeveelheid van 4,9 miljoen liter geproduceerd, maar ook in 'gemiddelde' jaren ligt Vermont ruim voor op concurrenten Maine, New York en New Hampshire. De oorspronkelijke bewoners van de regio wisten ahornsiroop al te waarderen als zoetstof en het sap van de boom als middel tegen reuma en artritis. Tegenwoordig is ahornsiroop niet meer weg te denken uit de Amerikaanse keuken. Pancakes, wafels, french toast – zonder *maple syrup* zou het Amerikaanse ontbijt maar een saaie boel zijn.

Van boom tot siroop

Ahornsiroop kan alleen tijdens het smelten van de sneeuw in het voorjaar worden gemaakt. Als de dagen warmer worden maar het 's nachts nog vriest, komt het sap onder invloed van het temperatuurverschil omhoog. Waar de kolonisten nog wiggen in de bomen dreven en daar emmers aan hingen, worden tegenwoordig moderne leidingsystemen gebruikt, die het sap direct naar de sugar shacks leiden. Daar wordt het gekookt in grote ketels. Voor een liter siroop is veertig liter sap nodig. In Vermont wordt ahornsiroop aangeboden in drie kwaliteitsniveaus. A staat voor een amberkleurig product met een zeer fijne smaak, B en C zijn donkerder, dikker en sterker van smaak. C wordt vooral gebruikt tijdens het koken.

Vermonts siroopseizoen loopt van begin maart tot half april. Maar bij veel suikkerhutten kunt u tegenwoordig het hele jaar door terecht voor het genot van vers, in sneeuw gerolde siroop – met dank aan diepvrieskisten.

Er is zelfs een museum gewijd aan het zoete goedje (zie linkerpagina), en voor hardcore-zoetekauwen heeft het ministerie van Toerisme van Vermont de *Guide to Vermont Maple Producers* opgesteld, met een groot aantal sugar shacks dat bezocht kan worden (www.vermont. com/activities/maple-producers). Hier staat onder meer de **Sugarbush Farm** (591 Sugarbush Farm Rd., Woodstock, www.sugarbushfarm.com, dag. 8-17 uur) op, waar u tijdens een rondleiding ook van alles te weten komt over kaasbereiding. Bij **The Country Shop at the Robb Family Farm** (827 Ames Hill Rd., Brattleboro, www.robbfamilyfarm. com) zijn allerlei verse ahornsiroopproducten te koop.

Aftappen van de bomen in het voorjaar

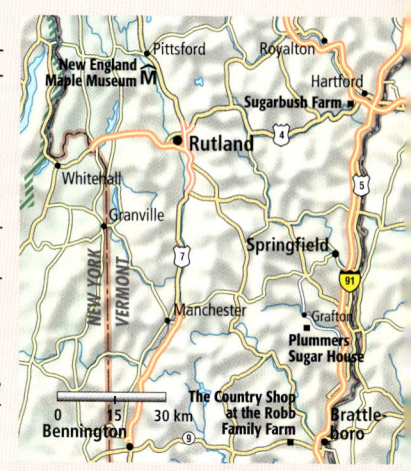

Winter Wonderland: een B&B in Woodstock

Actief

Wandelen, skiën – Op veel skibergen, zoals Deer Leap Mountain, zijn goede wandelwegen. Informatie bij de Chamber en de Inn at Long Trail (zie boven).
Mountainbiken – Met bijna 100 km aan mountainbiketrails is Killington ook voorbereid op hardcorefietsers. Fietsen, helmen en kniebeschermers zijn te huur bij de **Mountain Bike Shop** (in de Killington Base Lodge, tel. 1 802 422 6232).

Uitgaan

Het nachtleven van Killington is levendig en relaxed. Bars en muziekcafés zijn voornamelijk te vinden aan Killington Road. Op de podia staan meestal lokale grootheden of nieuw talent.
Voetjes van de vloer – Een goede plek om te dansen is **Nightspot** (2841 Killington Rd., tel. 1 802 422 9885, dag. 21-2 uur) naast de Outback Pizza.

Info

Killington Pico Area Association: 2319 US Rte. 4, Killington, tel. 1 802 73 4181, www.killingtonpico.org

Woodstock ▶ B 7

Woodstock is chic. Piekfijn tot in de details trekt het stadje de upper class al aan sinds de county hier een bestuurlijk centrum inrichtte, kort na de stichting in 1761. Sindsdien hebben ondernemers, advocaten en artsen de ovale green met elegante huizen in allerlei stijlen in een soort New England-idylle in XL-formaat getransformeerd. De perfecte esthetiek wordt door niets verstoord. In de tearooms aan de green komen chique dames bijeen voor een high tea, New Yorkers in poloshirts en designerjeans rommelen door antiekwinkels met hun zonnebril op het voorhoofd.

Hoe het dorpje dit smetteloze openluchtmuseum werd, toont een multimediatentoonstelling met herinneringen van oude Woodstockers in het **Woodstock History Center** (26 Elm St., www.woodstockhistorycenter.org, junieind okt. wo.-za. 13-17, zo. 11-16 uur).

Uitstapjes in de omgeving

Iets ten noorden van Woodstock ligt het **Billings Farm and Museum** (54 Elm St., www.billingsfarm.org, mei-okt. dag. 10-17 uur). In 1871 kocht Frederick Billings, advocaat en 'groen' avant la lettre, dit landgoed, dat hij vervolgens verbouwde tot een milieuvriendelijk gevoerd bedrijf. Tegenwoordig produceert het, inmiddels in handen van een Rockefeller-nazaat, Jersey-vee van topkwaliteit.

Het **Marsh-Billings-Rockefeller National Historical Park** direct naast de Billings Farm (www.nps.gov/mabi) biedt 40 km aan mooie wandelroutes door een idyllische natuurlandschap, onder andere naar de top van de boven Woodstock uit torende Mt. Tom.

Overnachten

Romantiek ten top – **Kedron Valley Inn:** 4778 South Rd., South Woodstock, tel. 1 802 457 1473, 1 800 836 1193, www.kedronvalleyinn.com, $ 170-290. Historische, over drie panden verdeelde inn met mooie kamers. Goed restaurant.

Knus en centraal – **Ardmore Inn:** 23 Pleasant St., tel. 1 802 457 3887, www.ardmoreinn.com, $ 150-260. Gemoedelijke bed en breakfast in Griekse revivalstijl. De locatie op slechts twee minuten lopen van de village green is een extra pluspunt.

Eten en drinken

Bekroond – **The Prince and the Pauper:** 24 Elm St., tel. 1 802 457 1818, www.princeandpauper.com, zo.-vr. 18-21, za. 18-21.30 uur, menu $ 49. Niet goedkoop, maar de creatieve New American cuisine is het geld meer dan waard.

Pretentieloos – **Mountain Creamery:** 33 Central St., tel. 1 802 457 1715, www.mountaincreameryvt.com, dag. 7-15 uur, vanaf $ 5. Coffeeshop waar je heerlijk (calorierijk) kunt ontbijten en lunchen. Beroemd is de *mile high apple pie*.

Winkelen

Behalve de galeries rond de green moet u beslist ook even binnenlopen bij Vermonts oudste **general store**, F. H. Gillingham's & Sons uit 1886. De winkel verkoopt alles wat *made in Vermont* is, zoals maple syrup, kaas en kunsthandwerk (16 Elm St., www.gillinghams.com, ma.-za. 8.30-18.30, zo. 10-16 uur).

Info

Woodstock Area Chamber of Commerce: 18 Central St., tel. 1 802 457 3555, www.woodstockvt.com

Het noorden

Burlington, volgens lifestylemagazines *America's dream town*, ligt aan 'New Englands West Coast', waarmee Lake Champlain wordt bedoeld. Maar ook onderweg komt u van alles moois tegen. U passeert pittoreske toevluchtsoorden van drop-outs in de Green Mountains, Montpelier, de kleinste hoofdstad van de Verenigde Staten en alleen al om dat feit bezienswaardig en, om u wakker te schudden uit de pren-

Vermont

tenboekidylle, door de wind geteisterde plateaus voorbij de boomgrens.

Burlington ligt ten westen van de Green Mountains. De I-89 maakt zelfs een omweg voor de stad. Rte. 100 (zie blz. 209) niet. Deze weg loopt vanuit Killington langs de oostelijke helling van de groene bergen uit naar het noorden. Daarbij laat de weg de hoofdstad Montpelier rechts liggen, schaaft hij de wintersportplaats Stowe en werkt zich in de schaduw van Mount Mansfield door de nauwe Smugglers' Notch, om aan de andere kant uiteindelijk door het dunbevolkte gebied bij de grens met Canada te voeren. Zoals overal in New England geldt, en eigenlijk in heel Amerika: de state routes zijn om te ontdekken, de interstates om kilometers te vreten.

Middlebury en omgeving ▶ A 7

Als het in Vermont over *gap* gaat, bedoelt niemand het oer-Amerikaanse kledingmerk, maar een bergpas. Vanaf **Brandon Gap** aan Rte. 73 en **Middlebury Gap** iets noordelijker aan Rte. 125 is het uitzicht via de westkant van de Green Mountains en de Champlain Valley op het glinsterende water van Lake Champlain bij helder weer prachtig. Op beide wegen kunt u afslaan naar zijstraten die voeren naar verborgen liggende dorpjes en eenzame huizen in de *middle of nowhere*. In de 17e en 18e eeuw trokken door dit landschap indiaanse, Franse, Engelse en Amerikaanse troepen. Veel van de huidige bewoners van de streek kwamen hier in de jaren 60 al blowend en *California Dreamin'* zingend aan met een Volkswagenbusje. De hippies zijn inmiddels op leeftijd en hebben een boerderij, geven les of baten een B&B uit, maar ze zijn vaak nog net zo politiek geëngageerd als vijftig jaar geleden.

U proeft de sfeer van dit relatief onontdekte stukje Vermont ook goed wanneer u in zuidwestelijke richting naar de veerboot in **Larrabee's Point** rijdt. De zijweg richting het water voert naar het in de staat New York gelegen **Fort Ticonderoga** (mei-okt. dag. 9.30-17 uur) aan de westoever van Lake Champlain. Op 10 mei 1775 veroverden de Green Mountain Boys onder leiding van Ethan Allen het door de Britten verdedigde fort. Een klein museum en als soldaat geklede acteurs laten de wilde tijden herleven.

Middlebury

Ook dit stadje is weer een stukje klassiek New England. Green, kerk, rijen oude huizen die laten zien dat er geld zit – alles lijkt klaar om op de foto gezet te worden. De studenten van de gerenommeerde, in 1800 gestichte Middlebury College bevolken de moderne cafés en boetieks tussen de historische muren. In het **Henry Sheldon Museum of Vermont History** (1 Park St., www.henrysheldonmuseum.org, di.-za. 10-17, zo. 13-17 uur) heeft de bezeten verzamelaar Henry Sheldon in de 19e eeuw alles bij elkaar gegooid dat voor hem Vermont belichaamde. Het resultaat is een volkenkundig museum dat is gewijd aan de Vermontse alledaagsheid van honderd jaar geleden. De collectie omvat tal van bizarre objecten, waaronder een zogenaamd versteende indianenjongetje.

Moosalamoo Recreation Area

De wildernis in het hart van de **Green Mountains National Forest** is nog relatief onbekend bij wandelaars. Het park ligt op een kwartiertje over Rte. 125 rijden ten zuidoosten van Middlebury. Aan deze weg beginnen ook al verschillende trails naar lookouts waar u prachtig uitzicht hebt op de Champlain Valley en Lake Champlain

Middlebury en omgeving

De Green Mountains zijn een paradijs voor mountainbikers

met daarachter de blauwe keten van de Adirondacks. In totaal heeft de Moosalamo-wildernis meer dan 100 trailkilometers, waaronder een deel van de Long Trail (zie blz. 209, www.moosalamoo.org).

Overnachten

Perfecte schuilplaats – **Blueberry Hill Inn**: Goshen-Ripton Rd. (20 min. in de richting van Brandon, Rte. 73, bij bord met 'Blueberry Hill' links afslaan), tel. 1 802 247 6735, www.blueberryhillinn.com, $ 175-270 (per persoon). Verstopt in de Moosalamoo Recreation Area is deze inn de perfecte *getaway*. Blauw, door oude hippies gevoerde accommodatie uit 1813 met elf ontzettend gezellig ingerichte kamers, sauna en natuurlijk een uitgebreid ontbijt. Goede uitvlasbasis voor hikes en fietstochten.

Eenvoudig – **Greystone Motel**: 1395 Rte. 7 (3 km ten zuiden van Middlebury), tel. 1 802 388 4935, www.greystonemotel.net, $ 80-110. Klein, schoon motel.

Eten en drinken

Steenoverpizza – **American Flatbread**: 137 Maple St., tel. 1 802 388 3300, www.americanflatbread.com dag. 7-18 uur, vanaf $ 8. Overdag biologische bakkerij en café, vr.- en za.-avond (17-21 uur) informeel steenovenpizzarestaurant.

Winkelen

Kunsthandwerk – **Art on Main**: 25 Main St., Bristol, ma.-za. 10-18, zo. 11-15 uur. Galerie met werk van kunstenaars uit Vermont in een schitterend pand uit de 19e eeuw.

Info

Addison County Chamber of Commerce: 93 Court St., Middlebury, tel. 1 802 388 7951, 1 800 733 8376, www.addisoncounty.com

Montpelier ▶ B 6

Wasberen, stekelvarkens, vossen, hazen: de meestal alleen als *roadkill* opdoemende viervoeters kruisen Rte. 12 zo op hun gemak dat het lijkt alsof het asfalt hun thuis is. De parallel verlopende I-89 zorgt ervoor dat er zo weinig verkeer is op de alternatieve route tussen Bethel naar Montpelier dat hier maar liefst 50 km lang geen B&B of antiekhandel te zien is – een unicum in deze regio. De hoofdstad aan de Winooski River, gecentreerd rond Main en State Street, is vervolgens de kers op de taart. Montpelier is precies zoals je verwacht: klein maar fijn en voorzien van alle voorzieningen van een regeringszetel.

Bezienswaardigheden

Vier colleges, waaronder het New England Culinary Institute, hebben hier hun thuis, maar de vaak bij onderwijsinstituten horende sfeer is hier niet te voelen. De beboste berghellingen op de achtergrond benadrukken de schoonheid van de 1857 gebouwde **State Capitol** (115 State St., ma.-vr. 8-16 uur, elk halfuur rondleiding) met zijn zeer fotogenieke gouden koepel. Naast de hoofdingang houdt Ethan Allen grimmig de wacht, binnen kunt u met marmer ingelegde hallen en schilderijen van Vermontse kunstenaars bekijken. Interessante memorabilia uit de bewogen geschiedenis van de staat is te zien in het **Vermont Historical Society Museum** (109 State St., www.vermonthistory.org di.-za. 10-16 uur). Een bezoek hieraan helpt de zogenaamde *Vermontness* te begrijpen, net als een korte wandeling door de compacte binnenstad met zijn huizen in Federal style. Hier zult u vergeefs zoeken naar een fastfoodzaak, maar zijn des te meer di-

Typisch New England: quilts

ners, cafés en restaurants die al generaties lang door dezelfde familie worden uitgebaat. Montpelier is niet alleen de kleinste hoofdstad (sinds 1805) van de Verenigde Staten, maar ook de enige zonder een vestiging van McDonald's.

Mad River Valley

De naam is misleidend: u zult in deze vallei ten zuidwesten van Montpelier geen wild water tegenkomen, maar een vredig kabbelend riviertje dat – in de Verenigde Staten ongewoon – van het zuiden naar het noorden stroomt. Ook de vallei zelf, waardoor Rte. 100 naar het zuiden voert, is beeldschoon. De vier dorpjes in het dal – **Warren, Waitsfield, Fayston en Moretown** – zijn slaperige ensembles van victoriaanse architectuur, waarin u naast galeries en general stores ook een aantal bijzondere bouwwerken tegenkomt, die hier zoveel ansichtkaarten sieren: de *covered bridges*. Bezienswaardig is vooral de in 1833 gebouwde **Great Eddy Bridge** in Waitsfield – de oudste van zijn soort in Vermont – en de **Warren Bridge** uit 1880 in het gelijknamige plaatsje.

Overnachten

Historisch – **Inn at Montpelier:** 147 Main St., tel. 1 802 223 2727, www.innatmontpelier.com, $ 150-290. In twee gebouwen met een veranda rondom. Huiselijke kamers met mooie details.

Eten en drinken

Spannend – **NECI on Main:** 118 Main St., tel. 1 802 223 3188, www.neci.edu, di.-zo. 11.30-14, 17.30-21 uur, vanaf $ 16. Dit moderne restaurant is het laboratorium van het New England Culinary Institute. In de keuken staan dus de topchefs van de toekomst.

Hemelse sandwiches – **La Brioche Bakery and Café:** 89 Main St., tel. 1 802 229 0443, www.neci.edu, ma.-vr. 7-18, za. 7-15 uur, vanaf $ 7. Ook dit mooie café, waar verfijnd gebak en creatieve sandwiches te koop zijn, is onderdeel van het Culinary Institute.

Winkelen

Boeken en accessoires – Shoppen is hier lekker overzichtelijk: alles ligt rond Main en State Street. Kleine boetieks voor accessoire en knusse boekwinkels domineren hier het commerciële landschap. Geniet van de krakende vloeren van **Rivendell Books** (100 Main St., tegenover Ben & Jerry's, ma.-do. 9-18, vr., za. 9-19, zo. 10-17 uur), waar zeldzame en antieke boeken op de planken liggen, en van **Bear Pond Books** (77 Main St., ma.-do. 9-18.30, vr. 9-21, za. 9-18.30, zo. 10-17 uur), dat zich richt op lokale en regionale auteurs.

Barre ▶ B 6

Het graniet voor het Capitol en de meeste andere openbare gebouwen in Montpelier is afkomstig uit de steengroeven in het nabijgelegen Barre (uitgesproken als *berry*). De arbeidersstad is Montpeliers proletarische neef. De lokale granietgroeven waar de hoogwaardige Barre Gray wordt gedolven, trokken ooit vooral Schotse en Italiaanse immigranten aan. Ze waren het toneel van bittere arbeidsconflicten en zijn nog steeds de ruggengraat van de lokale economie – de meeste grafstenen van het land worden nog steeds van Barre Gray-graniet. Meer van zulke *fun facts* leert u in het via historische foto's en beeldfragmenten in het **Barre Museum and Archives** (Aldrich Public Library, 6 Washington St., vooraf aanmelden). Voorbij de eenvoudige arbeiderswoningen van **Graniteville** in het zuiden van Barre komt u bij de grootste granietgroeve ter wereld. De **Rock of Ages Quarry** is een spectaculaire, geleidelijk uitgehold gat. Van het graniet dat eruit is gehaald, zijn onder meer de trappen van het kapitool in Washington en de vloer van het vliegveld van Hongkong gemaakt. Andere details ontdekt u in het bezoekerscentrum, dat ook rondleidingen verzorgt (560 Graniteville Rd., www.rockofages.com, mei-okt. ma.-za. 8.30-17.00, zo. 10-17 uur).

Info

Central Vermont Chamber of Commerce: 33 Stewart Rd., Barre, tel. 1 802 229 4619, www.central-vt.com

Stowe en Mt. Mansfield ▶ B 6

Hoewel de concurrentie uit Killington moordend is, blijft men er in **Stowe** bij dat dít de skihoofdstad van New England is. Dat het 3500 zielen tellende plaatsje al in 1763 werd gesticht, geeft het in elk geval een charme die andere skiresorts, in de laatste veerig jaar uit de grond gestampt, ontberen. Van half november tot half mei kun je op de circa vijftig pistes in de buurt uitstekend skiën, langlaufen en snowboarden. Tientallen restaurants en een ring van accommodaties, winkels waar wintersportuitrusting te koop en te huur is en shoppingmalls zorgen voor een uitstekende winterse infrastructuur. In de zomermaanden is Stowe, dat vaak wordt vergeleken met het wereldberoemde skiresort Aspen (Colorado) niet minder actief. Je kunt er dan fantastisch wandelen en mountainbiken, vooral op de flanken van Mt. Mansfield (1339 m).

Als u geen zin hebt u in te spannen, kunt u ook naar de top met de **gondels** van het **Stowe Mountain Resort** (5781 Mountain Rd., www.stowe.com, eind juni-okt., dag. 10-17 uur) of via de tolweg **Mount Mansfield Auto Road** (half mei-okt. dag. 9-16 uur). De laatste paar meters zult u sowieso moeten lopen, maar het uitzicht maakt de klauterpartij voorbij de boomgrens absoluut de moeite waard. Onder gunstige omstandigheden reikt de blik helemaal tot de White Mountains en zelfs tot Canada.

Ook aan de andere kant van de berg ligt een geweldige autoroute. **Smugglers' Notch** is de naam van een smalle bergpas, waarover vroeger smokkelaars en gevluchte slaven Canada probeerden te bereiken. Rte. 108 werkt zich tussen grote rotsen in krappe haarspeldbochten de berg af. Onderweg passeert u in een onoverzichtelijke bocht de slechts enkele meters brede bergzadel. Inspannende trails aan beide kanten van de weg voeren naar prachtige uitkijkpunten.

Trails rond Mt. Mansfield

Om als **hiker** de hier behoorlijk steile Green Mountains te bedwingen, is een goede conditie absoluut vereist. Ten noorden van Stowe begint aan Rte. 108 (parkeerplaats Long Trail) de 7,5 km lange trail op Mt. Mansfield. De Green Mountain Club heeft deze aangemerkt als *difficult* en zegt dat je er 6,5 uur voor moet uittrekken – een optimistische schatting. Andere goede trails zijn de Stowe Pinnacle Trail (4,5 km) op de Hogback Mountain en de Waterbury Trail (6,4 km) op Mt. Hunger. Gedetailleerde informatie bij de Green Mountain Club (zie blz. 55).

Fietsers en mountainbikers kunnen kiezen uit een fietspadnetwerk van meer dan 200 km, waaronder de mooie Stowe Recreation Path dwars door het stadje. Mountainbikers kun-

Jong geleerd ... ook in het noorden van Vermont

nen hun vaardigheden testen op de legendarische Cottonbrook Trail. Fietsverhuur bij **Stowe Bike Rentals** (350 Mountain Rd., tel. 1 802 253 4593, www.stowebikes.com).

Overnachten

Amerikaans Oostenrijk – **Innsbruck Inn at Stowe:** 4361 Mountain Rd., tel. 1 802 253 8582, www.innsbruckinn.com, $ 140-380. Mooi nagebouwd stukje Oostenrijk aan de voet van Mount Mansfield. Rustiek-elegante kamers, zwembad, sauna, jacuzzi.
Tussen dorp en skilift – **Alpenrose Motel:** 2619 Mountain Rd., tel. 1 802 253 7277, 1 800 962 7002, www.gostowe.com/saa/alpenrose, $ 80-140. Betaalbare gezelligheid tussen Stowe en het Mountain Resort. Kamers met kitchenette, zwembad.

Eten en drinken

Skihut – **Hob Knob Inn Bar & Lounge:** 2364 Mountain Rd. (in de Hob Knob Inn), tel. 1 802 253 8549, www.hobknobinn.com/bar-lounge, do.-za. vanaf 17.30 uur, vanaf $ 19. Skihutsfeer, maar dan met steaks en spareribs in plaats van schnitzels en raclette.
Geraffineerd – **The Bistro at Ten Acres:** 14 Barrows Rd., Stowe, tel. 1 802 253 6838, www.tenacreslodge.com, wo.-zo. 17-22 uur, vanaf $ 19. Bistrogerechten, seafood en Amerikaanse klassiekers als steaks en hamburgers. Alles wordt geraffineerd bereid met gebruik van regionale ingrediënten.

Tip

Cliff House Restaurant
Het restaurant op de top van Mt. Mansfield is een mooie plek voor een lunch boven de boomgrens. Op de menukaart van het rustieke restaurants staan creatief bereide soepen, op de *California Cuisine* geïnspireerde salades, sandwiches en pastagerechten. De panoramische blik op maar liefst drie Amerikaanse staten én Canada is een mooi bijgerecht (via de Auto Road of de Gondola Skyride, tel. 1 802 253 3665, dag. 11-15 uur).

Actief

Peddelen – De schoonheid van de valleien rondom Stowe is het beste te ontdekken tijdens een kano- of kajaktocht op de **Lamoille** of de **Winooski River**. **Umiak Outdoor Outfitters** (849 S. Main St., Stowe, tel. 1 802 253 2317, www.umiak.com) organiseert tochten met gids.

Info

The Stowe Area Association: 51 Main St., tel. 1 802 253 7321, 877-GoStowe, www.gostowe.com

Burlington ▶ A 6

Binnen de stadsgrenzen volgt een 15 km lang fietspad de oevers van **Lake Champlain.** Burlington doet alles anders. Terwijl andere steden een enorme jachthaven uitbaten, heeft het universiteitsstadje een *boat house* waar zeilbootjes verhuurd worden. En in de voetgangerszone Church Street in de binnenstad is het, in tegenstelling tot bij soortgelijke probeersels in de rest van de Verenigde Staten, tot diep in de nacht gezellig druk. Tweedehandsboekwinkels, boetieks, winkels van sinkel, pubs en koffiehuizen – er zijn genoeg argumenten om niet naar de voorsteden te trekken.

Achtergrond van dit succesverhaal is bijna twintig jaar goed stadsbestuur. Dat investeerde uitsluitend in betaalbare woningen, stelde huurgrenzen in en bouwde het openbaarvervoernetwerk uit. Ook daarom lijkt Vermonts grootste stad bijna nog 'Europeser' dan Boston.

Vanuit het mooie **Waterfront Park** gaat u via College Street omhoog naar de Church Street Marketplace. Daar zijn vooral de boekhandels de moeite waard. Daarna hebt u de auto weer nodig voor een bezoekje aan de **Ethan Allen Homestead** (Rte. 127, www.ethanallenhomestead.org mei-okt. dag. 10-16 uur) in Winooski, dat aan de noordkant van Burlington grenst. Hier bracht Vermonts volksheld zijn laatste jaren door.

Shelburne Museum

6000 Shelburne Rd., www.shelburnemuseum.org, mei-dec. dag. jan.-mrt. wo.-zo. 10-17 uur

Last but not least een van de beste musea van het oosten, het **Shelburne Museum** 5 km ten zuiden van Burlington. Was begon als een hobby van milonairserfgenaam Electra Havemeyer Webb, omvat tegenwoordig een kleine veertig gebouwen in een uitgestrekt parklandschap aan de oever van Lake Champlain.

In het museum passeert de geschiedenis van New England en de Verenigde Staten van de koloniale tijd tot nu de revue. Er staan tal van historische gebouwen, ergens anders afgebroken en hier weer opgebouwd, zoals een vuurtoren, een treinstation, een ronde schuur en de heerlijk nostalgische Stagecoach Inn, waarin reclameborden uit de 18e en 19e eeuw te zien zijn. Een hoogtepunt is de in 1906 hier gebouwde SS Ticonderoga, een fotogenieke raderstoomboot.

Zeer bezienswaardig is ook het **Electra Havemeyer Webb Memorial Building**. De Rembrandts, Monets en Manets die hier hangen, zijn afkomstig uit Havemeyer Webbs appartement in Manhattan.

Overnachten

Elegant – **The Essex:** 70 Essex Way, Essex (10 minuten rijden ten oosten van Burlington), tel. 1 802 878 1100, 1 800 727 4295, www.essexresortspa.com, $ 120-280. Uitgestrekt complex in koloniale stijl met een fantastische spa en twee restaurants. Het inpandige culinaire insituut verzorgt kookcursussen en meerdaagse *cook camps*.
Huiselijke sfeer – **Sunset House B&B:** 78 Main St., tel. 1 802 864 3790, www.sunsethousebb.com, $ 140-170. Eenvoudige kamers in een mooi huis in Queen Annestijl midden in de stad.

Eten en drinken

Vrolijke boel – **Leunig's Bistro:** 115 Church St., tel. 1 802 863 3759, www.leunigsbistro.com, ma.-do. 11-22, vr. 11-23, za. 9-23, zo. 9-22 uur, vanaf $ 21. Vermont meets Parijs in deze klassieke bistro. Iets minder klassiek: livemuziek .
Relaxed – **Splash at the Boathouse:** College St., tel. 1 802 658 2244, www.splashattheboathouse.com, mei-okt. dag. vanaf 11 uur, vanaf $ 7. *Keep it simple* is hier het motto, en bij zonsondergang uitkijkend over Lake Champlain is dat geen enkel probleem.

Winkelen

Keukenwaar – Het beste zijn de winkels op Church Street. Naast internationale modemerken zijn hier tal van kleine winkeltjes, zoals de lokale keukenwarenspecialist **Kiss the Cook** (72 Church St., www.kissthecook.net, ma.-do. 9-21, vr., za. 9-21.30, zo. 10-18 uur), met een uitgebreide keus hoogwaardig porselein en bestek.
Voor de hardcoreshoppers – Shopaholics komen aan hun trekken in de **Essex Outlets** (Rtes. 15 u. 289, www.essexoutlets.com, ma.-za. 10-19, zo. 10-17 uur) op een kwartiertje rijden van Burlington.

Actief

Cruisen – Van eind mei tot okt. legt de **Spirit of Ethan Allen III** meerdere malen per dag bij het Burlington Boathouse (College St.) aan voor een tochtje over **Lake Champlain** (tel. 1 802 862 8300). Bijzonder romantisch zijn de *sunset cruises*, waarbij u de zon onder ziet gaan achter de Adirondack Mountains.

Uitgaan

Burlingtons nachtleven – betaande uit pubs, clubs en lounges – is geconcentreerd rond Church Street
Topacts – **Higher Ground:** 1214 Williston Rd., South Burlington, tel. 1 802 652 0777, www.highergroundmusic.com. Beste tent voor bandjes uit New England en de rest van de Verenigde Staten. Bijna dagelijks concerten, leuke sfeer.

Info

Lake Champlain Regional Chamber of Commerce: 60 Main St., Burlington, tel. 1 877 686 5253, www.vermont.org

IN EEN OOGOPSLAG

New Hampshire

Hoogtepunt ✸

White Mountains: een rauw, ongepolijst stukje New England, wild, afgelegen. Bovendien heb je hier, niet in de laatste plaats door een extreem lage vegetatielijn, het gevoel veel hoger te zitten dan 'slechts' 2000 m. De 'witte bergen' zijn het mooiste outdoorgebied in het noordoosten. Zie blz. 228

Op ontdekkingsreis

Appalachian Trail: tientallen boeken zijn erover geschreven, en duizenden artikelen: de Appalachian Trail van Georgia naar Maine is Amerika's beroemdste langeafstandswandelroute. In de White Mountains kunt u een aantal van de mooiste gedeeltes ervan bewandelen. Zie blz. 230

Bezienswaardigheden

Tip Top House, Mount Washington: deze stenen hut was het eerste hotel op de berg. Zie blz. 239

Canterbury Shaker Village, Canterbury: New Englands mooiste Shakerdorp. Zie blz. 249

Strawberry Banke Museum, Portsmouth: het beste openluchtmuseum van de regio is een ware tijdreis. Zie blz. 251

Actief & creatief

Franconia Ridge Trail, Mt. Lafayette: ook wel *agony ridge* genoemd – als u hem hebt afgelegd, weet u waarom. Zie blz. 233

Tuckerman Ravine Trail, Mount Washington: naar de top en terug – de grootste *stairmaster* aan de oostkust. Zie blz. 243

Peddelen op Squam Lake: geen motorboot of jetski in de buurt. Zie blz. 245

Sfeervol genieten

Flume Gorge, White Mountains: wandeling door een sprookjesbos. Zie blz. 233

Omni Mount Washington Resort, Bretton Wood: met recht een Grand Hotel. Zie blz. 244

Red Arrow Diner, Manchester: zo populair, dat zelfs presidentskandidaten in de rij moeten staan. Zie blz. 249

Uitgaan

Horsefeathers, North Conway: *beer and burgers* – en livemuziek van bands als Girls, Guns 'n Glory. Zie blz. 237

Murphy's on the Green, Hanover: studenten, bier en muziek. Zie blz. 248

Blue Mermaid Island Grill, Portsmouth: de beste margarita's van New England. Zie blz. 251

Edgy charme

Het motto van de staat, dat onder andere op alle kentekenplaten staat, is *Live Free or Die* – leef in vrijheid of sterf. Krijgshaftig, zeker, maar New Hampshire, bergachtig en edgy, kan het hebben. Je kunt de staat een beetje zien als de rommelzolder van de verder zo ordentelijke regio. Het is hier stukken minder Rockwelliaans (zie blz. 160) dan in de rest van New England – de meeste stadjes zijn ogenschijnlijk lukraak bij elkaar geplaatste huizen met een supermarkt en een tankstation.

Trots en patriottisch was New Hampshire altijd al. De krijgshaftige slogan stamt van rebellenleider John Stark, een product van de Colony of New Hampshire. De bewoners van deze nederzetting hadden de Engelse gouverneur al in 1775 verjaagd. Begin 1776, zes maanden voor alle andere kolonies, riep men hier al de onafhankelijkheid uit. De vrijheid van het individu staat hier dan ook tot op de dag van vandaag hoog in het vaandel. Dat heeft leuke voordelen – in New Hamshire bestaat geen *sales tax* en inkomstenbelasting – maar ook vreemde 'bijwerkingen' – de autogordel is hier niet verplicht, want individuele vrijheid.

In 1944 schreef New Hampshire wereldgeschiedenis toen in Bretton Woods werd besloten dat de Amerikaanse dollar de wereldhandelsvaluta zou worden. Het decor van de besprekingen was indrukwekkend: de staatshoofden van de geallieerden troffen elkaar aan de voet van Mount Washington, de hoogste berg van het noordoosten.

New Hampshire is dus een iets ander New England. Een plek waar cultuur in de schaduw staat van natuur. Waar u ontdekkingstochten kunt ondernemen in een slechts licht ontwikkelde wildernis.

INFO

Toeristische informatie
NH Division of Travel and Tourism Development: 172 Pembroke Rd., Concord, NH 03301 1856, tel. 1 603 271 2665, www.visitnh.gov
White Mountains Attractions Association: 200 Kancamagus Hwy., North Woodstock, tel. 1 603 745 8720, www.visitwhitemountains.com

Vervoer
De onoverzichtelijkheid van de regio, waarin valleien en nauwe bergpassen het aanleggen van doorgaande wegen moeilijk maken, zult u aan den lijve ondervinden: slechts drie wegen, de I-91 en Rtes. 302 en 16, doorkruisen de White Mountains van het noorden naar het zuiden. De enige oost-westverbinding is Rte. 112. Hoe u ook rijdt, u mag blij zijn met een gemiddelde van 70 à 80 km/h.

White Mountains ✺

Hét outdoorparadijs van New England neemt een kwart van de oppervlakte van de staat in. Meer dan 2500 km trails doorkruisen deze wildernis, die wordt gekenmerkt door een subarctische vegetatie en een kaal maanlandschap voorbij de boomgrens. De bergketen, die grotendeels in New Hampshire ligt en in het oosten tot Maine reikt, werd in de loop van de 19e eeuw in kaart gebracht en is tot op de dag van vandaag berucht om de manier waarop het weer er zonder enige vorm van waarschuwing kan omslaan.

Prachtige vergezichten op het dal vanaf de Cannon Mountain

'Ontdekt' werden de White Mountains al door de Florentijnse Giovanni da Verrazano. Dat was in in 1524, toen het dak van New England met goed weer nog vanaf de kust kon worden gezien. In 1642 stond voor het eerst een blanke kolonist op de top van Mount Washington en in de 19e eeuw reisden de rijkelui van de oostkust via een speciaal hiervoor aangelegde spoorlijn in stijl naar de Grand Hotels in het dal. Deze zijn inmiddels op één na allemaal afgebrand en de witte bergen – zo genoemd vanwege de eeuwige sneeuw – zijn niet meer zo exclusief als in de *good old days*. Hun ruwe ontoegankelijkheid vormt echter nog steeds het karakter van de locals. Vooral de bergbewoners worden gezien als nors en zwijgzaam, knorrige individuen die waken over hun cultuurerfgoed en de door hun voorvaderen verworven rechten.

Laat u overigens niet afschrikken door de cijfers. De White Mountains worden elk jaar bezocht door meer dan zes miljoen toeristen uit binnen- en buitenland. De overgrote meerderheid hiervan concentreert zich echter op een aantal toeristische centra zoals North Conway en het Franconia Notch State Park.

Franconia Notch en omgeving ▶ C 6

Franconia Notch, de mooiste van de White Mountains Notches, is een smal, 20 km lang van noord naar zuid lopend dal. De van beide kanten steil oplopende pieken zijn lager dan verder in het oosten, maar minstens zo dramatisch. In de vallei liggen de I-93 en Rte. 3 die naar Vermont en verder naar Canada leiden. Indianen, pelsjagers en houthakkers gebruikten het dal ooit als doorgang naar het noorden. Rond 1850 ontdekten rijke New Yorkers de U-vormige Notch. Sindsdien is het gebied een beschermd State Park.

Een van de populairste attracties in het park is de **Cannon** ▷ blz. 233

Op ontdekkingsreis

Appalachian Trail – twee miljoen passen

Met meer dan 3400 kilometer is het een van de langste langeafstandswandelroutes ter wereld. Zes maanden heb je nodig om de hele trail af te leggen. Wie niet zo veel tijd heeft, kan een deel ervan bewandelen in New Hampshire. In de White Mountains liggen de mooiste – en steilste – delen van de Appalachian Trail.

Kaart: ▶ C 6
Beste reisperiode: eind juni tot eind september

Route: het beginpunt is parkeerplaats Lafayette Place naast de I-93, tussen Echo Lake en Profile Lake. Wandel terug naar dezelfde plek of loop van de Galehead Hut naar de dichtstbijzijnde halte van de AMC Shuttle.
Planning: de hier beschreven tocht duurt twee dagen – vier als u dezelfde weg terug volgt. Een hut voor de nacht moet u ruim op tijd reserveren (zie blz. 55), hetzelfde geldt voor de shuttle (tel. 1 603 466 2727).

Je hebt de parkeerplaats langs de I-93 nauwelijks verlaten of je wordt al opgeslokt door het bos van de Franconia Notch. Als een groene tunnel omsluit hij de wandelaar, door het bladerdak dringt hier en daar een gouden lichtbundel door tot aan de grond. Dan wordt het steil. Heel steil. Eerst esdoornbomen, dan berken, dan dennen en uiteindelijk sparren, die brozer worden naarmate je hoger op de **Franconia Ridge Trail** komt.

Onderweg kom je een handjevol andere wandelaars tegen, onder wie opvallend veel fitte senioren. De richel waarop je twee uur later klautert, wordt heel treffend *agony ridge* genoemd – vrij vertaald de angstrichel. Hier moet je je niet concentreren op je fysieke ongemakken, maar op het fantastische uitzicht. Links richt je blik zich op de Franconia Notch, rechts dwaalt hij af over de Walker Ravine, een trogdal waarvan de bodem niet te zien is. Nog een bosje met sparren en dan duikt bij de boomgrens de Greenleaf Hut op. Precies op tijd, net voor je wanhopig begint te worden van de eindeloos lijkende tocht.

Hutjemutje

In dit deel van de White Mountains zijn acht hutten met personeel en een tiental eenvoudige houten *self catering* accommodaties, zogenaamde *shelters,* die worden onderhouden door de Appalachian Mountain Club (AMC).

De **Greenleaf Hut** heeft twee slaapzalen met stapelbedden met vier etages (inclusief beddengoed) en een gemeenschappelijke ruimte met tafels en banken. Hier kunnen 48 wandelaars overnachten. Elektrisch licht is er niet, de energie komt hier uit gasflessen (propaan). De crew, een vrolijk kwartet zongebruinde jongen en meisjes, voert een onverbiddelijk regime. Vermoeide wandelaars worden hartelijk ontvangen met de mededeling 'zes uur avondeten, half tien licht uit.' Dat diner bestaat uit stevige gerechten en goede gesprekken. De meeste mensen trekken zich ruim voor de avondklok terug. Een goede nachtrust is onontbeerlijk, want morgen moet de **Galehead Hut** worden bereikt.

Beloning voor de inspanning: fantastische vergezichten

Voor je daar bent, moet je twee bergen overwinnen, Mount Lafayette (1585 m) en Mount Garfield (1356 m). De trail is hier een natuurlijke trap van rotsblokken, waarin kristallen schitteren in het licht. Hier wordt je uithoudingsvermogen danig op de proef gesteld.

Boven op **Mount Lafayette** kruist de Franconia Ridge Trail de moeder aller Amerikaanse wandelwegen: de Appalachian Trail. Op de verweerde nok van de Franconia Ridge, hoog boven de wereld, loopt hij zuidwaarts naar Georgia. Op de smalle **Garfield Ridge**

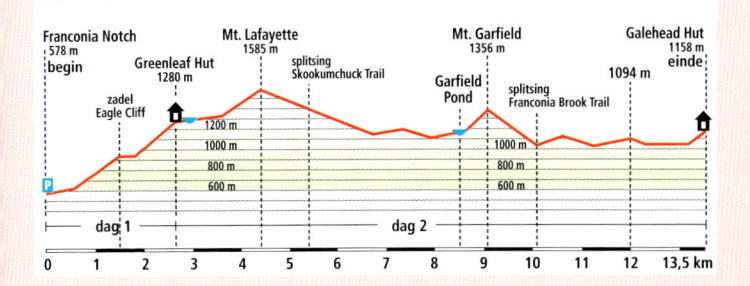

voert hij in noordoostelijke richting naar Maine.

Een paar uur later wordt je voor de moeite beloond met een fantastisch uitzicht. Van de top van Mount Garfield kijk je uit op de **Pemigewasset Wilderness**, een door bergen ingekapseld, onbewoond dal onder een dichte deken van bos en strukgewas. Stormen uit het noorden hebben hier en daar diepe open plekken achtergelaten, maar niemand ruimt de verwoesting op. De westkust van Amerika werd meer dan tweehonderd jaar door kolonisten bereikt, maar hier, op nog geen drie uur rijden van Boston, liggen valleien als deze, nog net zo ongerept als toen.

Spannende rendez-vous

Met een beetje geluk stuit je onderweg op een van de zogenaamde *thru-hikers*. Zo worden de leden genoemd van het mythische gezelschap van mensen die de hele Appalachian Trail in één ruk lopen. Hikers met een topconditie kunnen het doen in zo'n zes maanden – het lukt hoogstens tweehonderd atleten per jaar. Onderweg verliezen ze hun oude identiteit en nemen ze een soort krijgsnaam aan, een *trail name*. De redenen om vrijwillig aan zo'n slopende onderneming te beginnen, zijn vaak dramatische gebeurtenissen: een scheiding, een ontslag of andere pijnlijke omstandigheden die je ertoe doen besluiten een tijdje *off the grid* te gaan om over jezelf en het leven na te denken. Een van de thru-hikers is Easy One. Wild groeiende volle baard, dreadlocks, een hemd dat stijf staat van de viezigheid, rubberlaarzen ... Zijn broek, zo legt hij uit, is hij kwijtgeraakt in Virginia. Maar daar kreeg hij Vernon voor terug, een pluizige vuilnisbakkenhond die sindsdien met hem meeloopt en perfect bij zijn nieuwe eigenaar past.

Het doel in zicht

De laatste kilometer tot **Galehead Hut** voelt aan als tíén kilometer. Hier gaat het echt steil omhoog. Elk in de rotsen uitgehouwen treetje is weer hoger dan het vorige, de vermoeidheid neemt toe, je voelt de energie uit je lijf vloeien. Eenmaal bijgekomen, gegeten en geslapen moet je beslissen: neem je dezelfde weg terug of laat je je oppikken door de AMC Shuttle? Of heb je de smaak zó te pakken dat je heldhaftig verder loopt naar de prachtige Zealand Falls Hut?

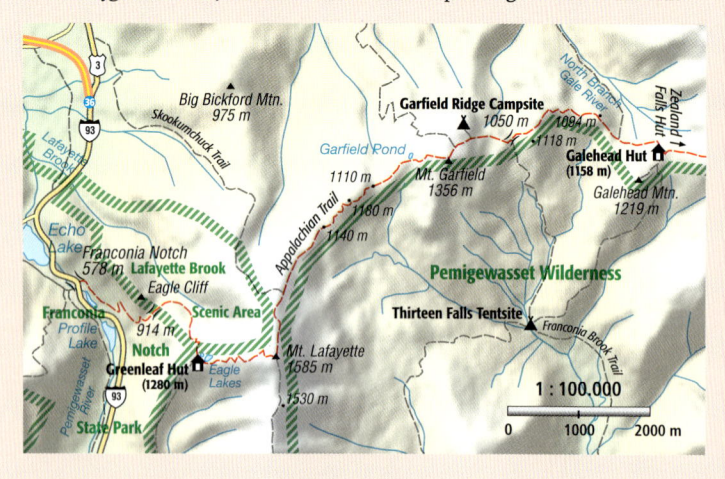

Aerial Tramway, die voert naar de 1250 m hoge **Mount Cannon** (mei-okt., dag. 9-17.30 uur). Vanhier kunt u prachtig uitkijken over het dal en tot Mount Washington en het Canadese Montreal. Aan de andere, oostelijke kant van de vallei reiken de kale heuvels van Mount Garfield en Lafayette hemelwaarts (zie verderop). Een aantal kilometer verder naar het zuiden zaten tot begin deze eeuw mensen met verrekijkers de *Old Man of the Mountain* te observeren. Een rotsformatie hoog boven **Profile Lake** leek op de Amerikaanse president Jefferson en was zo'n grote attractie, dat de stenen met stalen kabels beschermd werden. Maar de erosie won uiteindelijk toch: in mei 2003 stortte Jeffersons profiel het dal in – sindsdien is New England een symbool armer.

Flume Gorge

De spannendste van de makkelijk bereikbare attracties van de Franconia Notch is deze kloof (exit 33) niet ver van het **State Park Visitor Center** (mei-okt. dag. 9-17 uur). Hij is 240 m diep, deels maar 3 m breed en werd in 1808 ontdekt. Aan de met mos bedekte, tot 30 m hoge wanden kleven' houten planken die als pad dienen. Onderweg kruisen ze een aantal malen de kabbelende Flume Brook en ze voeren uiteindelijk tot in de regenbogen en motregen van een naar beneden stortende waterval.

Hiken en klimmen in de Franconia Notch

Een aantal van de mooiste wandelroutes van New England kruist de I-93 en Rte. 3 of begint direct naast het asfalt. De 15 km lange **Franconia Ridge Trail**, een extreem inspannende dagtocht, klimt van de Lafayette Campground naast de weg 1200 hoogtemeters – zonder haarspeldbochten! De route passeert de door AMC (zie blz. 55) uitgebate Greenleaf Hut bij de boomgrens en werkt zich daarna in krappe bochten naar de rotsachtige top van **Mt. Lafayette** (1592 m). Daar kruist de trail de Appalachian Trail.

Niet minder bevredigend is de in het dalstation de Cannon Mountain Tramway beginnende, 27 km lange **Kinsman Ridge Trail** over de Cannon Mountain naar de Lost River Road in de Kinsman Notch. Andere trails zijn korter en gezinsvriendelijker, bijvoorbeeld het pad bergaf naar de Flume Gorge. Op de wesbite van het **Franconia Notch State Park** kunt u onder andere een printbare wandelkaart van het park vinden (www.franconianotchstatepark.com). Met de **Cannon Cliff** (300 m) heeft de Cannon Mountain de hoogste rotswand van het noordoosten. In verband met het onberekenbare weer en de vele losliggende keien is deze alleen aan te raden voor ervaren bergbeklimmers. De route begint bij de parkeerplaats bij Profile Lake.

Kancamagus Highway ▶ C 6

The Kanc, zoals Rte. 112 van het vakantiestadje **Lincoln** tot het 54 km verderop gelegen Conway door de locals wordt genoemd, voert door het hart van de **White Mountain National Forest** en is geheel reclamebordvrij. Maar rij vanuit Lincoln eerst even naar het westen. De rit door de nauwelijks bekende, maar prachtige **Kinsman Notch** voert naar de **Lost River Gorge** (mei-okt. dag. 9-18 uur). Een pad van houten plankieren loopt hier door een smalle, uit de laatste ijstijd afkomstige kloof langs watervallen zoals de 12 m hoge Paradise Falls en over spectaculaire, enorme met mos begroeide rotsblokken – of eronderdoor.

De Kancamagus Highway, vernoemd naar een Abenaki-hoofdman, wordt geprezen om zijn ver- ▷ blz. 236

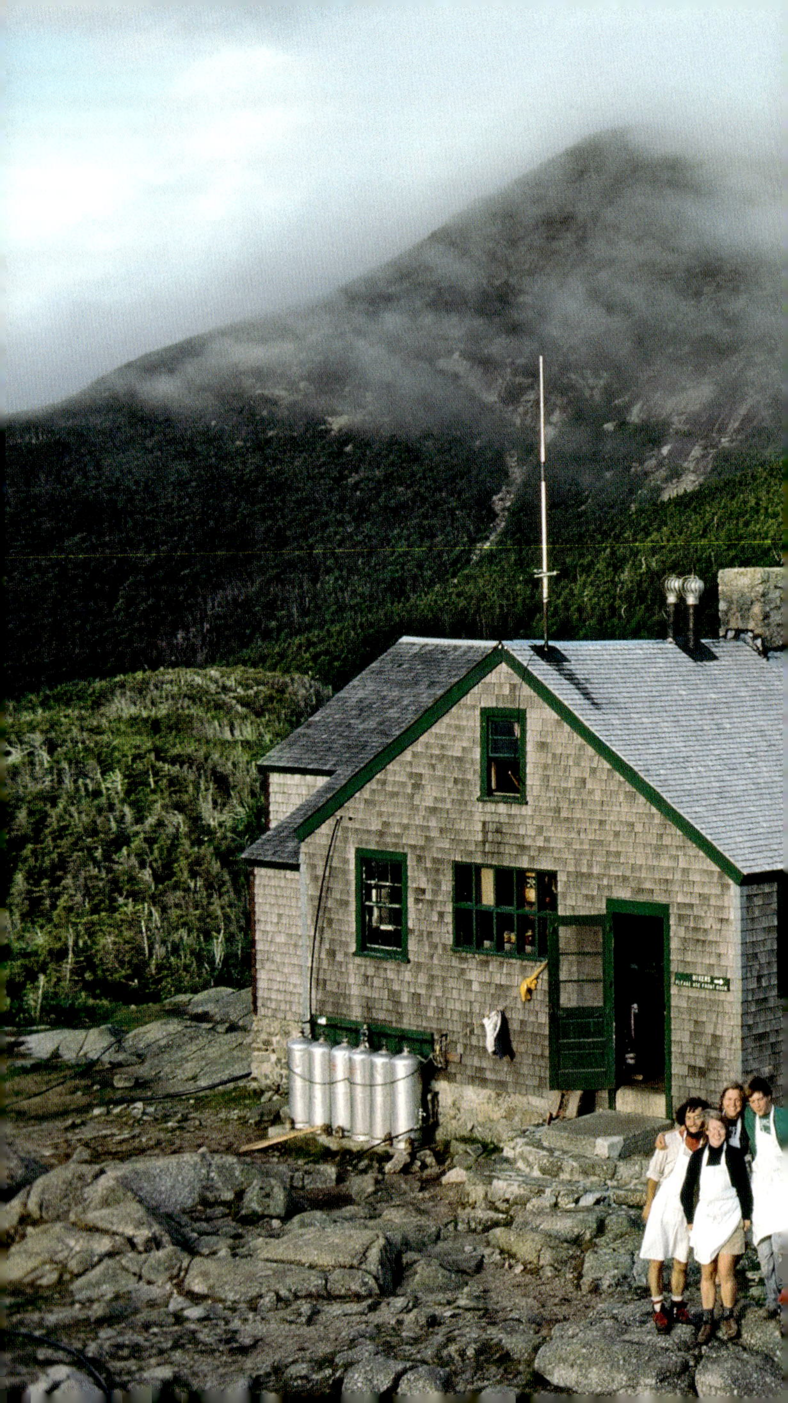

Favoriet

Greenleaf Hut, White Mountains ▶ C 6

Je door zweet doorweekte kleren buiten op een rotsblok te drogen leggen. Alle botten in je lijf voelen en dankbaar de geur van aardappelsoep opsnuiven – hoe die je neus binnendringt en je langzaam weer tot leven wekt. Met gelijkgestemden op houten bankjes aan lange tafels zitten en verhalen over de trail horen en vertellen. En wanneer de zon is ondergegaan achter de Franconia Range en de sterren fonkelen aan de nachtelijke hemel blijf je met een beker koffie in je hand nog even buiten staan en diep inademen. Je dagelijkse beslommeringen zijn ver weg wanneer je na een dag wandelen logeert in de Greenleaf Hut (zie blz. 231) op Mt. Lafayette, net voorbij de boomgrens.

gezichten, maar volgt de Swift River voornamelijk door een dicht woud. Pas wanneer hij in haarspeldbochten steil omhoog gaat, ziet u het prachtige berglandschap en voelt u zich als een vogel hoog boven de toppen.

Trails op de Kancamagus Highway

Wilt u meer zien van het geweldige landschap, dan kunt u wandelen op een van de vele aan de weg beginnende **trails** (met bewegwijzering). Veel ervan volgen oude houthakkerspaden (*logging roads*). Tot in de jaren 20 had de houtindustrie het hier voor het zeggen, maar sinsdien hebben de wouden heel wat teritorium heroverd.

Uw vermoeide voeten kunt u verwennen in een van de mooie rotspoeltjes van de fotogenieke, over meerdere trappen naar beneden stortende Sabbaday Falls. Vergeet bij terugkeer bij uw auto niet de *park fee* te betalen op de parkeerplaats ($ 3, alleen gepast).

Erg mooi is ook de 30 km voorbij Lincoln startende **Champney Falls Trail**, een 5 km lange boswandeling naar twee watervallen. Op **Mount Chocorua** (1059 m) hebt u mooi uitzicht op de White Mountains, maar dramatischer is de eveneens 5 km lange **Boulder Loop Trail** (in de buurt van de Covered Bridge Campground). Dit is een 300 hoogtemeters overbruggend pad over door aardverschuivingen hier terechtgekomen rotsblokken naar mooie uitkijkpunten met zicht op de Swift River en de White Mountains.

Overnachten

Praktisch – **Woodward's Resort Motel:** 527 Rte. 3, Lincoln, tel. 1 603 745 8141, 1 800 635 8968, www.woodwardsresort.com, $ 90-180. Prima motel met een restaurant, een eendenvijver in een mooi parklandschap en een binnen- en buitenzwembad met sauna en jacuzzi.

Nuchter – **Kancamagus Motor Lodge:** Rte. 122, Lincoln, tel. 1 603 745 3365, 1 800 346 4205, www.kancmotorlodge.com, $ 90-140. Enkele kamers hebben een stoombad. Binnenzwembad en restaurant Brittany's Café.

Eten en drinken

Alleen maar fastfood – Het stadje Lincoln staat bepaald niet bekend om zijn culinaire verscheidenheid of toprestaurants. Langs Rte. 3 staan voornamelijk fastfoodrestaurants. Uitzondering op de regel is de **Olde Timbermill Restaurant & Pub** (Millfront Market Place, 167 Main St.).

Mount Washington Valley ▶ C/D 6

North Conway

In het oosten stoot de Kanc op het in de Mount Washington Valley gelegen **North Conwa**. Het onooglijke, van shoppingmalls en factory outlets aan elkaar hangende plaatsje is het commerciële centrum van de regio. Natuurliefhebbers zullen weinig op hebben met de shop 'til you drop-sfeer aan White Mountain Rd. De hotels aan de rand van de stad zijn niet chic en al helemaal niet cool, maar het zijn wel voordelige alternatieven voor de stijlvolle country inns en B&B's in Jackson en verder naar het noorden.

North Conway is dus meer een betaalbare uitvalsbasis voor dagtochtjes dan een bestemming op zich. De enige attractie van het stadje voert er ook weer uit. De **Conway Scenic Railroad** (Main St., apr.-okt.) biedt excursies van een halve dag in victoriaanse wagons. Zo kunt u heerlijk in een leren fauteuil door de Presidential Range tuffen, het 'dak van New England'. Een ander traject voert tot aan de Bretton Woods.

Echo Lake State Park

Dit park op tien minuten rijden is een speeltuin voor bergbeklimmers. Een weg voert om de rotsen heen naar de bovenkant van de **Cathedral Ledge**, een spectaculaire granietwand vanwaar u de beste *freeclimbers* van het land aan het werk kunt zien. Het nabijgelegen **Echo Lake** is een populaire badplaats.

Jackson

Naar het noorden wordt het dal smaller. In **Glen** buigt Rte. 302 af naar **Crawford Notch** (zie blz. 241). Behalve pretpark **Story Land** (www.storylandnh.com, mei-okt., dag. 9-18 uur), waarin alle attracties zijn gebaseerd op sprookjesfiguren, is hier niets te beleven. Voorbij Glen gaat het bergop. De hellingen komen steeds dichterbij, de bergen worden zichtbaar hoger. **Jackson,** in een bolling van de Valley, compenseert ruimschoots voor Glen. De weg naar dit idyllische, rechts van de state route gelegen gehucht met zevenhonderd inwoners voert over de donkerrode, in 1876 over de Ellis River gebouwde **Honeymoon Bridge,** een van de meest gefotografeerde covered bridges van New England. Jackson is een uitstekende uitvalsbasis voor een meerdaagse verkenning van de omgeving. De inns en hotels in het dorpje behoren tot de beste van de White Mountains. In de zomer kun je er golfen en tennissen, 's winters langlaufen – het loipennetwerk rond Jackson is een van de mooiste in de Verenigde Staten.

Overnachten

Weldadige elegantie – **The Wentworth:** 1 Carter Notch Rd., Jackson, tel. 1 603 383 9700, www.thewentworth.com, $ 160-340. Fijne country inn met een goed Frans restaurant.

Ontspannend – **Spruce Moose Lodge & Cottages:** 207 Seavey St., North Conway, tel. 1 603 356 6239, 1 800 600 6239, www.sprucemooselodge.com, $ 100-300. Zes gezellige kamers in het hoofdgebouw en drie *self catering* cottages even verderop.

Chic – **The 1785 Inn:** 3582 White Mountain Hwy. (Intervale Scenic Vista Overlook), North Conway, tel. 1 603 356 9025, 1 800 421 1785, www.the1785inn.com, $ 100-240. Spierwit, centraal gelegen koloniaal gebouw. Zeventien individueel ingerichte kamers, restaurant en zwempad.

Voor hikers – **Eagle Mountain House:** 179 Carter Notch Rd., Jackson, tel. 1 603 383 9111, www.eaglemt.com, $ 85-190. Uitgestrekt hotelcomplex met eenvoudige kamers en suites en een zwembad.

Eten en drinken

Curry – **Shalimar of India:** 2197 White Mountain Highway, North Conway, tel. 1 603 356 0123, www.shalimarofindianh.com, di.-zo. 11-14, 16.30-22 uur, vanaf $ 12. Originele receptuur uit Punjab, zorgvuldig bereid.

Vers van de markt – **The Wildcat Inn & Tavern:** Main St., Jackson, tel. 1 800 228 4245, www.wildcattavern.com, vanaf $ 19. Internationale keuken met marktverse ingrediënten. 's Zomers is het heerlijk toeven op het grote terras. Specialiteit is de Wildcat burger.

Beste pub van de stad – **Horsefeathers:** 2679 White Mtn Highway, North Conway, tel. 1 603 356 2687, www.horsefeathers.com, dag. 11.30-24 uur, vanaf $ 7. Al veertig jaar de leukste pub van de stad. Uitstekende hamburgers, ravioli en pastagerechten. Bijna dagelijks livemuziek.

Winkelen

Fabrieksverkoop – Meer dan tweehonderd modemerken verkopen hun producten 'af fabriek' in North Conway. Onder de aanbieders: Nike, Patagonia, Anne Klein, Reebok, Neimann Marcus. Hebt u nog iets nodig voor uw wandeling op de Appalachian Trail, dan kunt u dat kopen bij **Ragged Mountain Equipment** (Rte. 16-302, Intervale, zo.-do. 10-18, za. 9-18 uur) of **L. L. Bean** (Rte. 16, North Conway, ma.-za. 9-21, zo. tot 19 uur).

Souvenirs en meer – **Flossie's General Store** (21 Main St.) in Jackson staat vol met souvenirs, zoetigheid, sieraden en kunsthandwerk. Hoogwaardig glaswerk en handgemaakte cadeauartikelen vindt u bij **Ravenwood Curio Shoppe** (7 Main St.).

Actief

Livemuziek – in juli en augustus worden elke dinsdag gratis concerten gegeven in de **Jackson Gazebo** in Jackson.

Info

Mount Washington Valley Chamber of Commerce: Main St. (tegenover Schouler Park), North Conway Village, tel. 1 877 948 6867, www.mtwashingtonvalley.org

Pinkham Notch en Mount Washington ▶ C 6

Vlak na Jackson komen de bergen nog dichter naar elkaar toe en voert de weg met haarspeldbochten hemelwaarts. Tussen de machtige toppen van de Presidential Range aan de linker- en de bergen Moriah, North Carter en Carter Dome aan de rechterkant loopt Rte. 112 omhoog naar **Pinkham Notch**. Het dichtbegroeide dal is elk seizoen mooi, maar in de Indian summer toont het de White Mountains van hun spectaculairste kant. Het is dan erg druk op de weg, maar eenmaal op een van de vele wandelpaden merkt u niets meer van de drukte. Wel zult u flink aan de slag moeten om de grootste *stairmaster* van de regio te bedwingen, de 1917 m hoge **Mount Washington.** De hoogste berg van New England is het hikewalhalla van de Verenigde Staten. Elke zichzelf respecterende Amerikaanse wandelaar moet op zijn minst eenmaal in zijn leven lijden en zweten op zijn steile hellingen. Het **Pinkham Notch Visitor Center,** een imposant gebouwencomplex onder oude bomen links van de weg, wordt gevoerd door de Appalachian Mountain Club (AMC) en is het begin- en eindpunt van dagtochten en meerdaagse hikes door het lege achterland. Na dagen in de wildernis komen wandelaars weer in de bewoonde wereld als smoezelige zwervers. Een warme douche en een nacht in de herbergachtige Joe Dodge Lodge later zien ze er weer piekfijn uit.

Mount Washington Auto Road

www.mtwashingtonautoroad.com, begin mei 9-16, juni-aug. 7.30-18, sept. 8.30-17, okt. 8.30-16 uur, auto incl. bestuurder $ 29, extra volw. $ 9, kind. 5-12 jaar $ 7, prijzen incl. 'This Car Climbed Mt. Washington'-sticker en cd met audiotour

Amerika zou Amerika niet zijn als er niet een mogelijkheid bestond Mount Washington per auto te bedwingen. De Mount Washington Auto Road begint tegenover het bezoekerscentrum Glen House. De weg werd in 1861 aangelegd voor paardenkoetsen en aan het begin van deze eeuw op iets té spannende stukken verbreed. De 13 km lange weg

Pinkham Notch en Mount Washington

voert via ettelijke haarspeldbochten en vier vegetatiezones naar de top, een kaal maanlanschap. Wilt u niet zelf rijden, dan kun u zich in het Glen House aansluiten bij een bustocht met gids – maar zelf navigeren is een stuk leuker!

Het weer

Informeer altijd naar de weersomstandigheden op de top. De hier vaak gebezigde term *world's worst weather* is geen overdrijving. Bovenaan is het weer vergelijkbaar met dat op de Mount Everest: de laagste temperatuur die ooit op Mt. Washington werd gemeten, is -44 °C, en in 1933 registreerde het weerstation hier met 372 km/h de hoogste windsnelheid die ooit buiten een orkaan werd gemeten. De temperatuurverschillen tussen dal en top kunnen oplopen tot 40 °C, de gemiddelde temperatuur bedraagt boven -3,1 °C in de winter en slechts 9 °C in de zomer. De top is meer dan de helft van de tijd verstopt in dichte mist.

Sinds de jaren 50 van de 19e eeuw zijn al meer dan honderdvijftig mensen ten prooi gevallen aan het razendsnel omslaande weer. Zij worden herdacht middels plaques bij de ingang van het Sherman Adams-gebouw. De reden voor het onberekenbare weer is de koude lucht uit Canada, die bij de Presidential Range stuit op warme lucht uit het zuiden en westen. Ook de lage vegetatiegrens van net 1300 m speelt een rol, evenals het feit dat veel hikers de relatief lage Mount Washington onder- en zichzelf óverschatten.

De top van Mount Washington

De rit op de Auto Road duurt zo'n drie kwartier en wordt op heldere dagen beloond met een grandioos uitzicht op de overige, eveneens naar Amerikaanse presidenten vernoemde toppen van de Presidential Range. De gebouwen op de toppen zijn orkaanproof. Het dak van het **Tip Top House**, dat in 1853 begon

Stomend Mount Washington op

New Hampshire

Het Mount Washington Hotel, een chic onderkomen uit vervlogen tijden

als hotel en nu een klein museum herbergt waarin de salon, de stapelbedden en de oven van toen te zien zijn, wordt op zijn plek gehouden door zware kettingen. Ook het weerstation, de Mount Washington Observatory, is zo gezekerd. Het in 1979 gebouwde **Sherman Adams Summit Building** (mei-sept., openingstijden afhankelijk van het weer) is daarentegen een ware betonnen bunker. Hierin zitten onder meer een bezoekerscentrum en een cafeteria met grote ramen. Bestel een kop koffie en een muffin en kijk naar het zich voor u ontvouwende panorama. Ziet u op de westelijke helling een kleine rookpluim? Dan komt de stoomlocomotief van de **Mount Washington Cog Railway** (zie blz. 244) de berg op. Tijdens de rit vanuit Bretton Wood moet hij behoorlijk hard werken.

Hiken op Mount Washington

Vanuit het Pinkham Notch Visitor Center zijn veel mogelijkheden voor een eendaagse wandeling door de bergen. De inspannendste, maar ook populairste is de slechts 8 km lange, maar bijna 1000 hoogtemeters omspannende **Tuckerman Ravine Trail** naar de top (zie blz. 243). De Tuckerman Ravine na 5 km is een geweldig, door de laatste ijstijd 'aangelegd' amfitheater met bijna loodrechte, meer dan 300 m hoge rotswanden. Nog steiler is de vanuit de Tuckerman Ravine Trail aftakkende **Huntington Ravine Trail**. Beide trails zijn alleen geschikt voor ervaren wandelaars met een goede conditie.

Aan de andere kant van de top voert een trail omlaag naar de op een bergzadel gelegen Lake of the Clouds Hut. Andere mooie wandelroutes zijn de bij het Pinkham Notch Visitor Center beginnende **Lost Pond Trail** op de Wildcat Mountain (1344 m) en de eveneens de Wildcat op voerende **Nineteen-Mile-Brook Trail**. Tips en wandelkaarten, waaronder de handige *White Mountain Guide* van het AMC, zijn verkrijgbaar bij het Pinkham Notch Visitor Center.

Klimgebieden rond Mount Washington

Rond Mount Washington kunnen bergbeklimmers hun lol op: de regio staat bekend als het beste klimgebied van het noordoosten. Direct na North Conway liggen aan Rte. 16 twee extreem veelzijdige granietwanden, de **Cathedral** en de **Whitehorse Ledge**. Beginners kunnen zich melden bij de **EMS Climbing School** (Rte. 16, North Conway, tel. 1 800 310 4504, www.emsoutdoors.com/north-conway).

Overnachten

Voor vermoeide hikers – **Joe Dodge Lodge** (naast het Pinkham Notch Visitor Center), Rte. 16, tel. 1 603 466 2721, www.outdoors.org/lodging-camping/lodges/pinkham, $ 70-110 per persoon. De door het AMC uitgebate lodge biedt plaats aan zo'n honderd vermoeide wandelaars, die slapen in twee- of vierpersoonskamers. Daarnaast zijn er een lounge met open haard en een eetzaal. Avondeten en ontbijt zijn bij de prijs inbegrepen.

Info

Pinkham Notch Visitor Center: Rte. 16, tel. 1 603 466 2721, dag. 8-22 uur. Informatie over de weersomstandigheden: tel. 1 603 356 0300 of www.mountwashington.org

Crawford Notch en Bretton Woods ▶ C 6

Minder in trek dan het traject door de Pinkham Notch, maar nauwelijks minder indrukwekkend volgt Rte. 302 36 km lang het dal van de Saco River van Glen naar Fabyan kort achter Bretton Woods. Het water van talloze *brooks* genoemde beekjes klettert rechts en links van hoge rotsen naar beneden. Ene Timothy Nash ontdekte de vallei in 1771 toen hij achter een eland aan zat. Het dal werd echter vernoemd naar de Crawfords, die zich in 1790 als eerste familie in de buurt van het huidige Bretton Woods vestigde.

Crawford Notch State Park

Dit park in het smalste deel van het dal biedt, doorsneden door Rte. 302, een prachtig, dramatisch-duister decor. In de schaduw van de hoog boven de V-vormige inkeping uit torende Mount Field in het westen en Mount Jackson in het oosten voert een korte, maar ook erg steile trail naar de fotogenieke **Arethusa Falls**. Aan de andere kant van de pas staat **Willey House**, het kantoor van het parkbeheer. Het is vernoemd naar de familie Willey, die in 1828 op deze plek om het leven kwam door een aardverschuiving. Toen ze het gerommel boven zich hoorden, renden de Willey's vanuit hun huis naar een open plek – tragisch genoeg exact de plek waar de modderstroom heen ging, terwijl hun huis intact bleef.

Bretton Woods Valley

Even verderop komt de Notch uit in de Valley. Hier, bij Mount Crawford, hebt u een spectaculair uitzicht op de majestueuze Mount Washington. Nog een paar bochten en daar ligt, indrukwekkend eenzaam aan de voet van zijn naamgever, het in vele ogen mooiste hotel van New England.   ▷ blz. 244

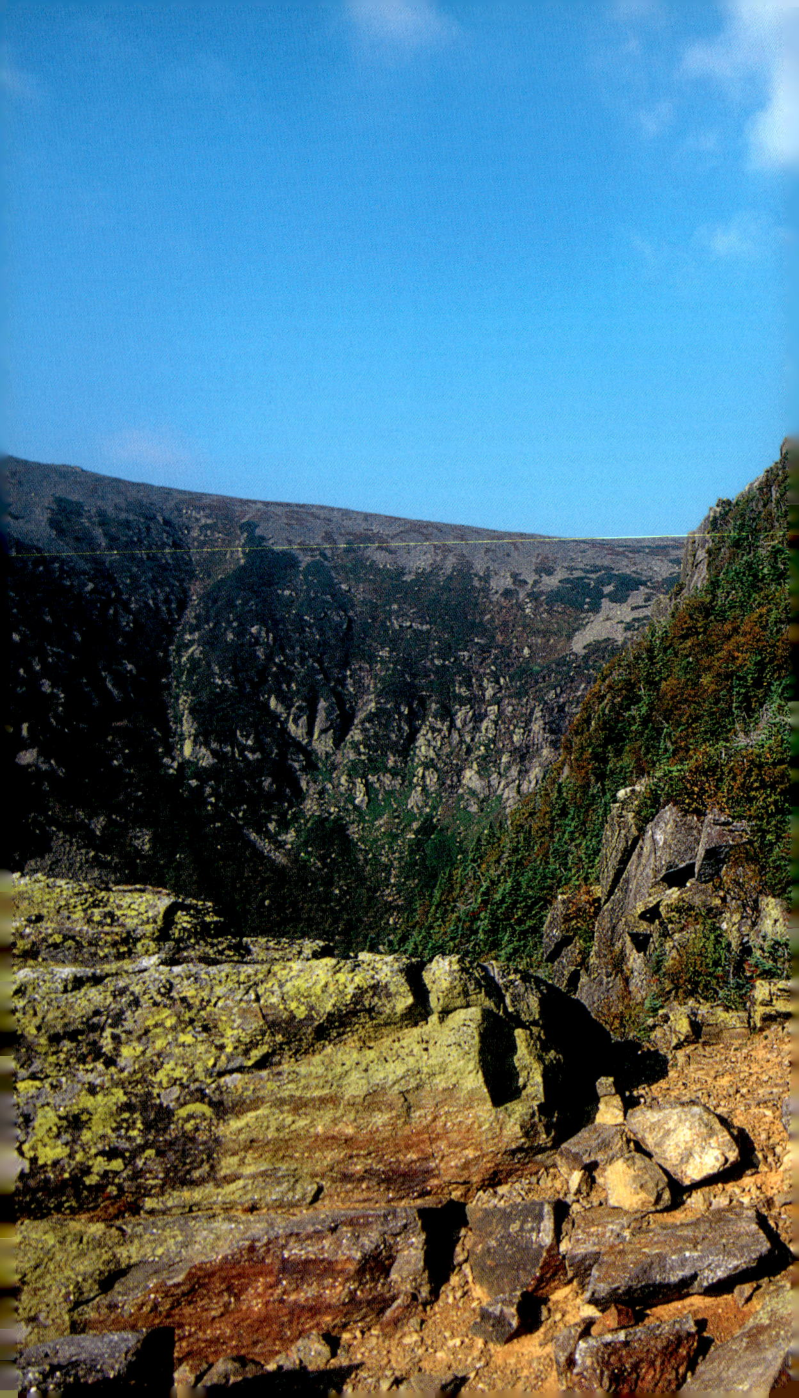

Favoriet

Tuckerman Ravine Trail ▶ C 6

Onverholen, angstaanjagend en genadeloos: in de zomer is dit de inspannendste route naar de top van Mt. Washington, in de winter vinden Amerika's beste skiërs hier de ultieme kick. Wanneer je de trail voor het eerst loopt, denk je nog dat de superlatieven een beetje overdreven zijn. De eerste 3,8 km, van het Pinkham Notch Visitor Center tot de Hermit Lake Shelter, is immers kinderspel. De achter de hut oprijzende Tuckerman Ravine zie je vaak niet omdat hij zich regelmatig in een dikke mist hult. Maar als de nevel optrekt en je de steile wand voor je ziet, en de steil, in haarspeldbochten omhoog kruipende trail met je ogen volgt, zakt de moed je in de schoenen. Eenmaal boven aangekomen, moet je nog eens over een steile helling met keien naar de top. Mooi? Fantastisch! En onvergetelijk. En ongelooflijk bevredigend. Want je overwint hier – te voet! – 1420 hoogtemeters op een afstand van slechts 6,5 km (zie ook blz. 240).

New Hampshire

Het in 1902 geopende, sneeuwwitte, met rode dakpannen bekroonde en door drie groene golfbanen omgeven **Mount Washington Hotel** ziet eruit als een voor anker liggende oceaanstomer. Het complex is zo enorm, dat het zelfs over een eigen postcode beschikt. Naast het Balsams in Dixville Notch (zie Tip hieronder) is het het enige dat is overgebleven uit de tijd van de glamoureuze Grand Hotels. In 1991 kocht een consortium van lokale ondernemers het nog net niet vervallen gebouw. Het werd gerestaureerd en weer in oude luister heropend. Dat betekent nette kleding tijdens het diner en een orkest dat na het eten Glenn Miller-muziek speelt. Geen zin om te dansen? Ga dan met een sigaar en een glas goede cognac op het 300 m lange terras van het uizicht genieten. Plaques in de eindeloos lange lobby herinneren aan de Bretton Woods-conferentie van 1944, die de wereld het Internationaal Monetair Fonds bracht.

In het hotel kunt u kaartjes kopen voor de **Mount Washington Cog Railway**. De sinds 1869 Mount Washington op stomende locomotieven van deze tandradbaan zijn niet alleen leuk voor fervente spoorliefhebbers. De treintjes overwinnen hellingspercentages van maximaal 37%, soms op smalle houten stroken, en verbruiken daarbij vierduizend liter water en een ton kool. Bergop duwen de locs de wagons voor zich uit, bergaf worden ze afgeremd, waarbij een remmer continu de tandwielen controleert – en zenuwachtige passagiers voor de gek houdt.

Overnachten

Very Grand Hotel – **Omni Mount Washington Resort**: Rte. 302, Bretton Woods, tel. 1 603 278 1000, 1 800 843 6664, www.omnihotels.com, $ 150-450. Een van de laatste oude Grand Hotels in het oosten. Tweehonderd kamers, vele met uitzicht op Mount Washington. Dresscode bij het diner: geen spijkerbroek, geen sportschoenen. Veel recreatiemogelijkheden.

Verstandige keuze – **Above the Notch Motor Inn**: Rte. 302 (een minuutje van het Mount Washington Hotel), tel. 1 603 846 5156, www.abovethenotch.com, $ 80-100. Eenvoudig motel met schone kamers. Voordelige basis voor activiteiten in de omgeving.

Actief

Mount Washington Cog Railway: op de historische bergspoorbaan rijden van eind april tot eind oktober meerdere keren per dag (afhankelijk van de weersomstandigheden) historische treinen tussen het Marshfield Base Station (Rte. 302, tel. 1 603 278 5404, www.thecog.com) en de top.

Tip

Chique herberg

Naast het Mount Washington Hotel is het **Balsams** het andere Grand Hotel in de White Mountains. Het hotel aan de voet van de afgelegen Dixville Notch werd gebouwd kort na de Amerikaanse Burgeroorlog. Het biedt tegenwoordig vierhonderd uiterst luxueuze kamers midden in de wildernis in het noorden van New Hampshire. Om de vier jaar kijkt het hele land naar dit hotel: in de Ballot Room wordt bij elke presidentsverkiezing de eerste primary van het land gehouden (Rte. 21, Dixville, tel. 603 255 3400, 1 877 225 7267, www.thebalsams.com, vanaf $ 260).

Het zuiden van New Hampshire

Ten zuiden van de White Mountains is New Hampshire groener, zachter en rustiger. Automobilisten groeten elkaar, het kosmopolitische Boston lijkt net zo ver weg als de maan. De belangrijkste bezienswaardigheden van de regio zijn de Canterbury Shaker Village en Squam Lake, waar Henry Fonda en Katharine Hepburn *On Golden Pond* (1981) opnamen. Aan de kust bedient Portsmouth de eventueel met ontwenningsverschijnselen kampende reizigers met een verrassend trendy lifestyle.

Lakes Region ▶ C 7

Honderden meren, gevormd door gletsjers in de laatste ijstijd, vormen ten oosten van de I-93 het Lakes Region genoemde recreatieparadijs. Sinds de Britse gouverneurs hier bijkwamen van het gesteggel met de kolonisten drijft de lokale economie op toeristen, met vele country inns, jachthavens en (goede) restaurants. Het accent ligt hier op luidruchtig vertier – speedboten en jetski's hebben de overhand.

Squam Lake

Een uitzondering op die regel is de eerste tussenstop onderweg vanuit de White Mountains naar het zuiden. Squam Lake, het op een na grootste meer van New Hampshire (eigenlijk twee door een smal kanaal in Holderness met elkaar verbonden meren), is van oudsher een toevluchtsoord van rijke oostkustfamilies. De bewoners van het door ronde heuvels omgeven meergebied hielden Hollywoodsterren – nieuw geld – in eerste instantie nog buiten de deur. Pas toen regisseur Mark Rydell tijdens een bijeenkomst in het dorpje Holderness vertelde er een film met Katharine Hepburn te willen opnemen, gaven ze hun verzet op. De Grande Dame van de Amerikaanse film won de harten van de sceptische locals en *On Golden Pond* (1981) werd een wereldwijd succes. De gevreesde toeristenstroom bleef uit, mede dankzij strikte bouwvoorschriften en verordeningen.

Op het meer kunt u heerlijk peddelen en zeilen, aan land is het **Squam Lakes Natural Science Center** (Rte. 113, Holderness, www.nhnature.org, meiokt. dag. 9.30-17 uur) een bezoekje waard. U komt er alles te weten over de plaatselijke fauna en flora en kunt zich aansluiten bij een wandeling met vakkundige gidsen.

Lake Winnipesaukee

Lake Winnipesaukee is alles wat Squam Lake niet is: luid en behoorlijk smakeloos. Lelijke hotels en attracties als Ripley's Believe it or Not hebben van het op zich mooie, baai- en eilandrijke meer in de uitlopers van de White Mountains een kermis gemaakt. **Weirs Beach** is de luidruchtige hoofdplaats van de westelijke oever, **Wolfeboro** zijn iets ingetogener evenknie in het oosten.

Pas wanneer u op het water bent, ziet u hoe mooi dit meer, waarvan de indiaanse naam vrij vertaald 'het lachen van de grote geests' betekent, eigenlijk is. Tochten met de **MS Mount Washington** – het ouderwetse schip pendelt tussen Weirs Beach, Meredith, Center Harbor en Wolfeboro – door het uit honderden eilandjes bestaande labyrint tonen de charme van het meer (tel. 1 603 366 5531, www.cruisenh.com, half mei-eind okt. dag.).

De '**beaches**' zijn eerder dunne zandstroken met toegang tot het water, maar prima voor een duik in het koele water. Leuke strandjes zijn **Weirs Beach**, het **Alton Small Swimming**

Beach in Alton en **Wentworth Beach** in Wolfeboro.

Overnachten

Oude glorie – **The Manor on Golden Pond:** Rte. 3, Holderness, tel. 1 603 968 3348, www.manorongoldenpond.com, $ 235-500. Luxueus landhuis hoog boven Squam Lake. Smaakvol ingerichte kamers en suites en een tennisbaan.

Voordelig – **The Lake Motel:** 280 Main St., Wolfeboro, tel. 1 603 569 1100, www.thelakemotel.com, $ 130-180. Prima motel met schone kamers, waarvan een aantal met kitchenette.

Eten en drinken

Mooi en relaxed – **Walter's Basin:** 15 Main St., Holderness, tel. 1 603 968 4412, www.waltersbasin.com, zo.-do. 11.30-21.30, vr., za. 11.30-22 uur, vanaf $ 16,50. Mooie eettent met uitzicht op Little Squam Lake en de lager gelegen pier. Steaks, eend en forel. Walter was overigens de forel die Henry Fonda opviste in *On Golden Pond*.

Winkelen

Uitgebreid aanbod – Het assortiment van de **Golden Pond Country Store** (10 Shepard Hill Rd., ma.-za. 6-21, zo. 6-21 uur, tel. 1 603 968 3434) omvat alles van rijkelijk belegde sandwiches en heerlijke gegrilde kippetjes tot vers fruit en mierzoet gebak – alles voor knorrende magen. Honger naar eten en kennis kunt u ook stillen bij **Camelot Books and Gifts** in Wolfeboro (40 N. Main St.). Hier rijkt het aanbod van huisgemaakte *creme cheddar* en paprikagelei tot waardevolle, zeldzame boeken.

Actief

Zeilen en roeien – Bij de **Squam Lakes Association** (534 Rte. 3, Holderness, tel. 1 603 968 7336, www.squamlakes.org) zijn kano's, zeilboten en windsurfplanken te huur. U kunt hier ook terecht voor een uitgebreide lijst met accommodaties in de omgeving.

Hanover en omgeving ▶ B 7

De Connecticut River vormt de grens tussen New Hampshire en Vermont. Ongeveer halverwege ligt rond het dertienduizend inwoners tellende stadje **Lebanon** een mooi, vaak over het hoofd gezien stukje New Hampshire. Rte. 10 voert, langs de rivier lopend, vanhier naar de oudste nederzettingen van New Hampshires achterland. Een ervan groeide uit tot een beroemde plaats met een Latijns motto. *Vox clamantis in deserto* (de stem van iemand die in de woestijn roept) is tot op de dag van vandaag het credo van **Dartmouth College** in **Hanover**. De universiteit, die behoort tot de prestigieuze Ivy League, werd in 1769 door missionaris Eleazar Wheelock gesticht voor 'jonge indianen, Engelsen en anderen' en ontwikkelde zich tot het spirituele centrum van New Hampshire. De in georgiaanse en federale stijl gebouwde rode en witte gebouwen op de campus zijn gegroepeerd rond de green. Hier staat ook het Information Center, waar u terechtkunt voor folders en informatie. Bezienswaardig is het kleine, in postmodern design ontworpen **Hood Museum of Art,** waarin naast oude Egyptische en Melanesisch kunst ook werk van Picasso en opkomende kunstenaars uit New England te zien is (di.-za. 10-17, wo. 10-21, zo. 12-17 uur).

Hanover en omgeving

Lake Winnipesaukee in de Lakes Region

Lyme

Dit fotogenieke stadje 13 km ten noorden van Hanover heeft een mooie ovale green, maar de grootste 'attractie' is de gouwe ouwe **Lyme Country Store** aan Rte. 10. Hier kunt u sinds mensenheugenis terecht voor alles van sandwiches tot grasmaaiers.

Fotogeniek is ook ook **Cornish**, ten zuiden van Lebanon. Beeldhouwer Augustus St. Gaudens, die onder anderen Abraham Lincoln in marmer vereeuwigde, woonde en werkte hier. Van het huis annex atelier van de kunstenaar is dan ook het **St. Gaudens National Historic Site** gemaakt (Rte. 12A, www.nps. gov/saga, mei-okt. dag. 9-16.30 uur). De tentoonstelling over de Cornish Colony en de mooie, met St. Gaudens-replica's gedecoreerde tuin zijn de moeite waard.

Enfield Shaker Village

De interessantste bezienswaardigheid van de regio ligt ten oosten van Lebanon. Aan het einde van het vredige Lake Mascoma ligt bij het gehucht **Enfield** het **Enfield Shaker Village**. Het dorp werd in 1782 gesticht en bestond tot 1923. Tijdens zijn bloeitijd rond 1850 woonden hier zo'n driehonderd broeders en zusters. Tegenwoordig zijn de dertien mooie gebouwen in particulier bezit. De geschiedenis van de nederzetting en de zachtaardige fundementalisten die er woonden wordt gedocumenteerd in het **Enfield Shaker Museum** (447 Rte. 4A, www.shakermuseum.org, ma.-za. 10-16, zo. 12-16 uur, alleen met rondleiding).

Hiken op Mount Cardigan

Het mooiste uitzicht van de regio – van de White tot voorbij de Green Mountains – biedt de kale top van Mount Cardigan (948 m) ten zuidoosten van Hanover in het Mount Cardigan State Park. De circa 3 km lange **West Ridge Trail** voert van de parkeerplaats de berg op.

Overnachten

Klassiek – **The Hanover Inn:** 2 E. Wheelock St., tel. 1 603 643 4300, 1 800 443 7024, www.hanoverinn.com, $ 230- 480. In georgiaanse stijl opgetrokken luxehotel op de green. Gezellige kamers met hemelbedden.

Tip

Little New York

Nadat Augustus St. Gaudens (1848-1907), een van Amerika's beroemdste beeldhouwers, zich vestigde in **Cornish**, ontwikkelde het dorpje aan de voet van Mt. Ascutney zich tot een plek waar veel beeldend kunstenaars en auteurs bij elkaar kwamen, de Cornish Colony. Het landelijke leven in het dorpje veranderde hierdoor natuurlijk drastisch. Italiaanse villa's schoten als paddenstoelen uit de grond, er kabbelde water in marmeren fonteinen en op Main Street flaneerden merkwaardige wezens in exotische gewaden – en niet alleen toen in 1905 het twintigjarig bestaan van de kolonie werd gevierd in een Griekse tempel. Het reilen en zeilen in *Little New York* liep voor velen echter de spuigaten uit. 'Er zijn hier veel te veel tennisrackets', klaagde schilder Thomas Dewing, die hier woonde in een tipi. Hij trok dan ook, met anderen in zijn kielzog, verder, naar de wildernis van Maine.

Vriendelijk – **Six South Street Hotel:** 6 S. Street, tel. 1 604 643 0600, $ 180-300, www.sixsouth.com. Moderne boetiekherberg die erg populair is bij ouders die hun op Darthmouth studerende kinderen komen opzoeken.

Eten en drinken

Lekker ouderwets – **The New Hampshire Restaurant:** in de Hanover Inn, tel. 1 603 643 4300, dag. 7.30-10.30, 11.30-13, di.-za. 18-21 uur, vanaf $ 25. Vakkundig verfijnde regionale gerechten in een elegante nostalgische sfeer.

Iers – **Murphy's on the Green:** 11 S. Main St., tel. 1 603 643 4075, vanaf $ 16. Gemoedelijke pub met originele houten banken uit de universiteitsbilbiotheek. De wijnkaart is net zo uitgebreid als het biermenu, het seafood uitstekend.

Winkelen

Mode – Winkelen is in Hanover, dat altijd hoog eindigt in lijstjes van beste Amerikaanse plaatsen om te wonen, een genoegen. In boetieks vindt u naast internationale merken ook creaties van onbekende designers, en in de schappen van levensmiddelenwinkels liggen talloze biologische alternatieven, vaak lokaal geproduceerd. Populair bij studenten zijn de **Dartmouth Co-op** (21 S. Main St.) en de **Campion's Women's Shop** (44 S. Main St.). Bij die laatste zijn elegante accessoires en kleding voor dames te koop.

Merrimack Valley ▶ C 7/8

Via de in Massachusetts in de Atlantische Oceaan uitmondende Merrimack River drongen eerst Penacook-indianen en later Engelse kolonisten door in het achterland van New Hampshire. Tegenwoordig is het in noord-zuidelijke richting tussen Canterbury en Massachusetts gelegen dal van de op een na langste rivier van New England het politieke en economische centrum van de staat. Hier liggen met hoofdstad Concord en industriesteden Manchester en Nashua de drie grootste plaatsen van New Hampshire. Toch voelt rijden op Rte. 3 meer aan als een ontspannende road trip dan een rit door een industriegebied. De belangrijkste bezienswaardigheid is de **Canterbury Shaker Village** (I-93, exit 18, www.shakers.org, 288 Shaker Rd., mei-okt. dag. 10-17 uur) in Canterbury Center. Het werd in 1792 gesticht en pas in 1992 opgeheven, na de dood van de laatste zuster. In het als openluchtmuseum voortbestaande Shaker-dorp zijn vijfentwintig goed bewaarde gebouwen te zien. Uitstekende gidsen informeren u over de manier waarop de Shakers de wereld zagen en hoe die zienswijze terug te voeren was naar alle aspecten van hun leven (zie blz. 260).

Concord

De aan een lus van de Merrimack gelegen hoofdstad Concord heeft toeristen weinig te bieden. Sinds 1697, het jaar waarin Hannah Dustin haar indiaanse ontvoerders hier in hun slaap doodstak en scalpeerde, gebeurde hier bijna driehonderd jaar niets opwindends. Maar toen de Challengerspaceshuttle op 28 januari 1986 78 seconden na de lancering explodeerde, werd Concord wereldnieuws. Aan boord was namelijk de hier geboren lerares Christa McAuliffe. Zij werd geëerd met het **McAuliffe-Shepard Discovery Center** (2 Institute Dr., www.starhop.com, dag. 10-17 uur), dat tevens de naam draagt van Alan Shepard (1923-1998), een van de eerste Amerikanen in de ruimte en eveneens een inwoner van New Hampshire.

Een korte wandeling over North Main Street voert naar het in 1819 ingewijde **State House** (107 N. Main St., ma.-vr. 8-16 uur) waarin schilderijen van beroemde burgers te zien zijn, en naar het **Eagle Hotel** ertegenover. Op de plek waar ooit Richard Nixon, Andrew Jackson en president van de zuidelijke staten Jefferson Davis logeerden, zitten nu mooie winkels en een bistro.

Manchester

Tegenwoordig overnachten (toekomstige) presidenten iets verder naar het zuiden in het Holiday Inn in Manchester, de met 111.000 inwoners grootste stad van New Hampshire. Het hotel dient tijdens de voorverkiezingen (primaries) als campagnehoofdkwartier en lijkt dan met alle veiligheidsmaatregelen meer op een vesting dan een hotel.

De stad, die begon als houthakkerskamp en waar in de 19e eeuw met de Amoskeag Manufacturing Co. de grootste textielfabriek ter wereld stond, heeft zich na een dip door het vertrek van deze industrie naar het zuiden hersteld met het aantrekken van talloze hightechbedrijven.

Het **Currier Museum of Art** (150 Ash St., www.currier.org, zo., ma., wo.-vr. 11-17, za. 10-17 uur), met Picasso's, Monets, O'Keefe's, Copley's en Homers, wordt als beste kunstmuseum van New Hampshire gezien. Toch zijn de stad en zijn inwoners altijd 'gewoon gebleven' – niets voor niets is de **Red Arrow** (61 Lowell St., tel. 1 603 626 1118, dag. 24 Std.), een van de beste diners van de stad, al sinds 1922 de favoriete hang-out van de locals

Het gros van de fabrieksarbeiders kwam in de 19e eeuw overigens uit het Canadese Quebec. Dat is tot op de dag van vandaag merkbaar: bijna de helft van Manchesters inwoners heeft Frans-Canadese roots. De West Side, Manchesters arbeiderswijk, werd vroeger Petit Canada genoemd. De moedertaal van veel ouderen hier is nog altijd Frans. Een van hun ontmoetingsplaatsen is restaurant **Chez Vachon** (136 Kelley St., www.chezvachon.com). Meer over de cultuur en geschiedenis van de *Franco-Américains* kunt u te weten komen in het **Franco-American Center** (100 Saint Anselm Dr., www.facnh.com, di.-do. 10-16 uur).

New Hampshire

Mount Monadnock ▶ C 8

Location, location, location! Mount Monadnock (1044 m) staat op eenzame hoogte in het slaperige zuidwesten van New Hampshire en biedt uiteraard grandiose vergezichten. Vanaf het rotsachtige plateau op de top hebt u uitzicht op alle zes staten die New England uitmaken – de titel 'Dak van New England' zou hier eigenlijk toepasselijker zijn dan bij de hoogste berg van de regio. Op de flanken van Mount Monadnock ligt een 60 km groot netwerk van wandelroutes.

De **White Dot Trail,** die begint bij het bezoekerscentrum van het **Monadnock State Park** (Rte. 124, iets ten westen van Jaffrey), is de makkelijkste weg omhoog. Binnen vier uur bent u heen en terug en de route is ook prima te bewandelen als u conditie niet extreem goed is.

Verder heeft het zuidwesten niet veel te bieden. **Jaffrey**, aan de voet van de berg, is een prima uitvalsbasis voor wandeltochten.

Hiken op Mount Monadnock

Als u wat meer uitdaging wilt, kunt u beter de aanzienlijk inspannender **Spellman Trail** wandelen. Via deze route is het 4 km naar de top. Deze trail is stukken steiler en neemt ongeveer drie uur in beslag (bereikbaar via de eveneens bij het bezoekerscentrum beginnende Red Spot Trail).

Overnachten

Charmant – **The Benjamin Prescott Inn:** 433 Turnpike Rd. (Rte. 124E), Jaffrey, tel. 1 603 532 6637, www.benjamin prescottinn.com, $ 100-260. Mooi gebouw in Griekse revivalstijl in een verzorgde tuin. Liefdevol ingericht met originele meubels, weelderig ontbijt.

Hampton Beach ▶ D 8

New Hampshire's kustlijn is slechts 29 km lang en de waterkant is bijna volledig bebouwd. Historische nederzettingen, moderne supermarkten, oude kapiteinshuizen, huurkazernes, elegante country inns, lelijke motels en door de zoute lucht aangevreten, ouderwetse pretparken: Rte. 1A, de oude kustweg, heeft alle pieken en dalen van dichtbij meegemaakt.

New Hampshire bezit een van de populairste stranden van New England: vlak voorbij de grens met Massachusetts ligt op een zanderig schiereiland Hampton Beach. De vakantieplaats – een opeenhoping van goedkope appartementencomplexen en fastfoodrestaurants onder een wirwar van hoogspanningskabels – heeft zijn beste tijd echter gehad.

Portsmouth ▶ D 8

Des te verrassender is dit innemende stadje aan de monding van de Piscataqua River. Portsmouth betovert met goed restaurants, trendy galeries en een mooie oude binnenstad, waarin de rauwe charme van de havenstad nog rondwaart. Oude huizen van rode bakstenen omzomen kronkelige straatjes in de historische stadskern. Het dorpje werd in 1623 gesticht als Strawberry Banke – vanwege de hier gevonden wilde aardbeien. Het agrarische plaatsje werd dankzij zijn diepe natuurlijke haven en het houtrijke achterland al snel hét scheepsbouwcentrum van de streek en werd omgedoopt naar Portsmouth. Verwoestende branden en de oorlog van 1812 beëindigden de bloeitijd, maar door de visserij overleefde Portsmouth de tijd tot de regering er weer schepen ging bouwen. Tegenwoordig heeft de dik twintigduizend inwoners tellende stad een kosmopolitische flair door de vele jonge ondernemers en kunstenaars. De Europese sfeer van de historische binnenstad wordt versterkt door tientallen kleine boetieks.

Bezienswaardigheden

Het middelpunt van de aan drie kanten door water omgeven oude stad is sinds 1700 **Market Square.** Liefhebbers van oude gebouwen kunnen vanhier wandelen naar prachtige voorbeelden van historische bouwstijlen, waaronder het beeldschone, in 1760 in georgiaanse stijl gebouwde **Wentworth-Gardner House** (Mechanic en Gardner St., juni-okt. do.-ma. 13-16 uur) en het **John Paul Jones House** (43 Middle St., mei-nov. dag. 11-17 uur) uit 1758, waarin een interessante tentoonstelling te zien is over de merkwaardige loopbaan van Jones: van Engelse scheepsjongen tot piraat, Amerikaanse admiraal en opperbevelhebber van de Russische vloot. Portsmouths belangrijkste attractie is het **Strawberry Banke Museum** (14 Hancock St., www.strawberybanke.org, mei-okt. dag. 9-17 uur, nov., dec. do.-za. 10-14, zo. 12-14 uur) in de voormalige rosse buurt. Op een omheind terrein – hier stond de eerste nederzetting – representeren een veertigtal gebouwen driehonderd jaar Portsmouth. Tien ervan zijn te bezichtigen. In tegenstelling tot andere museumdorpen, waar een uniforme, periodegetrouwe reconstructie wordt getoond, presenteert dit museum zijn gebouwen als woningen, die door hun verschillende eigenaren naar de dan geldende mode werden ingericht en aangepast.

Overnachten

Schitterend – **The Hotel Portsmouth:** 40 Court St., tel. 1 603 433 1200, 1 877 747 3466, www.siseinn.com, $ 110-310. Koopmanshuis in Queen Annestijl met mooie kamers in het hart van de oude binnenstad.

Bakstenen – **Ale House Inn:** 121 Bow St., tel. 1 603 431 7760, www.alehouseinn.com, $ 120-300. De bovenverdieping van een oude bakstenenfabriek werd omgebouwd tot hotel met rustiek-gezellig ingerichte kamers.

Eten en drinken

Gekkigheid – **Lexie's:** 212 Islington St., tel. 1 603 319 4055, dag. 11.30-20 uur, www.peaceloveburgers.com, vanaf $ 6. Op een plek waar gerechten als *Put a Ring On It* en *The Green Monster* op de kaart staan, word je vanzelf vrolijk.

Lekker sfeertje – **Blue Mermaid Island Grill:** 409 The Hill, tel. 1 603 427 2583, www.bluemermaid.com, dag. vanaf 11.30 uur, vanaf $ 17. Weinig toeristen, veel locals. Sfeer en keuken geïnspireerd op het zuidwesten en de Caraïben, vaak livemuziek van bandjes met namen als Guts of Pub Crawlers.

Actief

Boottochten – **Portsmouth Harbor Cruises** (Ceres St. Dock, tel. 1 603 436 8084 en 1 800 776 0915, www.portsmouthharbor.com) biedt leuke tochten met een kotter aan door de haven, de vogelrijke wetlands in het mondingsgebied van de Piscataqua River of de zeevogelkolonie op de voor de kust gelegen Isles of Shoals. Eens per maand *sunset cruise* met wijnproeverij.

Info

Greater Portsmouth Chamber of Commerce: 500 Market St., tel. 1 603 610 5510, www.goportsmouthnh.com

IN EEN OOGOPSLAG

Maine

Hoogtepunt ✸

Portland: door de aderen van de Portlanders stroomt geen bloed, maar koffie. Als het aantal koffietentjes iets zegt over het kosmopolitisme van een stad, dan is Portland aan het einde van de Casco Bay het San Francisco van het oosten. Zie blz. 257

Op ontdekkingsreis

Sabbathday Lake Shaker Village: het paradijs op aarde ligt op een halfuur rijden van Portland. Daar leven en werken de laatste Shakers, perfectie nastrevend zoals hun grondlegger Ann Lee het ooit wilde. De broeders en zusters heten bezoekers welkom zolang ze niet te opdringerig worden. Zie blz. 260

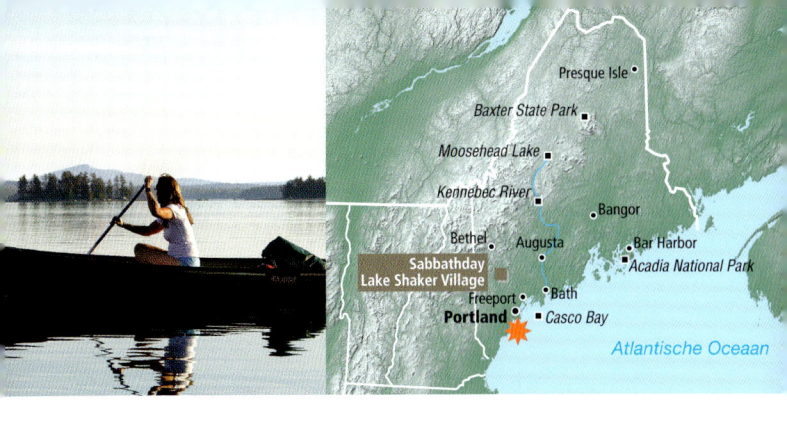

Bezienswaardigheden

Portland Museum of Art: het licht van de kust, gevangen door zwaargewichten van de Amerikaanse schilderkunst. Zie blz. 258

Maine Maritime Museum, Bath: oude werven, een replica van het grootste zeilschip dat ooit werd gebouwd en vierhonderd jaar scheepsbouw in Maine. Zie blz. 265

Actief & creatief

Precipice Trail: eerst zweten, dan bewonderen – u zult moeten klimmen om van de panoramische uitzichten in het Acadia National Park te genieten. Zie blz. 275

Raften op de Kennebec: snelle, hoge golven met een schuimkraag – met recht een wildwatertocht! Zie blz. 281

Hiken op Mount Katahdin: de berg roept. Hier aan het eind van de Appalachian Trails hoeft u alleen nog maar naar de top te klimmen. Zie blz. 283

Sfeervol genieten

Mailboat Run in de Casco Bay: een stukje eilandleven aan boord van een van de postschepen naar de eilandjes in de baai. Zie blz. 264

Acadia National Park: de Loop Road voert naar de mooiste uitkijkpunten, waar stillevens van land, zee en lucht op u wachten. Zie blz. 273

Uitgaan

Geno's Rock Club, Portland: art house rock en *live slamming*, zeven nachten per week. Zie blz. 263

L. L. Bean, Freeport: ga hier na middernacht shoppen en u zou wel eens een Hollywoodster kunnen tegenkomen. Zie blz. 263

Reading Room, Bar Harbor: menig gast is, zo wordt gezegd, hier de kreeft op zijn bord vergeten door de schoonheid van de zonsondergang. Zie blz. 278

Kustrijke staat

Maine-iac, zo noemen in deze staat geboren mensen zichzelf – althans, als ook hun ouders hier geboren zijn. Vreemdelingen worden aangemerkt als *from away* (van ergens anders) of *summer complaints* (zomers misgenoegen). Maine is een vakantiebestemming voor stedelingen die rust zoeken. New Yorkers, zo wordt hier gezegd, komen om normale mensen te zien en de echte wildernis te beleven. En voor de mooiste kust van New England – dunbevolkt, met tal van slaperige vissersdorpjes. Daarnaast heeft dit raftingwalhalla woeste rivieren door bossen die zo enorm zijn, dat hier de meeste elanden en zwarte beren van het noordoosten leven.

Maine is echter vooral kust. In 1604 voer Samuel de Champlain, die de Franse kolonisatie van Canada inleidde, langs Mount Desert Island. De Engelsen en Fransen streden nog lang over dit kleine stukje land. Om deze reden en in verband met King Philip's War stuitte de kolonisatie hier op meer weerstand dan in de Massachusetts Bay Colony, waarvan Maine tot 1820 onderdeel uitmaakte. Pas daarna werd Maine een onafhankelijke staat. Later werd Maine enorm hard getroffen door de industrialisering en het feit dat schepen niet meer van hout werden gemaakt. De diversificatie verliep moeizaam en het staatsbestuur zag in dat Maine zich moest toeleggen op het toerisme, tot op de dag van vandaag een belangrijke economische pijler van de staat. De Maine-iacs zijn overigens lang niet zo eenkennig als de Urban Dictionary (www.urbandictionary.com) met de uitleg hiernaast doet vermoeden, maar over het algemeen erg gastvrij.

De kust

Een kustlijn van 3200 km en drieduizend eilandjes maken de kuststreek tot een vakantieparadijs. Aan Rte. 1 liggen vissersdorpjes, vuurtorens, kreeftrestaurants en beschermde vogelreservaten. Hier dondert de Atlantische Oceaan tegen donkere, door het water glimmende rotsen. Halverwege het traject wacht Portland, de stad waarin een groot deel van de oostkustbewoners graag zou wonen – en niet alleen vanwege de espressobars en kunstgaleries. En aan het einde van de weg is daar het Acadia National Park, een vaak geschilderde en nauwelijks op foto's te vangen symfonie van land en zee, het schilderachtige hoogtepunt van de reis.

Kittery ▶ D 8

Winkelen is een Amerikaanse volkssport waaraan ook toeristen graag meedoen. Dat kan prima in Maine, dat de reiziger meteen na de grens met New Hampshire begroet middels de **Kittery Factory Outlets**. Op 1,5 km van het gelijknamige, al in 1623 gestichte plaatsje ligt deze shoppingmall waar honderd merken hun waar goedkoop aanbieden.

INFO

Toeristische informatie
Maine Office of Tourism: State House Station 59, Augusta, ME 04333-0059, tel. 888 624 6345, www.visitmaine.com

Vervoer
Het risico verkeerd te rijden is uitgesloten. Volg gewoon Rte. 1, die voert u helemaal tot Bar Harbor.

Kustydille: rotsen op Mount Desert Island

York ▶ D 8

Meer van het oude Maine ziet u in de stadskern van York. In de York Village herinneren meer dan vijftig gebouwen uit de 17e en 18e eeuw aan de begintijd. Het plaatsje is in 1624 gesticht en werd geplaagd door invasies van indianen en Fransen. Later werd York rijk door scheepsbouw. De mooiste gebouwen kunt u bezichtigen met een kaartje van het **Old York Historical Society**, dat een bezoekerscentrum bemant in de oude **Jefferd's Tavern** (5 Lindsay St., www.oldyork.org, juni-half okt. di.-za. 10-17, zo. 13-17 uur). De gidsen kunnen u ook de weg wijzen naar de **Snowshoe Rock**. Daar lieten in januari 1692 zo'n vijfhonderd Abenaki-indianen en Fransen hun sneeuwschoenen achter voor ze tijdens de Candlemas Massacre tachtig kolonisten vermoordden en de rest van de bewoners ontvoerden.

Cape Neddick Light

Rte. 1A, Nubble Rd., www.nubblelight.org, dag. 10-20 uur

Op een paar minuten rijden ten noorden van York ligt het door de locals liefdevol *Nubble Light* genoemde **Cape Neddick Light**. De stralend witte vuurtoren poseert fotogeniek op een klif hoog boven de oceaan.

Overnachten

Alles in één – Stage Neck Inn: Stage Neck, York Harbor, tel. 1 207 363 3850, 1 800 340 1130, www.stageneck.com, $ 185-400. Comfortabel hotel op een zeer bijzondere locatie. Het moderne resort ligt aan zee op een 'eigen' schiereiland. Veel van de kamers hebben prachtig uitzicht op het baaitje. Restaurant, golf- en tennisbanen, fitnessruime, zwembad.

Eten en drinken

Rijk aan traditie – **Goldenrod Restaurant:** 2 Railroad Ave., York Beach, tel. 1 207 363 2621, www.thegoldenrod.com, vanaf $ 10. Al meer dan honderd jaar seafood en gefrituurde caloriebommen tegen prima prijzen.

Winkelen

Outlets/outdoor – In de **Kittery Outlets** (306 State Rd., ma.-za. 9-21, zo. 10-18 uur, www.thekitteryoutlets.com) is van alles te koop, van sieraden en accessoires tot huishoudelijke apparatuur en sportuitrusting. Outdoorkleding en -uitrusting vindt u bij de **Kittery Trading Post** (301 Rte. 1, ma.-za. 9-21, zo. 10-18, www. kitterytradingpost.com).

Ogunquit en Kennebunkport ▶ D 7/8

Ook in Maine hebben de oorspronkelijke bewoners nauwelijks meer achtergelaten dan namen. Ogunquit betekent bijvoorbeeld 'mooie plek aan zee'. De indianen doelden hiermee ongetwijfeld op het brede, kilometerslange zandstrand. Tot in de jaren 50 was **Ogunquit** de badplaats van de *rich and famous*, daarna beëindigde de democratisering van het toerisme de exclusiviteit met appartementencomplexen en souvenirwinkels.

Op het parallel aan het strand gelegen voetgangersgebied Marginal Way krijgt u tot de rostachtige **Perkins Cove** een voorproefje van wat u verder naar het noorden te wachten staat: zandstranden, rotskusten, vissersbootjes en de geur van zout water. En natuurlijk de onvermijdelijke galeries.

Het **Wells National Estuarine Research Reserve** (Laudholm Farm Rd., www.wellsreserve.org) beschermt de delta van de Little River en beschikt over 10 km rustige wandelpaden door bossen, wetlands en duinen.

Voorbij dit prachtige natuur- en vogelgebied bij Wells begint **Kennebunkport,** dat duidelijk verzorgder en wat chiquer is. In het oude scheepsbouwstadje – de meer dan duizend schepen die hier tussen 1800 en 1850 van stapel liepen, financierden kapitale villa's – staat onder andere het zomerverblijf van de voormalige president George W. Bush. Zijn met stars and stripes uitgedoste landgoed staat op **Walker's Point,** een smalle landtong aan de bochtige **Ocean Drive.** De mooiste gebouwen, met voorop het zogenaamde **Wedding Cake House** (104 Summer St., zie blz. 82), kunt u bekijken tijdens een door het moderne **Brick Store Museum** (117 Main St., www.brickstoremuseum.org, di.-vr. 10-16.30, za. 10-13 uur) georganiseerde rondleiding. Aansluitend kunt u in een van de vele restaurants en cafés rond het mooie, door kleine boetieks omsingelde Dock Square de benen strekken.

Old Orchard Beach bestaat uit een oude pier en een speelhal. De I-95 landinwaarts verraadt met een bordje 'sortie' in plaats van 'exit' al waar de meeste badgasten vandaankomen die hier vakantie vieren: het 10 km lange zandstrand van het voorheen zo chique plaatsje is als *Québec Rivièra* stevig in handen van Frans-Canadezen.

Uitstapjes vanuit Ogunquit

Vanuit Perkins Cove kunt u aan boord van een **kreeftvissersboot** naar de kreeftenkooien varen. Onderweg leert u van alles over Maine's schaaldierenindustrie (Perkins Cove Lobster Tours, tel. 1 207 646 7413, www.finestkindcruises.com, half mei-begin sept.). Ook voor **fietstochten, strandwandelingen** en **zeiltochtjes** moet u in Perkins Cove zijn.

De twee mooiste stranden in dit gebied zijn **Ogunquit's Footbridge Beach** (zelden druk) en **Crescent Beach** tussen Wells en Moody (geen douches of kleedhokjes, eveneens rustig).

Overnachten

Ontspannend – **Beachmere Inn:** 62 Beachmere Pl., Ogunquit, tel. 1 207 646 2021, 1 800 336 3983, www.beachmereinn.com, $ 180-400. Oud strandhotel met torentjes op Marginal Way. Modern ingerichte kamers.
Eenvoudig en goedkoop – **Footbridge Beach Motel:** 668 Main St. u. Ocean St., Ogunquit, tel. 1 207 646 2796, www.footbridgemotel.com, $ 70-180. Lichte, eenvoudige kamers in een vriendelijk strandmotel nabij Footbridge.

Eten en drinken

Dinner with a view – **Hurricane:** 29 Dock Square, Kennebunkport, tel. 1 207 967 9111, www.hurricanerestaurant.com, dag. 11.30-21.30 uur, vanaf $ 12. Lobster rolls en tonijnburgers met uitzicht op de Kennebunk River. Goede wijnkaart.

Portland ✸ ▶ E 7

Het San Francisco van de oostkust? Oké, deze vergelijking is wat overdreven, maar de overwegend jonge gezichten, de bruisende kunstscene, de straatmuzikanten, de naar de baai aflopende, steile straatjes en de blauwe zee doen je toch een beetje denken aan de Californische stad. Veel ondernemers en intellectuelen die de grote stad beu waren, hebben zich sinds de jaren 80 gevestigd in Portland. Meer dan tweehonderd productiebedrijven hebben hier hun hoofdkantoor.

Nog een overeenkomst met San Francisco is de bewogen geschiedenis. De in 1632 gestichte stad brandde maar liefst drie keer af. Eerst staken indianen Portland in brand, toen wraakzuchtige

Een plaatje: de vuurtoren van Portland

Portland

Bezienswaardigheden
1. Portland Museum of Art
2. Longfellow House
3. Fore River Gallery
4. SPACE Gallery
5. Old Port Exchange

Overnachten
1. Inn by the Sea

2. Portland Regency
3. The Percy Inn

Eten en drinken
1. DiMillo's on the Water
2. Fore Street Restaurant
3. Street & Co.
4. Becky's Diner

Winkelen
1. Simply Chic

Uitgaan
1. Geno's Rock Club
2. Andy's Old Port Pub

Engelsen en als laatste een dronkeman. Dat was in 1866. Huizen van voor die tijd zijn er daarom nauwelijks. Maar als havenstad en eindstation van treinen uit Montreal was Portland altijd belangrijk genoeg om weer te worden opgebouwd.

Stadswandeling

De belangrijkste attractie van de stad, waarin het leven zich vooral afspeelt in de rechthoek tussen Commercial en Congress Street, is het gerenommeerde **Portland Museum of Art** 1 (7 Congress Sq., www.portlandmuseum.org, di.-do., za., zo. 10-17, vr. 10-20 uur) in Downtown. Het in 1983 door I. M. Pei met een gebouw met patrijspoorten uitgebreide museum is gewijd aan Maine zoals Winslow Homer, Frederic Church en Edward Hopper het zagen, maar heeft ook een zeer interessante collectie impressionisten.

Vóór deze wandeling u langs andere hotspots voor kunstliefhebbers voert, wilt u misschien het **Longfellow House** 2 bezoeken (485 Congress St., mei-okt. rondleidingen, op afspraak). De Amerikaanse dichter, bekend van onder mee *Evangéline* en *Song of Hiawatha* bracht zijn kindertijd door in het eenvoudige huisje. Er zijn onder andere originele meubels en persoonlijke voorwerpen te zien. Hedendaagse kunst is onder andere te zien in de **Fore River Gallery** 3 (87 Market St., Old Port, tel. 1 207 791 2723, www.foreriver gallery.com, wo.-za. 11-18 uur), dat zich heeft gericht op kunstenaars uit Maine, en de **SPACE Gallery** 4 (538 Congress St., www.space538.org, wo.-za. 12-18 uur of op afspraak), waar vooral werk van jonge, experimentele talenten te zien is.

Het zich boven de Waterfront in rood baksteen oprichtende havenkwartier **Old Port Exchange** 5 werd in de jaren 70 opgeknapt en is sindsdien het pronkstuk van de stad. Het ensemble van victoriaanse gebouwen en enorme fabriekshallen en loodsen ontstond na de brand van 1866. Tussen Exchange en Pearl Street kunt u makkelijk een hele middag doorbrengen in boetieks, esoterische juweliers en antiekwinkels.

Omgeving van Portland

Het **Two Lights State Park** (Rte. 77, Cape Elizabeth) op het ver in zee stekende **Cape Elizabeth** ten zuiden van Portland biedt behalve mooie stranden voor lange wandelingen en een fotogenieke vuurtoren ook prachtige zonsondergangen. Een leuk evenement is de elke eerste vrijdag van de maand gehouden **First Friday Art Walk** (www.firstfridayartwalk.com), waarmee de binnenstad met openluchtconcerten en -exposities de kunstzinnigheid van Portland viert.

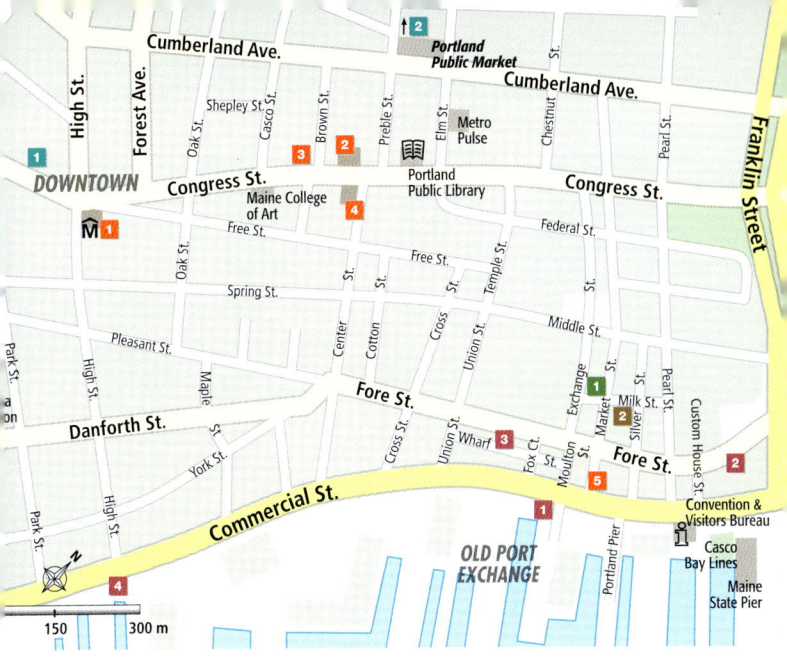

Overnachten

Chic – **Inn by the Sea** 1: 40 Bowery Beach Rd., Cape Elizabeth, tel. 1 207 799 3134, 1 800 888 4287, www.innbythesea.com, $ 170-600. Heerlijk, victoriaans geïnspireerd resort op Cape Elizabeth, op zo'n tien minuten rijden van Portland. Eigen strand, chic restaurant.

Nostalgische elegantie – **Portland Regency** 2: 20 Milk St., tel. 1 207 774 4200, 1 800 727 3436, www.theregency.com, $ 150-300. Koele elegantie met modern gemak achter rode bakstenen.

Gemoedelijk – **The Percy Inn** 3: 15 Pine St., tel. 1 207 871 7638, www.percyinn.com, $ 90-220. Rijtjeshuis in federale stijl, modern ingerichte kamers.

Eten en drinken

Drijvend – **DiMillo's on the Water** 1: 25 Long Wharf, tel. 1 207 772 2216, www.dimillos.com/restaurant, dag. 11-23 uur, vanaf $ 21, ma.-vr. 16-19 uur happy hour. Amerikaans-Italiaanse keuken in een authentiek autoveer. Geweldig uitzicht op de haven, de stad en de zee.

Top – **Fore Street Restaurant** 2: 288 Fore St., tel. 1 207 775 2717, www.forestreet.biz, zo.-do. 17.30-22, vr., za. 17.30-22.30 (bar vanaf 17 uur), vanaf $ 21. Rond een oude steenoven aangelegd. Creatieve, New Amerikaanse cuisine met seafood en regionale ingrediënten. Uitstekend wijnkaart.

Altijd goed – **Street & Co.** 3: 33 Wharf St., tel. 1 207 775 0887, www.streetandcompany.net, dag. 17.30-21.30 uur, vanaf $ 23. Een van de beste seafoodrestaurants van Maine. Heerlijke, geraffineerd geprepareerde kreeft, inktvis en kabeljauw.

Zeemansverhalen – **Becky's Diner** 4: 390 Commercial St., tel. 1 207 773 7070, www.beckysdiner.com, dag. 4-21 uur, vanaf $ 8. Een diner zoals een diner hoort te zijn aan de Hobson Wharf. Vissers en havenarbeiders ontbijten er graag. ▷ blz. 263

Op ontdekkingsreis

Sabbathday Lake Shaker Village

In dit door velden omgeven gehucht 40 km ten noorden van Portland wonen de laatste actieve Shakers van de Verenigde Staten. Een klein museum documenteert de geschiedenis van deze geloofsgemeenschap en organiseert rondleidingen. De broeders en zusters heten bezoekers eveneens van harte welkom tijdens de zondagsmis om 10 uur.

Kaart: ▶ D 6
Duur: 1 tot 3 uur
Planning: 707 Shaker Rd., New Gloucester, tel. 1 207 926 4597, www.maine shakers.com, eind mei-half okt. ma.-za. 10-16.30 uur

Een spirituele openbaring was het zeker niet. Arnold Hadds bekering was een kwestie van de lange adem. 'Toen ik de Shakers voor het eerst bezocht, was ik niet van plan er zelf een te worden.' Broeder Arnold rekt zich uit. Hij is al sinds het krieken van de dag op de been. Het is half elf 's ochtends en hij heeft al het vee verzorgd, ontbijt voor zichzelf en de anderen gemaakt, de lunch voorbereid, zuster Frances geholpen, die moet herstellen van een knie-operatie en bloembakken opgehaald in de stad. Het is dus een heel gewone dag in de Sabbathday Lake Shaker Village, dat leeft van landbouw, tuinbouw en een beetje toerisme.

Onbeschrijfelijke blijdschap

Nadat hij samen met broeder Wayne een gewond roodborstje heeft verzorgd, gaat broeder Arnold in de spaarzaam gemeubileerde ontvangstruimte van het grote woonhuis verder: 'Er ontbrak ook niets aan mijn leven', zegt hij. 'Maar toch wilde ik meer.' De spirituele levenswijze van de Shakers fascineerde hem enorm. Uiteindelijk bracht hij een hele zomer bij ze door. 'Toen het einde van mijn logeerperiode in zicht kwam, merkte ik dat ik helemaal niet meer naar huis wilde.' In januari 1978 ondertekende hij de geloofsbelijdenis van de Shakers. Hoe het voelde om eindelijk een Shaker te zijn? Broeder Arnold staart lang naar zijn zwarte vingernagels en zegt dan: 'Ik voelde mijn hart warm worden. Daarbinnen was een ongelooflijke blijdschap over hetgeen voor me lag.'

Alles hier straalt vredige rust uit. Kale, witte muren, eenvoudige meubels, donkere massief houten vloeren, overal gladde oppervlakken zonder enige opsmuk. En broeder Arnold, vrolijk ondanks het ontzettend harde werk – naar buiten gekeerde innerlijke rust.

Het laatste Shaker-dorp – een prentenboekidylle van achttien witte gebouwen en een fruit- en groentetuin – ligt een halfuur rijden ten noorden van Portland aan Rte. 26. Hier leven en werken de laatste vier leden van de United Society of Believers naar de leer van Mother Ann Lee (1736-1874). De fabrieksarbeider uit het Engelse Manchester, ooit de voorvrouw van de Shaking Quakers, was vanwege haar 'radicale' standpunten – pacifisme, kuisheid, de tweeslachtigheid van God en de gelijkheid van man en vrouw – in conflict gekomen met de autoriteiten. Samen met acht gelijkgestemden emigreerde ze naar Amerika. In New England had ze al snel een schare aanhangers. Op het hoogtepunt van de beweging rond 1840 waren er vierduizend *believers* in negentien autonome gemeenschappen tussen Maine en Kentucky. Daar streefden ze, naar de leer van Ann Lee, de hemel op aarde na – een leven vrij van geweld, hebzucht en ijdelheid. Na de Burgeroorlog was het uit me de pret. Het ene Shaker-dorp na het andere sloot zijn deuren. Enkele werden getransformeerd tot museumdorpen. Alleen het Sabbathday Lake Shaker Village houdt nog (even) stand.

Beginselen van de Shakers

Leidraad voor het dagelijks leven van de Shaker waren – en zijn – verschillende principes, waarvan *Hands to work, hearts to God* de bekendste is. Arbeid is een religie op zich. Leven, werken en geloven zijn één, alle activiteiten volgen deze basisregel. Elke believer moet meebouwen aan de hemel op aarde. Dit vereist dus een continu streven naar de hoogste kwaliteit, in alles. Lee-volger Joseph Meacham: 'We hebben het recht om de menselijke uitvindingen te verbeteren, zolang het maar niet is uit ijdelheid, voor roem of iets anders overbodigs.' In de museumdorpen Hancock (zie blz. 165) en Canterbury (zie blz. 249) zult u dan ook overal bewijsmateriaal van hun zoektocht naar perfecte zien. Een deur met een beweegbare, zich bij het sluiten naar beneden zakkende onderkant om tocht tegen te gaan. Een

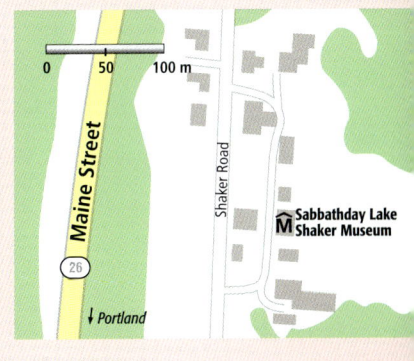

Een werknemer van het museumdorp verpakt zaadjes

stoel met een korte leuning; makkelijk onder de tafel te schuiven om plek te besparen. Nagelschaartjes, cirkelzagen, appelboren, platte bezems – meer dan honderd uitvindingen komen op het conto van de believers. Ook logisch dat deze praktisch denkende mensen in 1877 zelfs het metrische systeem overnamen. Tegenwoordig worden originele Shaker-meubels geprezen om hun tijdloze schoonheid en stabiliteit. Ze zijn dan ook onbetaalbaar – beroemdheden graven er met liefde diep voor in de buidel.

Blik vooruit

De toekomst van de laatste Shakers ligt in Gods handen. Of zoals broeder Arnold het formuleert: 'Wij willen Gods handen en voeten op aarde zijn.' Broeders Arnold en Wayne en zusters Frances en June inspireren vele buitenstaanders. En er zijn altijd hoopvolle kandidaten, die nieuwsgierig zijn en net als Arnold een tijdje kunnen meelopen. De tijd zal leren of ze zullen kunnen leven met het celibaat en het afzien van privé-eigendommen. Broeder Arnold: 'Ik hoop en bid dat er binnenkort weer meer van ons zijn. Wie weet, misschien hebben we over twintig jaar de landbouw wel opgegeven en doen we iets volledig anders ...' Tot die tijd zijn de huizen en velden aan de parallel aan Rte. 26 lopende Shaker Rd. voor hen in elk geval de hemel op aarde.

Winkelen

Mode – Naast de bekende internationale merken hebben veel jonge, onafhankelijke designers hier hun zaakjes. **Simply Chic** [1] (28 Exchange St., dag.) heeft een interessant assortiment voor dames (onder meer Catherine Malandrino, JOIE en Little Joe). Tientallen galeries, esoterischer shops en koffietentjes vindt u in de **Old Port Exchange.**

Uitgaan

De bars en muziekkroegen in Old Port komen en gaan. Blijvende grote namen zijn **Geno's Rock Club** [1] (625 Congress St., tel. 1 207 221 2382), Portlands hipste livemuziektent, en **Andy's Old Port Pub** [2] (94 Commercial St., tel. 1 207 874 2639, dag. 11-22.30 uur), een intieme buurtkroeg, waar getalenteerde jongeren mogen zingen.

Info

Convention and Visitor's Bureau of Greater Portland: 94 Commercial St., tel. 1 207 772 5800, www.visitportland.com

Freeport ▶ E 7

Freeport, twintig minuten rijden van Portland, is overdags niet veel soeps – alles draait er om winkelen. Maar kom er om drie uur 's nachts en u zou zomaar John Travolta of Kevin Spacey tegen het lijf kunnen lopen.

Nee, dit is niet Beverly Hills. Dit is L. L. Bean, in Amerika het synoniem voor outdoorartikelen en slijtvaste vrijetijdskleding. Freeport groeide om deze eerste outlet en nu ligt de vier verdiepingen tellende, twaalfduizend vierkante meter grote winkel in het hart van de factory outlet-hoofdstad van het land. De hele stad is één grote shoppingmall, ingericht als een dorpje. Een kleine tweehonderd textielfabrikanten, zoals Nike, Gap, Donna Karan, Calvin Klein, Patagonia, Timberland en North Face verkopen hier hun spullen af fabriek, met kortingen tot wel 70%. Met de rigoureuze ommezwaai naar commercie haalde het stadsbestuur Freeport aan het einde van de jaren 70 uit het slop. Niets herinnert meer aan het oude, in 1681 gestichte Freeport: alleen al L. L. Bean, de moeder aller outlets, registreert per jaar 3,5 miljoen bezoekers.

Overnachten

Smaakvol – **Harraseeket Inn:** 162 Main St., tel. 1 207 865 9377, 1 800 342 6423, www.harraseeket inn.com, $ 125-300. Smaakvolle kamers niet ver van de outlets. Zwembad, jacuzzi, twee restaurants.
Prima – **Comfort Suites:** 500 Rte. 1, tel. 1 207 536 5568, 1 877 865 9300, www.freeportcomfortsuites.com, $ 85-190. Prima, grote kamers, zwembad, jacuzzi.

Eten en drinken

Sfeervol – **Jameson Tavern:** 115 Main St., tel. 1 207 865 4196, www.jamesontavern.com, bar dag. 11.30-23, restaurant zo.-do. 11-21, vr., za. 11-22 uur, vanaf $ 17. Burgers, lobster rolls en salades domineren de kaart van deze oudgediende.

Winkelen

Outlets – *Shop 'til you drop* bij Ralph Lauren, Patagonia, Clinique, Totes en vele, vele andere. **L. L. Bean** is de enige winkel hier die 24/7 geopend is (Main St. en Depot St., tel. 1 877 755 2326, www. llbean.com).

Brunswick en omgeving ▶ E 6/7

Brunswick

Vlak na Freeport kunt u eindelijk van Rte. 1 af ritchting zee. Veel kleine zijstraten leiden naar het verwarrende doolhof van schiereilanden, smalle landtongen en eilandjes. Daarvoor zou u even een kijkje moeten nemen in het 22.000 inwoners tellende stadje Brunswick. Op het in 1794 gestichte Bowdoin College studeerde Robert E. Peary, de onderzoeker die in 1909 als eerste de Noordpool bereikte. Auteur Harriet Beecher Stowe schreef hier *De negerhut van oom Tom* terwijl haar echtgenoot Calvin Stowe studeerde. Peary en zijn collega Donald MacMillan zijn geëerd met een museum in universiteitsgebouw Hubbard Hall, het interessante **Peary-MacMillan Arctic Museum** (www.bowdoin.edu/arcticmuseum, di.-za. 10-17, zo. 14-17 uur).

Bezienswaardigheden bij Brunswick

Moerassen, kreken, bossen – en steeds weer jonge mensen, die kano's en ka-

Eilandhoppen

Zes van de 365 eilanden in Portlands Casco Bay zijn bewoond en met de stad verbonden door middel van veerboten. De schepen van de Casco Bay Lines vervoeren naast post en bouwmateriaal ook mensen voor een dagtochtje. Ideaal voor een korte trip is de zogenaamde **Mailboat Run.** Tijdens de dik drie uur durende boottocht worden alle bewoonde eilandjes aangedaan. U kunt kletsen met de eilanders en kijkt toe bij het in- en uitladen van de boten (Casco Bay Lines, 56 Commercial St., tel. 1 207 774 7871, www.cascobaylines.com).

jaks te water laten, terwijl in het water staande kranen roerloos toekijken. Al het groen en blauw zal u ogen misschien pijn doen, vooral op de weg naar het gehucht **South Harpswell** aan het eind van Rte. 123. Of op Rte. 24 richting **Bailey Island**, dat met een smal bruggetje is verbonden aan het vasteland en met **Cook's Lobster House** (zie blz. 265) het kreeftrestaurant met het beste uitzicht in de wijde omgeving heeft. Aan de stapel kajaks voor de deur van menig winkel wordt duidelijk wat hier de belangrijkste bezigheid is.

Popham Beach Park
Apr.-eind okt.
Het mooiste strand van Maine – volgens kenners zelfs van New England – is vlakbij. Op het volgende schiereiland voert de 22 km lange Rte. 209 naar **Popham Beach State Park**. Talloze kilometers heerlijk zand, beschut tegen de wind en voor de kust gelegen, bij eb te voet bereikbare rotsen maken van dit strand een ideale tussenstop, ook voor meerdere dagen.

Interessanter dan de aanblik van de enorme kazematten van het nabije **Fort Popham** uit de 19e eeuw is de geschiedenis ervan. Hier eindigde in 1608 na slechts een jaar de eerste poging tot een nederzetting van de Engelsen. De overlevenden van de door pech achtervolgde Popham Colony zeilden met een zelf getimmerd zeilschip, de Virginia, terug naar huis en overleefden onderweg een zware, driedaagse storm. Sindsdien worden in de buurt van Fort Popham schepen gebouwd.

Bath ▶ E 6

In deze arbeidersstad liepen in de 19e eeuw de grootste zeilschepen ter wereld van stapel. Tegenwoordig leven de circa tienduizend inwoners voornamelijk van regeringscontracten voor fregatten en torpedobootjagers – de helft van hen werkt bij scheepsbouwer Bath Iron Works. In het **Maine Maritime Museum** (243 Washington St., www.mainemaritimemuseum.org, dag. 9.30-17 uur) is een aantal historische zeilboten te zien, die werden geconstrueerd in de plaatselijke Percy & Small Shipyard, en komt u alles te weten over de scheepsbouwtechnieken van toen. Er zijn boottochten op de rivieren Kennebec en Sasanoa. De blik vanaf het water op de enorme werven en kranen van Bath Iron Works, waar tijdens de Tweede Wereldoorlogs elke veertien dagen een schip te water ging, is indrukwekkend.

Overnachten

Fantastisch – **The 1774 Inn:** 44 Parker Head Rd., Phippsburg, tel. 1 207 389 1774, www.1774inn.com, $ 195-320. Kamers in victoriaanse stijl aan de Kennebec River en een weelderig, veelvuldig bekroond ontbijt.
Knus – **The Galen C. Moses House:** 1009 Washington St. (Rte. 1, exit Historic District), Bath, tel. 1 207 442 8771, 1 888 442 8771, www.galenmoses.com, $ 100-180. In zijn oorspronkelijke glans herstelde, roze residentie uit 1874. Vier elegante kamers, twee suites.
Nuchter – **Holiday Inn Bath/Brunswick:** 139 Richardson St. (Rte. 1, vlak voor Bath), tel. 1 207 443 9741, $ 100-180. Motel met zwembad. Prima uitvalsbasis voor trips naar het strand.

Eten en drinken

Ongedwongen – **Cook's Lobster House:** Rte. 24, Bailey Island, tel. 1 207 833 2818, www.cookslobster.com, dag. 11.30-20 uur, marktprijs. ▷ blz. 268

Favoriet

Popham Beach ▶ E 7

De rit erheen alleen al is de moeite waard: vanaf Bath slingert de smalle Rte. 209 zich door bossen en gehuchtjes met een general store/postkantoor/benzinestation richting Atlantische Oceaan. Of deze – iets langere – route de reden is dat Popham Beach nooit een tweede Ogunquit is geworden? Het zou kunnen. Maar je voelt je, wanneer je door de duinen loopt en de voor de kust gelegen eilandjes aan de horizon ziet opdoemen, in elk geval een beetje een ontdekkingsreiziger. Eenmaal op het strand zoek je een mooi plekje, kijk je hoe de golven uit zee komen rollen en laat je het geluksmomentje over je heen komen.

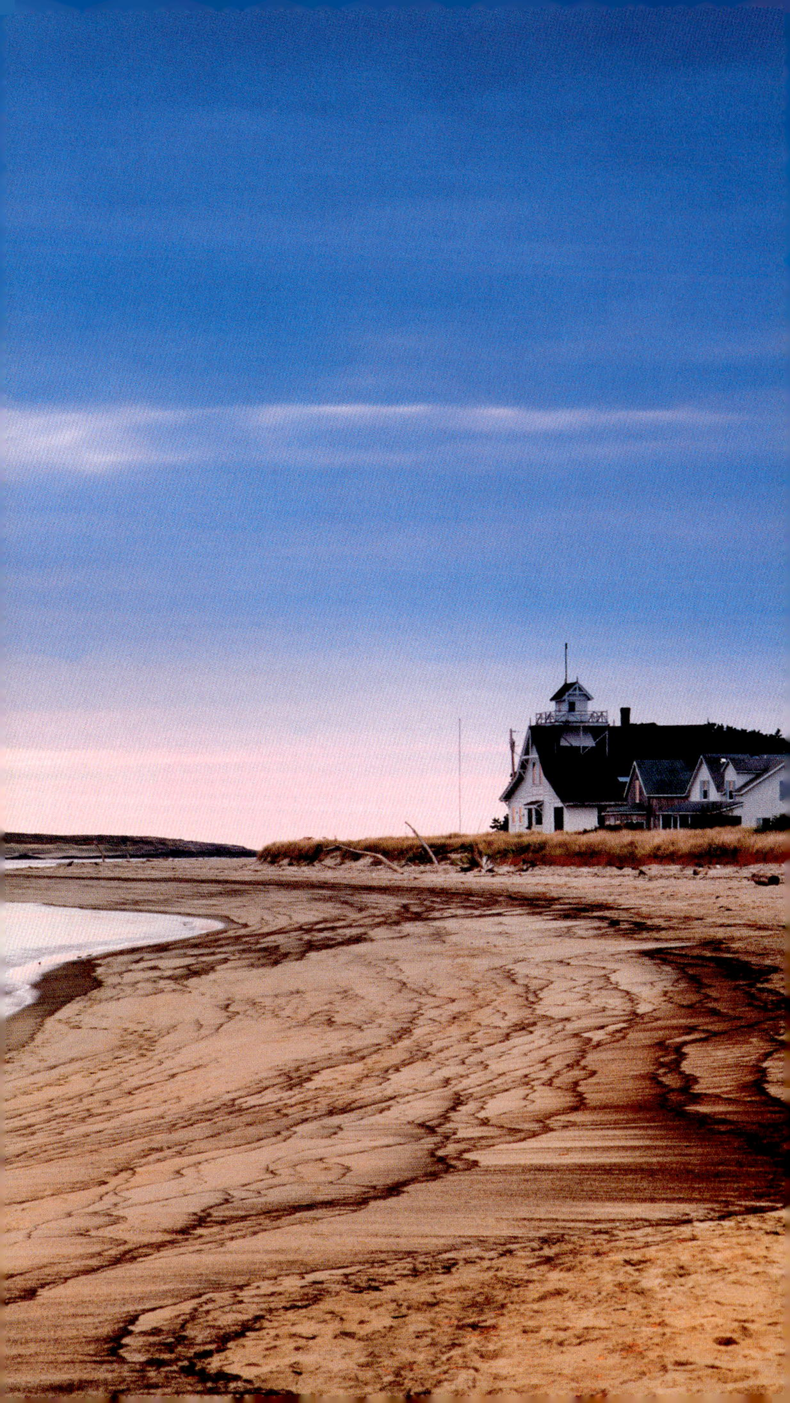

Kreeft vers van de boot op tafel in een heel gezellige sfeer.
Leerzaam – **J. R. Maxwell & Co.:** 122 Front St., Bath, tel. 1 207 443 2014, www.jrmaxwells.com, dag. 11.30-21, vr., za. 22 uur, vanaf $ 18. Gevogelte, seafood, ribs en steaks in grote porties. Maritiem decor waar van alles te leren is over Baths geschiedenis.

Actief

Kajakken – **Up the Creek** verhuurt kano's en kajaks en organiseert tochten van een dag op de Winnegance River (Phippsburg, tel. 1 207 443 4845, 1 866 443 4845).

Info

Southern Midcoast Maine Chamber: 2 Main St., Topsham, tel. 877 725 8797, www.midcoastmaine.com

Wiscasset ▶ E 6

Ook in dit tegenwoordig slaperige dorpje aan de Sheepscot River werden vroeger schepen gebouwd. Hier liepen de snelste klippers van New England van stapel. Het plaatsje, met een twintigtal antiekwinkels een walhalla voor liefhebbers van oude accessoires, markeert de overgang van Rte. 1 in een bochtige provinciale weg. Vlak na

Kunstnijverheidswinkel in Boothbay Harbor

de brug buigt Rte. 27 af naar **Boothbay Harbor**. De tussen grote granietblokken gelegen haven is prachtig, maar wel toeristisch. De haven is wel een goede plek voor *whale watching* of een zeiltocht met een historische windjammer.

Actief

Whale watching – **Cap'n Fish's Whale Watch** (1 Wharf St., tel. 1 207 633 3244, www.mainewhales.com) vaart van eind mei tot half oktober naar de walvissen.

Pemaquid Peninsula ▶ E 6

Het volgende schiereiland is meer de moeite waard. Rte. 130 voert over de 24 km in de Atlantische Oceaan stekende Pemaquid Peninsula naar Pemaquid Point. Dit is Maine zoals het in de boekjes staat. Op kale rotsen buigen door de wind geteisterde dennen landinwaarts. Beneden rolt de Atlantische Oceaan tegen een grijsbruine rotskust. Het brult, rommelt, de meeuwen schreeuwen. Nergens anders kunt u uw benen zo heerlijk strekken als op de gladde rotsen onder de parkeerplaats. Vlakbij poseert de **Pemaquid Point Lighthouse** (1827), een van de mooiste vuurtorens aan de oostkust.

Rockland ▶ F 6

De toegang tot de **Penobscot Bay** wordt bewaakt door Rockland. Na al die steriele marina's met hun blinkende jachten doet de uit de haven opstijgende vislucht bijna goed. De nuchtere stad met zo'n achtduizend inwoners, met een van de grootste havens van Maine, staat bekend om zijn kreefthutjes, de beroemde **lobster shacks** met de dampende ketels voor de deur. De vissers van Rockland halen jaarlijks zo'n vijf miljoen kilo kreeft uit het water. Parkeer uw auto en probeer zo'n heerlijke lobster roll. Waarschuwing: ze zijn verslavend, en u zult nog heel veel lobster shacks tegenkomen …

Maine Lighthouse Museum at the Maine Discovery Center

1 Park Dr., www.mainelighthouse museum.com, juni-nov. ma.-vr. 9-16.30, za., zo. 10-16 uur
Sympathiek museum dat wordt uitgebaat door een gepensioneerde kustwachtofficier. Hier vindt u een van de grootste verzamelingen maritieme memorabilia van de Verenigde Staten. Te zien zijn onder andere oude misthoorns, logboeken en historische reddingsboeien.

Farnsworth Art Museum

16 Museum St., www.farnsworth museum.org, mei-okt. dag. 10-17, anders di.-zo. 10-17 uur
Waartoe deze kust kunstenaars als Childe Hassam en Fitz Hugh Lane inspireerde, is te zien in dit uitstekend museum. Vooral de Wyeths komen uitgebreid aan bod. Het werk van *America's First Family of Art* hangt in een tot galerie getransformeerde kerk. In de haven zijn daarnaast een tiental mooie zeilboten te zien, onder andere windjammers en prachtige tweemasters als de American Eagle, waarop u ook een zeiltocht langs de kust kunt maken van een of meerdere dagen.

Overnachten

Lieflijk – **Limerock Inn:** 96 Limerock St., tel. 1 207 594 2257, 1 800 546 3762, www.limerockinn.com, $ 130-250. grote kamers in speelse Queen Anne-stijl on een rustige straat.

Gemoedelijk – **Capt. Lindsey House Inn:** 5 Lindsey St., tel. 1 207 596 7950, 1 800 523 2145, www.lindseyhouse.com, $ 130-200. Rustiek gemeubileerde kamers met mooie nakstenen muren. De eigenaren zijn een gepensioneerde kapitein en zijn vrouw.

Eten en drinken

Kreeftenschuur – **Catch of the Day:** 745 Main St., tel. 1 207 594 7770, vanaf $ 13. Gekookt, gestoofd, gebraden – in deze knalrode, met boeien behangen schuur is het kreeft wat de klok slaat.
Typisch Maine – **Rockland Café:** 441 Main St., tel. 1 207 596 7556, mei-sept. dag. 6-21.30, anders ma.-vr. 5.30-20.30, za., zo. 6-20.30 uur, vanaf $ 14. Eettentje waar vooral veel locals komen. Uiteraard verse kreeft, maar ook pasta en pizza. Voor de grote honger zijn er de *All You Can Eat Plates* vanaf $ 14 (fish & chips).
Volle bak – **Café Miranda:** 15 Oak St., tel. 1 207 594 2034, www.cafemiranda.com, mei-okt. dag. 11.30-14, 17-20.30 uur, vanaf $ 9. Recepten uit de hele wereld, altijd druk.

Actief

Zeiltochten – De **Maine Windjammer Association** (tel. 1 800 807 9463, www.

Rockland is beroemd om zijn lobster shacks

sailmainecoast.com) weet op welke historische zeilschepen u vanuit de havens van Rockland, Camden en Rockport een tochtje kunt maken. U boekt direct bij de kapitein, het telefoonnummer vindt u op de website.

Info

Penobscot Bay Regional Chamber of Commerce: tel. 1 207 596 0376, 1 800 562 2529, www.camdenrockland.com

Van Camden naar Deer Isle ▶ F 6

Camden

Het aan de voet van de 260 m hoge Mount Battie in een ronde baai gelegen stadje is een van de mooiste van New England. Van de in de jachthaven dobberende zeil- en motorboten glijdt uw blik over een zorgvuldig onderhouden park naar oude houten huizen met bloembakken en beschilderde brievenbussen. U kunt hier de schattige **Old Conway Homestead** (Rte. 1, juli-aug. ma.-do.) bekijken, het oudste huis van dit buurtje, of een zeiltoch boeken. Maar het mooist is Camden misschien wel van boven. Het **Camden Hills State Park** (iets ten noorden van de stad, mei-okt.) biedt op een hoogte van 260 m – de top van **Mount Battie** – een van de mooiste panorama's van New England en bijna 50 km aan mooie wandelpaden.

Blue Hill Peninsula

Vanaf Camden rijden de meeste bezoekeres in een ruk door naar **Bar Harbor,** Maine's bekendste vakantieplaats. De Blue Hill Peninsula wordt daarbij meestal overgeslagen. Maar u laat zo wel een erg mooi gebied links liggen. Een omgeving met weinig toeristen en prachtige natuur, bochtige smalle landwegen zoals Rtes. 15 en 175 langs dichte wouden en door gehuchten waar kinderen ongestoord op straat spelen.

Castine

Het door de zee omgeven Castine ontvangt bezoekers op statige wijze. Victoriaanse residenties met uitgestrekte gazons en brede lanen, overdekt door takken van machtige oude iepen, zijn de handelsmerken van dit dorpje met twaalfhonderd inwoners. De Fransen bouwden hier in 1613 een fort. In 1667 kreeg een Parijse edelman genaamd Castin het land in bruikleen, maar hij werd al snel verdreven door de Engelsen. Tijdens de Onafhankelijkheidsoorlog leden de Amerikanen hier een onnodige, door de besluiteloosheid van hun officieren veroorzaakte nederlaag. De bekendste rebel van Boston, zilversmid Paul Revere, was er mede schuldig aan. Sindsdien gaat het er hier echter stukken vreedzamer aan toe – gestreste stedelingen komen tot rust op de veranda's van mooie country inns. Het toerisme is in Castine een stuk minder hectisch dan in Bar Harbor. Daaraan heeft ook de gerenommeerde Maine Maritime Academy niets veranderd. Tot het instituut behoort ook het opleidingsschip **State of Maine,** een voormalig troepenschip dat tien maanden per jaar hier voor anker ligt en dan kan worden bezichtigd (www.mainemaritime.edu, tel. 1 207 326 2206). Er is nog een andere, goed bij het slaperige karakter van het stadje passende attractie in Castine, het **Wilson Museum** (120 Perkins St., tel. 1 207 326 9247, www.wilsonmuseum.org, juni-okt. ma.-vr. 10-17, za., zo. 14-17 uur). Hier is de uit mineralen, Afrikaanse maskers en neolithische stenen werktuigen bestaande verzameling van ene Dr. John Howard Wilson te zien.

Overnachten

Stijlvol – Camden Harbour Inn: 83 Bayview St., Camden, tel. 1 207 236 4200, 1 800 236 4266, www.camdenharbourinn.com, $ 200-500. Door oude bomen omringde inn die in 1874 begon als hotel voor stoomschippassagiers. Schattige kamers, goede bar.

Nostalgisch – Pentagöet Inn: 26 Main St., Castine, tel. 1 207 326 8616, 1 800 845 1701, www.pentagoet.com, $ 135-300. Een perfect toevluchtsoord: mooie bed and breakfast in Queen Annestijl met een heerlijke veranda, erkers en torentjes.

Romantisch – Maine Stay: 22 High St., Camden, tel. 1 207 236 9636, www.mainestay.com, $ 150-280. Witte Greek revival-retraite tussen het centrum en Mount Battie. Acht individueel ingerichte kamers.

Gewoon goed – The Castine Inn: 41 Main St., Castine, tel. 1 207 326 4365, www.castineinn.com, $ 135-235. Typisch Castine: elegante herberg in gederale stijl met brede veranda. De kamers zijn eenvoudig maar stijlvol ingericht. Uitstekende internationale keuken.

Eten en drinken

Doet z'n naam eer aan – Fresh & Co.: 1 Bay View Landing, Camden, tel. 1 207 236 7005, www.freshcamden.com, dag. vanaf 17 uur, vanaf $ 21. Deze prima eettent doet zijn naam eer aan. Op de kaart staan hedendaagse interpretaties van traditionele New England-gerechten. Alles wordt vers bereid met – waar mogelijk lokale – seizoensingrediënten.

Winkelen

Boeken – Mocht u geïnspireerd zijn geraakt door de vele windjammers in de haven: in de **Owl & Turtle Bookshop** (33 Bay View St., Camden, www.owlandturtle.com, di.-zo. 10-16 uur), een van de beste boekhandels van New England, is een hele ruimte met alleen zeillectuur.

Kunsthandwerk – 'Made in' vindt u bij **The Maine Gathering** (8 Bay St., Camden, tel. 1 207 236 9004, www.themainegathering.com, dag. 10-18 uur), een etalage voor de beste ambachtslieden en kunstenaars van Maine. Het aanbod varieert van indiaanse manden, sieraden en keramiek tot chocolade en zeefdrukken.

Actief

Peddelen – Kajaktochten van haven tot haven en rond Camden worden aangeboden door onder andere **Maine Sports Outfitters** (Rte. 1, vlak na Rockport, tel. 1 800 722 0826, www.mainesport.com).

Zeiltochten – Maine Windjammer Association, Camden (zie blz. 270).

Info

Camden Rockport Lincolnville Chamber of Commerce: 2 Public Landing, tel. 1 207 236 4404, 1 800 223 5459, www.mainedreamvacation.com

Deer Isle en Isle au Haut ▶ F 6

Ook **Deer Isle** bleef, hoewel Rte. 1 zo dichtbij ligt, verschoond van massatoerisme. De eilanders – sinds mensenheugenis boeren, vissers en arbeiders in de granietgroeve van Stonington – krijgen in de zomer bezoek van slechts een paar tientallen toeristen. Daarnaast komen er dagelijks nieuwsgierige dagjesmensen die willen weten wat zich aan het eind van de weg bevindt.

Stonington, een onverbloemd vissersdorp, waar langs de weg kreeftenkooien zijn opgestapeld, wachtend op de volgende afvaart, is de moeite waard vanwege het postschip naar **Isle au Haut**. Meer dan de helft van dit 11 km voor Stonington gelegen eiland maakt onderdeel uit van het Acadia National Park (zie hieronder). Een kampeerterrein, het kantoor van de park rangers, het bescheiden **Robinson Point Lighthouse** en een eenvoudige bed and breakfast, meer heeft het dorpje niet te bieden – afzondering gegarandeerd.

Acadia National Park
▶ G 5/6

Het voor Ellsworth gelegen, met een dam en een brug aan het vasteland verbonden **Mount Desert Island** biedt plaats aan het enige nationale park van New England, het slechts 142 km² kleine Acadia National Park. Samuel de Champlain, die het eiland in 1604 ontdekte, noemde vanwege zijn kale heuveltoppen *L'Isle des monts déserts*. De schoonheid van de tot 500 m hoge rotsen, die abrupt oprijzen uit de Atlantische Oceaan, wordt echter pas sinds 1850 op waarde geschat. Kunstenaars vereeuwigden de grandioze harmonie van lucht, rotsen en zee en toonden hun schilderijen in Boston. De Brahmins (zie blz. 66) reageerden snel. Ze bouwden rond het vissersdorp East Eden hun 'bescheiden' cottages en noemden 'hun' dorp al snel Bar Harbor. Een aantal van de miljardairs nam echter niet alleen, maar gaf ook terug. Zo doneerden John D. Rockefeller en andere rijkaards aan het begin van de 20e eeuw een deel van hun bezittingen aan de staat. Die voegde de particuliere landgoederen op Mount Desert Island, het daar tegenover liggende schiereiland Schoodic en het Isle au Haut bij elkaar tot het Acadia National Park. Het op vier na kleinste nationale park van de Verenigde Staten werd in 1919 geopend en ontwikkelde zich al snel tot een publieksmagneet met 5 miljoen bezoekers per jaar. Het natuurgenot wordt intussen streng gereguleerd; een klein leger milieudeskundigen draagt zorg voor een goede balans tussen toerisme en een gezond ecosysteem.

Bar Harbor

Deze plaats is de perfecte uitvalsbasis voor dagtochten naar het park. Tussen berghellingen en de zee voert Rte. 3 van Ellsworth langs de **Frenchman Bay** naar de Town Pier. De Astors en Rockefellers zijn allang verdwenen, verdreven door de economische crisis en de grote brand van 1947, die de meeste van hun schitterende zomerhuizen in de as legde. Toen de miljardairs weg waren, genoot Bar Harbor van een korte adempauze – tot het plaatsje werd ontdekt door auto- en bustoeristen. Tegenwoordig is het een drukke vakantiebestemming die vol staat met souvenirwinkels, maar waar het toch goed toeven is – met dank aan de zee. Het stikt er van de slaap-, eet- en drinkgelegenheden en

Tip

Eilandleven

De enige accommodatie op het Isle au Haut is het vier gemoedelijke kamers biedende **Keeper's House**, het voormalige huis van de vuurtorenwachter (tel. 1 207 335 2990, www.keepershouse.com). U komt vanuit Stonington op het Isle au Haut met een van de meermaals per dag varende postschepenvan de Isle au Haut Boat Services Co. (Stonington, tel. 1 207 367 5193, www.isleauhaut.com).

Veel water en wilde natuur: Acadia National Park

in de zomer, op feestdagen en in lange weekends barst het stadje uit z'n voegen. De rest van het jaar is het in Bar Harbor echter een stuk aangenamer. Wanneer u door de stad slentert, zult u zien dat er behalve winkelen weinig te doen is. Het is juist búiten de stad te doen: overal worden kajaktochten aangeboden en de bij de Town Pier vertrekkende walvisobservatietochten behoren tot de beste van New England.

Bezienswaardigheden in het nationale park

Champlain had, toen hij het eiland zijn woestenij suggererende naam gaf, natuurlijk geen idee dat er zo'n enorme soortenrijkdom was. In het Acadia National Park zijn meer dan vijfhonderd boom- en plantensoorten geteld en ruim driehonderd soorten vogels. De laatste ijstijd schaafde vijftien toppen uit het graniet, waaronder de iets meer dan 500 m hoge **Mount Cadillac**, die tegenwoordig 'bedwongen; kan worden via een bochtige panoramaweg. Het uitzicht is fantastisch en reikt over de baai tot aan Isle au Haut.

Ook de andere bezienswaardigheden zijn dankzij de 50 km lange, bij het Hulls Cove Visitor Center beginnende **Loop Road** met de auto te bereiken. De alleen met de klok mee te berijden weg voert langs de spectaculaire rotskust en buigt dan af naar het rotsachtige binnenland. Hoogtepunten zijn onder meer het mooie **Sand Beach** en het uitzicht op Frenchman Bay vanaf de **Otter Cliffs** (zie blz. 276).

Hikingtrails

Als u meer van het park wilt zien, zult u toch de auto uit moeten komen voor een wandeling. Een ongeveer 200 km groot netwerk van wandelpaden in alle moeilijkheidsgraden kan zelfs fervent hikers bekoren. De trails voeren over kale graniettoppen en door wilde valleien, vlak bij en zo ver weg van de vele toeristen. Van de talrijke trails door het park is de **Precipice Trail** (zie rechterpagina) de mooiste – en de inspannendste!

Fietsen in het Acadia National Park

Fietsen kunt u over de zogenaamde **Carriage Roads**. De door het park lopene wegen en paden die aan het begin van de 20e eeuw werden gebouwd door John D. Rockefeller jr. zijn verboden voor auto's. Het netwerk van zo'n 80 km voert door prachtige esdoorn- en berkenbossen en tussen machtige granietblokken.

Op de Precipice Trail

Middelzware rondwandelroute op Champlain Mountain, lengte: 5 km, duur: 2,5 uur, in verband met het broedseizoen van slechtvalken is de route van juni tot half augustus niet toegankelijk

De Precipice Trail aan de oostkant van de **Champlain Mountain** is de mooiste, maar ook de inspannendste wandelroute van Acadia National Park. Begin er niet aan als u last hebt van hoogtevrees. Precipice betekent zo veel als afgrond – waarmee het thema van de route meteen duidelijk is.

Vanaf het beginpunt, zo'n 3 km van de **Sieur de Monts**-ingang, loopt u over enorme keien naar een bijna loodrechte granietwand van dik 100 m aan de voet van de berg. Daarna gaat de Precipice Trail steil naar boven. In de rots geslagen relingen dienen als handvatten, later helpen ijzeren ringen en strategisch geplaatste kabels u ook nog. Dit klinkt misschien gevaarlijk, maar het is in werkelijkheid allemaal niet zo dramatisch. Op de richels hebt u altijd voldoende grip, u hebt nooit het gevoel te veel risico te nemen. Halverwege begint de trail te zigzaggen; de moeilijkste stukken overwint u via vaste stalen geleiders. Net onder de top gaat de trail over een 10 meter lange richel naar beneden. Ook hier zijn geleiders geplaatst, om u vast te houden en voor de tredzekerheid. Het uitzicht op de Frenchman Bay is fantastisch. Een paar minuten later bereikt u het plateau. Op de top is de trail een eenvoudige wandeling door een met 'versteende' pijnbomen omgeven rotstuin. De terugweg is duidelijk aangegeven. Via de **Champlain North Ridge Trail** en de **Orange & Black Path** loopt u op de wat saaie west- en noordkant van de berg terug naar het beginpunt.

Overnachten

Perfect – **Balance Rock Inn:** 21 Albert Meadow, Bar Harbor, tel. 1 207 288 2610, 1 800 753 0494, www.balancerockinn.com, $ 150-490. In het centrum en aan het water: alleen al het uitzicht op de Frenchman Bay vanuit de lounge is het geld dubbel en dwars waard.

Voordelig – **Sea Breeze Motel:** 323 State Highway 3, Bar Harbor, tel. 1 207 288 3565, 800 441 3123, www.seabreeze.us, $ 60-200. Een voor Bar Harbor voordelig hotel. belangrijk- ▷ blz. 278

Op de Precipice Trail

Favoriet

Mount Cadillac, Acadia National Park ▶ G 6

Het rotsplateau van Mount Cadillac is een plek waar je bij elk bezoek aan de regio weer terug wilt keren. Niet alleen vanwege het fantastische uitzicht op Bar Harbor, de Frenchman Cove en de wellicht in de baai varende cruiseschepen, maar ook om er zeker van te zijn dat hierboven niets is veranderd. Nergens anders aan de kust van New England zijn land en zee zo innig verstrengeld als hier, nergens gaat de zee zo organisch over in de horizon (zie ook blz. 273).

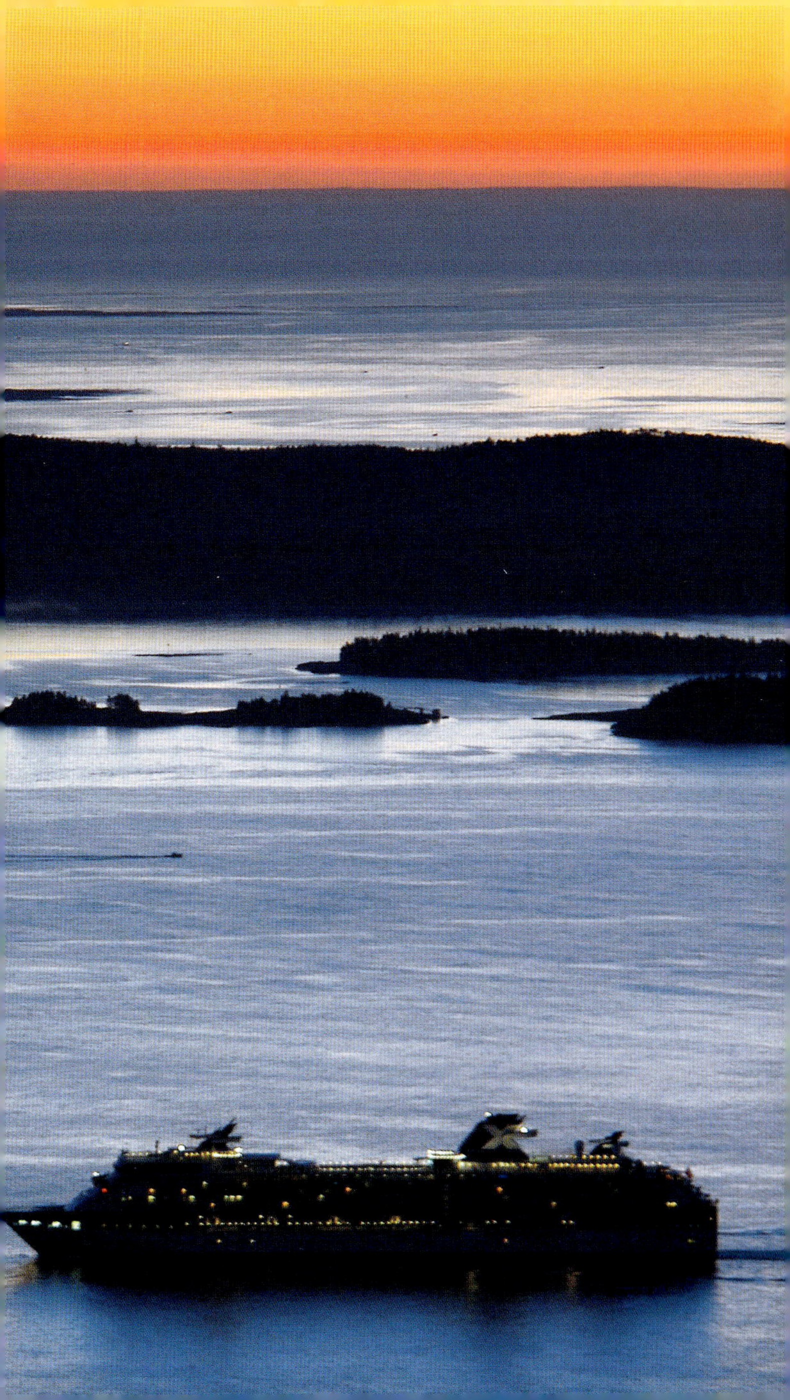

ste pluspunten: zeezicht en de nabijheid van het Acadia National Park.
De slimme keuze – **Acadia Inn:** 98 Eden St., tel. 1 207 288 3500, 1 800 638 3636, www.acadianinn.com, $ 90-210. Prima motel.

Eten en drinken

Gekkenhuis – **Pat's Pizza:** 51 Rodick St., Bar Harbor, tel. 1 207 288 5117, www.barharborpatspizza.com, dag. vanaf 16.30 uur, vanaf $ 8. Van Yankeeland naar Italië en Mexico: het palet van deze eenvoudige, sympathieke eettent springt van chicken quesadilla en frisse salades naar pizza's en heerlijke calzones. Een beetje gek, maar wel lekker.
Tweestrijd – **Reading Room:** 7 Newport Dr., tel. 1 207 288 3351, www.barharborinn.com/dining, dag. 7-10.30, 17.30-21.30 uur, vanaf $ 29. Wat is beter: de verse seafood of het uitzicht op de zon die langzaam verdwijnt achter de haven? Hier hoeft u in elk geval niet te kiezen.

Winkelen

Boeken – Er zijn in Bar Harbor zo veel winkels die T-shirts met elanden verkopen dat de zin om te shoppen u snel vergaat. Een leuke uitzondering is **Sherman Books & Stationery** (56 Main St., www.shermans.com, dag. 9-17.30 uur), een meer dan honderd jaar oude boekwinkel met de beste lectuur over Maine en het nationale park.

Actief

Whale watching – De schippers van **Bar Harbor Whale Watch Co.** (1 West St., tel. 1 207 288 2386, www.barharborwhales.com) varen niet alleen naar de walvissen, maar ook naar zeevogelkolonies en historische vuurtorens.
Kajakken – Tochten van enkele uren tot een hele dag worden onder andere aangeboden door **Coastal Kayaking Tours** (48 Cottage St., tel. 1 207 288 9605, www.acadiafun.com).
Fietsen – Tweewielers voor tochten door het park kunnen in Bar Harbor worden gehuurd, onder andere bij **Acadia Bike** (48 Cottage St., tel. 1 800 526 8615, www.acadiabike.com).

Info

Bar Harbor Chamber of Commerce: 1201 Bar Harbor Rd., tel. 1 207 288 5103 en 1 800 345 4617, www.barharborinfo.com

Het binnenland van Maine

'New Englands Canada', 'New Hampshire zonder toeristen' – het achterland van de grootste staat van New England kan zulke vergelijkingen makkelijk hebben. Uitgestorven bossen met elanden en eenzame meertjes met beverdammen vormen het beeld. Hier reist u heen om de wildernis van dichtbij mee te maken. Wandelen en kajakken zijn de belangrijkste activiteiten.

Maine was altijd naar de zee gekeerd. Het achterland leverde het hout voor de scheepsbouw, de kust de mankracht. Veel van de landinwaarts lopende wegen volgen oude houthakkerspaden en u moet er niet van schrikken als het asfalt ineens overgaat in grind. Bezienswaardigheden zijn hier dungezaaid – wie in een rechte lijn naar het noorden rijdt, door de groene eindeloosheid, moet een concreet idee hebben van zijn doel. **Bangor**, ooit een belangrijke houthaven aan de Penobscot River, en de hoofdstad **Augusta** kunt u het beste overslaan. Concentreert u zich in plaats daarvan op deze drie regio's: het gebied rond Bethel, Moosehead Lake en Baxter State Park.

Bethel ▶ D 6

Bethel is als Stowe voor de toeristen het ontdekten. Het stadje met zo'n vijfentwintighonderd inwoners ligt 110 km ten noorden van Portland tussen de uitlopers van de White Mountains. Het plaatsje heeft een mooie green, een kerk en tal van fotogenieke oude gebouwen, maar is niet zo overdreven gestileerd als sommige plaatsen elders in New England. Op een paar mooi inns, B&B's en restaurants na is er weinig merkbaar van toerisme. Zelfs niet in de heerlijk ouderwetse, aan de green gelegen **Bethel Inn Resort** (www.bethelinn.com), waarachter de golfbaan ligt. Eenmaal op de green is het **Dr. Moses Mason House** (14 Broad St., www.bethelhistorical.org, rondleidingen juli-aug. di.-zo. 13-16, anders op afspraak) de moeite waard. Het is het mooiste voorbeeld van een gebouw in federale stijl in het noorden van New England.

Omgeving van Bethel

Het kalme Bethel aan de oostelijke rand van de White Mountains is een goede uitvalsbasis voor een verkenning van de omgeving. Zo voert Rte. 26 vanhier door de in het noorden smaller wordende Bear Valley naar het **Graf-**

Vlak bij het water is er van de drukte in de rest van Bar Harbor nauwelijks iets te merken

ton Notch State Park (www.maine. gov/grafton notch, half mei-half okt.). Talloze wandelroutes voeren hier van de weg naar watervallen en indrukwekkende uitzichten op de steile **Mahoosuc Range**.

Het in vele ogen mooiste dal van de White Mountains bereikt u door vanuit Bethel in westelijke richting de Rtes. 2 en 113 te nemen. Die laatste voert door de nauwe **Evans Notch**, een onbewoonde, enkele kilometers lange kloof onder de tot juni met sneeuw bedekte White Mountains.

Hiken in het Grafton Notch State Park

Op de plek waar de Appalachian Trail Rte. 26 kruist, bevindt zich een parkeerplaats, waar vier trails beginnen. De **Eyebrow Loop Trail** (3,3 km) voert via de Grafton Notch naar spectaculaire uitkijkpunten. De **Table Rock Loop** (3,8 km) naar het 300 m boven de parkeerplaats gelegen uitkijkpunt Table Rock. Op de talrijke bergbeekjes overstekende **Old Speck Mountain Trail** (13 km) kunt u een blik werpen op de boomgrens en daar voorbij en aan het einde van de **Baldpate Mountain Trail** (9 km) kunt u zowel de Mahoosuc Range als de White Mountains zien.

Overnachten

Gemoedelijk – **Austin's Holidae House B&B:** 85 Main St., Bethel, tel. 1 207 824 3400, 1 877 224 3400, www.holidaehouse.com, $ 120-140. Meer dan honderd jaar oude victoriaanse bed and breakfast met zeven kamers die geheel in stijl zijn ingericht.

Hartelijk – **Chapman Inn:** 2 Church St., Bethel, tel. 1 207 824 2657, 1 877 359 1498, www.chapmaninn.com, $ 60-140. Grote kamers in een oud kapiteinshuis dat ietwat oubollig is ingericht.

Eten en drinken

Culinaire wereldreis – **Brian's:** 43 Main St., Bethel, tel. 1 207 824 1007, www.briansbethel.com, ma., do., vr. 16-21, za., zo. 11.30-21 uur, vanaf $ 14. Van Italiaans (saltimbocca, pasta) tot Aziatisch (teriyaki, wontons) en natuurlijk chowder in een ontspannen sfeertje.

Moosehead Lake ▶ E 4

Ten noordoosten van Bethel neemt de wildernis de scepter al snel over. Houthakkersnederzetting **Monson** aan Rte. 15 richting Canada is de laatste plaats aan de Appalachian Trail voor de 100 Mile Wilderness. Hikers die onderweg zijn naar Mount Kathadin, het eindpunt van de trail in de Verenigde Staten, rusten hier een paar dagen uit in eenvoudige onderkomens voor ze weer op pad gaan. Niet alleen bestsellerauteur Bill Bryson, die zijn avonturen op Amerika's beroemdste langeafstandswandelroute optekende in *A Walk in the Woods*, faalde glorieus in deze onder wandelaars beruchte wildernis. Stukken vriendelijker is de natuur op het 187 km² grote **Moosehead Lake.** Als een door de houtindustrie al tientallen jaren niet meer beroerde enclave is het meer, vol baaitjes en eilandjes, een walhalla voor sportvissers en kanovaarders. Ook hobbyfotografen komen hier beslist aan hun trekken. Nergens in New England maakt u een grotere kans een bever, wolf of een Amerikaanse zeearend voor de lens te krijgen. En elanden, vooral heel veel elanden – ook elk restaurant, elk hotel en elke activiteitenaanbieder heeft het woord *moose* wel in zijn naam.

Greenville

Uitvalsbasis voor trips naar de wildernis is dit mooie plaatsje in het zuiden ervan. Hier kunt u een trailkaart kopen of u inschrijven voor een meerdaagse kanotocht met gids. Tot die vertrekt, kunt u even naar het **Moosehead Marine Museum** (N. Main St., www.katahdincruises.com.museum, di.-za. 10-16 uur, soms geopend op zondag), dat de herinnering aan de tijd van de stoomboten in leven houdt en excursies aan boord van een historisch exemplaar aanbiedt.

Raften en kanoën in de omgeving

Raftinghoofdstad **The Forks**, een gehucht van honderd zielen aan Rte. 201 tussen West Forks en Caratunk, is niet ver weg. Een handvol professionele aanbieders organiseert een- en meerdaagse raftingtochten op de Kennebec en Penobscot. De behoorlijk nauwe Kennebec Gorge is een mooie uitdaging voor wildwaterpspecialisten.

Berucht is de zogenaamde **Kennebec Whitewater Adventure**, een 20 km lang, donderend stuk van de vanuit Moosehead Lake naar het zuidwesten stromende Kennebec River. Ook de 22 km lange westelijke tak van de technisch zeer aansprekende **Penobscot River** tussen Baxter State Park en Moosehead Lake heeft met zijn *Class V*-stroomversnellingen een reputatie. Bij **Raft Maine** kunt u terecht voor een een- of meerdaagse tocht op de Kennebec, Penobscot en Dead River (West Forks, tel. 1 207 723 8633, 1 800 723 8633, www.raftmaine.com).

Kanoërs zijn meer op hun plek in rustiger vaarwater. Meerdaagse expedities voeren u via meren en rivieren tot de Canadese grens. Een lijst van betrouwbare aanbieders vindt u bij de Chamber of Commerce (zie verderop).

100 Mile Wilderness

De **100 Mile Wilderness** begint bij Monson en eindigt bij Abol Bridge aan de zuidrand van Baxter State Park. Ervaren hikers kunnen het traject door de wouden van Maine afleggen in twaalf tot veertien dagen (zie blz. 55).

Een uitgestrekte leegte voor kajakkers: de meren en rivieren van Maine

Overnachten

In de wildernis – **Little Lyford Lodge and Cabins:** P15 Moosehead Lake Rd, Greenville, tel. 1 207 280 0708, www.outdoors.org, $ 70-120. Ongeveer 25 km ten noordwesten van Greenville ligt in een 150 km² grote wildernis deze accommodatie van de AMC (zie blz. 55). Rustieke lodge en acht eenvoudige blokhutten. U kunt er hiken, peddelen en wild observeren.

Liefde voor detail – **Moose Mountain Inn:** 314 Rockwood Rd., Greenville, tel. 1 207 695 3321, 1 800 792 1858, vanaf $ 110, www.moosemountaininn.com. In Greenville begint de wildernis meteen aan de rand van het dorp. Daar, aan de waterkant, ligt deze mooie lodge. Er worden talloze activiteiten georganiseerd en er is vissersgerei te huur.

Eten en drinken

Relaxed – **Stress-Free Moose Pub & Café:** 65 Pritham Ave., Greenville, tel. 1 207 695 3100, www.stressfreemoose.com, dag. 11-21/22 uur, vanaf $ 8. Hangout van locals in het centrum. terras, goede hamburgers.

Skihutsfeer – **Kelly's Landing:** Rtes. 6 en 15, Greenville, tel. 1 207 695 4438, www.kellysatmoosehead.com, mei-okt., dag. 7-21 uur, vanaf $ 13. Stevige kost in een skihutsfeer met zeezicht. Steaks, hamburgers, salades.

Winkelen

Kunstnijverheid – De beste collectie T-shirts, mokken, tassen en meer souvenirs met een eland erop heeft **Moosin' Around Maine** (Pritham Ave., Greenville), waar ook lokale kunstnijverheid te koop is.

Info en evenementen

Info

Moosehead Lake Chamber of Commerce: P. O. Box 581, Greenville, ME

Een enclave van de oorspronkelijke wildernis: Baxter State Park en Mount Katahdin

04441-0581, tel. 1 207 695 2702, www.mooseheadlake.org

Evenement
Moose Mania in Greenville, half mei-half juni. Festival ter ere van de eland, met kanowedstrijd en elandobservatie.

Baxter State Park ▶ F 3

U moet er wat voor over hebben om te hiken in Baxter State Park. Het wegennet dunt behoorlijk uit wanneer u deze 80.000 ha grote enclave van de oorspronkelijke wildernis nadert via de I-95 en Rte. 11. **Millinocket**, een rond 1900 door houtbedrijven uit de grond gestampt houthakkersstadje, is in deze omgeving de laatste buitenpost van de beschaving. Hier bevindt zich het kantoor van het parkbeheer, waar u ook terechtkunt voor wandelkaarten en informatie over de toestand van de trails en het weer. Het park is een van de minst ontsloten wildernisgebieden van het oosten. Tien campings vormen de enige overnachtingsmogelijkheden (reserveren bij de Baxter State Park Authority absoluut noodzakelijk). Het is aan te bevelen vroeg bij de hoofdingang Togue Pond Gate te verschijnen, want voor de toegang tot het park geldt: wie het eerst komt, eerst maalt – zodra de parkeerplaatsen gevuld zijn, mag er niemand meer in.

Hiken op Mount Katahdin
beginpunt: Katahdin Stream Campingground

Baxters belangrijkste attractie is de 1606 m hoge **Mount Katahdin**. De vrijstaande berg heeft twee toppen, die met elkaar in verbinding staan middels een smal pad, en is het eindpunt van de Appalachian Trail. De verlenging van die langeafstandswandelroute, de International Appalachian Trail, voert vanhier door Quebec (Canada) naar het Forrillon National Park.

Zo'n 300 km aan wandelpaden doorkruisen het State Park. Bent u er voor het eerst, dan zult u ook de berg op willen. Maar pas op: het is er steil en glad, en onderschatting leidt telkens weer tot ongevallen. Vooral de **Knife Edge** is een scherprechter: blijf als het waait absoluut weg bij de nog geen halve meter brede richel tussen de **Baxter** en **Chimney Peaks**.

Andere trails in het park zijn minder populair. Routes als de **Owl Trail** en **Marston Trail** zijn niet minder moeilijk of inspannend, maar worden elk jaar toch maar door een twintigtal wandelaars betreden.

Overnachten

Een plekje op een van de tien basic **campings** kunt u reserveren bij het parkbeheer (zie hieronder).

Info

Baxter State Park Authority: 64 Balsam Dr., Millinocket, tel. 1 207 723 5140, www.baxterstateparkauthority.com

Toeristische woordenlijst

Algemeen

goedemorgen	good morning
goedemiddag	good afternoon
goedenavond	good evening
tot ziens	good bye
pardon	excuse me/sorry
hallo	hello
alstu-/jeblieft	please
geen dank	you're welcome
bedankt	thank you
ja/nee	yes/no
wanneer	when
hoe	how

Onderweg

halte	stop
bus	bus
auto	car
taxi	cab
afrit	exit
benzinestation	gas station
benzine	gas
rechts	right
links	left
rechtdoor	straight ahead/straight on
informatie	information
telefoon	telephone
mobiele telefoon	mobile/cellular
postkantoor	post office
treinstation	railway station
vliegveld	airport
stadsplattegrond	city map/plan
eenrichtingsweg	one-way street
verkeerslicht	traffic light
kruising	crossing/junction
ingang	entrance
geopend	open
gesloten	closed
kerk	church
museum	museum
strand	beach
brug	bridge
plein	place/square/circle
autoweg	freeway
snelweg	interstate

Tijd

3 uur ('s ochtends)	3 a. m.
12 uur 's middags	noon
15 uur ('s middags)	3 p. m.
uur	hour
dag/week	day/week
maand	month
jaar	year
vandaag	today
gisteren	yesterday
morgen	tomorrow
's morgens	in the morning
's middags	in the afternoon
's avonds	in the evening
vroeg	early
laat	late
maandag	Monday
dinsdag	Tuesday
woensdag	Wednesday
donderdag	Thursday
vrijdag	Friday
zaterdag	Saturday
zondag	Sunday
feestdag	public holiday
winter	winter
lente	spring
zomer	summer
herfst	autumn

Noodgevallen

help!	help!
politie	police
dokter	doctor
tandarts	dentist
apotheek	pharmacy
ziekenhuis	hospital
ongeval	accident
pijn	pain
autopech	breakdown
ambulance	ambulance
noodgeval	emergency

Overnachten

hotel	hotel
pension	guesthouse
eenpersoonskamer	single room

tweepersoonskamer	double room	duur	expensive
met twee bedden	with twin beds	goedkoop	cheap
met/zonder	with/without	maat	size
badkamer	bathroom	betalen	to pay
met toilet	ensuite		
toilet	toilet		
douche	shower		
met ontbijt	with breakfast		
halfpension	half board		
bagage	luggage		
rekening	check		

Tellen

1	one	17	seventeen
2	two	18	eighteen
3	three	19	nineteen
4	four	20	twenty
5	five	21	twenty-one
6	six	30	thirty
7	seven	40	fourty
8	eight	50	fifty
9	nine	60	sixty
10	ten	70	seventy
11	eleven	80	eighty
12	twelve	90	ninety
13	thirteen	100	one hundred
14	fourteen	150	one hundred and fifty
15	fifteen	1000	a thousand
16	sixteen		

Winkelen

winkel	shop/store
markt	market
creditcard	credit card
geld	money
geldautomaat	ATM
bakkerij	bakery
slagerij	butcher
levensmiddelen	groceries
drogist	drugstore

Belangrijke zinnen

Algemeen

Ik begrijp het niet.	I don't understand.
Ik spreek geen Engels.	I don't speak English.
Ik heet ...	My name is ...
Hoe heet jij/u	What's your name?
Hoe gaat het?	How are you?
Goed, dankje/-u.	Thanks, fine.
Hoe laat is het?	What's the time?
Tot straks (later).	See you soon (later).

Onderweg

Hoe kom ik in ...	How do I get to ...?
Waar is ...?	Where is ...?
Zou u/je me ... kunnen tonen?	Could you please show me ...?
Hoe laat gaat de trein naar ...?	What time does the train to ... leave?
Kunt u een taxi voor me bellen	Could you please get me a cab?

Noodgevallen

Kunt u me alstublieft helpen?	Could you please help me?
Ik heb een dokter nodig.	I need a doctor.
Hier doet het pijn.	It hurts here.

Overnachten

Hebt u een kamer beschikbaar?	Do you have any vacancies?
Hoeveel kost de kamer per nacht?	How much is a room per night?
Ik heb een kamer gerserveerd.	I have booked a room.

Winkelen

Hoeveel kost ...?	How much is ...?
Ik heb ... nodig	I need ...
Hoe laat opent/sluit ...?	When does ... open/ ... close?

Culinaire woordenlijst

Bereidingswijze

baked	in de oven gebakken
broiled/grilled	gegrild
deep fried	gefrituurd
fried	in vet gebakken, vaak gepaneerd
hot	scherp
rare/medium rare	rood/medium
steamed	gestoomd
stuffed	gevuld
well done	doorbakken

Ontbijt

bacon	ontbijtspek
boiled egg	gekookt ei
cereals	graanvlokken
cooked breakfast	Engels ontbijt
eggs (sunny side up/over easy)	spiegeleieren (enkel/dubbel gebakken)
jam	jam
marmalade	sinaasappeljam
scrambled eggs	roerei

Vlees en gevogelte

beef	rund
chicken	kip
drumstick	kippenbout
duck	eend
ground beef	rundergehakt
ham	ham
meatloaf	gebraden gehakt in broodvorm
porc chop	varkenskotelet
prime rib	entrecôte
roast goose	gebraden gans
sausage	worstje
spare ribs	spareribs
turkey	kalkoen
veal	kalf
venison	hert of ree
wild boar	wild zwijn

Vis en zeebanket

bass	baars
clam chowder	mosselsoep
cod	kabeljauw
crab	krab
flounder	bot
haddock	schelvis
halibut	heilbot
gamba	garnaal
lobster	zeekreeft
mussel	mossel
oyster	oester
prawn	grote garnaal
salmon	zalm
scallop	jakobsschelp
shellfish	schaaldieren
shrimp	garnaal
sole	tong
swordfish	zwaardvis
trout	forel
tuna	tonijn

Groenten en bijgerechten

bean	boon
cabbage	kool
carrot	wortel
cauliflower	bloemkool
cucumber	komkommer
eggplant	aubergine
french fries	dunne patat
garlic	knoflook
lentil	linzen
lettuce	kropsla
mushroom	champignon/paddenstoel
pepper	paprika
peas	erwten
potato	aardappel
hash browns	gebakken aardappels
squash/pumpkin	pompoen
sweet corn	mais
onion	ui
pickle	augurk

Fruit

apple	appel
apricot	abrikoos
blackberry	braam
cherry	kers

fig	vijg
grape	druif
lemon	citroen
melon	meloen
orange	sinaasappel
peach	perzik
pear	peer
pineapple	ananas
plum	pruim
raspberry	framboos
strawberry	aardbei

Kazen

cheddar	pittige kaas
cottage cheese	magere verse kaas
goat's cheese	geitenkaas
curd	kwark

Nagerechten en gebak

brownie	brownie
cinnamon roll	kaneelbroodje
french toast	wentelteefje
maple siroop	esdoornsiroop
pancake	pannenkoek
pie	taart
pastries	gebakjes
sundae	ijsdessert in glas
waffle	wafel
whipped cream	slagroom

Dranken

beer (on tap/draught)	bier (van het vat)
brandy	cognac
coffee (decaffeinated/decaf)	koffie (caffeïnevrij)
tea (vaak met 'hot' ervoor)	thee
lemonade	limonade
icecube	ijsklontje
iced tea	gekoelde thee
juice	sap
light beer	alcoholarm bier
liquor	sterke drank
milk	melk
mineral water	mineraalwater
red/white wine	rode/witte wijn
root beer	donkere frisdrank
soda water	water met koolzuur
sparkling wine	mousserende wijn

In het restaurant

Ik wil graag een tafel reserveren.	I would like to book a table.
Wacht tot u een tafel wordt toegewezen alstublieft.	Please wait to be seated.
Zoveel eten als u wilt voor één prijs	All you can eat
De menukaart aub.	The menu, please.
wijnkaart	wine list
De rekening aub.	The check, please.
ontbijt	breakfast
lunch	lunch
avondeten	dinner
voorgerecht	appetizer/starter
soep	soup
hoofdgerecht	entree/main course
nagerecht	dessert
bijgerechten	side dishes
dagschotel/-menu	dish/meal of the day
mes	knife
vork	fork
lepel	spoon
glas	glass
zout/peper	salt/pepper
suiker/zoetstof	sugar/sweetener (sweet and low)
ober/serveerster	waiter/waitress
fooi	tip
Waar is het toilet?	Where are the restrooms?

Register

100 Mile Wilderness 34, 53, 55, 281

Acadia National Park 34, 54, 273
Actieve vakantie en sport 32
Adams, John Quincy 196
Adams, Samuel 47, 91
ahornsiroop 215
alcohol 31
Alcott, Louisa May 125
Allen, Ethan 48, 206
Allen Skinner State Park 156
American Watch & Clock Museum 203
Amherst 158
apotheken 37
Appalachen 53
Appalachian Trail 53, 54, 55, 169, 230, 283
Arcadia Nature Center and Wildlife Sanctuary 157
Augusta 278
autorijden 25

Bailey Island 265
Baldpate Mountain Trail 280
Balsams 244
Bangor 278
Bar Harbor 271, 273, 275
Barre 221
Bash Bish Falls State Park 161
Bath 265
Battenkill River 212
Battle Road 125
Baxter State Park 34, 283
B&B's 27
Becket 164
bed and breakfasts 27
Bennington 210
bergbeklimmen 233, 241
Berkshire Hills 160
best price 40
Bethel 279
bevolking 45
Billings Farm and Museum 217
Block Island 185
Blue Hill Peninsula 271
Boothbay Harbor 269
Boston 11, 50, 88
– Abiel Smith School 106
– Acorn Street 101
– Back Bay 103
– Beacon Hill 100, 105
– Big Dig 94
– Black Heritage Trail 104, 105
– Boylston Street 107
– Bruins 113
– Bunker Hill Monument 96
– Bunker Hill Museum 97
– Celtics 113
– Center for the Arts 111
– Charles River 110
– Charles River Esplanade 107
– Charles Street 103
– Charles Street Meeting House 105
– Charlestown 96
– Christian Science Church Center 108
– Citi Performing Arts Center 114
– Common 89
– Copley Place 108
– Copley Square 107
– Copp's Hill Burial Ground 96
– Downtown 91
– Faneuil Hall 94
– Faneuil Market Place 94
– Fenway Park 113
– Financial District 91
– Freedom Trail 88
– George Middleton House 105
– Government Center 94
– Granary Burying Ground 91
– Harborwalk 95
– Holocaust Memorial 94
– Inner Harbor Ferry 94, 98
– Institute of Contemporary Art 114
– Isabella Stewart Gardner Museum 110
– John F. Kennedy Presidential Library 114
– John Hancock Tower 107
– Kenmore Square 107
– King's Chapel 91
– King's Chapel Burying Ground 91
– Leonard P. Zakim-Bunker Hill-Bridge 96
– Lewis and Harriet Hayden House 106
– Louisburg Square 101
– Massachusetts State House 90
– Mount Vernon Street 101
– Museum of African American History 102
– Museum of Fine Arts 109
– Newbury Street 107
– New England Aquarium 94
– Nichols House Museum 101
– North End 95
– Old Corner Bookstore 91
– Old North Church 96
– Old South Meeting House 91
– Old State House 91
– Omni Parker House 91
– Otis House Museum 102
– Park Street Church 90
– Paul Revere House 95
– Paul Revere Mall 96
– Pinckney Street 101
– Prudential Tower 108
– Public Library 107
– Quincy Market 94
– Red Sox 113
– Robert Gould Shaw and 54th Regiment Memorial 89
– Shops at Copley Place 108
– Shubert Theatre 114
– Smith Court Residences 106
– South End 110
– Sports Museum 94
– Symphony Hall 113
– Tea Party Ships & Museum 91
– The African Meeting House 106
– The Fenway 109
– Tremont Street 91
– Trinity Church 107
– Union Oyster House 94
– Union Park Street 111
– USS Constitution Museum 97
– Wang Center 114
– Waterfront 94
– zwart Boston 104

Register

Boston baked beans 29
Boston Brahmins 66
Boston Massacre 47
Boston Symphony
  Orchestra 113
Boston Tea Party 47
Boulder Loop Trail 236
Brandon Gap 218
Brattleboro 206, 215
Bretton Woods Valley 241
Brewster 138
Bristol 176, 203
Brooke, Edward W. 50
Brown, Dan 72
Brunswick 264
Bulfinch, Charles 82, 100, 101
Burlington 217, 224
bus 25
Bush, George W. 256

Cabot, John 46
Cambridge 115
Camden 271, 272
camping 28
Canterbury Shaker
  Village 249
Cape Ann 126
Cape Cod 132
Cape Cod National Seashore
  138, 139
Cape Cod Rail Trail 137
Cape Elizabeth 258
Casco Bay 264
Castine 271, 272
Champlain, Samuel de 46
Champney Falls Trail 236
cheddar 209
Chester 192
Chesterfield Gorge 157
chowder 29
Church, Frederic Edwin 77
Circular Letter 47
Cliff House Restaurant 224
Colonial Style 81
Concord, Massachusetts 125
Concord,
  New Hampshire 249
Connecticut 186
Connecticut Colony 46
consulaat 37
Copley, John Singleton 77
Cornish 247, 248
country inns 27
Covered Bridge Museum 210

Crawford Notch 241
Crawford Notch State
  Park 241
creditcard 39
culinaire woordenlijst 286

Danby 213
Deerfield 159
Deer Isle 272
Dennis 137, 139
Dickinson, Emily 71
diplomatieke vertegen-
  woordiging 37
dollar 38
drugstore 37

East Eden 273
East Haddam 192
Echo Lake State Park 237
economie 45
Edgartown 145, 147, 148
Eerste Wereldoorlog 49
Elektriciteit 37
Emerson, Ralph Waldo 71
Enfield Shaker Village 247
Essex 192
eten 29
Evans Notch 280
evenementen 35
evenementenagenda 36
Eyebrow Loop Trail 280

Fahrenheit 38
Falmouth 148
Farmers' Markets 13
Farnsworth Art Museum 269
fauna 57
Fayston 221
Federal Style 82
feestdagen 37
feesten 35
Felix Neck Wildlife
  Sanctuary 146
Fenwick 192
fietsen 32, 95, 137, 143, 146,
  152, 208, 216, 275, 278
First Friday Art Walk 258
Fisher, Alvan 77
flora 56
Flume Gorge 233
Folk art 79
fooi 38
Fort Popham 265
Fort Ticonderoga 218

Foxwoods Resort Casino 190
Franconia Notch 229, 231
Franconia Notch State
  Park 233
Franconia Ridge Trail
  231, 233
Frans-indiaanse oorlog 47
Freeport 263
French, Daniel Chester 161
Frost, Robert 72

Galehead Hut 232
Galilee 184
Garrison, William Lloyd 90
geld 38
geografie 44
georgiaanse stijl 81
geschiedenis 44, 46
Gillette Castle 192
Glasshouse 196
Gloucester 126
Gosnold, Bartholomew 46
Grafton 209
Grafton Notch State
  Park 279
Grandma Moses 210
graniet 221
Graniteville 222
Great Barrington 164
Great Outdoors, the 34
Greenleaf Hut 231, 235
Green Mountain
  Railroad 210
Green Mountains 33, 53, 55,
  57, 222
Green Mountains National
  Forest 218
greens 64
Greenville 280, 282
Griekse revivalstijl 83
Groton 191
Guilford 193
Guthrie, Arlo 164

Hadlyme 192
Halibut Point State Park 127
Hampton Beach 250
Hancock Shaker Village
  165, 166
handicap 40
Hanover 246, 248
Hartford 188, 197, 200
Hartley, Marsden 78
Harvard 60, 62, 115, 116

289

Register

Hassam, Childe 78
Hawthorne, Nathaniel 71, 124, 125
heksenjacht 123
Henry Sheldon Museum of Vermont History 218
Hildene 211
Holderness 246
Homer, Winslow 77
homogemeenschap 154
hotels 26
Huntington Ravine Trail 240
huurauto 25
Hyannis 148, 152
Hygienic Art Inc. 191

indianen 67, 159
Indian summer 21, 58
industrialisering 175
informatiewebsites 20
inreisbepalingen 24
internet 41
Intolerable Acts 47
Irving, John 72
Isle au Haut 273

Jackson 237, 238
Jaffrey 250
Johnson, Philip 197

kabeljauwvisserij 132
Kancamagus Highway 233
kanoën 33, 212, 281
Keeper's House 273
Kennebec Whitewater Adventure 281
Kennebunkport 256, 257
Kennedy, John F. 50, 66
Kerouac, Jack 70, 72, 128, 129
Kerry, John 51
Killington 34, 213
King Philip's War 68
King, Stephen 72
Kingston 183
Kinsman Notch 233
Kinsman Ridge Trail 233
Kittery 254
kleding 23
klimaat 22
klokkenmaker 208
kranten 39
kunst 76, 191
Lakes Region 245

Lake Winnipesaukee 245
Lebanon 246
leestips 21
Lenox 160
Lexington 121
Liberty Ride 128
Lincoln 236
Litchfield 201
Litchfield Hills 197, 201
literatuur 70
lobster sandwich 147
lobster shacks 270
Longfellow, Henry Wadsworth 71
Long Trail 53, 209, 211
Lost River Gorge 233
Louis' Lunch 196
Lowell 128
Lowell, Robert 72
Lyme 247

MacMillan Wharf 141
Mad River Valley 221
Mahoosuc Range 280
Mailboat Run 264
Maine 34, 252
Maine boiled lobster 29
Maine Lighthouse Museum 269
Manchester, New Hampshire 249
Manchester, Vermont 211
maple syrup 215
Marsh-Billings-Rockefeller National Historical Park 217
Marston Trail 283
Martha's Vineyard 145
Massachusetts 34
Massachusetts Institute of Technology 115
Massachusetts Museum of Contemporary Arts 76, 169
Massasoit 133
Mass Audubon‹s Wellfleet Bay Wildlife Sanctuary 137
Mass MoCA 76, 169
maten en gewichten 38
Mayflower 46
media 39
medische verzorging 39
Melville, Herman 71, 74, 150, 165
Menemsha 147

Merrimack Valley 248
Middlebury 218
Middlebury Gap 218
milieubescherming 61
Mill Girls 128
Millinocket 283
minimalistischer stijl 83
Minutemen 121
MIT 60
Moby Dick 150
Mohawk Trail 159
Monson 280
Montpelier 220
Moosalamoo Recreation Area 218
Moosehead Lake 280
moraalridder 62
Moretown 221
motels 28
mountainbiking 216
Mount Cadillac 274, 276
Mount Cannon 233
Mount Cardigan 247
Mount Chocorua 236
Mount Desert Island 273
Mount Equinox 211
Mount Garfield 232
Mount Greylock 169
Mount Katahdin 283
Mount Lafayette 231, 233
Mount Monadnock 250
Mount Washington 53, 238
Mount Washington Auto Road 238
Mount Washington Cog Railway 244
Mount Washington Hotel 50, 240, 244
Mount Washington Valley 236
Mt. Mansfield 53, 222, 224
Mt. Snow 208
Museum, Submarine Force 192
Mystic 188

Nantucket 148
Narragansett 183
Narragansett Bay 172
Nash Dino Land 156
natuur 56
New Bedford 148, 152
New England boiled dinner 29

290

Register

New England Patriots 113
Newfane 208
New Hampshire 34, 226, 228
New Haven 47, 193
New London 191
Newport 176, 178
– Astor's Beechwood 180
– Cliff Walk 177
– Colonial Newport 177
– Hammersmith Farm 180
– Long Wharf 181
– Marble House 180
– Old Colony House 177
– Old Stone Mill 181
– Rosecliff 180
– stranden 181
– The Breakers 180
– The Elms 180
– Touro Synagogue 177
– Trinity Church 181
Nickerson State Park 137
Nineteen-Mile-Brook Trail 241
noodgevallen 39
noodnummer 39
North Adams 169
Northampton 156
North Conway 236, 238
Norwottuck Rail Trail 158

Oak Bluffs 145, 147
October Mountain State Forest 161
oesters 138
Ogunquit 256, 257
Old Lyme 192
Old Orchard Beach 256
Old Speck Mountain Trail 280
omgangsvormen 40
Onafhankelijkheidsoorlog 48, 121, 210
Onafhankelijkheidsverklaring 48
online reserveren 26
openingstijden 40
outdoor 21
overnachten 26
Owl Trail 283

Pawtucket 175
Peabody Essex Museum 120
peddelen 184, 208, 212, 224, 272, 278
Pemaquid Peninsula 269
Penobscot River 281
Pequot-oorlog 46, 68
Perkins Cove 256
pharmacy 37
Pilgrim Monument 143
Pinkham Notch 238
pinpas 39
Pioneer Valley 154
Pittsfield 160, 165
Plimoth Plantation 46, 80
Plymouth 132
– Massasoit-Denkmal 133
– Pilgrim Hall Museum 133
– Plimoth Plantation 133
– Plymouth Rock 133
politiek 45
politiek systeem 45
Popham Beach 266
Popham Beach Park 265
Portland 257
– Casco Bay 264
– Fore River Gallery 258
– Longfellow House 258
– Old Port Exchange 258
– Portland Museum of Art 258
– SPACE Gallery 258
– Two Lights State Park 258
Portsmouth 250
post 40
postmodernisme 83
praktische informatie 37
Precipice Trail 275
Presidential Range 237
prijsniveau 37
Proctor 213
Providence 172
Provincetown 139
P-Town 139
puriteinen 63, 67

Queen Annestijl 83
quilts 220

radio 39
raften 33, 281
Reid, Robert 78
reisbudget 37
reistijd 22
reisverzekering 39
religie 45
Rhode Island 34, 170, 172
roamingkosten 41

Robertson Moses, Anna Mary 210
Rockefellers 59
Rockland 269
Rockport 127
Rockwell Museum 162
Rockwell, Norman 162
Rocky Neck State Park 192
roken 40
Route 6A 136

Sabbathday Lake Shaker Village 260
Salem 120, 122
Salem Witch Museum 122
Sandwich 134
Scrimshaw 79
Second Empire 83
Shakers 166, 247, 260
Shelburne Museum 224
skiën 216
Slag van Bennington 210
Sleeper, Henry Davis 127
Sleeper-McCann House 127
smartphones 41
Smibert, John 77
Smith College Museum of Art 157
Smith, John 46
South County 183
South Dennis 137
South Hadley 156
South Harpswell 265
souvenirs 41
Spellman Trail 250
Springfield 154
Squam Lake 245
Sterling and Francine Clark Art Institute 168
St. Gaudens, Augustus 247, 248
Stockbridge 160, 162
Stonington 273
Stowe 34, 222
Stowe, Harriet Beecher 49, 71, 201
stranden 139, 143, 145, 146, 149, 181, 185
Strawberry Banke Museum 251
Submarine Force Museum 192
sugar shacks 214
Table Rock Loop 280

291

Register

Talcott Mountain State Park 201
Tanglewood 160
taxi's 25
televisie 39
theaterfestivals 35, 161
The Forks 33, 281
Thoreau, Henry David 64, 71, 125
tijdverschil 41
toerisme 45
toeristische woordenlijst 284
trein 24
Tuckerman Ravine Trail 240, 243
Twain, Mark 71, 198, 200
Tyron, Dwight William 77

United American Indians of New England 69
universiteiten 45, 58

veiligheid 41
verkeersbureaus 20
Vermont 34, 204
Vermont Valley 213
vervoer 24
Vineyard Haven 145
vliegveld 24

Waitsfield 221
Walcott, Derek 72
Walden Pond 64, 125
Walker's Point 256
wandel 283
wandelen 10, 33, 53, 55, 146, 157, 169, 202, 211, 216, 222, 233, 236, 238, 240, 247, 250, 274, 275, 280, 283
Warren 221
wash-ashores 66
Washington, George 48, 177
WASP 66
Weirs Beach 245
Wellfleet 138
Welliver, Neil 78
Wells National Estuarine Research Reserve 256
Weston 210
West Tisbury 146
Wethersfield 188
Whale Centre of New England 75
whale watching 73, 75, 127, 144, 185, 269, 278
Whaling Museum 153
White Dot Trail 250
White Mountain National Forest 233

White Mountains 33, 53, 55, 57, 228, 230, 235
Whitney, Eli 194
Wickford 183
wifi 41
Williams College Museum of Art 168
Williams, Jody 50
Williamstown 165
Windsor 188
Winooski 224
wintersport 34
Winthrop, John 46
Wiscasset 268
Witch Trials Memorial 122
Wolfeboro 245, 246
Woods Hole 148
Woodstock 215, 216
Woodstock History Center 217

Yale 196
Yankee 65
Yarmouthport 136
York 255
York Beach 256
York Harbor 255

Notities

Notities

Notities

Fotoverantwoording en colofon

Omslag: De Stowe Community Church, Stowe, Vermont (Shutterstock)

Getty Images, München: blz. 54 (Azel); 14 o. li., 234/235 (Nat. Geographic/Abell); 84/85 (Travelpix)
Glow Images, München: blz. 30, 116; 161 (Fustre)
Huber-Images, Garmisch-Partenkirchen: blz. 28
ifa, Düsseldorf: blz. 260, 262, 279 (Arnold)
laif, Köln: blz. 51, 68, 150, 214 (Boston Globe/Redux); 73 (Brusini/hemis.fr); 122 (Cummings/Harding); 56 (Phelps/Aurora); 14 b. li., 22, 27, 47, 62, 86 li., 90, 104, 162, 170 li., 179, 180, 204 li., 209, 226 li., 227, 239, 247, 252 li., 257, 276/277, 282 (Heeb); 14 o. re., 166/167 (hemis.fr); 193 (Hub); 76 (Kristensen); 102 (Le Figaro Magazine/Fautre); 78/79 (Le Figaro Magazine/Ripani); 7, 15 o. re., 15 b., 18/19, 42/43, 65, 67, 130/131, 135, 136, 140/141, 145, 153, 186 (2x), 187 li., 189, 190, 198/199, 200, 202, 204 re., 219, 229, 252 re., 255, 274 (Modrow); 124 (NewYorkTimes/BostonGlobe/Redux); 70, 80/81, 106, 129, 130 li., 149, 163, 171 li., 184, 215, 223, 270 (NewYorkTimes/Redux); 118 (Rosenthal); 226 re., 230 (Sparks/Aurora)
Shane Leonard, Bangor: blz. 72
Look, München: Titelbild, blz. 52, 82, 142, 175, 216 (age fotostock); 58/59, 87, 113 (Fleisher); 33, 170 re., 178, 182, 220, 253, 281 (Frei); 205, 212, 240 (Heeb)
Mauritius Images, Mittenwald: blz. 89, 155, 207, 264 (age); 10, 13, 14 o. re., 15 o. li., 242/243, 266/267 (Alamy); 159 (Bibikow); 9 (Radius); 194 (SuperStock); 268 (Westend61)
picture-alliance, Frankfurt a. M.: blz. 61, 86 re., 97; 151 (maxppp)

Hulp gevraagd!
De informatie in deze reisgids is aan verandering onderhevig. Het kan dus wel eens gebeuren dat u ter plaatse een andere situatie aantreft dan de auteur.
Is de tekst niet meer helemaal correct, laat ons dat dan even weten. Ons adres is:

Uitgeverij ANWB
Redactie KBG
Postbus 93200
2509 BA Den Haag
anwbmedia@anwb.nl

Productie: Uitgeverij ANWB
Coördinatie: Els Andriesse
Tekst: Ole Helmhausen
Vertaling: Amir Andriesse, Diemen
Eindredactie: Quinten Lange, Amsterdam
Opmaak: Hubert Bredt, Amsterdam
Ontwerp binnenwerk: Jan Brand, Diemen
Ontwerp omslag: DPS, Amsterdam
Concept: DuMont Reiseverlag, Ostfildern
Grafisch concept: Groschwitz/Blachnierek, Hamburg
Cartografie: DuMont Reisekartografie, Fürstenfeldbruck

© 2017 DuMont Reiseverlag, Ostfildern
© 2017 ANWB bv, Den Haag
Eerste druk
ISBN: 978-90-18-04131-1

Alle rechten voorbehouden
Deze uitgave werd met de meeste zorg samengesteld. De juistheid van de gegevens is mede afhankelijk van informatie die ons werd verstrekt door derden. Indien die informatie onjuistheden blijkt te bevatten, kan de ANWB daarvoor geen aansprakelijkheid aanvaarden.